中南财经政法大学出版基金资助出版

湖北省公益学术著作 出版专项资金
Hubei Special Funds
for Academic and Public-interest
Publications

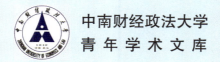

中南财经政法大学
青年学术文库

本书系国家社会科学基金项目（15XRK005）的最终成果

生育政策调整对我国社会保险基金可持续性的影响评估：以养老保险为例

曾益　著

WUHAN UNIVERSITY PRESS

武汉大学出版社

图书在版编目(CIP)数据

生育政策调整对我国社会保险基金可持续性的影响评估:以养老保险为例/曾益著.—武汉:武汉大学出版社,2022.10
湖北省公益学术著作出版专项资金项目
中南财经政法大学青年学术文库
ISBN 978-7-307-23188-7

Ⅰ.生… Ⅱ.曾… Ⅲ.计划生育—人口政策—影响—社会保障基金—基金管理—研究—中国 Ⅳ.①C924.21 ②D632.1

中国版本图书馆 CIP 数据核字(2022)第 132772 号

责任编辑:宋丽娜　　　责任校对:汪欣怡　　　版式设计:马　佳

出版发行:**武汉大学出版社**　(430072　武昌　珞珈山)
(电子邮箱:cbs22@ whu.edu.cn　网址:www.wdp.com.cn)
印刷:武汉市金港彩印有限公司
开本:787×1092　1/16　印张:20.5　字数:407 千字　插页:2
版次:2022 年 10 月第 1 版　　2022 年 10 月第 1 次印刷
ISBN 978-7-307-23188-7　　定价:98.00 元

谨以此书献给从事保险、社会保障、人口学研究的同仁！

作者简介

　　曾益，男，1988年3月生，湖北洪湖人，中国准精算师；2014年6月毕业于上海财经大学公共经济政策学专业，获经济学博士学位，主要研究方向为社会保险精算、养老保险、医疗保险；博士论文《人口老龄化背景下我国城镇职工基本医疗保险制度可持续性研究》获评上海财经大学优秀博士论文。曾任职于西南财经大学保险学院，现任中南财经政法大学公共管理学院副教授、文澜青年学者，以独立作者或第一作者身份在《公共管理学报》《数量经济技术经济研究》《财贸经济》《财政研究》《经济管理》《财经研究》《保险研究》《财经论丛》《财经理论与实践》等CSSCI来源期刊发表学术论文30余篇，其中6篇学术论文被人大复印资料《社会保障制度》和《财政与税务》全文转载；主持国家社会科学基金项目2项、湖北省社会科学基金项目4项、湖北省教育科学规划课题1项、武汉市社会科学基金项目1项，获第八届高等学校科学研究优秀成果奖（人文社会科学）二等奖。

博文明理
厚德济世

中南财经政法大学校训

本书具有很强的现实意义和研究价值。该研究以社会养老保险基金为例，分析生育政策调整对社会保险基金的影响，从实证角度评估生育政策调整能否提高我国社会保险基金的可持续性。社会保险基金是否具备可持续性关系广大城镇职工和城乡居民的养老和生活待遇问题。社会保险基金的可持续性研究对于进一步完善我国社会保险体系乃至整个社会保障体系都有着积极的推动作用。该项目具有很高的出版价值。

—— 石绍宾

该成果在研究过程中采用科学的研究方法，以人口学、社会保障学、精算学等相关理论为基础，以系统的精算模型为支撑，从社会养老保险基金平衡的视角评估生育政策调整对社会保险基金可持续性的影响，结合文献研究和对比分析等方法，研究工作开展比较充分，研究方法严谨。在研究对象上，本书对我国现有的社会养老保险体系，即以城镇职工基本养老保险和城乡居民社会养老保险为主体，分别进行测算分析，可以比较全面地考查生育政策调整对整个社会养老保险体系的影响，从而为社会保险体系的改革乃至社会保障体系的改革提供定量参考依据。

—— 王增文

内容简介

现阶段，我国人口老龄化程度呈不断上升的趋势，截至2021年底，我国65岁及以上人口占总人口的比重上升至14.2%，分别比2000年和2010年高出7.24%和5.33%。老龄化程度加深导致社会保险基金可持续性受到冲击。以城镇职工基本养老保险为例，自2014年开始，基金当期征缴收入小于基金支出。再以城乡居民基本养老保险基金为例，虽然历年城乡居民基本养老保险基金收入大于基金支出，但是2012—2020年城乡居民基本养老保险基金支出的年平均增长速度（14.32%）已快于基金收入的年平均增长速度（12.97%）。

为缓解人口老龄化程度并进一步提高社会保险基金可持续性，我国开始逐步调整生育政策，曾先后出台"单独二孩""全面二孩"政策，并于2021年实施更为宽松的生育政策，即"全面三孩"政策。那么，生育政策调整对社会保险基金财务运行状况的影响程度如何？生育政策调整能否提高社会保险基金可持续性？本书以社会养老保险基金为例，通过建立社会保险基金精算模型，分析生育政策调整对我国社会保险基金财务运行状况可持续性的影响，并根据模拟结果，提出相应的对策建议。

自　序

笔者自 2011 年起研究人口老龄化对社会保险基金可持续性的影响这一问题。在研究过程中发现，无论是延迟法定退休年龄还是划转国有股抑或税务部门征收社会保险费，均无法化解社会保险基金支付危机问题，仅能推迟社会保险基金缺口的出现时点，"治标不治本"。这使得笔者陷入沉思：需要从根源上寻找破解之策。造成我国人口老龄化程度加深的根本原因是 1978 年执行的"一胎"政策，如果能提高妇女生育率，社会保险基金支付危机问题随之得到解决，属于"治本"之策。

此时正值国家实施"单独二孩"政策，这为笔者带来新的思路，开始研究"单独二孩"政策对社会保险基金可持续性的影响。起初，这一选题并未获得学术界的广泛关注，因为"单独二孩"生育意愿并不高，论文投稿屡屡受挫，笔者曾想放弃这一选题。正在放弃之时，论文《破解养老金支付危机："单独二孩"政策有效吗？——以城镇职工基本养老保险为例》获得学术期刊《财经研究》青睐，成为《财经研究》2015 年第 1 期的封面文章，并被人大复印资料《社会保障制度》2015 年第 3 期和《高等学校文科学术文摘》2015 年第 2 期全文转载。这些成就为笔者带来极大信心，于 2015 年 3 月申报国家社科基金项目"生育政策调整对我国社会保险基金可持续性的影响评估及相关对策研究"并获批，批准号为15XRK05。此后，笔者一直从事"单独二孩""全面二孩"政策对社会保险基金可持续性的影响研究，在《财贸经济》《财政研究》《保险研究》《上海财经大学学报》《中南财经政法大学学报》等学术期刊发表相关主题论文，单篇论文的最高下载频次和最高被引频次分别达到 4301 次和 102 次。

2019 年 3 月笔者完成了国家社科基金项目并结项，结项等级为良好。2019 年 4 月至 2021 年 5 月国家并未调整生育政策，笔者也停止了生育政策相关的研究。自 2022 年 5 月 31 日国家出台"全面三孩"政策，笔者又重拾这一研究，重点分析"全面三孩"政策对社会养老保险基金可持续性的影响，获得湖北省公益学术著作出版专项资金资助，让笔者有机会与学术界同仁共享这一成果。希望这一成果能为生育政策的相关研究提供全新的思路与方法，也期待这一成果能为国家的政策制定提供实证依据。

在此，感谢清华大学刘军强教授、浙江大学何文炯教授、武汉大学王增文教授、湖南大学阳义南教授、上海财经大学杨翠迎教授和于洪教授、西南财经大学林义教授和胡秋明教授、中南财经政法大学石智雷教授和薛新东教授、扬州大学吴万宗教授、江苏大学张心洁教授在本书撰写过程中给出的有益建议。同时，感谢武汉大学出版社宋丽娜老师及团队对本书的辛勤编辑和校对。

曾益

2022 年 10 月 20 日于中南财经政法大学

前　言

现阶段，我国人口老龄化程度呈现不断上升的趋势，截至 2021 年底，我国 65 岁及以上人口占总人口的比重上升至 14.2%，分别比 2000 年和 2010 年高出 7.24% 和 5.33%。人口老龄化程度不断上升导致社会保险基金可持续性受到冲击。以城镇职工基本养老保险基金为例，自 2014 年开始，基金当期征缴收入小于基金支出。再以城乡居民基本养老保险基金为例，虽然历年城乡居民基本养老保险基金收入大于基金支出，但是 2012—2020 年城乡居民基本养老保险基金支出的年平均增长速度（14.32%）已快于基金收入的年平均增长速度（12.97%）。

为缓解人口老龄化程度并进一步提高社会保险基金可持续性，我国开始逐步调整生育政策，曾先后出台"一孩半"政策、"双独二孩"政策、"单独二孩"政策，于 2016 年 1 月 1 日实施宽松的生育政策，即"全面二孩"政策，2021 年实施更为宽松的生育政策，即"全面三孩"政策。那么，生育政策调整对社会保险基金财务运行状况的影响程度如何？生育政策调整能否提高社会保险基金可持续性？本书以社会养老保险基金为例，通过建立社会保险基金精算模型，分析生育政策调整对我国社会保险基金财务运行状况可持续性的影响，并根据模拟结果，提出相应的对策建议。

本书首先对与社会保险基金可持续性相关的理论进行回顾和总结；其次，建立人口预测模型，并对死亡率、生育率、迁移率等参数进行计算，分析"全面三孩"政策对我国人口数量和人口老龄化程度的影响；然后，通过建立社会养老保险基金精算模型，在综合考虑参保人口数量、基金保值增值率、人均缴费基数增长率、缴费率、养老金待遇、医疗保险待遇等因素的基础上，对我国社会养老保险基金财务运行状况进行模拟和预测；再次，分析单独实施生育政策调整以及生育政策调整与延迟退休年龄政策的组合对社会养老保险基金财务运行状况的影响；最后，根据实证分析结果，提出相应的对策建议。

考虑到生育政策调整对社会保险基金的影响存在时滞效应，要待新生人口成为社会保险参保人口后才能产生效应，因此为了更加准确地考察"全面二孩"政策的效应，精算分析的起止时间分别为 2018 年和 2090 年，时长为 72 年，约为一代人的生命周期。

虽然我国曾在农村地区和城镇地区分别实行"一孩半"政策和"双独二孩"政策，但效果均不是特别明显，因此未在本书中纳入分析。又考虑到"单独二孩"政策仅实施 2 年，且"单独二孩"生育意愿较低，为了分析方便，本书将"全面三孩"政策实施之前的政策称为"全面二孩"政策。

　　根据模拟分析结果，本书得出如下结论。

　　第一，"全面三孩"政策可以缓解人口老龄化程度。实施"全面三孩"政策使得新生人口增加，从而人口老龄化程度降低，具体如下：如果继续实行"全面二孩"政策，我国的人口老龄化程度将一直呈现上升趋势，60 岁及以上人口占总人口的比重从 2018 年的 18.35%上升至 2090 年的 44.16%，65 岁及以上人口占总人口的比重从 2018 年的 12.39%上升至 2090 年的 37.05%。当 20.5%的符合"全面三孩"规定的夫妇生育三孩，2090 年 60 岁及以上人口和 65 岁及以上人口占总人口的比重分别降至 39.63%和 32.82%；如果 46.7%的符合"全面三孩"规定的夫妇生育三孩，2090 年 60 岁及以上和 65 岁及以上人口占总人口的比重分别降至 34.67%和 28.29%；进一步，如果"全面三孩"生育意愿提高至 100%，2090 年 60 岁及以上和 65 岁及以上人口占总人口的比重降至 26.84%和 21.37%。可见，随着"全面三孩"生育意愿的提高，人口老龄化程度不断降低。

　　第二，"全面三孩"政策可以改善社会养老保险基金财务运行状况。当"全面三孩"政策的新增人口成为参保在职职工，社会养老保险基金收入增加且基金支出不变，基金财务运行状况得以改善；当新增人口成为参保退休职工，社会养老保险基金收入和基金支出均增加，但基金收入的增幅快于基金支出的增幅，基金财务运行状况仍得以改善，具体如下：如果继续实行"全面二孩"政策，城镇职工基本养老保险基金和城乡居民基本养老保险基金分别于 2027 年和 2045 年开始出现累计赤字，至 2090 年累计赤字分别为 2048.71 万亿元和 121.43 万亿元。当 20.5%的符合"全面三孩"规定的夫妇生育三孩，城镇职工基本养老保险基金和城乡居民基本养老保险基金开始出现累计赤字的时点没有发生变化，但 2090 年累计赤字分别降至 1860.82 万亿元和 114.69 万亿元，与继续实行"全面二孩"政策的情况相比，降幅分别为 9.17%和 5.55%。如果 46.7%的符合"全面三孩"规定的夫妇生育三孩，城镇职工基本养老保险基金和城乡居民基本养老保险基金开始出现累计赤字的时点仍未发生变化，但 2090 年累计赤字分别降至 1602.43 万亿元和 105.71 万亿元，与继续实行"全面二孩"政策的情况相比，降幅分别为 21.78%和 12.94%。如果"全面三孩"生育意愿达到 100%，城镇职工基本养老保险基金开始出现累计赤字的时点同样未发生变化，城乡居民基本养老保险基金开始出现累计赤字的时点推迟 1 年，但 2090 年累计赤字分别降至 1012.95 万亿元和 85.71 万亿元，与继续实行"全面二孩"政策的情况相比，降幅分别为 50.56%和 29.41%。可见，"全面三孩"政策对社会养老保险基金开始出现累计赤字时点的影响较小，这是因为"全面三孩"政策要待新生人口参加社会养老保险才能产生效果。然而，"全面三孩"政策可以改善社会养老保险基金的财务运行状况、减少基金的累计赤字。不仅如此，随着"全面三孩"生育意愿的提高，社会养老保险基金累计赤字的减少幅度不断增大。

第三，"全面三孩"政策与延迟退休年龄（延迟待遇领取年龄）政策的组合能进一步提高社会养老保险基金的可持续性。延迟退休年龄政策可以推迟社会养老保险基金开始出现累计赤字的时点，从而有助于"全面三孩"政策进一步对社会养老保险基金产生影响，具体如下：同时实施"全面三孩"政策和延迟退休年龄政策后，当 20.5% 的符合"全面三孩"规定的夫妇生育三孩，城镇职工基本养老保险基金在 2029—2050 年和 2058—2090 年出现累计赤字，城乡居民基本养老保险基金开始出现累计赤字的时点推迟至 2055 年，2090 年累计赤字分别降至 1240.2 万亿元和 60.94 万亿元，与继续实行"全面二孩"政策的情况相比，降幅分别为 39.46% 和 49.82%。如果 46.7% 的符合"全面三孩"规定的夫妇生育三孩，城镇职工基本养老保险基金在 2029—2049 年和 2066—2090 年出现累计赤字，城乡居民基本养老保险基金开始出现累计赤字的时点推迟至 2056 年，2090 年累计赤字分别降至 904.66 万亿元和 51.32 万亿元，与继续实行"全面二孩"政策的情况相比，降幅分别为 55.84% 和 57.74%。如果"全面二孩"生育意愿达到 100%，城镇职工基本养老保险基金在 2029—2047 年和 2087—2090 年出现累计赤字，城乡居民基本养老保险基金开始出现累计赤字的时点推迟至 2058 年，2090 年累计赤字分别降至 158.04 万亿元和 30.02 万亿元，与继续实行"全面二孩"政策的情况相比，降幅分别高达 92.29% 和 75.28%。可见，"全面三孩"政策与延迟退休年龄政策的组合不仅能改善社会养老保险基金的财务运行状况，还能推迟社会养老保险基金出现累计赤字的时点，进一步提高社会养老保险基金的可持续性。

综上所述，"全面三孩"政策可以改善社会保险基金的财务运行状况，同时实施"全面三孩"政策与延迟退休年龄政策更能进一步提高社会保险基金可持续性。据此，本书提出了相关的对策建议：第一，出台鼓励生育的政策，如营造鼓励生育的氛围，出台相应的法律法规，对积极生育三孩的家庭给予奖励，购房上给予适当的优惠，减免个人所得税；第二，出台提高社会养老保险基金可持续性的政策，如尽快出台延迟退休方案，提高基金统筹层次；第三，提高社会养老保险财政补贴力度。

目　　录

理论篇

实证篇

<h2 style="text-align:center">启 示 篇</h2>

理 论 篇

第一章 引　言

本章对本书的研究背景、研究目的、研究意义、国内外文献回顾、研究思路、研究方法、创新与不足之处进行了详细的介绍，该章是本书研究的基础。

第一节　研究背景

随着经济的发展、生活水平的提高以及医疗技术的进步，世界大部分国家(如法国、德国、日本、澳大利亚、加拿大)正在经历妇女生育水平不断下降、预期寿命不断延长和人口老龄化程度不断加深的过程(Anderson & Hussey，2000[①]；彭希哲、胡湛，2011[②])，其中法国是最早步入人口老龄化社会的国家(李建新，2009[③])。根据联合国人口署2017年发布的数据，2002年世界65岁及以上人口约为4.2亿人，占世界总人口的比重达到7%[④]。可见，早在21世纪初，世界就已经进入人口老龄化阶段。我国也不例外，从表1-1中可以看出，2000年我国65岁及以上人口占总人口的比重达到6.96%[⑤]，接近7%，也就是说我国于2000年基本进入人口老龄化社会。不仅如此，我国总和生育率一直处于较低水平[⑥]，2000年妇女总和生育率为1.22[⑦]，2010年妇女总和生育率仅为1.18，其中城镇和农村妇女总和生育率分别为0.98和1.44[⑧]，至2015年妇女总和生育率跌至1.05，其中城镇和农村妇女总和生育率分别

---

① Anderson G F, Hussey P S. Population Aging: A Comparison among Industrialized Countries [J]. Health Affairs，2000，19(3)：191-203.

② 彭希哲，胡湛. 公共政策视角下的中国人口老龄化[J]. 中国社会科学，2011(3)：121-138.

③ 李建新. 中国人口结构问题[M]. 北京：社会科学文献出版社，2009.

④ 根据联合国标准，当一个国家或地区60岁及以上人口占总人口的比重达到10%，或者65岁及以上人口占总人口的比重达到7%，即意味着这个国家或地区进入人口老龄化社会。

⑤ 数据来源：2017年《中国统计年鉴》。

⑥ 这里先不探讨历次人口普查和1%人口抽样调查公布的总和生育率数据是否准确。

⑦ 数据来源：2000年第五次人口普查数据。

⑧ 数据来源：2010年第六次人口普查数据。

为 0.91 和 1.27①，以上数值均低于人口更替水平 2.1②。总和生育率持续偏低使得新生人口数量逐年减少，这进一步导致我国人口老龄化程度不断加深。截至 2021 年底，我国 65 岁及以上人口占总人口的比重上升至 14.2%，分别比 2000 年和 2010 年高 7.24% 和 5.33%。

表 1-1　2000—2021 年 65 岁及以上人口占总人口的比重

年份	总人口（万人）	65 岁及以上人口（万人）	65 岁及以上人口占总人口比重（%）	年份	总人口（万人）	65 岁及以上人口（万人）	65 岁及以上人口占总人口比重（%）
2000	126743	8821	6.96	2011	134735	12288	9.12
2001	127627	9062	7.10	2012	135404	12714	9.39
2002	128453	9377	7.30	2013	136072	13161	9.67
2003	129227	9692	7.50	2014	136782	13755	10.06
2004	129988	9857	7.58	2015	137462	14386	10.47
2005	130756	10055	7.69	2016	138271	15003	10.85
2006	131448	10419	7.93	2017	139008	15831	11.39
2007	132129	10636	8.05	2018	139538	16658	11.90
2008	132802	10956	8.25	2019	140005	17603	12.60
2009	133450	11307	8.47	2020	141178	19064	13.50
2010	134091	11894	8.87	2021	141260	20056	14.20

数据来源：2011—2021 年《中国统计年鉴》和《中华人民共和国 2021 年国民经济和社会发展统计公报》。

注：65 岁及以上人口占总人口比重＝65 岁及以上人口/总人口。

值得注意的是，我国步入人口老龄化社会的速度远高于许多发达国家（于洪、钟和卿，2009③），我国只用了约 30 年的时间就完成了一些发达国家用上百年时间才完成的人口结构转变④，人口老龄化呈现"未富先老""高龄少子"的特征。人口老龄化已经成为我国面临的主要问题之一。

---

①　数据来源：2015 年全国 1% 人口抽样调查资料。

②　人口更替水平指这样一个生育水平，即同一批妇女生子女的数量恰好能替代她们本身以及她们的伴侣。发达国家普遍认为妇女总和生育率为 2.1 时即达到人口更替水平。

③　于洪，钟和卿. 中国基本养老保险制度可持续运行能力分析——来自三种模拟条件的测算[J]. 财经研究，2009，35(9)：26-35.

④　资料来源：http://news.xinhuanet.com/society/2011-10/30/c_111134247.htm。

人口老龄化对人力资本市场、宏观经济发展、财政收支平衡等具有消极影响（Corbo，2004①），如老年人口抚养比不断上升②、人口红利逐步消失、经济增长速度不断下滑等（彭希哲、胡湛，2011③）。在此背景下，作为关系国计民生的社会保险体系（主要是社会养老保险体系和社会医疗保险体系④）也遭遇严峻挑战，即社会保险基金（主要是社会养老保险基金和社会医疗保险基金）支付压力逐步上升，可持续性逐步受到质疑⑤。以城镇职工基本养老保险基金为例，截至 2020 年底，基金累计结余 48317 亿元⑥，但是自 2014 年开始，基金征缴收入已无法应对基金支出（详见表 1-2），也就是说，如果政府不给予任何财政补贴，基金当期所征缴的收入小于基金支出。再以城乡居民基本养老保险基金为例，虽然 2012—2020 年城乡居民基本养老保险基金收入大于支出（详见表 1-3），但是 2012—2020 年城乡居民基本养老保险基金支出的年平均增长速度（14.32%）已快于基金收入的年平均增长速度（12.97%）。可见，随着人口老龄化程度的上升，我国城镇职工基本养老保险基金和城乡居民基本养老保险基金的支付压力逐步凸显，需寻找有效途径来提高基金可持续性。

表 1-2　2002—2017 年城镇职工基本养老保险基金财务运行状况　　（单位：亿元）

年份	基金收入			基金支出	累计结余
	总计	其中：征缴收入	其中：财政补贴	总计	总计
2002	3171.5	2551.4	408.2	2842.9	1608
2003	3680	3044	530	3122	2207
2004	4258	3585	614	3502	2975

---

① Corbo V. Policy Challenges of Population Aging and Pension Systems in Latin America［R］. Global Demographic Change：Economic Impacts and Policy Challenges，2004.

② 老年人口抚养比＝65 岁及以上人口/15～64 岁人口。我国老年人口抚养比从 2000 年的 9.9%上升至 2016 年的 15%，可见年轻人口的抚养压力不断上升。

③ 彭希哲，胡湛. 公共政策视角下的中国人口老龄化［J］. 中国社会科学，2011（3）：121-138.

④ 我国社会养老保险体系由城镇职工基本养老保险制度、城乡居民基本养老保险制度和机关事业单位工作人员养老保险制度构成，现阶段政府还未公布机关事业单位养老保险的相关数据。我国社会医疗保险体系由城镇职工基本医疗保险制度和城乡居民基本医疗保险制度构成。城乡居民基本养老保险制度由城镇居民基本养老保险制度和新型农村社会养老保险制度合并而来，城乡居民基本医疗保险制度由城镇居民基本医疗保险制度和新型农村合作医疗制度合并而来。

⑤ 以社会养老保险基金为例，人口老龄化程度上升使得社会养老保险的受益人口增加且缴费人口减少，从而社会养老保险基金支出增加且收入减少，进而带来社会养老保险基金的支付压力不断上升。再以社会医疗保险基金为例，由于老年人口的人均医疗费用高于年轻人口的人均医疗费用，人口老龄化程度的上升使得总医疗费用增加，从而社会医疗保险基金支出增加，进而也会带来社会医疗保险基金支付压力的上升。

⑥ 数据来源：2020 年《人力资源和社会保障事业发展统计公报》。

年份	基金收入			基金支出	累计结余
	总计	其中：征缴收入	其中：财政补贴	总计	总计
2005	5093	4312	651	4040	4041
2006	6310	5215	971	4897	5489
2007	7834	6494	1157	5965	7391
2008	9740	8016	1437	7390	9931
2009	11491	9534	1646	8894	12526
2010	13420	11110	1945	10555	15365
2011	16895	13956	2272	12765	19479
2012	20001	16467	2648	15562	23941
2013	22680	18634	3019	18470	28269
2014	25310	20434	3548	21755	31800
2015	29341	23016	4716	25913	35345
2016	35058	26768	6511	31854	38580
2017	43310	33403	8004	38052	43885
2018	51168	38813.42	9377.41	44645	50901
2019	52919	39514.93	10318.86	49228	54623
2020	44376	28967.83	11719.66	51301	48317

数据来源：2002—2020 年《人力资源和社会保障事业发展统计公报》①。

注：基金收入（总计）包括征缴收入、财政补贴、滞纳金、利息收入等，所以征缴收入与财政补贴之和小于基金收入（总计）。

表 1-3　2012—2017 年城乡居民基本养老保险基金财务运行状况　　　（单位：亿元）

年份	基金收入	基金支出	累计结余
2012	1829	1150	2302
2013	2052	1348	3006
2014	2310	1571	3845
2015	2855	2117	4592

①　2007 年及以前该公报的名称为《劳动和社会保障事业发展统计公报》，2008 年及以后，由于劳动和社会保障部与人事部合并组建人力资源和社会保障部，该公报更名为《人力资源和社会保障事业发展统计公报》。

续表

年份	基金收入	基金支出	累计结余
2016	2933	2150	5385
2017	3304	2372	6318
2018	3838	2906	7250
2019	4107	3114	8249
2020	4853	3355	9759
年平均增长速度	12.97%	14.32%	—

数据来源：2012—2020 年《人力资源和社会保障事业发展统计公报》。

　　导致我国快速步入人口老龄化社会以及社会保险基金支付压力不断上升的主要原因之一是自 1978 年起长期执行的计划生育政策(汪伟，2010①)。计划生育政策(即"一胎"政策)的长期实施造成妇女生育水平下降，从而新生人口数量减少，人口老龄化程度上升。虽然我国曾先后出台"一孩半"政策②、"双独二孩"政策③、"单独二孩"政策④，但效果均不是特别明显。为进一步缓解老龄化程度，我国对生育政策进行进一步调整，于 2016 年 1 月 1 日实施宽松的生育政策，即"全面二孩"政策⑤，于 2021 年实施更为宽松的生育政策，即"全面三孩"政策。从理论上来讲，生育政策调整⑥有助于提高妇女生育率，增加新生人口数量⑦，缓解人口老龄化程度，进而使得社会保险基金的收入相对增加，最终改善基金

---

　　①　汪伟.计划生育政策的储蓄与增长效应：理论与中国的经验分析[J].经济研究，2010(10)：63-77.

　　②　在农村地区，如果第一孩为女孩，夫妇可以生育第二孩；如果第一孩为男孩，夫妇不允许生育第二孩。

　　③　如果夫妇双方均为独生子女，则允许生育第二孩。

　　④　如果夫妇双方有一方为独生子女，则允许生育第二孩。

　　⑤　2015 年 10 月 29 日《中共中央关于制定国民经济和社会发展第十三个五年规划的建议》指出，"全面实施一对夫妇可生育两个孩子政策"(即"全面二孩"政策)，2015 年 12 月 27 日全国人大常委会表决通过《人口与计划生育法修正案》，"全面二孩"政策于 2016 年 1 月 1 日正式实施。

　　⑥　在学术界，该政策的叫法有两种，分别为"全面二孩"政策和"全面两孩"政策，但是这两个叫法所指的含义是一样的。通过查阅中国知网(CNKI)，有 878 篇文献将该政策称为"全面二孩"政策，另有 642 篇文献将该政策称为"全面两孩"政策，原新、王广州、陈友华、彭希哲、风笑天等学者均将该政策称为"全面二孩"政策，本书同样采用"全面二孩"政策的叫法，其与"全面两孩"政策的含义一样。

　　⑦　根据 2016 年和 2017 年《国民经济和社会发展事业统计公报》的数据，2017 年新生人口数量较 2016 年有所减少，这是因为妇女总和生育率一直低于人口更替水平 2.1，即使实施"全面三孩"政策，妇女总和生育率也很难达到 2.1，因此实施"全面三孩"政策后，新生人口数量也将呈现下降趋势，然而与继续实行"全面二孩"政策的情况相比，新生人口数量有所增加，详见本书表 3-1 的论述。

的财务运行状况，提高基金的可持续性。那么，生育政策调整对社会保险基金财务运行状况的影响程度如何？生育政策调整能否提高社会保险基金的可持续性？本书以社会养老保险基金为例，通过建立精算模型，分析生育政策调整对我国社会保险基金可持续性的影响，并进一步模拟生育政策调整与延迟退休年龄(延迟待遇领取年龄)政策的组合对我国社会保险基金可持续性的影响，并根据实证分析结果，提出关于鼓励生育、提高社会保险基金可持续性的对策建议，以期为政府的决策提供参考，进一步促进我国社会保险基金的可持续发展，保证参保人员的福利水平不受影响。

第二节　研究目的与意义

一、研究目的

本书的研究目的在于分析生育政策调整对我国社会保险基金(主要是社会养老保险基金)可持续性的影响，系统运用精算模型对以下几个问题给予回答。

第一，在人口老龄化程度不断加深的背景下，如果不采取任何干预措施(如实施生育政策调整、延迟退休年龄政策)，未来我国社会养老保险基金收入、支出、当期结余(即收支差)和累计结余如何变化，即未来我国社会养老保险基金的财务运行状况如何变化。根据社会养老保险基金的财务运行状况，判断未来社会养老保险基金是否具备可持续性。

第二，运用人口预测模型以及"四二一"家庭微观仿真模型，分析生育政策调整对人口老龄化程度、社会养老保险参保人口的影响。进而，运用精算模型模拟生育政策调整对社会养老保险基金的影响，即生育政策调整对社会养老保险基金收入、支出、当期结余和累计结余的影响程度如何。根据生育政策调整对社会养老保险基金财务运行状况的影响程度，判断生育政策调整能否提高社会养老保险基金的可持续性。

第三，我国近年来出台较多与社会养老保险体系相关的改革，如延迟退休年龄(延迟待遇领取年龄)政策，本书还会分析生育政策调整与上述政策的组合对社会养老保险基金财务运行状况的影响，进而判断生育政策调整与上述政策的组合能否进一步提高社会养老保险基金的可持续性。

第四，根据实证分析结果，提出进一步提高夫妇生育意愿(鼓励生育)，以及提高社会保险基金(特别是社会养老保险基金)可持续性的配套政策建议，以期为政府的决策提供参考。

二、研究意义

(一)理论意义

本书对生育政策调整对我国社会保险基金(主要是社会养老保险基金)可持续性的影响进行系统的定量分析和评估,既从原理上阐明生育政策调整对社会保险基金可持续性的影响机制,进一步丰富人口和社会保障理论,又对运行比较完善的城镇职工基本养老保险制度以及合并不久(2016年合并)的城乡居民基本养老保险制度进行研究。本书完整提出一套评估我国社会养老保险基金可持续性的分析框架、分析体系和分析模型,分析模型主要包括人口预测模型和精算模型等,为完善我国的社会养老保险体系甚至整个社会保障体系提供方法指导。这套方法不仅可以适用于全国社会养老保险基金可持续性的评估,还可用于各省(市、区)社会养老保险基金可持续性的评估。

(二)实践意义

社会保险基金(特别是社会养老保险基金)是否具备可持续性关系广大城镇职工和城乡居民的养老、医疗和生活待遇问题。社会保险基金的可持续性研究对于进一步完善我国社会保险体系乃至整个社会保障体系都有着积极的推动作用。

本书的实践意义在于运用精算模型模拟未来我国社会养老保险基金的财务运行状况,并判断社会养老保险基金在未来是否具备可持续性,为政府完善社会养老保险政策、社会医疗保险政策乃至社会保障政策提供指导。进一步,本书还应用人口预测模型和精算模型模拟生育政策调整对社会养老保险基金财务运行状况和可持续性的影响程度,从实证分析角度评估生育政策调整的效应,即生育政策调整能否提高社会养老保险基金的可持续性。根据实证结果,提出鼓励生育及提高社会保险基金可持续性的配套政策建议,以期促进生育政策调整的顺利实施以及提高社会保险基金的可持续性。

第三节 文献回顾与评述

现有关于社会保险基金(主要是社会养老保险基金)可持续性方面的研究,主要关注人口老龄化对社会保险基金可持续性的影响,以及各种可能的政策调整方案(包括延迟退休年龄、引入外来年轻人口、生育政策调整、提高缴费率、降低社会保险待遇等)对社会保险基金可持续性的影响,具体如下。

一、人口老龄化对社会养老保险基金可持续性的影响

国外研究主要集中在人口老龄化对养老金支出的影响以及对财政造成的压力等方面。Lee & Edwards(2002)以美国为例，预测了在人口老龄化不断加深的背景下，养老金支出占GDP 的比重将从 1999 年的 8%上升至 2075 年的 21%，政府将面临巨大的财政压力。[①]Bongaarts(2004)研究了人口老龄化对 OECD(经济合作与发展组织)国家社会养老保险基金的影响，结果表明，大部分 OECD 国家的社会养老保险基金是不可持续的，因为这些国家的社会养老保险是现收现付式的筹资模式，为了提高社会养老保险基金的可持续运行能力，降低个人养老金替代率、转向完全积累制的筹资模式、延长退休年龄、引入移民政策等是可行的，可以提高养老保险的支付能力。[②] Blake & Mayhew(2006)研究了人口老龄化的不断加深对英国社会养老保险基金的影响，研究结果显示英国的养老保险基金不具备财务可持续性，政府必须通过延长退休年龄、提高生育水平和经济发展水平等方案才能提高养老保险体系的可持续运行能力。[③] Verbič 等(2006)以斯洛文尼亚为例，运用世代交叠模型(Over-Lapping Generation Models)发现，随着老龄化程度的提高，基本养老保险基金的当期收支缺口越来越大。[④] Grech(2013)对欧洲国家的基本养老保险进行考察，发现基本养老保险基金支出的增加将会给财政带来巨大的支出压力。[⑤] Corbo(2004)[⑥]、Sin(2005)[⑦]、Whiteford & Whitehouse(2006)[⑧]等也得出了类似的结论。

现阶段，国内研究主要集中在人口老龄化对我国社会养老保险基金财务运行状况的影响，特别是对城镇职工基本养老保险基金可持续性的影响。王晓军(2002)在国内较早定量

---

① Lee R, Edwards R. The Fiscal Effects of Population Aging in the US: Assessing the Uncertainties[A]. in Tax Policy and the Economy [C]. Cambridge: MIT Press, 2002: 141-180.

② Bongaarts J. Population Aging and the Rising Cost of Public Pensions [J]. Population and Development Review, 2004, 30(1): 1-23.

③ Blake D, Mayhew L. On The Sustainability of the UK State Pension System in the Light of Population Ageing and Declining Fertility [J]. The Economic Journal, 2006, 116(512): 286-305.

④ Verbič M, Majcen B, Van Nieuwkoop R. Sustainability of the Slovenian Pension System: An Analysis with an Overlapping-Generations General Equilibrium Model [J]. Eastern European Economics, 2006, 44(4): 60-81.

⑤ Grech A G. Assessing the Sustainability of Pension Reforms in Europe [J]. Journal of International and Comparative Social Policy, 2013, 29(2): 143-162.

⑥ Corbo V. Policy Challenges of Population Aging and Pension Systems in Latin America [R]. Global Demographic Change: Economic Impacts and Policy Challenges, 2004.

⑦ Sin Y. Pension Liabilities and Reform Options for Old Age Insurance[R]. World Bank Working Paper, 2005, No. 2005-1.

⑧ Whiteford P, Whitehouse E. Pension Challenges and Pension Reforms in OECD Countries [J]. Oxford Review of Economic Policy, 2006, 22(1): 78-94.

研究城镇职工基本养老保险基金支付缺口，其运用精算估计方法得到基金在 2021 年开始出现入不敷出（当期赤字）的情况，此时必须动用过去积累的资金来弥补当期支付缺口，至 2032 年过去积累的基金被全部用尽，基金开始出现累计赤字。① 谭湘渝、樊国昌（2004）同样建立精算模型，对我国城镇职工基本养老保险基金未来的支付能力进行测算，并提出了相应的政策建议。② 程永宏（2005）建立理论模型，给出了判断人口老龄化导致现收现付式养老保险基金是否发生支付危机的定量判决条件。③ 于洪、钟和卿（2009）运用精算模型研究发现，在经济增速放缓的情况下，城镇职工基本养老保险基金在 2038 年开始出现入不敷出的情况，此后收支逆差逐年加大，2042 年及以后自身筹资体系将难以维持。④ 艾慧等（2012）对城镇职工养老保险统筹基金⑤进行了单独和系统的考察，发现年度支付危机在 2018—2036 年发生，2023—2050 年内源性基金积累不足。⑥ 王翠琴等（2017）发现，如果没有任何政策干预，城镇职工基本养老保险基金分别于 2037 年和 2052 年开始出现当期赤字和累计赤字。⑦

以上研究均是关于城镇职工基本养老保险基金可持续性的分析，关于城乡居民基本养老保险基金可持续性的研究并不多。徐镱菲、张明喜（2012）以新型农村社会养老保险为例，发现随着人口老龄化程度的提高，新型农村社会养老保险基金将出现较大的收支缺口，未来政府的财政压力较大。⑧ 钱振伟等（2012）运用精算模型模拟新型农村社会养老保险基金的财务运行状况，发现未来 30 年左右基金将会收不抵支。⑨ 封铁英、高鑫（2015）以西安为例，发现新型农村社会养老保险基金分别在 2023 年和 2027 年开始出现当期赤字

---

① 王晓军. 对我国养老保险制度财务可持续性的分析[J]. 市场与人口分析，2002(2)：26-30.

② 谭湘渝，樊国昌. 中国养老保险制度未来偿付能力的精算预测与评价[J]. 人口与经济，2004(1)：55-58.

③ 程永宏. 现收现付制与人口老龄化关系定量分析[J]. 经济研究，2005(3)：57-68.

④ 于洪，钟和卿. 中国基本养老保险制度可持续运行能力分析——来自三种模拟条件的测算[J]. 财经研究，2009(9)：26-35.

⑤ 城镇职工基本养老保险基金分为统筹基金和个人账户，其中统筹基金为现收现付式，个人账户为完全积累式。

⑥ 艾慧，张阳，杨长昱，等. 中国养老保险统筹账户的财务可持续性研究——基于开放系统的测算[J]. 财经研究，2012(2)：91-101.

⑦ 王翠琴，田勇，薛惠元. 城镇职工基本养老保险基金收支平衡测算：2016—2060——基于生育政策调整和延迟退休的双重考察[J]. 经济体制改革，2017(4)：27-34.

⑧ 徐镱菲，张明喜. 农村养老保险基金缺口预测及实证分析——基于甘肃省的调查研究[J]. 财经论丛，2012(4)：68-74.

⑨ 钱振伟，卜一，张艳. 新型农村社会养老保险可持续发展的仿真评估：基于人口老龄化视角[J]. 经济学家，2012(8)：58-65.

和累计赤字。① 曾益等(2016)运用精算模型分析城乡居民基本养老保险基金的财务运行状况,其认为城乡居民基本养老保险基金将于 2044 年出现累计赤字,2090 年累计赤字高达 100. 24 亿元。② 可见,无论是以城镇职工基本养老保险为例还是以城乡居民基本养老保险为例,国内学者均认为随着人口老龄化程度的加深,社会养老保险基金的支付压力会不断上升。

二、延迟退休年龄对社会养老保险基金可持续性的影响

在人口老龄化趋势不断加深的情况下, 发达国家老年人口劳动参与率急剧下降, 社会保障制度承受了巨大的财务支付压力(Gruber & Wise, 1998③), 而对各国来说, 逐步提高退休年龄是可行的解决方案。Lee & Edwards(2002)建议政策设计者可以从包括延迟退休年龄等许多方面改善社会养老保险基金的支付压力。④ Whiteford & Whitehouse(2006)认为,增加老年群体的就业率会相应地提高实际退休年龄,从而起到增加制度缴费人口和减少领取退休金人数的双重效果,这不仅能缓解人口老龄化所带来的财政压力,还可以提高老年群体退休生活水平。⑤ Bovenberg(2003)⑥、Cremer & Pestieau(2003)⑦、Breyer & Hupfeld (2010)⑧均认为, 延迟退休年龄能够提高社会养老保险基金的偿付能力, 缓解养老保险的支付压力。

国内大多数学者认为, 延迟退休是缓解养老金支付压力的有效途径。林宝(2003)以城镇职工基本养老保险隐性债务为研究视角,指出 IPD(Implicit Pension Debt, 隐性债务)可通过参量式改革予以消化,其中延迟退休年龄是常规做法;不仅如此, 延迟退休年龄可以

———————

① 封铁英, 高鑫. 基于精算模型参数调整的农村养老金可持续性仿真研究[J]. 中国管理科学, 2015(9): 153-161.

② 曾益, 凌云, 张心洁. 从"单独二孩"走向"全面二孩": 城乡居民基本养老保险基金可持续性能提高吗? [J]. 财政研究, 2016(11): 65-79.

③ Gruber J, Wise D. Social Security and Retirement: An International Comparison [J] American Economic Review, 1998, 88(2): 158-163.

④ Lee R, Edwards R. The Fiscal Effects of Population Aging in the US: Assessing the Uncertainties[A]. in Tax Policy and the Economy [C]. Cambridge: MIT Press, 2002: 141-180.

⑤ Whiteford P, Whitehouse E. Pension Challenges and Pension Reforms in OECD Countries [J]. Oxford Review of Economic Policy, 2006, 22(1): 78-94.

⑥ Bovenberg A L. Financing Retirement in the European Union [J]. International Tax and Public Finance, 2003, 10(6): 713-734.

⑦ Cremer H, Pestieau P. The Double Dividend of Postponing Retirement [J]. International Tax and Public Finance, 2003, 10(4): 419-434.

⑧ Breyer F, Hupfeld S. On the Fairness of Early-Retirement Provisions [J]. German Economic Review, 2010, 11(1): 60-77.

在一定程度上缓解社会养老保险基金支付压力。① 康传坤(2012)应用世代交叠模型(Over-Lapping Generation Model)对延迟退休年龄和提高城镇职工基本养老保险统筹基金缴费率的效果进行比较分析，结果表明，延迟退休年龄策略要优于提高养老保险缴费率，就我国实际情况而言，延迟退休是较为现实的选择。② 在不考虑财政补贴的前提下，王晓军、米海杰(2013)评估了不同口径和假设下城镇职工基本养老保险统筹基金的支付缺口，结果表明，在人口老龄化和人口预期寿命提高的总趋势下，尽管养老金支付缺口的内涵、口径和评估模型存在差异，但我国的养老金支付缺口均呈现不断增大的趋势，建议实施诸如延迟退休年龄的改革。③ 于文广等(2018)认为，退休年限越长，延迟退休年龄对于缓解养老保险收支压力的作用越明显。④

然而，少部分学者对延迟退休年龄对社会养老保险基金的影响呈现不同的看法。Weller(2002)认为，延迟退休年龄无法遏制养老金缺口的进一步扩大，还会降低低收入者的养老待遇，最终与消除老年贫困和缩小贫富差距的改革目标相背离。⑤ 余立人(2012)的研究表明，延迟退休年龄后，虽然缴费期限延长了，缴费收入增加了，但社会养老保险基金支出增加了，最终结果是不确定的。⑥ 张熠(2011)认为，延迟退休年龄对社会养老保险计划收支余额的影响来自四个方面的效应，即缴费年限效应、领取年限效应、替代率效应和差异效应；短期看，前两种效应占据主导，长期看，后两种效应具有显著影响；延迟退休年龄的政策效果和工资增长率、养老金增长率、改革速度以及未来参保人口结构有关，效应变得不确定。⑦ 曾益等(2013)运用精算模型也得到类似的结论。⑧ 可见，大部分国内外学者均认为，延迟退休年龄可以提高社会养老保险基金的可持续性。

三、引入外来年轻人口对社会养老保险基金可持续性的影响

放松移民管制、引入外来年轻人口是发达国家(如美国)应对人口老龄化的一个成本

---

① 林宝. 提高退休年龄对中国养老金隐性债务的影响[J]. 中国人口科学，2003(6)：48-52.

② 康传坤. 提高缴费率还是推迟退休？[J]. 统计研究，2012，29(12)：59-68.

③ 王晓军，米海杰. 养老金支付缺口：口径、方法与测算分析[J]. 数量经济技术经济研究，2013 (10)：49-62.

④ 于文广，李倩，王琦，等. 基于年龄与工资水平差异的延迟退休对我国养老保险基金收支平衡的影响[J]. 中国软科学，2018(2)：54-67.

⑤ Weller C. Don't Raise the Retirement Age [J]. Challenges, 2002, 45(1)：75-87.

⑥ 余立人. 延长退休年龄能提高社会养老保险基金的支付能力吗？[J]. 南方经济，2012(6)：74-84.

⑦ 张熠. 延迟退休年龄与养老保险收支余额：作用机制及政策效应[J]. 财经研究，2011(7)：4-16.

⑧ 曾益，任超然，汤学良. 延迟退休年龄能降低个人账户养老金的财政补助吗？[J]. 数量经济技术经济研究，2013(12)：81-96.

低、见效快的方法。Karin(2004)应用代际核算法(Generational Accounting Method),从跨期角度分析 1998 年奥地利移民对财政的影响,测算显示,移民对迁入地具有扩大人口规模(可扩大税基)、改变年龄和性别结构的人口效应,优化了年龄组的财政特征,移民的确是一种减轻老龄化所带来的财政负担的有效手段。① Razin & Sadka(1999)研究纳入外来年轻人口对社会养老保险基金的影响,发现该政策可以提高社会养老保险基金的支付能力,减少养老保险基金的当期支付缺口。② Bongaarts(2004)发现人口老龄化是养老金财务平衡恶化的主要原因,通过模型预测,年平均净移民率每增加 1‰,2050 年养老金支出水平下降 5%,因此,可通过鼓励移民人口策略来缓解部分老龄化带来的影响。③ Gal(2008)也得出类似的结论。④

同样,王增文(2014)通过对我国和 16 个欧洲国家相关人口数据的迁移生存函数进行经验分析,重点刻画了开放人口系统内的净迁移对出生率的影响,分析结果表明:在迁入人口的作用下,迁入地人口出生率可得到很大程度的提高,人口年龄结构也更趋于年轻化,对缓解迁入地老龄化程度效果显著。⑤ 陈沁、宋铮(2013)以城乡迁移人口为分析的关键变量,考察城市化(农村人口向城镇迁移)对老龄化和城镇职工基本养老保险基金的影响,指出城镇人口赡养率在纳入迁移人口之后,增速显著下降,人口迁移对我国城镇职工基本养老保险基金的可持续运行具有重要意义。⑥

结合我国的基本国情,人口迁移(引入外来年轻人口)可缓解城镇职工基本养老保险基金的支付压力,但这对缓解农村社会养老保险基金的支付压力是无益的(曾益等,2016⑦)。

---

① Karin M. The Fiscal Impact of Immigrants in Austria—A Generational Accounting Analysis [J]. Economics Working Papers, 2004, 32(2): 181-216.

② Razin A, Sadka E. Migration and Pension with International Capital Mobility [J]. Journal of Public Economics, 1999, 74(1): 141-150.

③ Bongaarts J. Population Aging and the Rising Cost of Public Pensions [J]. Population and Development Review, 2004, 30(1): 1-23.

④ Gal Z. Immigration in the United States and the European Union: Helping to Solve the Economic Consequences of Ageing? [J]. Sociologia, 2008, 40(1): 35-61.

⑤ 王增文. 人口迁移、生育率及人口稳定状态的老龄化问题研究[J]. 中国人口·资源与环境, 2014, 24(10): 114-120.

⑥ 陈沁, 宋铮. 城市化将如何应对老龄化?——从中国城乡人口流动到养老基金平衡的视角[J]. 金融研究, 2013(6): 1-15.

⑦ 曾益, 凌云, 张心洁. 从"单独二孩"走向"全面二孩":城乡居民基本养老保险基金可持续性能提高吗? [J]. 财政研究, 2016(11): 65-79.

四、调整缴费率与待遇水平对社会养老保险基金可持续性的影响

理论上，政府可以通过提高社会养老保险缴费率的做法来应对高额的养老金支出成本，但由于目前许多国家的缴费率已经处于很高的水平，这种方案在许多国家难以为继，因此，考虑削减基金支出是优先方案，而降低养老金替代率是未来改革基金养老保险制度不可避免的路径（James，2002①；Bongaarts，2004②）。

结合我国的国情，提高缴费率无疑会加重企业和参保人的负担，在实行过程中会遭到反对，也不受政府青睐。国内部分学者（刘昌平、殷宝明，2011③；殷俊、黄蓉，2012④；景鹏、胡秋明，2017⑤）转而从相反的角度考量，认为中国城镇职工基本养老保险制度具有较高的政策（法定）缴费率，并且由于城镇职工基本养老保险统筹基金是一个精算盈余（即现阶段的累计结余较多）的制度，因此，需从制度外采取行动或者调整养老保险计划及采取其他配套措施来解决养老保险基金缺口，可考虑逐步降低养老保险缴费率来实现基金平衡。然而，在人口老龄化趋势不断加深的背景下，缴费率的下调空间很有限（郑秉文，2012⑥；曾益、凌云，2017⑦）。因此，无论是提高还是降低社会养老保险的缴费率，都会遇到阻力。

再看降低养老金待遇水平这项方案，由于我国社会养老保险的实际替代率（＝退休后第一年领取的养老金/退休前一年的工资）较低（封进、何立新，2012⑧），而且养老金的待遇水平同样具有刚性特征，即提高容易降低难，因此降低养老金待遇水平不会受到参保人员的欢迎。

① James E. How Can China Solve Its Old-Age Security Problem? The Interaction between Pension, State Enterprise and Financial Market Reform [J]. Journal of Pensions Economics & Finance，2002，1(1)：53-75.

② Bongaarts J. Population Aging and the Rising Cost of Public Pensions [J]. Population and Development Review，2004，30(1)：1-23.

③ 刘昌平，殷宝明. 中国基本养老保险制度财务平衡与可持续性研究——基于国发〔2005〕38 号文件形成的城镇基本养老保险制度[J]. 财经理论与实践，2011，32(1)：19-24.

④ 殷俊，黄蓉. 人口老龄化、退休年龄与基础养老金长期偿付能力研究[J]. 理论与改革，2012(4)：73-76.

⑤ 景鹏，胡秋明. 企业职工基本养老保险统筹账户缴费率潜在下调空间研究[J]. 中国人口科学，2017(1)：21-33.

⑥ 郑秉文. 欧债危机对养老金改革的启示——下篇：中国应如何深化改革养老保险制度[J]. 中国社会保障，2012(2)：30-33.

⑦ 曾益，凌云. 中国社会保险缴费率的降低空间与方案模拟——以城镇企业职工养老保险为例[J]. 财经论丛，2017(6)：50-59.

⑧ 封进，何立新. 中国养老保险制度改革的政策选择——老龄化、城市化、全球化的视角[J]. 社会保障研究，2012(3)：29-41.

五、生育政策调整对社会养老保险基金可持续性的影响

日本及西方发达国家的发展经验表明，生育率伴随经济的发展而逐步下降（Barro & Becker，1989①）。当我国极力推行计划生育政策（"一胎"政策）的时候，西方发达国家却在想方设法提升他们的生育率。为应对人口老龄化带来的种种压力，国外学者给出鼓励生育的建议，并分析鼓励生育带来的积极影响。Chesnais（1996）认为，发达工业社会的低总和生育率已无法维持合理的人口结构，随着妇女地位日益提高，要使总和生育率达到并保持在更替水平（2.1），采取鼓励生育的政策很有必要。② Futagami & Nakajima（2002）从经济与社会的角度论证国家通过生育政策干预提高总和生育率的合理性。③ Bongaarts（2004）通过研究发现，高生育率国家的社会养老保险基金支出比率更低，生育率每增加 0.1，2050 年养老金支出水平下降 4%；该研究证实，作为一揽子社会养老保险制度改革的组成部分，人口政策对于实现社会养老保险基金财务平衡具有深刻影响，特别是总和生育率已经降低至 2.1 以下时，采取直接或间接鼓励生育的措施更值得关注。④

曾毅（2006）将 1978 年起长期执行的计划生育政策（"一胎"政策）与二孩晚育政策相比较，发现二孩晚育政策在今后 80 岁老人与独居老人比例、老年抚养比、劳动力资源、退休金缺口率、避免出生性别比长期偏高等方面发挥的作用优于现行生育政策。⑤ 郭志刚（2010）对我国人口老龄化做了这样的描述，无论是否提高生育率，人口老龄化的总趋势已无法逆转；而能否提高生育率，则决定着未来人口老龄化的差异程度。⑥ 基于此，较多学者（周长红，2005⑦；尹文耀等，2007⑧；陈友华，2009⑨）提出调整"全面二孩"政策来

---

① Barro R J, Becker G S. Fertility Choice in a Model of Economic Growth [J]. Econometrica：Journal of the Econometric Society，1989，57（2）：481-501.

② Chesnais J. Fertility, Family, and Social Policy in Contemporary Western Europe [J]. Population & Development Review，1996，22（4）：729-739.

③ Futagami K, Nakajima T. Population Aging and Economic Growth [J]. Journal of Macroeconomics，2001，1（23）：31-44.

④ Bongaarts J. Population Aging and the Rising Cost of Public Pensions[J]. Population and Development Review，2004，30（1）：1-23.

⑤ 曾毅. 试论二孩晚育政策软着陆的必要性与可行性[J]. 中国社会科学，2006（2）：93-109.

⑥ 郭志刚. 中国的低生育水平及相关人口研究问题[J]. 学海，2010（1）：5-25.

⑦ 周长洪. 关于现行生育政策微调的思考——兼论"单独家庭二孩生育政策"的必要性与可行性[J]. 人口与经济，2005（2）：1-6.

⑧ 尹文耀，李芬，姚引妹. 三论中国生育政策的系统模拟与比较选择——兼论"一代独生子女"政策"自着陆"[J]. 浙江大学学报（人文社会科学版），2007（6）：157-167.

⑨ 陈友华. 二孩政策地区经验的普适性及其相关问题——兼对"21 世纪中国生育政策研究"的评价[J]. 人口与发展，2009（1）：9-22.

缓解人口老龄化程度。

那么，生育政策调整对我国人口系统的影响如何呢？彭希哲（2016）估算"全面二孩"政策所带来的人口增量不大，但其潜在的积极效应可观。[①] 从人口增长角度来看，短期内我国不会出现新生人口激增和产生大幅度生育堆积的情况（王广州、张丽萍，2012[②]）。而在经济新常态背景下，"全面二孩"政策是在较长时期内增加劳动供给的一个有效手段（郑秉文，2016[③]），在一定程度上可拉长人口红利机会窗口（刘家强、唐代盛，2015[④]）。总而言之，"全面二孩"政策对我国未来总人口发展轨迹影响非常显著，可有效延缓人口老龄化进程（翟振武等，2014[⑤]；陈友华，2016[⑥]；原新，2016[⑦]）。

关于生育政策调整对社会养老保险基金可持续性的影响方面，张思锋等（2010）在国内较早进行了研究，分析发现，高生育率方案下社会养老保险基金的缺口小于低生育率方案下的缺口[⑧]。孙博等（2011）则测算了不同生育政策方案下，2010—2080年城镇人口发展趋势和城镇职工基本养老保险基金缺口的差异，研究发现，普遍放开二孩政策可显著延缓人口老龄化进程，对缩小基金缺口影响非常显著。[⑨] 曾益等（2015）通过设立精算模型，对比了不同生育政策下城镇职工基本养老保险基金财务运行状况，其实证分析结果显示，生育政策调整可调节基金的财务支付压力，建议我国参考英国和部分欧洲国家的做法，对生育二孩的家庭予以政策激励。[⑩] 骆正清等（2015）将人口预测模型与代际核算法相结合，模拟了不同生育政策下我国城镇人口结构变动情况，考察了相应情况下我国城镇职工基本养老保险的代际平衡状况，从公平性角度肯定了总和生育率的提高对于促进我国城镇职工基本

① 彭希哲. 实现全面二孩政策目标需要整体性的配套[J]. 探索，2016（1）：71-74.
② 王广州，张丽萍. 到底能生多少孩子？——中国人的政策生育潜力估计[J]. 社会学研究，2012（5）：119-140.
③ 郑秉文. 从"高龄少子"到"全面两孩"政策：人口均衡发展的必然选择——基于"人口转变"的国际比较[J]. 新疆师范大学学报（哲学社会科学版），2016（4）：24-35.
④ 刘家强，唐代盛."普遍两孩"生育政策的调整依据、政策效应和实施策略[J]. 人口研究，2015（6）：3-12.
⑤ 翟振武，张现苓，靳永爱. 立即全面放开二胎政策的人口学后果分析[J]. 人口研究，2014（2）：3-17.
⑥ 陈友华. 全面二孩政策与中国人口趋势[J]. 学海，2016（1）：62-66.
⑦ 原新. 我国生育政策演进与人口均衡发展——从独生子女政策到全面二孩政策的思考[J]. 人口学刊，2016，38（5）：5-14.
⑧ 张思锋，王立剑，张文学. 人口年龄结构变动对基本养老保险基金缺口的影响研究——以陕西省为例[J]. 预测，2010（2）：37-41.
⑨ 孙博，董克用，唐远志. 生育政策调整对基本养老金缺口的影响研究[J]. 人口与经济，2011（2）：101-107.
⑩ 曾益，任超然，刘倩. 破解养老金支付危机："单独两孩"政策有效吗？——以城镇职工基本养老保险为例[J]. 财经研究，2015（1）：21-34.

养老保险基金可持续性的积极作用。① 唐运舒、吴爽爽（2016）②，张鹏飞、陶纪坤（2017）③，肖彩波、刘红卫（2018）④也得出类似结论，即生育政策调整可以改善社会养老保险基金的财务运行状况，提高社会养老保险基金的可持续性。

六、文献评述

人口老龄化是全球性的问题，作用于经济、社会与政治等各层面，可以说，人口老龄化的影响是普遍而深刻的，人口老龄化自然也会影响社会保险基金（主要是社会养老保险基金）的可持续性。基于此，国内外学者研究在人口老龄化程度不断加深的背景下，社会保险基金的财务运行状况如何变化并提出应对策略，随后评估各项应对策略对社会保险基金可持续性的影响。然而，现有的研究还存在以下几个问题。

第一，大部分国内研究是以城镇职工基本养老保险基金为研究对象，并未对城乡居民基本养老保险基金的可持续性问题进行深入的探讨，本书将重点研究城镇职工基本养老保险基金、城乡居民基本养老保险基金的可持续性，并分析各种可能的政策调整方案对上述两项基金可持续性的影响，对我国的社会养老保险基金进行全方位的分析，以期为政府提供相应的决策参考。

第二，在社会养老保险基金方面，较多学者仅对城镇职工基本养老保险或城乡居民基本养老保险的统筹基金部分进行分析，并未对个人账户进行深入的分析。我国社会养老保险个人账户为"空账"，统筹基金和个人账户实际上是"混账"运营⑤，即统筹基金和个人账户实际上为一个账户，只是单独分析统筹基金并不符合现实情况。因此，本书会克服上述研究不足，同时考察城镇职工基本养老保险和城乡居民基本养老保险的统筹基金和个人账户，分析在"混账"运营的情况下，城镇职工基本养老保险基金和城乡居民基本养老保险基金的财务运行状况如何变化，以期使得本书的分析更加符合现实情况。

第三，大部分国内外学者采用精算模型来模拟社会养老保险基金的财务运行状况，但是精算模型的参数设定（如经济增长率、人口参数、基金保值增值率、个人账户记账利率

① 骆正清，江道正，陈正光.生育政策调整对我国城镇企业职工基本养老保险代际平衡的影响［J］.广西财经学院学报，2015（3）：94-99.

② 唐运舒，吴爽爽."全面二孩"政策实施能有效破解城镇职工养老保险基金支付危机吗——基于不同人口政策效果情景的分析［J］.经济理论与经济管理，2016（12）：46-57.

③ 张鹏飞，陶纪坤.全面二孩政策对城镇职工基本养老保险收支的影响［J］.人口与经济，2017（1）：104-115.

④ 肖彩波，刘红卫.全面二孩政策对城乡居民基本养老保险制度实施的影响［J］.经济与管理评论，2018，34（2）：26-32.

⑤ 这一现状将在第四章进行详细的介绍。

等)较为随意，并未结合实际运行情况，也未对某些参数进行敏感性分析。基于此，本书的参数选取在考虑政策规定的基础上，结合实际运行情况，使结果更加精确和稳健。不仅如此，本书还将对参数进行敏感性分析，以增加可信度。

第四，虽然已有较多研究分析各项政策调整方案对社会保险基金的影响，但是研究延迟退休年龄(延迟待遇领取年龄)对社会保险基金可持续性影响的文献较多，而研究其他政策效应的文献偏少。不仅如此，较多文献仅研究单项政策的效应，而分析多项政策组合(如延迟退休年龄政策与"全面三孩"政策的组合)效应的研究较少。基于此，本书不仅分析单项政策的效应，还分析多项政策组合的效应，以期综合考察各项政策的效应，便于提高我国社会保险基金的可持续性。

第四节　研究思路、内容与方法

一、研究思路

本书的基本研究思路为：首先，在理论层面分析生育政策调整对社会保险基金(主要是社会养老保险基金)的影响机制；其次，运用人口预测模型分析生育政策调整对人口系统的影响，包括对人口数量、人口老龄化程度的影响；再次，以前面两部分的研究结论为基础，构建社会养老保险精算模型，评估生育政策调整对我国社会养老保险基金财务运行状况和可持续性的影响；最后，根据国际经验，结合我国实际国情，给出鼓励生育及提高社会保险基金可持续性的对策建议。

二、研究内容

本书的对象为社会养老保险基金，包括城镇职工基本养老保险基金和城乡居民社会养老保险基金①，具体研究内容如下。

(一)生育政策调整对社会养老保险基金可持续性影响的理论分析

运用规范分析和理论模型，针对生育政策调整对社会养老保险基金可持续性的影响展开理论分析，阐明具体影响机制，即生育政策调整首先影响人口数量和结构以及社会保险

---

① 我国社会养老保险基金还包括机关事业单位工作人员养老保险基金。机关事业单位工作人员养老保险的参保对象是机关事业单位工作人员(正式编制)，而机关事业单位工作人员数量受"全面三孩"政策的影响不大，主要是受到国家编制政策的影响较大，因此本书不再对机关事业单位养老保险基金进行过多的探讨。

参保人口数量和结构，再影响社会保险基金的收入和支出，最后影响社会保险基金的可持续性，本书按照这一主线展开理论和实证分析。

(二) 生育政策调整对人口系统的影响

分析生育政策调整对人口系统的影响是评估生育政策调整对社会保险基金可持续性影响的基础，需深入研究：① 生育政策调整对妇女生育率的影响，依据"全面三孩"生育意愿并结合齐险峰、郭震威 (2007) 提出的"四二一"家庭微观仿真模型预测未来妇女总和生育率和年龄别生育率；②生育政策调整对人口总数和结构的影响，采用上述分析结果预测未来的人口总数和结构。首先，采用生命表 (Life Table) 预测未来人口死亡率；其次，以 2010 年分年龄、性别、城乡的人口数为基础，运用队列要素方法 (即成分法，Cohort Component Method) 得到下一年分年龄、性别、城乡的人口数；再次，用育龄妇女人数乘以对应的年龄别生育率得到每年新生儿数量；最后，考虑农村人口向城镇迁移即可以得到每年分年龄、性别、城乡的人口数。

(三) 生育政策调整对社会养老保险基金可持续性的影响评估

运用上述人口预测结果测算未来各项社会养老保险制度和社会医疗保险保险制度的参保人数。按照社会养老保险基金运行原理，构建预测社会养老保险基金财务运行状况的精算模型，从基金平衡视角评估生育政策调整对社会养老保险基金财务运行状况的影响。

(四) 配套政策建议

运用文献研究和对比分析，结合发达国家经验、实证研究结果和我国实际国情，给出提高夫妇生育意愿 (鼓励生育) 以及提高社会保险基金可持续性的配套政策建议。目前我国"全面三孩"的实际生育意愿不高，需出台相应的鼓励措施，并且随着新生人口增加，医疗、教育等公共服务政策也要发生变化，所以这些配套政策涉及财政税收、教育、社会保障等公共服务领域。

三、研究方法

本书以人口经济学、保险学、社会保障学、精算学等相关理论为基础，综合人口统计 (主要为"四二一"家庭微观仿真模型、Lee-Carter 模型和队列要素法，用于预测未来妇女总和生育率、年龄别生育率和人口总数等)、精算模型 (主要为社会养老保险精算模型，从基金平衡视角评估生育政策调整对社会保险基金可持续性的影响)、定性分析 (主要为文献研究和对比分析等，用于分析生育政策调整对社会保险基金可持续性的影响机制，并提出相关对策建议)等方法①,来系统评估"全面三孩"政策对社会养老保险基金可持续性的影响,并提出相关的对策建议。

第五节　创新与不足

一、研究的创新

本书的创新之处体现在以下几方面。

第一,在研究方法上,本书系统运用精算模型对生育政策调整对社会保险基金可持续性的影响效应进行评估。这可以从基金平衡视角评估生育政策调整对社会保险基金可持续性的影响,以期考察生育政策调整的效应。

第二,在研究对象上,本书对我国现有的社会养老保险体系(城镇职工基本养老保险和城乡居民社会养老保险)进行全面分析。这可以全面考察生育政策调整对整个社会养老保险体系的影响,以期为社会保险体系的改革乃至社会保障体系的改革提供定量参考依据。

第三,在对社会保险基金分析的层次上,本书对全国社会保险基金的可持续性进行分析,以期为全国的人口和社会保障政策调整提供参考。这可为日后提高社会保险基金的统筹层次提供参考。

第四,在情景设置上,本书尽可能地模拟各种可能出现的生育情况对社会保险基金可持续性的影响。这不仅考虑在实际生育意愿下社会保险基金的财务运行状况,还可以分析"全面二孩"生育意愿的变动对社会保险基金可持续性的影响,增强了结论的现实意义。

二、研究的不足之处

由于各种主客观因素,使得本书存在一些不足与缺陷,集中反映在以下几方面。

第一,政策模拟方面。本书分析生育政策调整和延迟退休年龄(延迟待遇领取年龄)政策对社会保险基金可持续性的影响,而对其他有可能影响社会保险基金可持续性的政策(如社保基金入市政策②)未纳入考虑。基于此,在下一步的研究中会分析社保基金入市政策对社会保险基金可持续性的影响。

第二,对策建议方面。本书虽然提出鼓励生育、提高社会养老保险基金可持续性方面

---

① 以上所有的研究方法均会在第三章及以后内容予以详细的介绍和说明。

② 我国虽已于 2015 年出台社保基金入市政策,但并未完全铺开,仅在广东等省份实施。

的对策建议，但是还是未给出非常具体的参数建议，如应该给予生育三孩的夫妇多少生育津贴、减免生育三孩的夫妇多少个人所得税、延迟退休年龄的方案应该如何制定等。在下一步的研究中，会使用代际核算方法（Generational Accounting Method）来计算相关对策建议的具体参数。

第二章 理 论 基 础

本章主要介绍本书的理论基础，包括可持续发展理论、人口转变理论、基金平衡理论、公共产品理论、社会保险基金风险管理理论和世代交叠模型。本章在介绍理论的同时，会与本书的研究主题相结合。

第一节 可持续发展理论

可持续性即可持续发展，社会保险基金可持续性即社会保险基金的可持续发展。在此，首先介绍可持续发展的概念。1980 年联合国(United Nations) 大会首次提出"可持续发展"的概念。1987 年世界环境与发展委员会(WCED) 在题为《我们共同的未来》的报告中，第一次比较系统地阐述了"可持续发展"的概念。1992 年联合国发展大会(UNCDE)《21 世纪议程》问世，标志着"可持续发展"成为人类共同追求的目标和行动计划。根据世界环境与发展委员会的定义，可持续发展指的是"既满足当代人的需求，又不损害子孙后代满足其需求能力的发展"，其定义体现了以下几个原则：①公平性原则，即在资源利用、机会选择上力求代内横向公平与代际纵向公平；②共同性原则，可持续发展是全人类的共同事业，亦是全人类的共同责任，这需要各个国家与地区联合行动；③永续性，根据资源与环境的承载力适时调整和控制经济与社会发展的"节奏"，这是实现可持续发展的重要保证。资源使用与保护并举，讲求质与量的经济增长与发展方式，保护环境支撑力不受破坏，方有人类存续的时空。可持续发展的核心是发展，这要求实现生态效益、经济效益与社会效益的动态有机结合与协调。其中，人口是可持续发展的基础条件和主体，而以人为本，实现人的全面发展是可持续发展的应有之义，也是目前我国科学发展观的核心。

人口问题从来不是简单的人口数量的增减问题，它常与一国经济社会发展水平、文化传统以及政策走向紧密相关。20 世纪 70 年代以来我国开始实施并全面推开独生子女政策("一胎"政策)，生育水平呈现下降趋势。随着时间的推移，由于人口惯性的作用，加之人们生育观念与选择更为理性，进入 21 世纪后我国人口出现重大转折性变化。长期以来，我国的生育率水平在 2.1 以下，在低生育水平上徘徊，小幅度的生育政策调整难以扭转当前人口态势（魏益华、迟明，2015）。[①] 我国已出现"高龄少子"、出生性别比失衡以及劳动人口缩减等人口问题，"牵一发而动全身"，这还引发了其他一系列经济、社会与政治问题。从社会保险基金来看，这都不利于社会保险基金的良性运转。无论是人口发展本身还是社会保险基金，二者的持续性均遭到严峻的挑战。因此，从中长期来看，如何缓解社会保险基金的支付压力、提高社会保险基金的可持续发展能力（社会保险基金的可持续性）是我国面临的重大问题之一。

第二节　人口转变理论

社会保险基金出现支付压力的主要原因之一是人口老龄化程度不断加深，即人口结构的转变导致了社会保险基金的支付压力不断上升。本书在此介绍人口转变理论。人口转变理论是以人口的发展阶段、演变过程及其生成原因为研究对象，是在收集了西欧许多国家人口出生率和死亡率变化历史资料，并对这些资料作出实证的经验性研究之后提出来的，对人口的发展过程作出阶段性划分和说明的一种理论。[②] 该理论产生于 20 世纪 30 年代的西方，在第二次世界大战后得到了快速发展，是当代世界人口学界流行的一种人口理论，已经成为众多国家制定人口政策、编制人口发展规划、预测人口发展趋势的重要理论依据。

法国人口学家阿道夫·兰德里（Adolphe Landry）是人口转变理论的创始人，他在 1934 年出版的《人口革命》一书是人口转变理论的奠定著作。在书中，兰德里第一次系统地阐述了人口转变理论，他根据西欧特别是法国以往的人口统计资料，分析了人口出生率和死亡率的变动情况，认为在社会、自然的各种因素中，经济因素特别是生产力是影响人口发展的主要因素，人口的发展受经济因素的制约，他根据人口和食物供应及经济发展的关系，将一个国家的发展进程分为三个阶段。第一个阶段为古代的或原始的阶段——西欧整个史前时期直至新石器时期。这一阶段属于生育没有限制的时代，生产力发展水平很低，经济因素通过死亡率来影响人口发展，食物供应的数量在人口死亡率的变动过程中扮演了重要的角色，两者表现出了相反方向的变动关系，这一阶段人口增长主要得益于人口死亡率的降低。第二阶段为中间的或中期的阶段——西欧从新石器时期直到中世纪。这一阶段属于限制生育达到普及的时代，人口的发展变化已不依赖食物供应，经济因素通过影响

---

①　魏益华，迟明. 人口新常态下中国人口生育政策调整研究[J]. 人口学刊，2015，37（2）：41-45.

②　吴忠观，等. 人口学（修订本）[M]. 重庆：重庆大学出版社，2005.

婚姻关系来影响生育率，人们为了维持较高的生活水平开始改变婚姻观念——晚婚或不婚，通过婚姻关系的调整降低生育率并影响人口增长。第三阶段为现代阶段——欧洲产业革命以来，经济发展加快，科学和文化教育事业蓬勃兴起，人们的生活及婚姻生育观发生了很大改变，家庭人口规模缩小，出现了先是人口死亡率下降，促进人口剧增，后发展到人口出生率下降，人口增长速度放慢，人口处于低生育率、低死亡率、低增长的状态。

英国人口学家布拉加（C. P. Blacker）在 1947 年出版了《人口发展的阶段》一书，拓展了兰德里提出的人口转变理论，是当代人口转变理论的重要代表。布拉加根据发达国家经济社会发展情况和人口发展资料，从人口出生率和死亡率的高低更迭中将人口的进化过程分为 5 个阶段。第一阶段是高位静止（High Stationary）阶段，人口出生率和死亡率都保持高水平，人口在高出生率和高死亡率的基础上实现平衡，基本处于没有增长的静止状态，通常这一阶段是以农业为主的国家所有，年出生率和死亡率为 40‰~50‰。第二阶段是初期增长（Early Expanding）阶段，人口出生率保持高水平或静止不变，人口死亡率开始缓慢下降，死亡率下降的原因是经济发展带来的公共卫生保健服务增加。由于人口出生率保持着第一阶段的高水平，因而人口开始增加并达到最高的人口增长率。第三阶段是后期增长（Late Expanding）阶段，伴随经济的进一步增长，人口出生率和死亡率迅速下降，但人口出生率仍然高于死亡率，人口低速增长，这一阶段出生率和死亡率分别为 16‰~20‰ 和 12‰。第四阶段是低位静止（Low Stationary）阶段，人口出生率和死亡率都已下降到低水平，人口在低出生率和低死亡率的基础上实现平衡，基本上没有人口增长。通常在这一阶段，工业化和城市化都达到较高的水平，人们收入增加，更加注重对教育的投入，重视子女的素质。第五阶段是减退（Diminishing）阶段，人口出生率与人口死亡率交叉，死亡率高于出生率，人口处于绝对减少状态，人口出现了负增长。他认为，人口发展的这五个阶段是根据发达国家的人口发展资料划分的，发展中国家的人口发展还没有经过这五个阶段，还处在人口转变的过程中。

美国人口学家弗兰克·诺特斯坦（Frank W. Notestein）继承并发挥了兰德里提出的人口转变理论，从宏观层面论证了人口转变的经济根源，认为现代化、工业化和城市化是导致人口转变的根本原因。在 1944 年他就预言了第二次世界大战后，不发达地区人口的发展将会出现西欧式人口的转变过程，并证明了从欧洲国家的人口转变抽象出来的原理对世界各国普遍适用，这是由生产力由低级向高级演变过程所必然导致的普遍的客观规律，他在研究现代欧洲人口增长时注意到死亡率对现代化力量的反应比生育率更快、更敏感，据此，他将农业社会向工业社会过渡的人口转变过程划分为 4 个阶段：第一阶段，工业化前，主要表现为高出生率、高死亡率，但死亡率上下波动，人口自然增长率很低；第二阶段，工业化早期，主要表现为死亡率开始下降，出生率基本不变，人口自然增长率提高；第三阶段，进一步工业化时期，主要表现为死亡率继续下降，出生率也开始下降，但出生率的下降速度慢于死亡率，人口自然增长率仍然很高；第四阶段，完全工业化时期，死亡率和出生率都降到很低的水平，人口自然增长率很低，甚至为零或负数。

尽管学者们对人口转变的划分阶段及其理论阐释存在分歧，但他们都认为：①人口转变包括死亡率转变和出生率转变两个环节，这种转变总是以死亡率下降为先导，以出生率降至接近甚而低于死亡率水平为完结；②出生率和死亡率在传统社会里高，而在现代社会里低，任何现代社会的出生率和死亡率都经历了由高到低的转变过程；③人口发展过程不是一个独立运行的过程，而是与社会经济条件的发展、变化保持着千丝万缕的联系。人口的转变过程是经济、社会发展所决定的一种必然趋势，根本动因在于其所依存的社会经济背景，是生产力的发展、科学技术的进步、工业化和城市化的发展以及人们价值观念的变化促成了人口转变。尽管不同国家或不同地区呈现出巨大差异性，但这种转变是普遍的客观规律，人口终究要达到零增长和负增长的状态。因此，人口老龄化、高龄化是人口转变的普遍趋势和必然趋势。

第三节 基金平衡理论

实现基金平衡是社会保险制度得以正常运行的前提，本书首先需要对社会保险基金筹资的模式进行介绍，社会保险基金的筹资模式可分为现收现付制、完全积累制和部分积累制（现收现付制和完全积累制的组合）。我国社会养老保险（包括城镇职工基本养老保险和城乡居民基本养老保险）实行的是统筹基金和个人账户相结合的账户模式（简称"统账结合"模式，即部分积累制），由于个人账户未做实，实际上是"空账"运行①，类似瑞典的"名义账户"，因此本书认为我国社会养老保险基金的筹资模式为现收现付制（Pay-As-You-Go）②。我国城镇职工基本医疗保险和城乡居民基本医疗保险的筹资模式分别是"统账结合"模式和现收现付制，但是城镇职工基本医疗保险个人账户为"实账"运行，是个人一生的纵向收支平衡。

现收现付制实质上是一种"代际赡养"的形式，属于代际的收入再分配，其无须经历长时间的积累过程，不会遭受通货膨胀的压力，因此世界上大多数国家实行的是这种社会保

---

① 只有缴费记录，没有实际的金额，资金全部并入统筹基金。

② 主要是用当年在职劳动人口的收入支付当年退休人员的退休金，而正在工作人员的退休金则来源于下一代人的收入。

险基金筹资模式，即"以支定收，略有结余"。现收现付制社会保险基金实现收支平衡的核心是社会保险基金的收入大于支出，用公式表示为：

$$I \geqslant P+C \tag{2-1}$$

公式(2-1)中，I 为社会保险基金收入，P 代表社会保险基金支出，C 表示各类管理费用。当社会保险基金收入大于或等于支出与各类管理费用之和时，社会保险基金账户会有当期结余或刚好实现收支平衡，此时不存在支付危机。当社会保险基金收入小于各类支出时，就会使得社会保险基金面临支付失衡困境(即当期赤字)。

从理论上来讲，随着人口老龄化的加剧，我国社会保险基金的收支缺口日益扩大，社会保险基金的支付压力也与日俱增。继续实行"这一代人养上一代人，下一代人养这一代人"的思路无法让基金保持平衡，社会保险基金的支付面临危机，因此可以考虑改变社会保险基金的筹资模式，以提高社会保险基金的财务可持续性。

第四节　公共产品理论

公共产品理论是公共经济学领域和社会保障学领域的经典理论。萨缪尔森先后于 1954 年、1955 年发表了《公共支出的纯理论》和《公共支出理论图解》，这两部著作的问世被当作现代经济学对公共产品研究的开始。公共产品是指每个人对产品和劳务的消费不会导致其他人能够消费的劳务或产品减少，且公共产品具有三个明显的特征，即是效用的不可分割性①、消费的非竞争性(即非竞争性)②和受益的非排他性(即非排他性)③。公共产品由政府直接提供或者政府委托市场或社会组织来提供(即政府购买服务)，同时需要政府承担一定的责任与义务，如出资、管理等。

社会保险(Social Insurance)是政府通过立法强制实施，运用保险方式处置社会成员面临的特定风险，并为社会成员提供基本收入保障的法定保险制度。社会保险主要包括社会养老保险、社会医疗保险、工伤保险、生育保险和失业保险，且具有明显的强制性、法定性和互济性等特征。社会保险本质上有着再分配的作用，其发展在保障人们基本生活水平的条件下有助于保证物质再生产的顺利进行，帮助缩小贫富差距，同时也对社会的和谐稳定起到"安全网"和"减震器"的作用。由于社会保险具有很强的效用的不可分割性、非竞

---

①　即是私人产品遵循谁付款、谁受益的规则，可以被分割成许多可以买卖的单位，而公共产品是不可分割的，如灯塔、国防、外交、治安等。

②　任何人对公共产品的消费不会影响其他人同时享用该公共产品的数量和质量，受益对象之间不存在利益冲突。

③　任何人对公共产品的消费量都不会因为其他人的消费而减少。

争性和非排他性，目前理论界公认社会保险是一种（准）公共产品，因此一旦社会保险基金出现亏空，政府需要采取相应的措施解决社会保险亏空问题。

根据以上分析，首先本书的社会养老保险属于公共产品，具有非排他性和非竞争性，其支付缺口最后由政府承担兜底责任。在市场经济下，如果由市场这只"看不见的手"自由调控，难免会出现搭便车的现象，即人们只会享受领取社会养老保险待遇的权利，而不会自觉地去缴费，社会养老保险基金就不具备可持续性，整个社会养老保险体系面临的也将是很快破产，这是市场经济条件下无法避免的。其次，解决人们"老有所养"问题对一个国家的政治稳定与经济发展有着不可估计的正外部性效应，任何个人或私立组织都无法有效提供，这样的公共产品必须由政府提供与组织。最后，为了实现全体社会成员的最大利益，就必然需要政府这只"看得见的手"去弥补存在的"市场缺陷"，提供相关的公共产品或劳务，如社会养老保险，并保证社会养老保险的可持续发展。

第五节　社会保险基金风险管理理论

社会养老保险属于社会保险，社会保险作为一种再分配制度，是通过立法强制收缴的社会保险基金，是稳定社会关系、化解社会矛盾的重要调节工具，是构成社会经济体制的一部分。健全的管理是达成基金安全有效的前提，社会保险基金风险管理是指由社会保险基金的管理机构和其他相关部门与人员共同实施的，作用于社会保险基金资金运动全过程的，通过识别、分析可能会影响社会保险基金安全完整的管理风险或潜在事项，以对其进行控制和规避，从而实现社会保险基金保值增值等的一系列管理过程。[1] 社会保险基金的重要性要求我们必须在对其可能面临的风险进行充分分析的前提下，进行有效的风险管理。

根据风险来源的不同，社会保险面临的风险可分为外部环境风险和内部运营风险，其中外部环境风险主要包括由于人口老龄化程度的不断加深，社会保险相关立法不够完善，金融市场不够发达导致基金保值增值有限等方面的风险；而内部运营风险主要指社会保险基金在筹资、管理和发放的过程中可能面临的一系列潜在风险。通过上文的文献回顾，本书知道较多国家包括我国，随着老龄人口占比的攀升，已经出现社会保险基金收支平衡困难，甚至支付危机，我国社会保险如果要实现可持续发展，解决社会保险基金的安全运行问题，政府就需要提前对社会保险保险基金的风险进行预测及管理，以寻找可行的解决方

---

[1]　唐大鹏.社会保险基金风险管理[M].大连：东北财经大学出版社，2005.

案，解决因人口老龄化带来的社会保险基金支付危机。

第六节　世代交叠模型

世代交叠模型（OLG 模型，Over-Lapping Generation Model）是关于社会养老保险的研究经常使用的一个理论。对于社会养老保险的一般均衡研究（含社会养老保险基金收支平衡）主要借鉴 Allais（1947）、Samuelson（1958）和 Diamond（1965）等建立的世代交叠模型。世代交叠模型作为深入分析代际跨时消费的常用工具，研究的是任一时期内代际的交易行为，后被引入社会养老保险体系，并在社会养老保险问题的研究中得到广泛应用。

由于劳动力的年龄段分布不同，劳动力进入退休阶段的动态过程是非常复杂的，要建立一个与实际完全一致的人口动态模型是相当困难的。因此，一般借助两期世代交叠模型分析社会养老保险基金的可持续性。

在 OLG 模型中，不存在数量固定的永久性生存家庭，每位社会成员的生命都是有限的，并且人口新老交替，时间上呈现离散非连续的特征。在两期世代交叠模型中表现为：同一时点只存在两种类型的人，即年轻人（在职职工）与老年人（退休职工）；每个社会成员都只存活两期（第一期劳动，第二期退休）。选取某一时点 t，设 t 时点劳动人口数量为 L_t，由于每位社会成员都只存活工作和退休两期（t 代表 L_t 的工作期，$t+1$ 代表 L_t 退休期），$t+1$ 时期的退休人口全部来源于 t 时期的劳动人口 L_t，同时，人口在不断进行新老更替，新生劳动力 L_{t+1} 在 $t+1$ 时期出现，而 L_{t-1} 的退休人口在进入 $t+1$ 时期前全部消亡，则 $t+1$ 时期人口总量 $N_t = L_{t+1} + L_t$，以此类推。结合弗朗科·莫迪利安尼的生命周期消费理论，人们的教育水平、劳动能力、收入与需求的变化反映在劳动供给和储蓄行为之中，人们在整个生命周期内，以跨时消费平滑实现消费效用最大化。进一步假设，t 时期劳动人口 L_t 的工作年限为 C_t 年，进入 $t+1$ 时期，L_t 便成为退休老人，其存活年数为 R_{t+1}，则 t 时期的劳动人口 L_t 的生命周期介于 t 与 $t+1$ 之间。t 时期的在职人口 L_t 供给 1 单位的劳动，并将 C_t 年内获取的劳动收入用于消费和储蓄，在退休后 R_{t+1} 年内仅消费 t 时期的储蓄和从中所获得的利息。具体如图 2-1 所示。

以两期世代交叠模型为基础，从社会养老保险基金收支平衡的角度，进一步分析影响社会养老保险制度的一些实质性因素。设 t 期缴费率、工资率、人口增长率、劳动生产增长率、市场利率和人均养老金分别为 θ、w_t、n、g、r、P_t，则有 $L_t = (1+n) L_{t-1}$，$w_t = (1+g) w_{t-1}$。其运行机制见表 2-1。

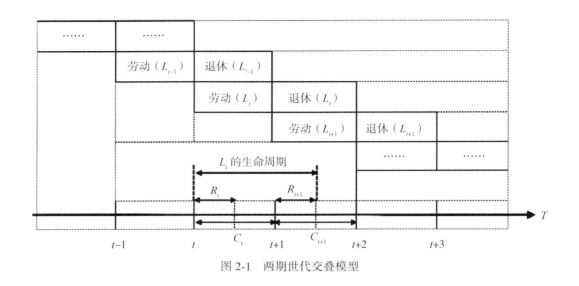

图 2-1 两期世代交叠模型

表 2-1 t 时期不同社会养老保险制度的运行机制

类别	现收现付制	基金制
养老金收入(PI_t)	$\theta w_t L_t$	$\theta w_{t-1}(1+r)L_{t-1}$
养老金支出(PE_t)	$P_t L_{t-1}$	$P_t L_{t-1}$
收支平衡条件	$RR_t=(1+n)(1+g)\approx\theta(1+n+g)$	$RR_t=\theta(1+r)$
赡养率(DB_t)	$\dfrac{L_{t-1}}{L_t}=\dfrac{1}{1+n}$	

其中，RR_t 为养老金替代率，是退休职工领取的养老金占在职期间工资的比例。在现收现付制下，当前劳动人口缴费用于同期退休人口社会养老金发放，当期劳动人口退休后则由下一期劳动人口缴费供养，社会养老保险基金收支平衡主要受人口增长率、劳动生产增长率、替代率、缴费率的影响。因此，在人口老龄化趋势加剧和低生育水平下，现收现付制下社会养老保险基金可持续性堪忧。保持其他条件不变，如果人口增长率或劳动生产增长率下降，由于福利刚性，若要维持原来替代率，则必须提高社会养老保险缴费水平。就我国实际情况而言，人口老龄化趋势下，缴费水平和替代率调整空间不足（郑秉文，2012①）。而在完全积累制下，社会养老保险基金中长期财务平衡主要取决于缴费率与资本市场利率。

---

① 郑秉文. 欧债危机对养老金改革的启示——下篇：中国应如何深化改革养老保险制度[J]. 中国社会保障，2012(2)：30-33.

实证篇

第三章　生育政策调整对人口数量和老龄化程度的影响

本章主要介绍人口预测模型，分析继续实行"全面二孩"政策下我国人口数量和人口老龄化程度的变化趋势，并模拟生育政策调整对我国人口数量和人口老龄化程度的影响，以此来对比生育政策调整是否能改善我国的人口老龄化程度。

第一节　人口预测模型

人口预测是整个测算过程的第一步。在精算原理中，对于人口的年老、生存和死亡的规律，主要通过构造生存模型进行研究[1]。本书采用队列要素法（又称"成分法"，Cohort Component Method），以 2010 年为基年对全国[2]未来 72 年（2018—2090 年）分年龄、性别、城乡的人口数量进行预测，具体如下。

第一步，t 年分城乡、性别、年龄的自然增长人口[3]数量等于 $t-1$ 年分城乡、性别、年龄的常住人口数量乘以对应的生存概率（= 1−死亡概率），具体表达式如下：

$$l_{t,x}^{u,m} = N_{t-1,x-1}^{u,m} \times (1-q_{t-1,x-1}^{u,m}) \tag{3-1}$$

$$l_{t,x}^{u,f} = N_{t-1,x-1}^{u,f} \times (1-q_{t-1,x-1}^{u,f}) \tag{3-2}$$

$$l_{t,x}^{r,m} = N_{t-1,x-1}^{r,m} \times (1-q_{t-1,x-1}^{r,m}) \tag{3-3}$$

$$l_{t,x}^{r,f} = N_{t-1,x-1}^{r,f} \times (1-q_{t-1,x-1}^{r,f}) \tag{3-4}$$

其中 $N_{t,x}^{u,m}$、$N_{t,x}^{u,f}$、$N_{t,x}^{r,m}$ 和 $N_{t,x}^{r,f}$ 分别代表 t 年 x 岁的城镇男性、城镇女性、农村男性和农村女性的常住人口数量，$l_{t,x}^{u,m}$、$l_{t,x}^{u,f}$、$l_{t,x}^{r,m}$ 和 $l_{t,x}^{r,f}$ 分别代表 t 年 x 岁的城镇男性、城镇女性、农村男性和农村女性的自然增长人口数量，$q_{t,x}^{u,m}$、$q_{t,x}^{u,f}$、$q_{t,x}^{r,m}$ 和 $q_{t,x}^{r,f}$ 分别代表 t 年 x 岁的城镇男

---

[1]　宋世斌. 我国医疗保障体系的债务风险及可持续性评估[M]. 北京：经济管理出版社，2009.

[2]　后文中会详细介绍为何不使用 2015 年人口 1% 抽样调查数据，并且由于 2020 年第七次人口普查详细数据还未公开，本书未采用最新的普查数据。

[3]　自然增长人口是指由正常的出生和死亡形成的人口，不包含迁移人口；而常住人口由自然增长人口和迁移人口构成。

性、城镇女性、农村男性和农村女性的死亡概率，用1-死亡概率可以获得生存概率。

第二步，t年分城乡的新生人口（即0岁人口）数量等于t年分城乡、年龄的平均育龄（15~49岁）妇女人口数量乘以对应的年龄别生育率之后的加总，具体表达式如下：

$$B_t^u = \sum_{x=15}^{49} P_{t,x}^{f,u} \times f_{t,x}^u = \frac{1}{2} \times \sum_{x=15}^{49} \{ [l_{t,x}^{f,u} + l_{t,x-1}^{f,u} \times (1-q_{x-1}^{f,u})] \times f_{t,x}^u \} \qquad (3\text{-}5)$$

$$B_t^r = \sum_{x=15}^{49} P_{t,x}^{f,r} \times f_{t,x}^u = \frac{1}{2} \times \sum_{x=15}^{49} \{ [l_{t,x}^{f,r} + l_{t,x-1}^{f,r} \times (1-q_{x-1}^{f,r})] \times f_{t,x}^u \} \qquad (3\text{-}6)$$

其中B_t^u和B_t^r分别代表t年城镇和农村的新生人口数量，$P_{t,x}^{f,u}$和$P_{t,x}^{f,r}$分别代表t年x岁的平均育龄妇女人口数量，$f_{t,x}^u$和$f_{t,x}^r$分别代表t年x岁的城镇和农村妇女的年龄别生育率。考虑新生人口性别[1]比后，即可获得t年分城乡、性别的新生人口数量。

第三步，考虑到农村人口向城镇迁移的情况，即可获得t年分城乡、性别、年龄的常住人口数量，具体表达式如下：

$$N_{t,x}^{u,m} = l_{t,x}^{u,m} + l_{t,x}^{r,m} \times qy_{t,x}^m \qquad (3\text{-}7)$$

$$N_{t,x}^{u,f} = l_{t,x}^{u,f} + l_{t,x}^{r,f} \times qy_{t,x}^f \qquad (3\text{-}8)$$

$$N_{t,x}^{r,m} = l_{t,x}^{r,m} - l_{t,x}^{r,m} \times qy_{t,x}^{r,m} \qquad (3\text{-}9)$$

$$N_{t,x}^{r,f} = l_{t,x}^{r,f} - l_{t,x}^{r,f} \times qy_{t,x}^{r,f} \qquad (3\text{-}10)$$

其中$qy_{t,x}^m$和$qy_{t,x}^f$分别代表t年x岁的农村男性和农村女性自然增长人口的迁移率，$l_{t,x}^{r,m} \times qy_{t,x}^m$和$l_{t,x}^{r,f} \times qy_{t,x}^f$分别代表$t$年$x$岁的由农村迁往城镇的男性和女性的自然增长人口数量。用迁移人口数量加上城镇自然增长人口数量等于城镇常住人口数量，用农村自然增长人口数量减去迁移人口数量等于农村常住人口数量。

第二节　相关参数计算与说明

本书使用2010年第六次人口普查数据对人口数量进行预测，而未使用最新的2015年1%人口抽样调查数据，主要是因为2010年人口普查数据与2015年1%人口抽样调查数据[2]存在一定的出入。2010年的0~100岁人口是2015年的5~100岁人口，按照2010年的人口数据预测2015年的人口数量，再与2015年的人口数量抽样值进行对比，可得到如表3-1的结果。可见，各年龄别的人口数量预测值与抽样值之间存在差距，最大可达45.03%，也就是说

---

① 正常的新生人口性别比（男女比）为105∶100。

② 2015年1%人口抽样调查数据公布的全国总人口数量已按抽样比进行了转换，例如2015年1%人口抽样调查的总人口数量为1300万人，那么按抽样比进行转换，总人口数量为13亿人（=1300万人/1%）。

2015 年 1%人口抽样调查数据存在一定的误差，由于人口普查是全样本调查①，准确度较高，因此本书仍使用 2010 年第六次人口普查数据对人口数量进行预测。

表 3-1 2015 年人口数量预测值与 2015 年人口数量抽样值的差距

年龄（岁）	绝对数差距	变化幅度	年龄（岁）	绝对数差距	变化幅度	年龄（岁）	绝对数差距	变化幅度
5	−1432290	−10.42%	33	−134145	−0.60%	61	112694	0.66%
6	−7425	−0.05%	34	111910	0.57%	62	99813	0.64%
7	109926	0.70%	35	147970	0.78%	63	80377	0.52%
8	437746	2.87%	36	−103980	−0.52%	64	205443	1.56%
9	678690	4.45%	37	−39893	−0.21%	65	11428	0.09%
10	−236051	−1.60%	38	−139668	−0.77%	66	13680	0.11%
11	229579	1.55%	39	−93770	−0.45%	67	143672	1.35%
12	140182	1.04%	40	−65077	−0.31%	68	118945	1.18%
13	−45561	−0.33%	41	113241	0.50%	69	147123	1.59%
14	−256181	−1.79%	42	48040	0.20%	70	68326	0.82%
15	916716	6.33%	43	−22564	−0.09%	71	144133	1.83%
16	−422004	−3.02%	44	−167712	−0.67%	72	122560	1.72%
17	−535727	−3.47%	45	337164	1.24%	73	133451	1.94%
18	166930	1.09%	46	−46363	−0.19%	74	193223	2.86%
19	−275797	−1.73%	47	68816	0.26%	75	186409	2.93%
20	−4131600	−22.89%	48	−86168	−0.41%	76	142448	2.68%
21	−852193	−4.53%	49	−305079	−1.28%	77	206660	3.59%
22	1311609	6.30%	50	133384	0.56%	78	196993	3.79%
23	1615246	7.77%	51	−20776	−0.09%	79	223333	4.59%
24	1763862	8.18%	52	−143823	−0.54%	80	258957	5.88%
25	372430	1.33%	53	21731	0.11%	81	282793	7.21%
26	345076	1.30%	54	84369	0.76%	82	262058	7.05%
27	−351894	−1.44%	55	189752	1.37%	83	192159	6.41%
28	−706943	−2.75%	56	−28526	−0.23%	84	223814	8.88%
29	−674630	−2.98%	57	28807	0.18%	85	243305	9.96%
30	−436198	−2.19%	58	−32366	−0.18%	86	180571	10.18%
31	2876	0.01%	59	−19555	−0.12%	87	200770	12.08%
32	−68	0.00%	60	−86513	−0.50%	88	177689	13.73%

① 人口普查长表数据的抽样比为 10%，在统计学上，其准确度也应高于 2015 年 1%抽样调查数据。

续表

年龄（岁）	绝对数差距	变化幅度	年龄（岁）	绝对数差距	变化幅度	年龄（岁）	绝对数差距	变化幅度
89	165060	16.42%	93	71787	19.47%	97	31500	30.66%
90	132774	15.46%	94	60761	21.06%	98	30521	41.03%
91	130685	19.90%	95	59801	28.21%	99	25210	45.03%
92	87726	17.92%	96	38744	28.36%	100	−5217	−11.98%

数据来源：2015 年 1% 人口抽样调查数据，http://pan.xiaze.org/nj/2015qgrkcydczl/indexch.htm。

注：绝对数差距 = 2015 年人口数量预测值 − 2015 年人口数量抽样值；变化幅度 = 绝对数差距/2015 年人口数量抽样值。

一、死亡率

死亡率是人口预测中的一个重要参数，也是编制生命表的一个重要参数，根据 2010 年第六次人口普查数据①，本书可以通过 2010 年的死亡人数和生存人数计算出全国人口的死亡概率。然而，由于人口普查存在一定的漏报和误差，本书通过人口普查实际数据计算出来的死亡概率并非真实的死亡概率，要对该死亡概率进行一定的修正，即死亡概率修匀，这里采用蒋正华（1983）②提出的自修正迭代算法（JPOP-1 算法）③对死亡概率进行修匀。

随着人民生活水平的提高、医疗技术的进步，人口死亡率呈现逐年下降的趋势，人口预期寿命也呈现逐年上升的趋势④，因此人口死亡率并不是一成不变的。2010 年人口预期寿命为 74.83 岁，2015 年人口预期寿命为 76.34 岁，根据《"健康中国 2030" 规划纲要》的精神，2020 年人口预期寿命争取达到 77.3 岁，2030 年人口预期寿命争取达到 79 岁。按照这一文件的精神，运用生命表，本书基于 2010 年人口死亡率对 2018—2090 年的人口死亡率进行调整，并结合发达国家（如日本、德国）的经验，假定人口预期寿命达到 80 岁后不再增加（蒋云赟，2015⑤）。

二、妇女生育率

生育率是预测新生人口的一个重要参数，2010 年第六次人口普查数据显示，我国妇女

---

①　第六次人口普查数据来源于 http://www.stats.gov.cn/tjsj/pcsj/rkpc/6rp/indexch.htm。

②　蒋正华. JPOP-1 人口预测模型 [J]. 西安交通大学学报，1983（4）：114-117.

③　自修正迭代算法（JPOP-1 算法）为中国乃至世界各国人口生命表研制奠定了坚实的科学基础，这种算法可以直接利用某次人口普查的数据制作出完全生命表。

④　按照生命表的构造原理，可以通过分年龄别人口死亡率计算出人口预期寿命。

⑤　蒋云赟，刘剑. 我国统筹医疗保险体系的财政承受能力研究 [J]. 财经研究，2015，41（12）：4-14.

总和生育率为 1.18[①]，其中城镇和农村妇女总和生育率为 0.98 和 1.44，均低于更替水平[②]2.1，也低于国家人口计生委(现国家卫生健康委员会)一直坚称的 1.8 左右的水平[③]。如此之低的生育水平是否能够如实反映我国的实际情况呢？部分学者(郝娟和邱长溶，2011[④]；郭志刚，2011[⑤]；王广州，2012[⑥])认为，我们应该相信人口普查的统计结果。然而，有些学者对人口普查的数据提出了质疑，不断地根据人口普查的相关数据修正总和生育率(王金营和戈艳霞，2013[⑦])。崔红艳等(2013)利用人口变动抽样的数据和国家统计局每年公布的出生人口数据对第六次人口普查数据的准确性进行了考察，发现 0～9 岁人口存在漏报，20～45 岁人口有重有漏，但重大于漏，2010 年妇女总和生育率应在 1.5 左右。[⑧]

可以看出，不同的学者有不同的观点，这里不讨论第六次人口普查数据准确与否，而是通过设定不同的总和生育率来推算 2011 年的总人口，并与 2011 年全国人口 1‰抽样调查的数据进行比对，以期找出最接近的总和生育率[⑨]。本书首先假定 2010 年第六次人口普查公布的总和生育率是准确的，采用上述人口预测模型进行预测，2011 年全国人口为 134594 万人[⑩]，而 2011 年实际人口数为 134735 万人[⑪]，两者之间的差距为 141 万人，误差率为 0.1%；然后，本书调整总和生育率，以使总人口无限接近 134735 万人，测算发现，当总和生育率为 1.36(其中城镇为 1.16，农村为 1.61)时，总人口为 134736 万人[⑫]，与 2011 年的实际人口最接近，两者之间的差距仅为 1 万人，误差率小于 10^{-5}，因此本书可以认为 2010 年我国妇女总和生育率的真实值是 1.36，其中城镇和农村妇女总和生育率分别为 1.16 和 1.61，这一结论与郭志刚(2011)[⑬]、王广州

---

① 傅崇辉，张玲华，李玉柱. 从第六次人口普查看中国人口生育变化的新特点[J]. 统计研究，2013(1)：68-75.

② 是指这样一个生育水平，同一批妇女生育女儿的数量恰好能替代她们本身，一旦达到生育更替水平，出生和死亡将趋于均衡；一般认为，总和生育率为 2.1，即达到了生育更替水平。

③ 陈友华，胡小武. 低生育率是中国的福音？——从第六次人口普查数据看中国人口发展现状与前景[J]. 南京社会科学，2011(8)：53-59.

④ 郝娟，邱长溶. 2000 年以来中国城乡生育水平的比较分析[J]. 南方人口，2011(5)：27-33.

⑤ 郭志刚. 六普结果表明以往人口估计和预测严重失误[J]. 中国人口科学，2011(6)：2-13.

⑥ 王广州. 中国人口总量、结构及其发展趋势预测[R]. 内部研究报告，2012.

⑦ 王金营，戈艳霞. 2010 年人口普查数据质量评估以及对以往人口变动分析校正[J]. 人口研究，2013(1)：22-33.

⑧ 崔红艳，徐岚，李睿. 对 2010 年人口普查数据准确性的估计[J]. 人口研究，2013(1)：10-21.

⑨ 曾益. 人口老龄化背景下我国城镇职工基本医疗保险制度可持续性研究[D]. 上海：上海财经大学博士学位论文，2014.

⑩ 包括可以确定常住地人口数 1343641506 人，军人 230 万人(这里假定军人数与 2010 年一致)。

⑪ 数据来源于 2012 年《中国统计年鉴》。

⑫ 包括可以确定常住地人口数 1345067900 人，军人 230 万人。

⑬ 郭志刚. 六普结果表明以往人口估计和预测严重失误[J]. 中国人口科学，2011(6)：2-13.

（2012）①的结论非常接近。据此，本书根据这一测算结果调整全国分城乡的年龄别生育率和总和生育率，城镇妇女生育率在原生育率的基础上放大 1.18（=1.16/0.98）倍，农村妇女生育率在原生育率的基础上放大 1.12（=1.61/1.44）倍，具体的调整结果详见表3-2 中的调整生育率。因此本书可以假定如果我国继续实行"全面二孩"政策，妇女总和生育率为 1.36，其中城镇和农村妇女总和生育率分别为 1.16 和 1.61②。

表 3-2　2010 年我国分城乡妇女生育率

年龄（岁）	原始生育率(‰)		调整生育率(‰)		年龄（岁）	原始生育率(‰)		调整生育率(‰)	
	城镇	农村	城镇	农村		城镇	农村	城镇	农村
15	0.04	0.17	0.05	0.19	33	32.29	41.48	38.25	46.23
16	0.28	1.51	0.33	1.68	34	28.16	37.22	33.37	41.49
17	1.32	5.45	1.56	6.07	35	23.85	29.70	28.26	33.10
18	3.84	13.88	4.55	15.47	36	20.53	25.26	24.32	28.15
19	7.28	22.98	8.62	25.61	37	16.85	20.79	19.96	23.17
20	18.32	54.33	21.70	60.56	38	13.97	17.14	16.55	19.10
21	33.14	86.43	39.26	96.34	39	11.00	12.84	13.04	14.31
22	45.87	101.13	54.35	112.72	40	9.87	11.82	11.69	13.17
23	66.26	123.20	78.50	137.32	41	6.96	8.37	8.24	9.33
24	77.24	125.05	91.51	139.38	42	7.62	8.11	9.02	9.04
25	74.54	112.47	88.30	125.36	43	5.36	6.07	6.34	6.77
26	77.55	105.84	91.88	117.97	44	4.81	5.37	5.70	5.99
27	73.08	89.09	86.58	99.30	45	4.70	4.96	5.57	5.53
28	82.45	91.00	97.68	101.43	46	4.03	4.48	4.78	4.99
29	69.03	78.31	81.79	87.28	47	4.98	4.88	5.90	5.44
30	53.74	68.08	63.67	75.88	48	5.58	5.49	6.61	6.12
31	48.21	61.56	57.11	68.62	49	3.70	3.75	4.38	4.18
32	42.70	56.25	50.59	62.70	合计	979.13	1444.46	1160.00	1610.00

数据来源：第六次人口普查数据，http://www.stats.gov.cn/tjsj/pcsj/rkpc/6rp/indexch.htm。

① 王广州.中国人口总量、结构及其发展趋势预测［R］.内部研究报告，2012.
② 曾益.人口老龄化背景下我国城镇职工基本医疗保险制度可持续性研究［D］.上海：上海财经大学博士学位论文，2014.

生育政策调整会改变妇女总和生育率，即妇女总和生育率会提高，本书结合 2000 年第五次和 2010 年第六次人口普查以及 2005 年 1% 人口抽样调查的相关数据，计算不同生育政策下（"全面三孩"政策）符合条件夫妇的数量，并结合"四二一"家庭微观仿真模型模拟未来我国总和生育的变化情况（郭震威、齐险峰，2008①），计算过程还将考虑不同生育意愿对我国总和生育率的影响（曾益等，2016②），本书将在本章第四节详细介绍"全面三孩"生育意愿的设定情况。

三、迁移率

按照 2000 年第五次人口普查和 2010 年第六次人口普查的相关数据，本书可推算出各年龄别农村自然增长人口的迁移率。具体方法如下：假定不存在农村人口向城镇迁移的情况，运用队列要素方法得出 2010 年的人口数量，与 2010 年实际人口数量进行对比，即可得到各年龄别农村自然增长人口的迁移率，具体结果见表 3-3。按照周渭兵（2004）③的研究结论，本书同样假定 91 岁及以上的农村自然增长人口不再迁移至城镇。

表 3-3　分年龄别迁移率

年龄（岁）	男性	女性	年龄（岁）	男性	女性
0	0.00653518	0.00316860	11	0.04696508	0.03825391
1	0.00797255	0.00405598	12	0.05047453	0.04094394
2	0.01106939	0.00449876	13	0.04994002	0.04158651
3	0.01536880	0.00978531	14	0.04950771	0.04026558
4	0.01727210	0.01264294	15	0.04636763	0.03735440
5	0.02276808	0.01867790	16	0.04017399	0.03208501
6	0.02730214	0.02278119	17	0.03347805	0.02632270
7	0.03188108	0.02792199	18	0.03032624	0.02581926
8	0.03692426	0.03258121	19	0.02195017	0.02000578
9	0.04131750	0.03611946	20	0.02123164	0.02248683
10	0.04512503	0.03756133	21	0.01888751	0.02399259

①　郭震威，齐险峰．"四二一"家庭微观仿真模型在生育政策研究中的应用［J］．人口研究，2008（2）：5-15.

②　曾益，张心洁，刘凌晨．从"单独二孩"走向"全面二孩"：中国养老金支付危机能破解吗［J］．财贸经济，2016（7）：133-146.

③　周渭兵．社会养老保险的精算方法及其应用［M］．北京：经济管理出版社，2004.

年龄（岁）	男性	女性	年龄（岁）	男性	女性
22	0.02342971	0.02629811	51	0.01187178	0.01416269
23	0.02634598	0.02800373	52	0.01204697	0.01365909
24	0.02663100	0.02714851	53	0.01264727	0.01403216
25	0.02640115	0.02645563	54	0.01220446	0.01357379
26	0.02532025	0.02473638	55	0.01271418	0.01382864
27	0.02316189	0.02230877	56	0.01243944	0.01403302
28	0.02383290	0.02309811	57	0.01052951	0.01180446
29	0.02201957	0.02185990	58	0.01226173	0.01347330
30	0.02427938	0.02335846	59	0.01181527	0.01223923
31	0.02057249	0.02021408	60	0.01634388	0.01731057
32	0.02251236	0.02129835	61	0.01221225	0.01247058
33	0.02024488	0.01950544	62	0.01281470	0.01264901
34	0.02059029	0.02049682	63	0.01251161	0.01283184
35	0.02050224	0.01985172	64	0.01443101	0.01493180
36	0.01942116	0.01870758	65	0.01387448	0.01483639
37	0.01860716	0.01838072	66	0.01141616	0.01198746
38	0.01859117	0.01729450	67	0.01222035	0.01267894
39	0.01497221	0.01346005	68	0.01203737	0.01336256
40	0.01708117	0.01649721	69	0.01009672	0.01132265
41	0.01268481	0.01269647	70	0.01315597	0.01573217
42	0.01441974	0.01369808	71	0.01129834	0.01299652
43	0.01383041	0.01425361	72	0.01168638	0.01375457
44	0.01339057	0.01376984	73	0.01101289	0.01300303
45	0.01529371	0.01597314	74	0.01074217	0.01333215
46	0.01332126	0.01429146	75	0.01113360	0.01416812
47	0.01246105	0.01355611	76	0.01040846	0.01333356
48	0.01431638	0.01567609	77	0.00887514	0.01174166
49	0.01198798	0.01412238	78	0.00982419	0.01365220
50	0.01426756	0.01694695	79	0.00720377	0.01045514

年龄（岁）	男性	女性	年龄（岁）	男性	女性
80	0.00831646	0.01285737	86	0.00410381	0.00744102
81	0.00776433	0.01180497	87	0.00280549	0.00584118
82	0.00720533	0.01130739	88	0.00145729	0.00425532
83	0.00676186	0.01057376	89	0.00167941	0.00377883
84	0.00567506	0.00952837	90	0.00215629	0.00359681
85	0.00490139	0.00835660	91 及以上	0	0

第三节 "全面二孩"政策下人口数量和老龄化程度的变化趋势

考虑到我国的生育政策从原有的"一胎"政策（1978 年开始执行）调整为"单独二孩"政策（2014 年 1 月 1 日正式执行）①，再调整为"全面二孩"政策（2016 年 1 月 1 日正式执行），然后调整为"全面三孩"政策（2022 年 1 月 1 日正式执行），为了对比生育政策调整前后人口数量的变化情况，本书首先分析继续实行"全面二孩"政策下人口数量和老龄化程度的变化趋势，然后再分析实施"全面三孩"政策对人口数量和老龄化程度的影响。本书未分析"单独二孩"政策带来的影响主要是因为"单独二孩"政策仅实施 2 年（＝2016－2014），且"单独二孩"生育意愿并不高②。

一、人口总数的变化趋势

表 3-4 总结了继续实行"全面二孩"政策情况下，我国总人口的发展情况。如果继续实行"全面二孩"政策，2018 年我国人口总数为 13.91 亿人③，2019 年及以后人口总数呈上升趋势，直至 2023 年人口总数达到最高峰，约为 14.01 亿人，这不仅大大低于此前《国家人口发展战略研究报告》所估算的 15 亿人左右④，而且峰值出现的时间也比《国家人口发展

---

① 虽然我国曾在农村地区和城镇地区分别实行"一孩半"政策和"双独二孩"政策，但效果均不是特别明显，因此本书未纳入分析。

② 截至 2015 年 5 月底，1100 万对"单独"夫妇仅 145 万对提出申请，也就是说"单独二孩"的生育意愿为 13%（＝145/1100）。资料来源：http://china.huanqiu.com/article/2015-07/6968582.html。

③ 不包括军人人数，下文如果没有特别说明，人口总数均不包括军人人数，这是因为军人人数很难预测，受国家政策的影响。

④ 资料来源：http://www.gov.cn/gzdt/2007-01/11/content_493677.htm。

（单位：人）

表3-4 我国人口总数的预测结果（继续实行"全面二孩"政策）

年份	全国总人口			城镇人口			农村人口		
	总计	男性	女性	总计	男性	女性	总计	男性	女性
2018	1390897364	711297933	679599431	803709372	412674435	391034937	587187992	298623498	288564494
2019	1394529928	712982839	681547089	817725368	419914354	397811014	576804560	293068485	283736075
2020	1397309515	714210533	683098982	831053636	426782479	404271158	566255879	287428054	278827824
2021	1399237059	714985077	684251982	843671445	433269040	410402406	555565614	281716037	273849576
2022	1400315421	715306299	685009122	855586975	439376342	416210634	544728446	275929957	268798488
2023	1400583232	715194738	685388494	866785289	445097128	421688162	533797943	270097610	263700332
2024	1400105195	714688675	685416520	877292664	450446761	426845904	522812531	264241914	258570616
2025	1398929857	713814844	685115013	887118358	455430731	431687624	511811500	258384111	253427389
2026	1397124224	712610363	684513861	896299267	460067355	436231912	500824957	252543008	248281949
2027	1394740330	711102187	683638143	904864110	464372223	440491887	489876220	246729964	243146255
2028	1391804872	709307506	682497366	912817686	468348558	444469128	478987186	240958948	238028238
2029	1388364175	707255982	681108192	920167117	472004578	448162539	468197058	235251404	232945653
2030	1384447075	704959071	679488004	926955519	475358835	451596684	457491556	229600236	227891320
2031	1380030111	702411894	677618217	933135557	478391820	454743738	446894553	224020074	222874479
2032	1375184538	699649580	675534958	938784232	481141439	457642793	436400306	218508141	217892165
2033	1369861655	696650736	673210919	943864229	483864680	460272550	425997426	213059057	212938369
2034	1364085645	693433431	670652215	948387250	485753090	462634160	415698395	207680341	208018054
2035	1357881767	690010554	667871213	952380979	487640814	464740165	405500788	202369740	203131048
2036	1351216663	686365297	664851366	955813045	489238358	466574687	395403618	197126940	198276679

续表

年份	全国总人口			城镇人口			农村人口		
	总计	男性	女性	总计	男性	女性	总计	男性	女性
2037	1344090398	682498682	661591717	958882105	490547228	468134876	385408294	191951453	193456841
2038	1336487180	678399721	658087459	960992233	491567396	469424838	375494947	186832326	188662622
2039	1328410812	674075286	654335526	962719366	492293199	470426167	365691446	181782087	183909359
2040	1319903368	669545779	650357589	963908724	492746724	471162000	355994644	176799055	179195589
2041	1310866277	664764683	646101594	964474322	492888678	471585644	346391955	171876005	174515950
2042	1301333636	659750052	641583585	964444614	492734303	471710311	336889022	167015749	169873273
2043	1291281453	654488717	636792736	963802630	492275642	471526988	327478823	162213075	165265748
2044	1280705609	648979366	631726243	962537232	491507532	471029700	318168377	157471834	160696543
2045	1269614408	643229735	626384673	960647310	490433154	470214156	308967098	152796582	156170517
2046	1258027102	637249977	620777125	958147733	489060646	469087087	299879369	148189331	151690038
2047	1245945475	631040342	614905132	955020218	487381554	467638664	290925257	143658789	147266468
2048	1233407833	624620571	608787262	951295717	485412268	465883449	282112116	139208303	142903813
2049	1220439153	618004226	602434927	946984404	483162014	463826389	273450749	134842211	138608538
2050	1207045893	611198254	595847640	942099611	480633482	461466129	264946282	130564771	134381511
2051	1193289252	604235530	589053722	936671026	477850733	458820293	256618226	126384797	130233429
2052	1179219014	597140242	582078772	930746223	474835310	455910913	248472791	122304932	126167859
2053	1164783249	589891697	574891551	924284648	471570520	452714128	240498601	118321178	122177423
2054	1150112836	582550322	567562514	917392604	468106982	449285622	232720232	114443340	118276892
2055	1135195046	575114872	560080175	910057014	464441936	445615078	225138032	110672936	114465096
2056	1120147169	567638713	552508457	902379242	460622899	441756343	217767927	107015813	110752113

续表

年份	全国总人口			城镇人口			农村人口		
	总计	男性	女性	总计	男性	女性	总计	男性	女性
2057	1105007936	560139703	544868233	894398237	456668590	437729647	210609699	103471113	107138586
2058	1089752945	552605191	537147755	886097109	452569528	433527581	203655836	100035662	103620174
2059	1074509376	545091235	529418141	877587732	448377813	429209920	196921644	96713423	100208221
2060	1059367130	537633849	521733280	868959402	444131683	424827719	190407728	93502166	96905562
2061	1044182627	530178352	514004275	860093261	439785362	420307899	184089366	90392990	93696377
2062	1029119873	522787811	506332062	851139647	435400044	415739603	177980226	87387766	90592460
2063	1013827956	515312340	498515616	841802697	430845457	410957240	172025259	84466883	87558377
2064	998409676	507796557	490613119	832168283	426162234	406006049	166241393	81634323	84607071
2065	983200514	500368943	482831571	822544542	421473084	401071457	160655972	78895859	81760113
2066	968065544	492973718	475091827	812819694	416731257	396088437	155245850	76242461	79003390
2067	953010998	485618180	467392818	803007475	411947246	391060230	150003523	73670934	76332589
2068	938092891	478316061	459776830	793162630	407136847	386025783	144930261	71179214	73751047
2069	923038253	470960486	452077767	783045576	402204204	380841372	139992677	68756282	71236394
2070	908116226	463658200	444458026	772899929	397248666	375651262	135216298	66409534	68806764
2071	893172756	456348362	436824393	762595618	392217457	370378161	130577138	64130905	66446232
2072	878371959	449095806	429276154	752278995	387170125	365108870	126092965	61925680	64167284
2073	863659100	441882949	421776151	741909111	382093275	359815836	121749988	59789673	61960315
2074	849059489	434720944	414338545	731510526	376997837	354512689	117548963	57723106	59825856
2075	834598708	427622987	406975721	721112980	371898384	349214596	113485728	55724603	57761125
2076	820307863	420599505	399708358	710749066	366806765	343942301	109558797	53792740	55766057

续表

年份	全国总人口			城镇人口			农村人口		
	总计	男性	女性	总计	男性	女性	总计	男性	女性
2077	806165235	413641503	392523732	700402700	361715582	338687118	105762535	51925920	53836615
2078	792260708	406786462	385474246	690159069	356661148	333497922	102101639	50125314	51976324
2079	778480729	399988729	378492000	679919547	351602968	328316579	98561182	48385761	50175422
2080	764890872	393271153	371619719	669746066	346563542	323182525	95144805	46707611	48437194
2081	751562289	386664259	364898030	659709207	341573277	318135929	91853082	45090981	46762101
2082	738453089	380146379	358306710	649771039	336612833	313158207	88682049	43533546	45148503
2083	725503174	373693460	351809714	639880352	331661743	308218609	85622822	42031717	43591105
2084	712913747	367381349	345532398	630229857	326794250	303435607	82683890	40587099	42096791
2085	700567993	361161861	339406132	620716914	321967429	298749485	79851080	39194433	40656647
2086	688452902	355028234	333424668	611332301	317176838	294155463	77120602	37851396	39269206
2087	676469750	348939912	327529838	601987521	312385922	289601599	74482229	36553990	37928239
2088	664604888	342888615	321716273	592672823	307588423	285084400	71932065	35300192	36631872
2089	652976627	336920972	316055655	583499707	302829800	280669907	69476920	34091172	35385748
2090	641447238	330984079	310463159	574342629	298061479	276281150	67104609	32922601	34182009

战略研究报告》预估(2033 年)的时间提前了 10 年,这与郭志刚(2010)的研究结论较为接近①。2024 年及以后人口总数开始呈下降趋势,此后一直保持不变,21 世纪中叶(即 2050 年)的人口总数为 12.07 亿人,2064 年人口总数开始低于 10 亿人,为 9.98 亿人,此后(即 2065 年及以后)人口总数一直低于 10 亿人,2090 年我国人口总数为 6.41 亿人,仅为 2023 年人口总数的 45.8%。也就是说,从中华人民共和国成立,经过 140 年的发展,我国的人口总数极有可能又回到起点(1950 年我国的人口总数为 5.52 亿人②)。因此,可以说 20 世纪我国人口爆炸的引信早已拆除,并进入人口内爆(Implosion,指向内崩陷)的时代(陈友华、胡小武,2011③)。

如果继续实行"全面二孩"政策,2018 年城镇人口数量为 8.04 亿人,2019 年及以后城镇人口数量一直呈上升趋势,直至 2041 年达到最高峰,约为 9.64 亿人,2042 年及以后城镇人口数量开始呈下降趋势,2050 年为 9.42 亿人,2090 年为 5.74 亿人。2018 年农村人口数量为 5.87 亿人,2019 年及以后农村人口数量一直呈下降趋势,2050 年为 2.65 亿人,2090 年为 6710.46 万人,这是由农村人口向城镇迁移造成的,也符合国家城镇化的发展方向。

二、老龄人口的变化趋势

表 3-5 总结了继续实行"全面二孩"政策的情况下,我国 60 岁及以上人口数量的变化情况。2018 年我国 60 岁及以上人口数量为 2.55 亿人,2019 年及以后 60 岁及以上人口数量呈现增加的趋势,峰值将在 2051 年出现,达到 4.74 亿人,2052 年及以后将呈现下降的趋势,2090 年 60 岁及以上人口为 2.83 亿人。2018—2090 年我国 60 岁及以上人口数量经历"过山车"的变化趋势。2018 年城镇和农村 60 岁及以上人口数量分别为 1.33 亿人和 1.22 亿人,2018 年及以后城镇 60 岁及以上人口数量同样呈现增加的趋势,直至 2054 年达到峰值,为 3.76 亿人,2055 年及以后呈现下降的趋势,至 2090 年为 2.56 亿人;而农村 60 岁及以上人口数量先呈现缓慢的上升趋势,直至 2032 年达到峰值,为 1.41 亿人,2033 年及以后呈现缓慢的下降趋势,至 2090 年为 2.72 亿人。

表 3-6 总结了我国 65 岁及以上人口的变化情况,可以看出,我国 65 岁及以上人口数量的变化趋势与 60 岁及以上人口数量的变化趋势比较类似。我国 65 岁及以上人口数量首先呈现上升趋势,直至 2055 年达到峰值(与我国 60 岁及以上人口数量峰值的出现时点比

---

① 郭志刚. 中国的低生育率与被忽略的人口风险[J]. 国际经济评论,2010(6):112-126.
② 数据来源于 2012 年《中国统计年鉴》。
③ 陈友华,胡小武. 低生育率是中国的福音?——从第六次人口普查数据看中国人口发展现状与前景[J]. 南京社会科学,2011(8):53-59.

表3-5　我国60岁及以上人口数量的预测结果(继续实行"全面二孩"政策)　(单位:人)

年份	全国60岁及以上人口			城镇60岁及以上人口			农村60岁及以上人口		
	总计	男性	女性	总计	男性	女性	总计	男性	女性
2018	255201576	123890651	131310925	133382025	64393061	68988964	121819552	59497590	62321961
2019	259485574	125791125	133694449	138289105	66704660	71584445	121196469	59086465	62110005
2020	264652696	128066119	136586577	143824498	69309032	74515465	120828199	58757086	62071112
2021	266756361	128687769	138068592	147502995	70921464	76581531	119253366	57766305	61487061
2022	276951762	133442082	143509680	155730698	74867887	80862811	121221064	58574195	62646869
2023	293304031	141321734	151982297	168097895	80899632	87198263	125206136	60422102	64784035
2024	305804224	147163980	158640244	178143722	85709880	92433841	127660502	61454099	66206403
2025	318450375	153132577	165317798	188208136	90538597	97669539	130242239	62593980	67648259
2026	330719993	158871876	171848117	197973871	95170727	102803144	132746123	63701150	69044973
2027	340082487	163103620	176978867	206106889	98959243	107147646	133975598	64144377	69831221
2028	354368979	169812842	184556137	217760262	104513017	113247245	136608718	65299826	71308892
2029	366271884	175321146	190950738	228197759	109436853	118760906	138074125	65884293	72189833
2030	380051075	181775858	198275217	240070049	115086402	124983647	139981026	66689456	73291571
2031	391308487	187018094	204290394	250532082	120036723	130495360	140776405	66981371	73795034
2032	401707938	191797610	209910328	260580612	124759555	135821057	141127326	67038055	74089271
2033	410950275	195993420	214956855	270040389	129165448	140874942	140909886	66827973	74081913
2034	418721368	199418862	219302507	278544577	133056730	145487847	140176791	66362131	73814660
2035	424467981	201843201	222624779	285821495	136328791	149492704	138646486	65514410	73132075
2036	429320376	203839557	225480819	292557711	139336197	153221514	136762664	64503360	72259304

47

续表

年份	全国 60 岁及以上人口			城镇 60 岁及以上人口			农村 60 岁及以上人口		
	总计	男性	女性	总计	男性	女性	总计	男性	女性
2037	431428735	204470720	226958015	297416699	141392724	156023975	134012035	63077996	70934040
2038	434358857	205481551	228877306	302884967	143730326	159154641	131473890	61751226	69722665
2039	437270285	206524770	230745515	308350850	146084891	162265959	128919434	60439879	68479556
2040	438980579	206927856	232052723	312792748	147906153	164886595	126187831	59021703	67166127
2041	440894816	207433306	233461510	317409271	149796723	167612548	123485545	57636583	65848962
2042	445032702	209018175	236014526	323741785	152509930	171231855	121290916	56508245	64782671
2043	446155846	209099977	237055869	327693272	154046207	173647064	118462574	55053770	63408804
2044	447146017	209098225	238047792	331348072	155430580	175917492	115797945	53667646	62130300
2045	448019357	209039784	238979572	334804460	156726498	178077963	113214897	52313287	60901610
2046	451128900	210054675	241074225	339931035	158830598	181100437	111197866	51224077	59973788
2047	456745696	212370576	244375121	346964285	161930189	185034096	109781412	50440387	59341025
2048	460935276	214023516	246911761	353006134	164570513	188435621	107929142	49453003	58476139
2049	466791727	216538957	250252770	360447697	167912757	192534940	106344030	48626200	57717830
2050	473708922	219686400	254022522	368617809	171661160	196956648	105091113	48025239	57065874
2051	474332324	219898192	254434132	371703599	173012398	198691201	102628725	46885794	55742931
2052	474034582	219739421	254295161	373985418	174029114	199956304	100049164	45710307	54338857
2053	473512309	219504910	254007398	376076720	174974972	201101749	97435588	44529939	52905650
2054	471005180	218351478	252653702	376343055	175079643	201263411	94662125	43271835	51390291
2055	467609484	216895720	250713764	375436134	174727137	200708996	92173350	42168583	50004767
2056	462190908	214484221	247706687	372707806	173526087	199181719	89483102	40958134	48524968

续表

年份	全国 60 岁及以上人口			城镇 60 岁及以上人口			农村 60 岁及以上人口		
	总计	男性	女性	总计	男性	女性	总计	男性	女性
2057	456158928	211830430	244328497	369467143	172132264	197334878	86691785	39698166	46993619
2058	450264783	209307672	240957111	366320686	170847903	195472783	83944097	38459769	45484328
2059	443111165	206159640	236951525	362179739	169075629	193104110	80931426	37084011	43847415
2060	436626271	203395500	233230771	358586864	167630512	190956353	78039407	35764988	42274419
2061	429986117	200580009	229406108	354783243	166108002	188675241	75202875	34472008	40730867
2062	423008134	197598925	225409209	350657317	164431969	186225348	72350817	33166956	39183861
2063	415657733	194455183	221202550	346088605	162558066	183530539	69569129	31897117	37672011
2064	409540585	191988532	217552053	342481936	161225133	181256803	67058649	30763399	36295250
2065	403640838	189607427	214033410	338975684	159930055	179045628	64665154	29677372	34987782
2066	398342200	187530596	210811603	335857678	158839681	177017998	62484521	28690915	33793606
2067	393231097	185558349	207672747	332862264	157824703	175037561	60368833	27733646	32635186
2068	388665518	183888129	204777389	330213856	157015723	173198132	58451662	26872406	31579256
2069	384064723	182257882	201806841	327433775	156195923	171237853	56630948	26061959	30568988
2070	377895049	179685822	198209226	323172023	154498941	168673082	54723026	25186882	29536144
2071	373567868	178076813	195491056	320633159	153709740	166923419	52934709	24367072	28567637
2072	369473268	176569706	192903561	318243122	152985643	165257479	51230145	23584063	27646082
2073	365480044	175106348	190373696	315895770	152278306	163617464	49584274	22828042	26756232
2074	361522362	173649688	187872674	313533162	151554778	161978384	47989200	22094910	25894290
2075	357558893	172177622	185381271	311119988	150795269	160324718	46438905	21382352	25056553
2076	353551257	170663971	182887286	308621201	149975954	158645247	44930056	20688017	24242039

年份	全国60岁及以上人口			城镇60岁及以上人口			农村60岁及以上人口		
	总计	男性	女性	总计	男性	女性	总计	男性	女性
2077	349416051	169067319	180348732	305958988	149056997	156901991	43457062	20010321	23446741
2078	345161800	167382419	177779380	303138790	148032784	155106006	42023009	19349635	22673374
2079	340598774	165523649	175075125	299990365	146825112	153165254	40608409	18698538	21909871
2080	335799281	163517626	172281655	296580491	145459278	151121213	39218790	18058348	21160442
2081	330844717	161400507	169444210	292987041	143969823	149017218	37857676	17430684	20426992
2082	325668876	159148616	166540260	289164914	142333927	146830986	36523963	16814689	19709274
2083	320314419	156760718	163553701	285097649	140549908	144547741	35216770	16210810	19005960
2084	314979540	154342946	160636594	281026341	138717952	142308389	33953199	15624994	18328205
2085	309623746	151877009	157746736	276896283	136820798	140075485	32727463	15056212	17671251
2086	304294719	149388308	154906411	272749902	134881611	137868291	31544816	14506697	17038120
2087	298941936	146861807	152080129	268540297	133286016	135654281	30401639	13975791	16425848
2088	293597952	144313653	149284299	264297914	130849144	133448770	29300038	13464509	15835529
2089	288413088	141807388	146605700	260161651	128831028	131330622	28251438	12976360	15275078
2090	283263195	139297280	143965915	256017452	126789183	129228268	27245743	12508097	14737646

表 3-6　我国 65 岁及以上人口数量的预测结果(继续实行"全面二孩"政策)

(单位:人)

年份	全国 65 岁及以上人口			城镇 65 岁及以上人口			农村 65 岁及以上人口		
	总计	男性	女性	总计	男性	女性	总计	男性	女性
2018	172280567	82223159	90057408	88710989	42014539	46696450	83569578	40208620	43360958
2019	181590399	86569120	95021280	95305392	45098936	50206455	86285008	41470184	44814824
2020	190371892	90680885	99691007	101746678	48118088	53628591	88625214	42562797	46062417
2021	198049894	94185008	103864886	107780058	50916162	56863896	90269836	43268846	47000990
2022	206723937	98272691	108451246	114534090	54114944	60419146	92189848	44157747	48032100
2023	213419278	101387196	112032081	120429642	56912856	63516786	92989636	44474341	48515295
2024	216305546	102582211	113723336	124204469	58638398	65566071	92101077	43943812	48157265
2025	220019624	104126225	115893398	128573410	60635898	67937512	91446214	43490327	47955886
2026	220811634	104115100	116696534	131059972	61639720	69420253	89751662	42475381	47276281
2027	229313633	107994939	121318694	138122021	64964184	73157837	91191612	43030755	48160857
2028	243645932	114799408	128846524	149245125	70311863	78933261	94400807	44487545	49913262
2029	254245426	119657783	134587643	157976707	74417023	83559684	96268719	45240760	51027959
2030	264957371	124621737	140335635	166700414	78528604	88171810	98256958	46093133	52163825
2031	275233625	129334940	145898685	175053223	82412809	92640415	100180402	46922131	53258270
2032	282714559	132621690	150092869	181713149	85433727	96279422	101001411	47187963	53813447
2033	294848256	138225683	156622573	191798724	90155350	101643374	103049533	48070333	54979199
2034	304629129	142663198	161965931	200572738	94209324	106363414	104056391	48453874	55602516
2035	316141755	147971808	168169947	210692028	98940472	111751556	105449727	49031336	56418391
2036	325206324	152120060	173086264	219347682	102958175	116389507	105858642	49161884	56696757

续表

年份	全国 65 岁及以上人口			城镇 65 岁及以上人口			农村 65 岁及以上人口		
	总计	男性	女性	总计	男性	女性	总计	男性	女性
2037	333388719	155806301	177582418	227505341	106712879	120792462	105883379	49093422	56789957
2038	340463559	158941738	181521821	235036203	110137417	124898785	105427357	48804321	56623035
2039	346142287	161356361	184785926	241591511	113046716	128544795	104550775	48309645	56241130
2040	349933902	162852356	187081546	246921320	115347476	131573844	103012582	47504880	55507702
2041	352864002	163946636	188917366	251674855	117374351	134300504	101189147	46572285	54616862
2042	353202106	163773473	189428633	254567455	118476074	136091380	98634651	45297398	53337253
2043	354359778	163983898	190375880	258059086	119858957	138200129	96300692	44124941	52175751
2044	355525168	164242259	191282909	261559115	121268566	140290550	93966053	42973693	50992359
2045	355555812	163895902	191659910	264031628	122156809	141874819	91494184	41739093	49755091
2046	355810199	163696317	192113881	266727248	123145535	143581714	89082950	40550783	48532167
2047	358264142	164541067	193723075	271109847	124939493	146170354	87154295	39601575	47552720
2048	357901692	164003657	193898035	273189442	125613003	147576438	84712250	38390654	46321596
2049	357496813	163434033	194062780	275035325	126173883	148861442	82461488	37260150	45201338
2050	357049998	162850520	194199478	276728840	126674932	150053908	80321158	36175588	44145569
2051	358838111	163334077	195504034	280113520	127991889	152121631	78724591	35342188	43382403
2052	363138870	165108574	198030296	285451244	130320581	155130663	77687625	34787993	42899632
2053	366081753	166269089	199812663	289802508	132205216	157597292	76279245	34063873	42215372
2054	370730167	168301834	202428333	295594478	134808346	160786132	75135690	33493488	41642201
2055	376464078	170969784	205494294	302157990	137840091	164317900	74306087	33129693	41176394
2056	376291694	170917835	205373859	303853639	138607391	165246248	72438055	32310445	40127610

续表

年份	全国 65 岁及以上人口			城镇 65 岁及以上人口			农村 65 岁及以上人口		
	总计	男性	女性	总计	男性	女性	总计	男性	女性
2057	375374727	170580423	204794305	304879501	139107999	165771502	70495226	31472424	39022803
2058	374411038	170245477	204165561	305855172	139601363	166253808	68555866	30644114	37911752
2059	371711371	169112106	202599264	305205472	139352475	165852997	66505899	29759631	36746268
2060	368434390	167805112	200629278	303694445	138786151	164908294	64739945	29018961	35720984
2061	363256717	165610555	197646162	300463198	137428723	163034475	62793519	28181832	34611687
2062	357672883	163259490	194413394	296900113	135956243	160943870	60772770	27303247	33469523
2063	352086796	160973467	191113328	293328540	134544360	158784180	58758255	26429107	32329148
2064	345152642	158033897	187118744	288666573	132609597	156056976	56486069	25424300	31061769
2065	338976849	155496583	183480266	284653201	131030725	153622476	54323648	24465858	29857790
2066	332773875	152945128	179828746	280561015	129418955	151142060	52212859	23526173	28686686
2067	326224309	150222407	176001902	276152257	127654732	148497525	50072052	22567675	27504377
2068	319691074	147488895	172202179	271663589	125842170	145821419	48027484	21646725	26380760
2069	314344397	145392671	168951726	268138831	124557343	143581487	46205567	20835328	25370239
2070	309153281	143354896	165798385	264682916	123296796	141386120	44470364	20058100	24412265
2071	304458219	141573487	162884733	261556481	122214215	139342266	42901738	19359271	23542467
2072	300019296	139916435	160102861	258626944	121231444	137395500	41392352	18684991	22707361
2073	296064040	138536339	157527702	256020369	120446122	135574247	40043671	18090217	21953455
2074	292318128	137294710	155023418	253523954	119750286	133773668	38794175	17544424	21249750
2075	287077793	135170505	151907288	249621480	118230693	131390787	37456313	16939812	20516502
2076	283796328	134041649	149754679	247565317	117655830	129909487	36231011	16385818	19845192

年份	全国65岁及以上人口			城镇65岁及以上人口			农村65岁及以上人口		
	总计	男性	女性	总计	男性	女性	总计	男性	女性
2077	280737074	133013098	147723976	245672163	117153123	128519040	35064911	15859975	19204936
2078	277912296	132081473	145830823	243959652	116722987	127236665	33952644	15358486	18594158
2079	275117202	131153290	143963913	242245463	116280803	125964660	32871740	14872487	17999253
2080	272350070	130216202	142133868	240525609	115814534	124711075	31824460	14401668	17422793
2081	269613105	129264767	140348337	238802956	115319197	123483759	30810149	13945571	16864578
2082	266803804	128245800	138558004	236978418	114743615	122234802	29825386	13502184	16323202
2083	263783560	127094497	136689064	234923089	114026917	120896172	28860471	13067580	15792892
2084	260681199	125849236	134831963	232760623	113207424	119553199	27920576	12641811	15278764
2085	257388006	124466383	132921623	230394082	112245493	118148589	26993924	12220890	14773035
2086	253902935	122945766	130957169	227822887	111141543	116681344	26080048	11804223	14275825
2087	250125650	121246379	128879272	224953724	109856888	115096836	25171926	11389490	13782436
2088	246086376	119383220	126703156	221813053	108404688	113408365	24273323	10978532	13294791
2089	241961011	117433303	124527709	218561867	106856718	111705149	23399144	10576585	12822559
2090	237668640	115373650	122294990	215123655	105190427	109933228	22544985	10183223	12361762

较接近），为 3.76 亿人，2056 年及以后呈现下降趋势，至 2090 年为 2.37 亿人。2018 年城镇 65 岁及以上人口数量为 8871.1 万人，此后城镇 65 岁及以上人口数量呈现上升趋势，直至 2058 年达到峰值，为 3.06 亿人，2059 年及以后呈现下降趋势，至 2090 年为 2.15 亿人。农村 65 岁及以上人口数量呈现缓慢的上升趋势，直至 2037 年达到峰值，为 1.06 亿人，2038 年及以后又呈现下降趋势，至 2090 年为 2254.5 万人。可以看出，随着城镇化的推进，未来城镇的老年人口数量远远多于农村的老年人口数量。

三、人口老龄化程度的变化趋势

以上分析了老年人口绝对数量的变化情况，下面来分析老年人口占总人口的比重，即老龄化程度的变化趋势。从表 3-7 可以看出，如果继续实行"全面二孩"政策，2018 年我国 60 岁及以上人口占总人口的比重为 18.35%，比 2010 年增加 5.09%（＝18.35%－13.26%），2019 年及以后 60 岁及以上人口占总人口的比重呈现快速上升趋势，直至 2081 年为 44.02%，2082 年及以后 60 岁及以上人口占总人口的比重开始稳定下来，基本在 44% 左右。2018 年城镇和农村 60 岁及以上人口占总人口的比重分别为 16.60% 和 20.75%，2019 年及以后呈现上升趋势，2053 年城镇 60 岁及以上人口占总人口的比重（40.69%）开始超过农村（40.51%），2079 年及以后城镇 60 岁及以上人口占总人口的比重开始稳定下来，一直在 44.5% 左右。然而，农村 60 岁及以上人口占总人口的比重在 2052 年及以后比较稳定，为 40%~41%。可见，2053 年及以后农村老龄化程度一直低于城镇老龄化程度，这是因为农村的人口再生产能力强于城镇的人口再生产能力，即农村妇女总和生育率高于城镇妇女总和生育率。

表 3-8 总结了我国 65 岁及以上人口占总人口的比重的变化趋势。如果继续实行"全面二孩"政策，2018 年我国 65 岁及以上人口占总人口的比重为 12.39%，比 2010 年增加 3.52%（＝12.39%－8.87%），2019 年及以后我国 65 岁及以上人口占总人口的比重呈现上升趋势，直至 2090 年达到 37.05%。2018 年城镇和农村 65 岁及以上人口占总人口的比重分别为 11.04% 和 14.23%，2019 年及以后逐渐呈上升趋势，2055 年城镇 65 岁及以上人口占总人口的比重（33.20%）开始超过农村 65 岁及以上人口占总人口的比重（33.00%），至 2090 年城镇 65 岁及以上人口占总人口的比重达到 37.46%。然而，农村 65 岁及以上人口占总人口的比重在 2074 年及以后基本稳定在 33% 左右。同样，2055 年及以后农村 65 岁及以上人口占总人口的比重一直低于城镇，这也是因为农村的人口再生产能力强于城镇的人口再生产能力。

表 3-7　我国 60 岁及以上人口占比的预测结果（继续实行"全面二孩"政策）

年份	全国 60 岁及以上人口占比			城镇 60 岁及以上人口占比			农村 60 岁及以上人口占比		
	总计	男性	女性	总计	男性	女性	总计	男性	女性
2018	18.35%	17.42%	19.32%	16.60%	15.60%	17.64%	20.75%	19.92%	21.60%
2019	18.61%	17.64%	19.62%	16.91%	15.89%	17.99%	21.01%	20.16%	21.89%
2020	18.94%	17.93%	20.00%	17.31%	16.24%	18.43%	21.34%	20.44%	22.26%
2021	19.06%	18.00%	20.18%	17.48%	16.37%	18.66%	21.47%	20.51%	22.45%
2022	19.78%	18.66%	20.95%	18.20%	17.04%	19.43%	22.25%	21.23%	23.31%
2023	20.94%	19.76%	22.17%	19.39%	18.18%	20.68%	23.46%	22.37%	24.57%
2024	21.84%	20.59%	23.15%	20.31%	19.03%	21.66%	24.42%	23.26%	25.60%
2025	22.76%	21.45%	24.13%	21.22%	19.88%	22.63%	25.45%	24.23%	26.69%
2026	23.67%	22.29%	25.11%	22.09%	20.69%	23.57%	26.51%	25.22%	27.81%
2027	24.38%	22.94%	25.89%	22.78%	21.31%	24.32%	27.35%	26.00%	28.72%
2028	25.46%	23.94%	27.04%	23.86%	22.32%	25.48%	28.52%	27.10%	29.96%
2029	26.38%	24.79%	28.04%	24.80%	23.19%	26.50%	29.49%	28.01%	30.99%
2030	27.45%	25.79%	29.18%	25.90%	24.21%	27.68%	30.60%	29.05%	32.16%
2031	28.36%	26.63%	30.15%	26.85%	25.09%	28.70%	31.50%	29.90%	33.11%
2032	29.21%	27.41%	31.07%	27.76%	25.93%	29.68%	32.34%	30.68%	34.00%
2033	30.00%	28.13%	31.93%	28.61%	26.71%	30.61%	33.08%	31.37%	34.79%
2034	30.70%	28.76%	32.70%	29.37%	27.39%	31.45%	33.72%	31.95%	35.48%
2035	31.26%	29.25%	33.33%	30.01%	27.96%	32.17%	34.19%	32.37%	36.00%
2036	31.77%	29.70%	33.91%	30.61%	28.48%	32.84%	34.59%	32.72%	36.44%

续表

年份	全国 60 岁及以上人口占比			城镇 60 岁及以上人口占比			农村 60 岁及以上人口占比		
	总计	男性	女性	总计	男性	女性	总计	男性	女性
2037	32.10%	29.96%	34.30%	31.02%	28.82%	33.33%	34.77%	32.86%	36.67%
2038	32.50%	30.29%	34.78%	31.52%	29.24%	33.90%	35.01%	33.05%	36.96%
2039	32.92%	30.64%	35.26%	32.03%	29.67%	34.49%	35.25%	33.25%	37.24%
2040	33.26%	30.91%	35.68%	32.45%	30.02%	35.00%	35.45%	33.38%	37.48%
2041	33.63%	31.20%	36.13%	32.91%	30.39%	35.54%	35.65%	33.53%	37.73%
2042	34.20%	31.68%	36.79%	33.57%	30.95%	36.30%	36.00%	33.83%	38.14%
2043	34.55%	31.95%	37.23%	34.00%	31.29%	36.83%	36.17%	33.94%	38.37%
2044	34.91%	32.22%	37.68%	34.42%	31.62%	37.35%	36.40%	34.08%	38.66%
2045	35.29%	32.50%	38.15%	34.85%	31.96%	37.87%	36.64%	34.24%	39.00%
2046	35.86%	32.96%	38.83%	35.48%	32.48%	38.61%	37.08%	34.57%	39.54%
2047	36.66%	33.65%	39.74%	36.33%	33.22%	39.57%	37.74%	35.11%	40.30%
2048	37.37%	34.26%	40.56%	37.11%	33.90%	40.45%	38.26%	35.52%	40.92%
2049	38.25%	35.04%	41.54%	38.06%	34.75%	41.51%	38.89%	36.06%	41.64%
2050	39.25%	35.94%	42.63%	39.13%	35.72%	42.68%	39.67%	36.78%	42.47%
2051	39.75%	36.39%	43.19%	39.68%	36.21%	43.30%	39.99%	37.10%	42.80%
2052	40.20%	36.80%	43.69%	40.18%	36.65%	43.86%	40.27%	37.37%	43.07%
2053	40.65%	37.21%	44.18%	40.69%	37.10%	44.42%	40.51%	37.63%	43.30%
2054	40.95%	37.48%	44.52%	41.02%	37.40%	44.80%	40.68%	37.81%	43.45%
2055	41.19%	37.71%	44.76%	41.25%	37.62%	45.04%	40.94%	38.10%	43.69%
2056	41.26%	37.79%	44.83%	41.30%	37.67%	45.09%	41.09%	38.27%	43.81%

年份	全国 60 岁及以上人口占比			城镇 60 岁及以上人口占比			农村 60 岁及以上人口占比		
	总计	男性	女性	总计	男性	女性	总计	男性	女性
2057	41.28%	37.82%	44.84%	41.31%	37.69%	45.08%	41.16%	38.37%	43.86%
2058	41.32%	37.88%	44.86%	41.34%	37.75%	45.09%	41.22%	38.45%	43.90%
2059	41.24%	37.82%	44.76%	41.27%	37.71%	44.99%	41.10%	38.34%	43.76%
2060	41.22%	37.83%	44.70%	41.27%	37.74%	44.95%	40.99%	38.25%	43.62%
2061	41.18%	37.83%	44.63%	41.25%	37.77%	44.89%	40.85%	38.14%	43.47%
2062	41.10%	37.80%	44.52%	41.20%	37.77%	44.79%	40.65%	37.95%	43.25%
2063	41.00%	37.74%	44.37%	41.11%	37.73%	44.66%	40.44%	37.76%	43.03%
2064	41.02%	37.81%	44.34%	41.16%	37.83%	44.64%	40.34%	37.68%	42.90%
2065	41.05%	37.89%	44.33%	41.21%	37.95%	44.64%	40.25%	37.62%	42.79%
2066	41.15%	38.04%	44.37%	41.32%	38.12%	44.69%	40.25%	37.63%	42.77%
2067	41.26%	38.21%	44.43%	41.45%	38.31%	44.76%	40.24%	37.65%	42.75%
2068	41.43%	38.44%	44.54%	41.63%	38.57%	44.87%	40.33%	37.75%	42.82%
2069	41.61%	38.70%	44.64%	41.82%	38.83%	44.96%	40.45%	37.90%	42.91%
2070	41.61%	38.75%	44.60%	41.81%	38.89%	44.90%	40.47%	37.93%	42.93%
2071	41.82%	39.02%	44.75%	42.04%	39.19%	45.07%	40.54%	38.00%	42.99%
2072	42.06%	39.32%	44.94%	42.30%	39.51%	45.26%	40.63%	38.08%	43.08%
2073	42.32%	39.63%	45.14%	42.58%	39.85%	45.47%	40.73%	38.18%	43.18%
2074	42.58%	39.95%	45.34%	42.86%	40.20%	45.69%	40.82%	38.28%	43.28%
2075	42.84%	40.26%	45.55%	43.14%	40.55%	45.91%	40.92%	38.37%	43.38%
2076	43.10%	40.58%	45.76%	43.42%	40.89%	46.13%	41.01%	38.46%	43.47%

续表

年份	全国 60 岁及以上人口占比			城镇 60 岁及以上人口占比			农村 60 岁及以上人口占比		
	总计	男性	女性	总计	男性	女性	总计	男性	女性
2077	43.34%	40.87%	45.95%	43.68%	41.21%	46.33%	41.09%	38.54%	43.55%
2078	43.57%	41.15%	46.12%	43.92%	41.51%	46.51%	41.16%	38.60%	43.62%
2079	43.75%	41.38%	46.26%	44.12%	41.76%	46.65%	41.20%	38.64%	43.67%
2080	43.90%	41.58%	46.36%	44.28%	41.97%	46.76%	41.22%	38.66%	43.69%
2081	44.02%	41.74%	46.44%	44.41%	42.15%	46.84%	41.22%	38.66%	43.68%
2082	44.10%	41.87%	46.48%	44.50%	42.28%	46.89%	41.19%	38.62%	43.65%
2083	44.15%	41.95%	46.49%	44.55%	42.38%	46.90%	41.13%	38.57%	43.60%
2084	44.18%	42.01%	46.49%	44.59%	42.45%	46.90%	41.06%	38.50%	43.54%
2085	44.20%	42.05%	46.48%	44.61%	42.50%	46.89%	40.99%	38.41%	43.46%
2086	44.20%	42.08%	46.46%	44.62%	42.53%	46.87%	40.90%	38.33%	43.39%
2087	44.19%	42.09%	46.43%	44.61%	42.54%	46.84%	40.82%	38.23%	43.31%
2088	44.18%	42.09%	46.40%	44.59%	42.54%	46.81%	40.73%	38.14%	43.23%
2089	44.17%	42.09%	46.39%	44.59%	42.54%	46.79%	40.66%	38.06%	43.17%
2090	44.16%	42.09%	46.37%	44.58%	42.54%	46.77%	40.60%	37.99%	43.12%

注:60 岁及以上人口占比=60 岁及以上人口/总人口。

表 3-8　我国 65 岁及以上人口占比的预测结果（继续实行"全面二孩"政策）

年份	全国 65 岁及以上人口占比			城镇 65 岁及以上人口占比			农村 65 岁及以上人口占比		
	总计	男性	女性	总计	男性	女性	总计	男性	女性
2018	12.39%	11.56%	13.25%	11.04%	10.18%	11.94%	14.23%	13.46%	15.03%
2019	13.02%	12.14%	13.94%	11.65%	10.74%	12.62%	14.96%	14.15%	15.79%
2020	13.62%	12.70%	14.59%	12.24%	11.27%	13.27%	15.65%	14.81%	16.52%
2021	14.15%	13.17%	15.18%	12.78%	11.75%	13.86%	16.25%	15.36%	17.16%
2022	14.76%	13.74%	15.83%	13.39%	12.32%	14.52%	16.92%	16.00%	17.87%
2023	15.24%	14.18%	16.35%	13.89%	12.79%	15.06%	17.42%	16.47%	18.40%
2024	15.45%	14.35%	16.59%	14.16%	13.02%	15.36%	17.62%	16.63%	18.62%
2025	15.73%	14.59%	16.92%	14.49%	13.31%	15.74%	17.87%	16.83%	18.92%
2026	15.80%	14.61%	17.05%	14.62%	13.40%	15.91%	17.92%	16.82%	19.04%
2027	16.44%	15.19%	17.75%	15.26%	13.99%	16.61%	18.62%	17.44%	19.81%
2028	17.51%	16.18%	18.88%	16.35%	15.01%	17.76%	19.71%	18.46%	20.97%
2029	18.31%	16.92%	19.76%	17.17%	15.77%	18.64%	20.56%	19.23%	21.91%
2030	19.14%	17.68%	20.65%	17.98%	16.52%	19.52%	21.48%	20.08%	22.89%
2031	19.94%	18.41%	21.53%	18.76%	17.23%	20.37%	22.42%	20.95%	23.90%
2032	20.56%	18.96%	22.22%	19.36%	17.76%	21.04%	23.14%	21.60%	24.70%
2033	21.52%	19.84%	23.27%	20.32%	18.64%	22.08%	24.19%	22.56%	25.82%
2034	22.33%	20.57%	24.15%	21.15%	19.39%	22.99%	25.03%	23.33%	26.73%
2035	23.28%	21.44%	25.18%	22.12%	20.29%	24.05%	26.00%	24.23%	27.77%
2036	24.07%	22.16%	26.03%	22.95%	21.04%	24.95%	26.77%	24.94%	28.59%

续表

年份	全国65岁及以上人口占比			城镇65岁及以上人口占比			农村65岁及以上人口占比		
	总计	男性	女性	总计	男性	女性	总计	男性	女性
2037	24.80%	22.83%	26.84%	23.73%	21.75%	25.80%	27.47%	25.58%	29.36%
2038	25.47%	23.43%	27.58%	24.46%	22.41%	26.61%	28.08%	26.12%	30.01%
2039	26.06%	23.94%	28.24%	25.09%	22.96%	27.33%	28.59%	26.58%	30.58%
2040	26.51%	24.32%	28.77%	25.62%	23.41%	27.93%	28.94%	26.87%	30.98%
2041	26.92%	24.66%	29.24%	26.09%	23.81%	28.48%	29.21%	27.10%	31.30%
2042	27.14%	24.82%	29.53%	26.40%	24.04%	28.85%	29.28%	27.12%	31.40%
2043	27.44%	25.06%	29.90%	26.78%	24.35%	29.31%	29.41%	27.20%	31.57%
2044	27.76%	25.31%	30.28%	27.17%	24.67%	29.78%	29.53%	27.29%	31.73%
2045	28.00%	25.48%	30.59%	27.48%	24.91%	30.17%	29.61%	27.32%	31.86%
2046	28.28%	25.69%	30.95%	27.84%	25.18%	30.61%	29.71%	27.36%	31.99%
2047	28.75%	26.07%	31.50%	28.39%	25.63%	31.26%	29.96%	27.57%	32.29%
2048	29.02%	26.26%	31.85%	28.72%	25.88%	31.68%	30.03%	27.58%	32.41%
2049	29.29%	26.45%	32.21%	29.04%	26.11%	32.09%	30.16%	27.63%	32.61%
2050	29.58%	26.64%	32.59%	29.37%	26.36%	32.52%	30.32%	27.71%	32.85%
2051	30.07%	27.03%	33.19%	29.91%	26.78%	33.15%	30.68%	27.96%	33.31%
2052	30.79%	27.65%	34.02%	30.67%	27.45%	34.03%	31.27%	28.44%	34.00%
2053	31.43%	28.19%	34.76%	31.35%	28.04%	34.81%	31.72%	28.79%	34.55%
2054	32.23%	28.89%	35.67%	32.22%	28.80%	35.79%	32.29%	29.27%	35.21%
2055	33.16%	29.73%	36.69%	33.20%	29.68%	36.87%	33.00%	29.93%	35.97%
2056	33.59%	30.11%	37.17%	33.67%	30.09%	37.41%	33.26%	30.19%	36.23%

续表

年份	全国 65 岁及以上人口占比			城镇 65 岁及以上人口占比			农村 65 岁及以上人口占比		
	总计	男性	女性	总计	男性	女性	总计	男性	女性
2057	33.97%	30.45%	37.59%	34.09%	30.46%	37.87%	33.47%	30.42%	36.42%
2058	34.36%	30.81%	38.01%	34.52%	30.85%	38.35%	33.66%	30.63%	36.59%
2059	34.59%	31.02%	38.27%	34.78%	31.08%	38.64%	33.77%	30.77%	36.67%
2060	34.78%	31.21%	38.45%	34.95%	31.25%	38.82%	34.00%	31.04%	36.86%
2061	34.79%	31.24%	38.45%	34.93%	31.25%	38.79%	34.11%	31.18%	36.94%
2062	34.76%	31.23%	38.40%	34.88%	31.23%	38.71%	34.15%	31.24%	36.95%
2063	34.73%	31.24%	38.34%	34.85%	31.23%	38.64%	34.16%	31.29%	36.92%
2064	34.57%	31.12%	38.14%	34.69%	31.12%	38.44%	33.98%	31.14%	36.71%
2065	34.48%	31.08%	38.00%	34.61%	31.09%	38.30%	33.81%	31.01%	36.52%
2066	34.38%	31.03%	37.85%	34.52%	31.06%	38.16%	33.63%	30.86%	36.31%
2067	34.23%	30.93%	37.66%	34.39%	30.99%	37.97%	33.38%	30.63%	36.03%
2068	34.08%	30.84%	37.45%	34.25%	30.91%	37.78%	33.14%	30.41%	35.77%
2069	34.06%	30.87%	37.37%	34.24%	30.97%	37.70%	33.01%	30.30%	35.61%
2070	34.04%	30.92%	37.30%	34.25%	31.04%	37.64%	32.89%	30.20%	35.48%
2071	34.09%	31.02%	37.29%	34.30%	31.16%	37.62%	32.86%	30.19%	35.43%
2072	34.16%	31.16%	37.30%	34.38%	31.31%	37.63%	32.83%	30.17%	35.39%
2073	34.28%	31.35%	37.35%	34.51%	31.52%	37.68%	32.89%	30.26%	35.43%
2074	34.43%	31.58%	37.41%	34.66%	31.76%	37.73%	33.00%	30.39%	35.52%
2075	34.40%	31.61%	37.33%	34.62%	31.79%	37.62%	33.01%	30.40%	35.52%
2076	34.60%	31.87%	37.47%	34.83%	32.08%	37.77%	33.07%	30.46%	35.59%

续表

年份	全国 65 岁及以上人口占比			城镇 65 岁及以上人口占比			农村 65 岁及以上人口占比		
	总计	男性	女性	总计	男性	女性	总计	男性	女性
2077	34.82%	32.16%	37.63%	35.08%	32.39%	37.95%	33.15%	30.54%	35.67%
2078	35.08%	32.47%	37.83%	35.35%	32.73%	38.15%	33.25%	30.64%	35.77%
2079	35.34%	32.79%	38.04%	35.63%	33.07%	38.37%	33.35%	30.74%	35.87%
2080	35.61%	33.11%	38.25%	35.91%	33.42%	38.59%	33.45%	30.83%	35.97%
2081	35.87%	33.43%	38.46%	36.20%	33.76%	38.81%	33.54%	30.93%	36.06%
2082	36.13%	33.74%	38.67%	36.47%	34.09%	39.03%	33.63%	31.02%	36.15%
2083	36.36%	34.01%	38.85%	36.71%	34.38%	39.22%	33.71%	31.09%	36.23%
2084	36.57%	34.26%	39.02%	36.93%	34.64%	39.40%	33.77%	31.15%	36.29%
2085	36.74%	34.46%	39.16%	37.12%	34.86%	39.55%	33.81%	31.18%	36.34%
2086	36.88%	34.63%	39.28%	37.27%	35.04%	39.67%	33.82%	31.19%	36.35%
2087	36.98%	34.75%	39.35%	37.37%	35.17%	39.74%	33.80%	31.16%	36.34%
2088	37.03%	34.82%	39.38%	37.43%	35.24%	39.78%	33.74%	31.10%	36.29%
2089	37.06%	34.85%	39.40%	37.46%	35.29%	39.80%	33.68%	31.02%	36.24%
2090	37.05%	34.86%	39.39%	37.46%	35.29%	39.79%	33.60%	30.93%	36.16%

注:65 岁及以上人口占比＝65 岁及以上人口/总人口。

第四节　生育政策调整下人口数量和老龄化程度的变化趋势

"全面三孩"政策首先影响妇女总和生育率，再影响新生人口数量以及总人口数量，从而影响参加社会养老保险和社会医疗保险的人口数量，进而影响社会养老保险基金和社会医疗保险基金的财务运行状况。按照上述影响途径，本书首先分析"全面三孩"政策对人口数量和人口老龄化程度的影响。

2021 年底我国出台"全面三孩"政策并于 2021 年 1 月 1 日正式实施。考虑到生育意愿决定"全面三孩"政策的效果，本书结合相关调查对"全面二孩"生育意愿进行分档设置，具体为 20.5%、46.7%、60%、80% 和 100%。选择 100% 的目的是分析一种极端情况，即当所有符合"全面二孩"政策规定的夫妇生育三孩，人口数量、人口老龄化程度、社会养老保险基金和社会医疗保险基金的财务运行状况会如何变化。

一、生育政策调整对人口数量的影响

"全面三孩"政策使得新生人口（0 岁人口）数量增加，从而人口总数增加。从表 3-9 中可以看出，如果继续实行"全面二孩"政策（"全面三孩"生育意愿为 0%），新生人口数量从 2018 年的 1406.70 万人下降至 2090 年的 321.19 万人；当 20.5% 的符合"全面三孩"规定的夫妇生育三孩，与继续实行"全面二孩"政策的情况相比，未来各年新生人口数量均增加，但无法改变新生人口数量呈现下降趋势的结论。即使"全面三孩"生育意愿达到 100%，与继续实行"全面二孩"政策的情况相比，未来各年新生人口数量增加 70.07%～553.63%，但是新生人口数量仍呈现一定的下降趋势。因此，"全面三孩"政策能使得未来各年新生人口数量增加，但是无法改变新生人口数量呈现下降趋势的结论。

表 3-9　"全面三孩"政策对我国新生人口（0 岁人口）数量的影响　　　（单位：人）

年份	"全面三孩"生育意愿					
	0%	20.5%	46.7%	60%	80%	100%
2018	14066981	16087554	18669946	19980855	21952146	23923437
2019	13520850	15462978	17945112	19205126	21099885	22994643
2020	12984524	14849614	17233290	18443324	20262924	22082524
2021	12461874	14251891	16539620	17700948	19447306	21193663
2022	11937113	13651754	15843148	16955573	18628393	20301213

续表

年份	"全面三孩"生育意愿					
	0%	20.5%	46.7%	60%	80%	100%
2023	11460894	13107131	15211101	16279148	17885232	19491317
2024	11048369	12635351	14663591	15693194	17241469	18789744
2025	10698690	12235444	14199490	15196506	16695778	18195051
2026	10416501	11912722	13824965	14795684	16255411	17715139
2027	10188017	11651418	13521716	14471142	15898851	17326559
2028	10010805	11448751	13286517	14219429	15622304	17025178
2029	9869316	11286939	13098730	14018456	15401503	16784550
2030	9743330	11142856	12931520	13839505	15204897	16570289
2031	9645936	11031528	12802402	13701366	15053202	16405051
2032	9570146	10945346	12703121	13595512	14937564	16279747
2033	9506723	10874931	12624543	13513124	14849867	16187247
2034	9464360	10832556	12584372	13475025	14816092	16159249
2035	9420189	10793925	12557167	13455487	14810449	16170341
2036	9362759	10753860	12548664	13467027	14857227	16258483
2037	9287534	10716045	12576291	13535444	14996581	16480301
2038	9194615	10677173	12631139	13648450	15210456	16811158
2039	9091599	10645843	12723050	13816500	15510216	17263305
2040	8970937	10609555	12831789	14014828	15863508	17795879
2041	8828741	10546314	12905797	14174112	16170807	18274955
2042	8667311	10453692	12934755	14279233	16408769	18667754
2043	8486813	10330907	12916315	14326894	16572479	18967510
2044	8290279	10186607	12868197	14340235	16694256	19216961
2045	8085674	10026595	12792230	14318549	16768919	19405663
2046	7875822	9840456	12656091	14216246	16728219	19439442
2047	7663848	9637636	12479452	14059116	16608308	19366218
2048	7455687	9431486	12287542	13879445	16453395	19243693
2049	7252974	9220865	12074573	13668616	16250007	19052821

续表

年份	"全面三孩"生育意愿					
	0%	20.5%	46.7%	60%	80%	100%
2050	7059326	9011405	11849303	13437210	16011773	18810640
2051	6878038	8811598	11628607	13207107	15769045	18557121
2052	6710113	8623360	11415871	12982572	15527588	18299741
2053	6554851	8446913	11212920	12766436	15291992	18045158
2054	6411086	8281552	11019961	12559515	15064200	17796703
2055	6280317	8129721	10841054	12366888	14851086	17563403
2056	6160963	7991272	10678705	12192789	14660012	17356410
2057	6051758	7865346	10533078	12038154	14493439	17180209
2058	5953036	7753858	10408970	11909661	14361457	17049054
2059	5863670	7656498	10307803	11809944	14269002	16970817
2060	5778424	7566891	10221858	11730689	14207017	16935932
2061	5694598	7483329	10151347	11673377	14179290	16951000
2062	5612423	7405789	10095821	11637305	14184693	17014410
2063	5530263	7332512	10053301	11620342	14220792	17123321
2064	5446697	7261930	10021858	11620269	14284767	17274081
2065	5360696	7190241	9992903	11625502	14359759	17443579
2066	5271606	7112995	9955438	11620937	14423449	17600961
2067	5179191	7030283	9909720	11606762	14475656	17745289
2068	5083527	6943627	9859220	11587416	14522178	17883529
2069	4984865	6852270	9801045	11558500	14555733	18004686
2070	4883695	6755987	9733404	11517097	14571231	18100856
2071	4780714	6655070	9655631	11461827	14565888	18167405
2072	4676717	6550081	9567656	11392134	14538171	18201495
2073	4572543	6441755	9469856	11308095	14487537	18201729
2074	4469007	6330988	9363159	11210619	14414808	18168775
2075	4366887	6218877	9249197	11101672	14322552	18105930
2076	4266896	6106541	9129827	10983599	14214016	18017580

续表

年份	"全面三孩"生育意愿					
	0%	20.5%	46.7%	60%	80%	100%
2077	4169637	5994991	9006834	10858714	14092511	17908313
2078	4075640	5885277	8882302	10729815	13962205	17784080
2079	3985326	5778396	8758404	10599912	13827723	17651620
2080	3898938	5675103	8636994	10471650	13693267	17517210
2081	3816549	5575945	8519671	10347404	13562758	17386850
2082	3738079	5481263	8407752	10229228	13439726	17266077
2083	3663299	5391175	8302200	10118734	13327109	17159653
2084	3591884	5305632	8203671	10017130	13227252	17071498
2085	3523481	5224447	8112448	9925083	13141629	17004222
2086	3457705	5147280	8028399	9842650	13070719	16958928
2087	3394111	5073605	7950926	9769219	13013927	16935095
2088	3332222	5002749	7879027	9703582	12969675	16930698
2089	3271611	4934046	7811582	9644307	12935933	16942920
2090	3211915	4866905	7747521	9589971	12910578	16968684

注："全面三孩"生育意愿为0%的情况是指继续实行"全面二孩"政策的情况。

表3-10汇报了20.5%的符合规定的夫妇生育三孩时，人口数量的变化趋势。可以看出，总人口在2025年达到高峰，较继续实行"全面二孩"政策时的情况推迟了2年(=2025-2023)，峰值为14.15亿人，较继续实行"全面二孩"政策时的情况多了0.16亿人，此后总人口呈现下降趋势，至2090年为7.65亿人。城镇人口从2018年的8.06亿人增加至2044年的9.95亿人，此后城镇人口呈现下降趋势，至2090年为6.83亿人。农村人口从2018年的5.89亿人下降至2090年的0.82亿人。

如果"全面三孩"生育意愿进一步提高，情况会如何变化呢？从表3-11可以看出，如果46.7%的符合"全面三孩"规定的夫妇生育三孩，总人口在2028年达到高峰，为14.38亿人，此后总人口呈现下降趋势，至2090年为9.48亿人；如果60%的符合"全面三孩"规定的夫妇生育三孩，总人口在2030年达到高峰，为14.53亿人，此后总人口也呈现下降趋势，至2090年为10.52亿人；如果80%的符合"全面三孩"规定的夫妇生育三孩，总人口在2032年达到高峰，为14.77亿人，此后总人口同样呈现下降趋势，至2090年为

（单位：人）

表 3-10 我国人口总数的预测结果（"全面三孩"生育意愿为 20.5%）

年份	全国总人口			城镇人口			农村人口		
	总计	男性	女性	总计	男性	女性	总计	男性	女性
2018	1394997628	713510661	681486966	805874004	413838691	392035313	589123623	299671970	289451653
2019	1400562554	716238275	684324279	820936942	421643775	399293167	579625612	294594500	285031113
2020	1405196655	718466560	686730095	835292466	429067720	406224746	569904189	289398840	280505349
2021	1408903226	720200853	688702374	848920245	436101715	412281531	559982981	284099138	275883843
2022	1411685018	721440937	690244082	861831659	442749574	419082085	549853359	278691363	271161997
2023	1413587719	722211172	691376547	874017294	449007019	425010275	539570425	273204154	266366272
2024	1414685237	722554800	692130437	885510778	454893135	430617643	529174459	267661665	261512794
2025	1415035160	722503425	692531735	896328198	460417072	435911126	518706962	262086353	256620609
2026	1414714184	722099403	692614781	906512268	465600347	440911921	508201916	256499057	251702860
2027	1413782024	721373829	692408195	916095525	470460974	445634551	497686499	250912855	246773645
2028	1412272673	720347832	691924841	925085276	475003585	450081691	487187397	245344247	241843150
2029	1410237584	719053850	691183735	933491127	479237692	454253435	476746457	239816158	236930299
2030	1407707803	717504522	690203281	941354883	483180751	458174132	466352920	234323770	232029149
2031	1404664030	715697213	688966817	948629030	486813178	461815852	456035000	228884035	227150965
2032	1401181028	713668934	687512094	955388869	490171824	465217045	445792158	223497110	222295049
2033	1397213428	711400076	685813352	961594064	493238863	468355201	435619364	218161214	217458151
2034	1392792372	708912458	683879914	967255855	496024468	471231386	425536517	212887990	212648527
2035	1387948577	706221905	681726672	972403113	498544019	473859094	415545464	207677886	207867578
2036	1382660466	703317966	679342501	977004528	500781337	476223190	405665939	202536628	203119311

续表

年份	全国总人口			城镇人口			农村人口		
	总计	男性	女性	总计	男性	女性	总计	男性	女性
2037	1376948079	700212429	676735651	981069391	502743240	478326151	395878688	197469189	198409500
2038	1370812085	696903164	673908921	984612578	504435077	480177501	386199507	192468087	193731420
2039	1364273853	693406498	670867355	987626302	505860332	481765970	376647551	187546166	189101385
2040	1357388018	689749578	667638440	990168863	507048364	483120499	367219155	182701214	184517941
2041	1350050485	685882882	664167603	992154038	507959995	484194044	357896446	177922887	179973559
2042	1342285160	681818945	660466215	993606255	508608430	484997825	348678905	173210515	175468390
2043	1334056987	677538624	656518363	994503270	508983023	485520247	339553717	168555601	170998116
2044	1325356428	673037681	652318748	994831945	509077619	485754326	330524484	163960062	166564422
2045	1316184143	668319736	647864407	994587023	508893163	485693860	321597120	159426573	162170547
2046	1306538493	663383692	643154801	993766161	508428512	485337648	312772332	154955179	157817153
2047	1296406756	658222001	638184754	992340133	507669405	484670728	304066623	150552596	153514026
2048	1285820080	652850550	632969530	990332748	506628376	483704372	295487332	146222174	149265158
2049	1274793501	647277541	627515961	987751097	505310915	482440182	287042404	141966625	145075779
2050	1263325569	641505645	621819924	984589403	503715849	480873554	278736166	137789796	140946370
2051	1251474785	635556280	615908505	980887182	501865989	479021193	270587603	133700291	136887311
2052	1239289030	629482611	609806418	976686053	499781877	476904175	262602977	129700734	132902243
2053	1226715430	623233400	603482030	971943550	497445761	474497788	254771881	125787639	128984241
2054	1213884423	616878843	597005581	966764454	494907381	471857073	247119969	121971462	125148508
2055	1200783681	610417885	590365797	961134820	492163552	468971268	239648861	118254332	121394529
2056	1187532403	603904915	583627488	955155025	489261265	465893761	232377378	114643651	117733727

续表

年份	全国总人口			城镇人口			农村人口		
	总计	男性	女性	总计	男性	女性	总计	男性	女性
2057	1174171517	597358936	576812582	948865450	486219806	462645644	225306068	111139130	114166938
2058	1160680346	590769290	569911056	942249746	483029920	459219826	218430600	107739370	110691230
2059	1147190636	584194453	562996184	935422976	479745377	455677599	211767660	104449076	107318585
2060	1133795759	577672284	556123475	928476336	476405288	452071047	205319424	101266996	104052428
2061	1120356604	571150472	549206133	921293912	472965410	448328502	199062692	98185061	100877631
2062	1107041246	564694248	542346998	914029865	469488924	444540941	193011381	95205323	97806057
2063	1093502638	558155750	535346888	906390999	465846952	440544047	187111639	92308798	94802841
2064	1079847563	551581702	528265861	898466519	462081897	436384622	181381044	89499805	91881239
2065	1066412283	545100927	521311356	890566196	458317262	432248934	175846087	86783665	89062422
2066	1053059322	538656253	514403070	882575902	454505003	428070899	170483420	84151250	86332170
2067	1039792169	532253394	507538775	874508227	450654857	423853370	165283942	81598538	83685405
2068	1026665472	525905262	500760210	866416366	446781797	419634569	160249106	79123465	81125641
2069	1013404563	519504114	493900449	858059508	442789417	415270091	155345055	76714697	78630358
2070	1000275727	513155053	487120674	849679160	438775874	410903286	150596567	74379179	76217388
2071	987121831	506795563	480326268	841142582	434686952	406455629	145979249	72108611	73870638
2072	974103426	500488533	473614894	832593210	430580643	402012568	141510216	69907890	71602326
2073	961161981	494214229	466947752	823986734	426441621	397545113	137175247	67772608	69402639
2074	948319342	487981892	460337450	815343999	422278826	393065173	132975343	65703066	67272277
2075	935597577	481802738	453794839	806691877	418105192	388586685	128905700	63697546	65208153
2076	923024930	475685593	447339337	798059923	413930933	384128991	124965007	61754660	63210347

续表

年份	全国总人口			城镇人口			农村人口		
	总计	男性	女性	总计	男性	女性	总计	男性	女性
2077	910576639	469619700	440956939	789430204	409747457	379682747	121146434	59872243	61274192
2078	898339601	463640803	434698798	780883789	405588832	375294957	117455812	58051971	59403841
2079	886199430	457702855	428496575	772320871	401413975	370906897	113878559	56288881	57589678
2080	874219673	451827443	422392230	763801098	397243943	366557155	110418575	54583500	55835075
2081	862470616	446044592	416426025	755394213	393108625	362285588	107076403	52935966	54140437
2082	850908531	440331432	410577099	747060187	388987311	358072876	103848344	51344121	52504223
2083	839473307	434663927	404809380	738746713	384858988	353887725	100726595	49804940	50921655
2084	828367173	429118438	399248734	730647227	380798228	349848999	97719946	48320210	49399735
2085	817471256	423645405	393825851	722657099	376760732	345896367	94814157	46884673	47929484
2086	806772795	418238215	388534580	714766697	372741861	342024835	92006099	45496354	46509745
2087	796171226	412855050	383316176	706886494	368704139	338182355	89284732	44150911	45133821
2088	785649944	407485983	378163961	699003654	364639663	334363991	86646290	42846320	43799970
2089	775327079	402177729	373149351	691229436	360593886	330635550	84097643	41583843	42513800
2090	765062217	396875777	368186440	683435669	356516677	326918991	81626548	40359100	41267449

表 3-11 我国人口总数的预测结果（"全面三孩"生育意愿为 46.7%~100%）

（单位：人）

年份	"全面三孩"生育意愿											
---	46.7%			60%			80%			100%		
	全国总人口	城镇人口	农村人口	全国总人口	城镇人口	农村人口	全国总人口	城镇人口	农村人口	全国总人口	城镇人口	农村人口
2018	1400237964	808640510	591597455	1402898135	810044881	592853255	1406898393	812156717	594741676	1410898650	814268553	596630097
2019	1408272544	825041490	583231054	1412186394	827125096	585061298	1418071883	830258339	587813544	1423957371	833391582	590565789
2020	1415276805	840709897	574566907	1420393827	843459967	576933860	1428088598	847595411	580493187	1435783368	851730854	584052514
2021	1421257060	855628468	565628592	1427528280	859033787	568494493	1436958687	864154568	572804120	1446389094	869275348	577113746
2022	1426215918	869812670	556403249	1433592291	873864098	559728193	1444684582	879956473	564728109	1455776872	886048847	569728024
2023	1430208088	883260148	546947940	1438645145	887952131	550693014	1451332449	895007745	556324705	1464019754	902063359	561956395
2024	1433319243	896013929	537305314	1442778490	901345681	541432809	1457002922	909363353	547639568	1471227353	917381026	553846327
2025	1435618523	908098823	527519700	1446067329	914073988	531993341	1461779819	923059198	538720622	1477492310	932044408	545447902
2026	1437195011	919564981	517630030	1448607033	926190977	522416057	1465767970	936154880	529613090	1482928906	946118783	536810123
2027	1438118239	930449820	507668418	1450472118	937736543	512735575	1469049381	948694021	520355361	1487626644	959651498	527975146
2028	1438431522	940763855	497667667	1451710632	948722828	502987804	1471679218	960691209	510988010	1491647805	972659590	518988216
2029	1438192869	950519861	487673007	1452383910	959164219	493219691	1473723822	972163253	501560569	1495063734	985162287	509901447
2030	1437436148	959757973	477678174	1452527254	969100000	483427254	1475220647	983148160	492072486	1497914039	997196320	500717719
2031	1436147400	968430449	467716951	1452129425	978482317	473647108	1476162557	993597912	482564644	1500195701	1008713512	491482189
2032	1434406031	976610470	457795561	1451272253	987383295	463888958	1476635114	1003583067	473052047	1501998120	1019782881	482215239
2033	1432171524	984254044	447917480	1449917941	995757176	454160764	1476604932	1013055329	463549603	1503292706	1030353735	472938971
2034	1429485356	991372420	438112936	1448113831	1003615471	444498360	1476128963	1022026929	454102034	1504146964	1040439411	463707553
2035	1426387342	997996992	428390350	1445905266	1010991287	434913979	1475262012	1030534091	444727922	1504626549	1050079912	454546637

年份	"全面三孩"生育意愿											
	46.7%			60%			80%			100%		
	全国总人口	城镇人口	农村人口	全国总人口	城镇人口	农村人口	全国总人口	城镇人口	农村人口	全国总人口	城镇人口	农村人口
2036	1422875968	1004100263	418775706	1443303069	1017860115	425442954	1474036183	1038558147	435478036	1504788119	1059264017	445524103
2037	1419005047	1009709520	409295527	1440381734	1024260271	416121463	1472561556	1046156387	426405169	1504782732	1068070866	436711866
2038	1414803261	1014858102	399945159	1437187159	1030236464	406950694	1470913711	1053393158	417520553	1504720211	1076587494	428132717
2039	1410321369	1019564617	390756752	1433788004	1035823107	397964897	1469192010	1060329683	408862327	1504735153	1084905589	419829564
2040	1405635591	1023909339	381726253	1430273822	1041113882	389159940	1467509059	1067082666	400426393	1504966839	1093168315	411798524
2041	1400663891	1027806842	372827049	1426528162	1046024241	380503921	1465741296	1073569482	392171814	1505284017	1101295690	403988326
2042	1395532441	1031276070	364048371	1422550049	1050570202	371979847	1463872511	1079801562	384070949	1505563469	1109294338	396359131
2043	1389654987	1034287425	355367562	1418277189	1054718167	363559022	1461823651	1085738963	376084687	1505977387	1117117568	388859819
2044	1383607918	1036825811	346782106	1413687374	1058452303	355235071	1459564969	1091365064	368199904	1506217733	1124748361	381469372
2045	1377117751	1038879658	338292093	1408761945	1061757401	347004544	1457065723	1096658635	360407088	1506330133	1132158803	374171330
2046	1370310799	1040419140	329891659	1403444770	1064587329	338857441	1454235037	1101546041	352688997	1506184160	1139244175	366939985
2047	1362988608	1041397201	321591407	1397685120	1066884329	330800792	1450997891	1105951329	345046562	1505677106	1145907812	359769294
2048	1355224386	1041826659	313397727	1391494942	1068654840	322840103	1447353792	1109870344	337483449	1504794216	1152133746	352660471
2049	1347016564	1041702850	305313714	1384862566	1069887069	314975497	1443273758	1113279094	329994664	1503486646	1157884021	345602625
2050	1338350239	1041008540	297341699	1377764824	1070556952	307207872	1438720376	1116141957	322578418	1501700554	1163109911	338590644
2051	1329278858	1039779330	289499528	1370251910	1070697611	299554298	1433738078	1118487709	315250368	1499473573	1167835097	331638476
2052	1319846565	1038053367	281793198	1362365513	1070345015	292020498	1428364168	1120348518	308015650	1496837793	1172087324	324750469
2053	1309998396	1035784890	274213506	1354049246	1069451373	284597873	1422539665	1121673087	300866578	1493731114	1175811253	317919861
2054	1299863655	1033076000	266787655	1345431616	1068117115	277314501	1416391635	1122258963	293832672	1490278904	1179101112	311177793

年份	"全面三孩"生育意愿											
	46.7%			60%			80%			100%		
	全国总人口	城镇人口	农村人口	全国总人口	城镇人口	农村人口	全国总人口	城镇人口	农村人口	全国总人口	城镇人口	农村人口
2055	1289430369	1029911121	259519248	1336500806	1066325635	270175170	1409908524	1122987759	286920764	1486469958	1181936478	304533479
2056	1278820839	1026389352	252431487	1327381051	1064175413	263205638	1403218016	1123057103	280160913	1482436168	1184414279	298021889
2057	1268079957	1022553153	245526804	1318119862	1061710136	256409726	1396372476	1122812819	273559657	1478235997	1186582907	291653090
2058	1257193829	1018387846	238805983	1308707813	1058916479	249791334	1389370683	1122244379	267126304	1473878432	1188435668	285442764
2059	1246302738	1014014109	232288629	1299290874	1055918764	243372110	1382369132	1121482750	260886383	1469533119	1190111746	279421373
2060	1235507301	1009527319	225979982	1289974782	1052815410	237159372	1375483373	1120632292	254851081	1465328279	1191723313	273604966
2061	1224677573	1004817848	219859725	1280635979	1049501252	231134727	1368601968	1119596419	249005549	1461167958	1193184863	267983095
2062	1213990189	1000047421	213942768	1271457141	1046143223	225313918	1361919144	1118551892	243367251	1457261237	1194685676	262575561
2063	1203106338	994929135	208177203	1262105289	1042459071	219646218	1355113086	1117225575	237887511	1453300667	1195964574	257336093
2064	1192141007	989559393	202581614	1252701125	1038550325	214150800	1348315322	1115728837	232586484	1449431561	1197145616	252285945
2065	1181433335	984252078	197181256	1243586228	1034734015	208852213	1341872560	1114385023	227487537	1446007752	1198560616	247447136
2066	1170842767	978890744	191952023	1234618687	1030892967	203725720	1335641266	1113076634	222564632	1442884753	1200092888	242791866
2067	1160369229	973487023	186882206	1225796665	1027038663	198758002	1329617116	1111815497	217801619	1440056048	1201755447	238300601
2068	1150065659	968092704	181972955	1217172269	1023222489	193949779	1323851024	1110652868	213198157	1437571457	1203600082	233971375
2069	1139654411	962465214	177189197	1208465947	1019200909	189265038	1318060026	1109343686	208716339	1435143876	1205380133	229763743
2070	1129396664	956842581	172554083	1199935568	1015209808	184725759	1312495975	1108120098	204375877	1433017777	1207323331	225694446
2071	1119129450	951087418	168042032	1191414255	1011108845	180305410	1306984760	1106836472	200148287	1431010002	1209277648	221732353
2072	1109006537	945337861	163668676	1183051221	1007032687	176018535	1301667136	1105621153	196045983	1429250714	1211363644	217887070
2073	1098962089	939543430	159418659	1174775694	1002926798	171848896	1296463134	1104412185	192050949	1427648376	1213510187	214138189

续表

年份	"全面三孩"生育意愿											
	46.7%			60%			80%			100%		
	全国总人口	城镇人口	农村人口	全国总人口	城镇人口	农村人口	全国总人口	城镇人口	农村人口	全国总人口	城镇人口	农村人口
2074	1089010999	933718205	155292794	1166597773	998800821	167796952	1291373810	1103211089	188162721	1426192568	1215708765	210483803
2075	1079168444	927883382	151285062	1158527935	994672073	163855861	1286400844	1102027921	184372923	1424873860	1217960268	206913592
2076	1069456832	922062724	147394108	1150584536	990560427	160024109	1281554934	1100875341	180679593	1423693217	1220268340	203424877
2077	1059845579	916234148	143611431	1142733081	986440811	156292270	1276794335	1099722521	177071814	1422599855	1222594734	200005121
2078	1050416200	910471912	139944288	1135051588	982383267	152668321	1272190734	1098632082	173558652	1421657741	1224993243	196664497
2079	1041052119	904673473	136378646	1127421839	978283266	149138573	1267622730	1097495696	170127034	1420741399	1227350684	193390715
2080	1031813600	898894658	132918941	1119902133	974194286	145707847	1263145314	1096362753	166782562	1419902143	1229711697	190190445
2081	1022769576	893203609	129565968	1112560663	970183434	142377230	1258825583	1095298561	163527022	1419206123	1232139555	187066567
2082	1013874155	887557454	126316700	1105350615	966206383	139144232	1254615731	1094256686	160359044	1418605221	1234585940	184019282
2083	1005067792	881902700	123165092	1098213132	962209230	136003902	1250458666	1093183009	157275656	1418045287	1236997204	181048083
2084	996554953	876434274	120120679	1091354406	958388044	132966362	1246564213	1092276027	154288186	1417741383	1239575399	178165984
2085	988215323	871045852	117169471	1084654119	954636188	130017932	1242813317	1091429595	151383722	1417577645	1242216377	175361267
2086	980037775	865728318	114309457	1078102793	950945471	127157322	1239200366	1090638065	148562301	1417554459	1244918802	172635657
2087	971920747	860391981	111528766	1071599189	947226834	124372355	1235626044	1089814579	145811465	1417576608	1247599940	169976668
2088	963845125	855021191	108823934	1065123711	943463921	121659789	1232071398	1088942978	143128420	1417627882	1250245768	167382113
2089	955929915	849727949	106201966	1058796516	939769785	119026731	1228659553	1088139092	140520461	1417836280	1252976749	164859530
2090	948032190	844381650	103650541	1052474002	936013196	116460806	1225246949	1087271835	137975115	1418059935	1255663630	162396305

12.25 亿人；如果所有符合"全面三孩"规定的夫妇生育三孩，总人口在 2036 年达到高峰，为 15.05 亿人，此后总人口同样呈现下降趋势，至 2090 年为 14.18 亿人。可以看出，"全面三孩"政策的实施并未带来总人口数量的快速增长，政府无须担忧人口数量的膨胀。

二、生育政策调整对人口老龄化程度的影响

"全面三孩"政策的实施能降低人口老龄化程度吗？"全面三孩"政策使得新生人口增加，从而人口老龄化程度得以降低。表 3-12 总结了 20.5%的符合"全面三孩"规定的夫妇生育三孩时，人口老龄化程度的变化趋势。首先看 60 岁及以上人口占总人口的变化趋势，如果继续实行"全面二孩"政策，60 岁及以上人口占总人口的比重从 2018 年的 18.35%上升至 2090 年的 44.16%；当 20.5%的符合"全面三孩"规定的夫妇生育三孩，2090 年 60 岁及以上人口占总人口的比重下降至 39.63%。再看 65 岁及以上人口占总人口的变化趋势，如果继续实行"全面二孩"政策，65 岁及以上人口占总人口的比重从 2018 年的 12.39%上升至 2090 年的 37.05%；当 20.5%的符合"全面三孩"规定的夫妇生育三孩，2090 年 65 岁及以上人口占总人口的比重下降至 32.82%。

表 3-12　我国人口老龄化程度的预测结果（"全面三孩"生育意愿为 20.5%）

年份	60 岁及以上人口占总人口的比重			65 岁及以上人口占总人口的比重		
	全国	城镇	农村	全国	城镇	农村
2018	18.29%	16.55%	20.68%	12.35%	11.01%	14.19%
2019	18.53%	16.85%	20.91%	12.97%	11.61%	14.89%
2020	18.83%	17.22%	21.20%	13.55%	12.18%	15.55%
2021	18.93%	17.38%	21.30%	14.06%	12.70%	16.12%
2022	19.62%	18.07%	22.05%	14.64%	13.29%	16.77%
2023	20.75%	19.23%	23.20%	15.10%	13.78%	17.23%
2024	21.62%	20.12%	24.12%	15.29%	14.03%	17.40%
2025	22.50%	21.00%	25.11%	15.55%	14.34%	17.63%
2026	23.38%	21.84%	26.12%	15.61%	14.46%	17.66%
2027	24.05%	22.50%	26.92%	16.22%	15.08%	18.32%
2028	25.09%	23.54%	28.04%	17.25%	16.13%	19.38%
2029	25.97%	24.45%	28.96%	18.03%	16.92%	20.19%
2030	27.00%	25.50%	30.02%	18.82%	17.71%	21.07%

续表

年份	60 岁及以上人口占总人口的比重			65 岁及以上人口占总人口的比重		
	全国	城镇	农村	全国	城镇	农村
2031	27.86%	26.41%	30.87%	19.59%	18.45%	21.97%
2032	28.67%	27.27%	31.66%	20.18%	19.02%	22.66%
2033	29.41%	28.08%	32.35%	21.10%	19.95%	23.66%
2034	30.06%	28.80%	32.94%	21.87%	20.74%	24.45%
2035	30.58%	29.39%	33.36%	22.78%	21.67%	25.38%
2036	31.05%	29.94%	33.71%	23.52%	22.45%	26.10%
2037	31.33%	30.32%	33.85%	24.21%	23.19%	26.75%
2038	31.69%	30.76%	34.04%	24.84%	23.87%	27.30%
2039	32.05%	31.22%	34.23%	25.37%	24.46%	27.76%
2040	32.34%	31.59%	34.36%	25.78%	24.94%	28.05%
2041	32.66%	31.99%	34.50%	26.14%	25.37%	28.27%
2042	33.15%	32.58%	34.79%	26.31%	25.62%	28.29%
2043	33.44%	32.95%	34.89%	26.56%	25.95%	28.36%
2044	33.74%	33.31%	35.03%	26.82%	26.29%	28.43%
2045	34.04%	33.66%	35.20%	27.01%	26.55%	28.45%
2046	34.53%	34.21%	35.55%	27.23%	26.84%	28.48%
2047	35.23%	34.96%	36.10%	27.64%	27.32%	28.66%
2048	35.85%	35.65%	36.53%	27.83%	27.59%	28.67%
2049	36.62%	36.49%	37.05%	28.04%	27.84%	28.73%
2050	37.50%	37.44%	37.70%	28.26%	28.11%	28.82%
2051	37.90%	37.89%	37.93%	28.67%	28.56%	29.09%
2052	38.25%	38.29%	38.10%	29.30%	29.23%	29.58%
2053	38.60%	38.69%	38.24%	29.84%	29.82%	29.94%
2054	38.80%	38.93%	38.31%	30.54%	30.58%	30.40%
2055	38.94%	39.06%	38.46%	31.35%	31.44%	31.01%
2056	38.92%	39.02%	38.51%	31.69%	31.81%	31.17%
2057	38.85%	38.94%	38.48%	31.97%	32.13%	31.29%

年份	60 岁及以上人口占总人口的比重			65 岁及以上人口占总人口的比重		
	全国	城镇	农村	全国	城镇	农村
2058	38.79%	38.88%	38.43%	32.26%	32.46%	31.39%
2059	38.63%	38.72%	38.22%	32.40%	32.63%	31.41%
2060	38.51%	38.62%	38.01%	32.50%	32.71%	31.53%
2061	38.38%	38.51%	37.78%	32.42%	32.61%	31.54%
2062	38.21%	38.36%	37.49%	32.31%	32.48%	31.49%
2063	38.01%	38.18%	37.18%	32.20%	32.36%	31.40%
2064	37.93%	38.12%	36.97%	31.96%	32.13%	31.14%
2065	37.85%	38.06%	36.77%	31.79%	31.96%	30.89%
2066	37.83%	38.05%	36.65%	31.60%	31.79%	30.63%
2067	37.82%	38.06%	36.52%	31.37%	31.58%	30.29%
2068	37.86%	38.11%	36.48%	31.14%	31.35%	29.97%
2069	37.90%	38.16%	36.45%	31.02%	31.25%	29.74%
2070	37.78%	38.03%	36.34%	30.91%	31.15%	29.53%
2071	37.84%	38.12%	36.26%	30.84%	31.10%	29.39%
2072	37.93%	38.22%	36.20%	30.80%	31.06%	29.25%
2073	38.02%	38.34%	36.15%	30.80%	31.07%	29.19%
2074	38.12%	38.45%	36.09%	30.82%	31.09%	29.17%
2075	38.22%	38.57%	36.03%	30.68%	30.94%	29.06%
2076	38.30%	38.67%	35.95%	30.75%	31.02%	28.99%
2077	38.58%	38.97%	36.06%	30.83%	31.12%	28.94%
2078	38.84%	39.24%	36.16%	30.94%	31.24%	28.91%
2079	39.06%	39.47%	36.23%	31.04%	31.37%	28.87%
2080	39.24%	39.66%	36.28%	31.15%	31.49%	28.82%
2081	39.38%	39.82%	36.30%	31.26%	31.61%	28.77%
2082	39.49%	39.93%	36.29%	31.57%	31.94%	28.92%
2083	39.55%	40.00%	36.26%	31.85%	32.23%	29.05%
2084	39.60%	40.05%	36.22%	32.11%	32.50%	29.16%

年份	60 岁及以上人口占总人口的比重			65 岁及以上人口占总人口的比重		
	全国	城镇	农村	全国	城镇	农村
2085	39.63%	40.09%	36.16%	32.32%	32.73%	29.24%
2086	39.65%	40.11%	36.09%	32.51%	32.92%	29.30%
2087	39.65%	40.11%	36.02%	32.64%	33.06%	29.32%
2088	39.64%	40.10%	35.95%	32.73%	33.15%	29.32%
2089	39.64%	40.10%	35.89%	32.79%	33.21%	29.29%
2090	39.63%	40.09%	35.83%	32.82%	33.24%	29.24%

如果"全面三孩"生育意愿进一步提高，情况会如何变化呢？从表 3-13 可以看出，如果 46.7% 的符合"全面三孩"规定的夫妇生育三孩，2090 年 60 岁及以上人口占总人口的比重下降至 34.67%，较继续实行"全面二孩"政策的情况低 9.49%（=44.16%−34.67%）；如果"全面三孩"生育意愿提高至 60%，2090 年 60 岁及以上人口占总人口的比重下降至 32.46%，较继续实行"全面二孩"政策的情况低 11.7%（=44.16%−32.46%）；如果"全面三孩"生育意愿提高至 80%，2090 年 60 岁及以上人口占总人口的比重下降至 29.47%，较继续实行"全面二孩"政策的情况低 14.69%（=44.16%−29.47%）；如果所有符合"全面三孩"规定的夫妇生育三孩，2090 年 60 岁及以上人口占总人口的比重下降至 26.84%，较继续实行"全面二孩"政策的情况低 17.32%（=44.16%−26.84%）。

再看 65 岁及以上人口占总人口比重的变化趋势，从表 3-14 可以看出，如果 46.7% 的符合"全面三孩"规定的夫妇生育三孩，2090 年 65 岁及以上人口占总人口的比重下降至 28.29%，较继续实行"全面二孩"政策的情况低 8.76%（=37.05%−28.29%）；如果"全面三孩"生育意愿提高至 60%，2090 年 65 岁及以上人口占总人口的比重下降至 26.31%，较继续实行"全面二孩"政策的情况低 10.74%（=37.05%−26.31%）；如果"全面三孩"生育意愿提高至 80%，2090 年 65 岁及以上人口占总人口的比重下降至 23.67%，较继续实行"全面二孩"政策的情况低 13.38%（=37.05%−23.67%）；如果所有符合"全面三孩"规定的夫妇生育三孩，2090 年 65 岁及以上人口占总人口的比重下降至 21.37%，较继续实行"全面二孩"政策的情况低 15.68%（=37.05%−21.37%）。

可见，"全面三孩"政策可以缓解我国的人口老龄化程度，"全面三孩"生育意愿越高，缓解力度越强。然而，"全面三孩"政策却无法扭转我国的人口老龄化程度不断上升的态势。

表3-13　我国60岁及以上人口占总人口比重的预测结果("全面三孩"生育意愿为46.7%~100%)

年份	"全面三孩"生育意愿											
	46.7%			60%			80%			100%		
	全国	城镇	农村	全国	城镇	农村	全国	城镇	农村	全国	城镇	农村
2018	18.23%	16.49%	20.59%	18.19%	16.47%	20.55%	18.14%	16.42%	20.48%	18.09%	16.38%	20.42%
2019	18.43%	16.76%	20.78%	18.37%	16.72%	20.72%	18.30%	16.66%	20.62%	18.22%	16.59%	20.52%
2020	18.70%	17.11%	21.03%	18.63%	17.05%	20.94%	18.53%	16.97%	20.81%	18.43%	16.89%	20.69%
2021	18.77%	17.24%	21.08%	18.69%	17.17%	20.98%	18.56%	17.07%	20.82%	18.44%	16.97%	20.66%
2022	19.42%	17.90%	21.79%	19.32%	17.82%	21.66%	19.17%	17.70%	21.47%	19.02%	17.58%	21.28%
2023	20.51%	19.03%	22.89%	20.39%	18.93%	22.74%	20.21%	18.78%	22.51%	20.03%	18.63%	22.28%
2024	21.34%	19.88%	23.76%	21.20%	19.76%	23.58%	20.99%	19.59%	23.31%	20.79%	19.42%	23.05%
2025	22.18%	20.73%	24.69%	22.02%	20.59%	24.48%	21.79%	20.39%	24.18%	21.55%	20.19%	23.88%
2026	23.01%	21.53%	25.64%	22.83%	21.38%	25.41%	22.56%	21.15%	25.06%	22.30%	20.92%	24.73%
2027	23.65%	22.15%	26.39%	23.45%	21.98%	26.13%	23.15%	21.73%	25.75%	22.86%	21.48%	25.38%
2028	24.64%	23.15%	27.45%	24.41%	22.95%	27.16%	24.08%	22.67%	26.73%	23.76%	22.39%	26.32%
2029	25.47%	24.01%	28.31%	25.22%	23.79%	27.99%	24.85%	23.47%	27.53%	24.50%	23.16%	27.08%
2030	26.44%	25.01%	29.30%	26.16%	24.77%	28.96%	25.76%	24.42%	28.45%	25.37%	24.07%	27.96%
2031	27.25%	25.87%	30.10%	26.95%	25.60%	29.72%	26.51%	25.21%	29.17%	26.08%	24.84%	28.64%
2032	28.01%	26.68%	30.83%	27.68%	26.39%	30.42%	27.20%	25.97%	29.83%	26.74%	25.55%	29.27%
2033	28.69%	27.44%	31.46%	28.34%	27.12%	31.03%	27.83%	26.66%	30.40%	27.34%	26.21%	29.79%
2034	29.29%	28.10%	32.00%	28.91%	27.75%	31.54%	28.37%	27.25%	30.87%	27.84%	26.77%	30.23%
2035	29.76%	28.64%	32.36%	29.36%	28.27%	31.88%	28.77%	27.74%	31.18%	28.21%	27.22%	30.50%

续表

年份	"全面三孩"生育意愿											
	46.7%			60%			80%			100%		
	全国	城镇	农村	全国	城镇	农村	全国	城镇	农村	全国	城镇	农村
2036	30.17%	29.14%	32.66%	29.75%	28.74%	32.15%	29.13%	28.17%	31.41%	28.53%	27.62%	30.70%
2037	30.40%	29.46%	32.74%	29.95%	29.04%	32.21%	29.30%	28.43%	31.43%	28.67%	27.85%	30.69%
2038	30.70%	29.85%	32.87%	30.22%	29.40%	32.31%	29.53%	28.75%	31.49%	28.87%	28.13%	30.71%
2039	31.01%	30.24%	32.99%	30.50%	29.77%	32.39%	29.76%	29.08%	31.53%	29.06%	28.42%	30.71%
2040	31.23%	30.55%	33.06%	30.69%	30.04%	32.43%	29.91%	29.31%	31.51%	29.17%	28.61%	30.64%
2041	31.48%	30.88%	33.12%	30.91%	30.34%	32.45%	30.08%	29.57%	31.49%	29.29%	28.82%	30.57%
2042	31.89%	31.39%	33.32%	31.28%	30.82%	32.61%	30.40%	29.98%	31.58%	29.56%	29.18%	30.60%
2043	32.11%	31.68%	33.34%	31.46%	31.07%	32.58%	30.52%	30.18%	31.50%	29.63%	29.33%	30.46%
2044	32.32%	31.96%	33.39%	31.63%	31.30%	32.60%	30.64%	30.36%	31.45%	29.69%	29.46%	30.36%
2045	32.53%	32.23%	33.47%	31.80%	31.53%	32.63%	30.75%	30.53%	31.41%	29.74%	29.57%	30.26%
2046	32.92%	32.67%	33.71%	32.14%	31.93%	32.82%	31.02%	30.86%	31.53%	29.95%	29.84%	30.30%
2047	33.51%	33.32%	34.14%	32.68%	32.52%	33.19%	31.48%	31.37%	31.82%	30.33%	30.28%	30.51%
2048	34.01%	33.88%	34.44%	33.13%	33.03%	33.43%	31.85%	31.81%	31.98%	30.63%	30.64%	30.60%
2049	34.65%	34.60%	34.83%	33.71%	33.69%	33.76%	32.34%	32.38%	32.23%	31.05%	31.13%	30.77%
2050	35.39%	35.41%	35.34%	34.38%	34.43%	34.21%	32.93%	33.03%	32.58%	31.54%	31.69%	31.04%
2051	35.68%	35.75%	35.45%	34.62%	34.72%	34.26%	33.08%	33.23%	32.55%	31.63%	31.83%	30.95%
2052	35.92%	36.03%	35.50%	34.79%	34.94%	34.26%	33.19%	33.38%	32.48%	31.67%	31.91%	30.81%
2053	36.15%	36.31%	35.53%	34.97%	35.17%	34.24%	33.29%	33.53%	32.38%	31.70%	31.98%	30.65%
2054	36.23%	36.43%	35.48%	35.01%	35.23%	34.14%	33.25%	33.53%	32.22%	31.61%	31.92%	30.42%

年份	"全面三孩"生育意愿											
	46.7%			60%			80%			100%		
	全国	城镇	农村	全国	城镇	农村	全国	城镇	农村	全国	城镇	农村
2055	36.26%	36.45%	35.52%	34.99%	35.21%	34.12%	33.17%	33.43%	32.13%	31.46%	31.76%	30.27%
2056	36.14%	36.31%	35.45%	34.82%	35.02%	34.00%	32.94%	33.19%	31.94%	31.18%	31.47%	30.03%
2057	35.97%	36.13%	35.31%	34.61%	34.80%	33.81%	32.67%	32.91%	31.69%	30.86%	31.14%	29.72%
2058	35.82%	35.97%	35.15%	34.41%	34.59%	33.61%	32.41%	32.64%	31.42%	30.55%	30.82%	29.41%
2059	35.55%	35.72%	34.84%	34.10%	34.30%	33.25%	32.05%	32.29%	31.02%	30.15%	30.43%	28.96%
2060	35.34%	35.52%	34.53%	33.85%	34.06%	32.91%	31.74%	32.00%	30.62%	29.80%	30.09%	28.52%
2061	35.11%	35.31%	34.20%	33.58%	33.80%	32.54%	31.42%	31.69%	30.20%	29.43%	29.73%	28.06%
2062	34.84%	35.06%	33.82%	33.27%	33.52%	32.11%	31.06%	31.35%	29.73%	29.03%	29.35%	27.55%
2063	34.55%	34.79%	33.42%	32.93%	33.20%	31.67%	30.67%	30.98%	29.24%	28.60%	28.94%	27.03%
2064	34.35%	34.61%	33.10%	32.69%	32.98%	31.31%	30.37%	30.70%	28.83%	28.26%	28.61%	26.58%
2065	34.17%	34.44%	32.79%	32.46%	32.76%	30.96%	30.08%	30.42%	28.43%	27.91%	28.28%	26.13%
2066	34.02%	34.31%	32.55%	32.26%	32.58%	30.67%	29.82%	30.17%	28.07%	27.61%	27.99%	25.74%
2067	33.89%	34.19%	32.30%	32.08%	32.41%	30.37%	29.57%	29.94%	27.72%	27.31%	27.70%	25.33%
2068	33.80%	34.11%	32.12%	31.93%	32.27%	30.14%	29.36%	29.73%	27.42%	27.04%	27.44%	24.98%
2069	33.70%	34.02%	31.96%	31.78%	32.13%	29.92%	29.14%	29.52%	27.13%	26.76%	27.16%	24.65%
2070	33.46%	33.77%	31.71%	31.49%	31.83%	29.62%	28.79%	29.16%	26.78%	26.37%	26.77%	24.25%
2071	33.38%	33.71%	31.50%	31.35%	31.71%	29.36%	28.58%	28.97%	26.45%	26.11%	26.51%	23.87%
2072	33.32%	33.66%	31.30%	31.23%	31.60%	29.10%	28.38%	28.78%	26.13%	25.85%	26.27%	23.51%
2073	33.26%	33.62%	31.10%	31.11%	31.50%	28.85%	28.19%	28.60%	25.82%	25.60%	26.03%	23.16%

续表

年份	"全面三孩"生育意愿											
	46.7%			60%			80%			100%		
	全国	城镇	农村	全国	城镇	农村	全国	城镇	农村	全国	城镇	农村
2074	33.20%	33.58%	30.90%	30.99%	31.39%	28.60%	28.00%	28.42%	25.50%	25.35%	25.79%	22.80%
2075	33.13%	33.53%	30.70%	30.86%	31.28%	28.34%	27.80%	28.23%	25.19%	25.09%	25.54%	22.44%
2076	33.06%	33.47%	30.48%	30.73%	31.16%	28.08%	27.59%	28.03%	24.87%	24.83%	25.29%	22.09%
2077	33.38%	33.81%	30.63%	31.07%	31.52%	28.24%	27.95%	28.42%	25.06%	25.22%	25.70%	22.30%
2078	33.68%	34.12%	30.76%	31.38%	31.85%	28.39%	28.29%	28.77%	25.23%	25.57%	26.07%	22.49%
2079	33.93%	34.39%	30.87%	31.65%	32.12%	28.51%	28.57%	29.07%	25.37%	25.87%	26.38%	22.65%
2080	34.14%	34.61%	30.95%	31.87%	32.36%	28.61%	28.81%	29.32%	25.48%	26.12%	26.64%	22.78%
2081	34.31%	34.79%	31.00%	32.05%	32.55%	28.67%	29.01%	29.52%	25.57%	26.34%	26.86%	22.88%
2082	34.44%	34.92%	31.02%	32.19%	32.69%	28.71%	29.16%	29.68%	25.62%	26.50%	27.03%	22.94%
2083	34.53%	35.02%	31.02%	32.29%	32.80%	28.71%	29.27%	29.80%	25.64%	26.62%	27.15%	22.98%
2084	34.59%	35.09%	30.99%	32.37%	32.88%	28.70%	29.36%	29.88%	25.65%	26.71%	27.25%	23.00%
2085	34.64%	35.14%	30.96%	32.42%	32.93%	28.68%	29.42%	29.95%	25.63%	26.78%	27.32%	22.99%
2086	34.67%	35.17%	30.91%	32.45%	32.96%	28.64%	29.46%	29.99%	25.60%	26.83%	27.36%	22.97%
2087	34.68%	35.18%	30.86%	32.47%	32.98%	28.59%	29.48%	30.01%	25.56%	26.85%	27.38%	22.94%
2088	34.68%	35.18%	30.80%	32.47%	32.98%	28.53%	29.49%	30.01%	25.51%	26.86%	27.39%	22.89%
2089	34.68%	35.18%	30.74%	32.47%	32.98%	28.48%	29.49%	30.01%	25.46%	26.86%	27.38%	22.84%
2090	34.67%	35.16%	30.68%	32.46%	32.97%	28.42%	29.47%	29.99%	25.40%	26.84%	27.36%	22.78%

表 3-14 我国 65 岁及以上人口占总人口比重的预测结果（"全面三孩"生育意愿为 46.7%~100%）

"全面三孩"生育意愿

年份	46.7%			60%			80%			100%		
	全国	城镇	农村	全国	城镇	农村	全国	城镇	农村	全国	城镇	农村
2018	12.30%	10.97%	14.13%	12.28%	10.95%	14.10%	12.25%	10.92%	14.05%	12.21%	10.89%	14.01%
2019	12.89%	11.55%	14.79%	12.86%	11.52%	14.75%	12.81%	11.48%	14.68%	12.75%	11.44%	14.61%
2020	13.45%	12.10%	15.42%	13.40%	12.06%	15.36%	13.33%	12.00%	15.27%	13.26%	11.95%	15.17%
2021	13.93%	12.60%	15.96%	13.87%	12.55%	15.88%	13.78%	12.47%	15.76%	13.69%	12.40%	15.64%
2022	14.49%	13.17%	16.57%	14.42%	13.11%	16.47%	14.31%	13.02%	16.32%	14.20%	12.93%	16.18%
2023	14.92%	13.63%	17.00%	14.83%	13.56%	16.89%	14.71%	13.46%	16.71%	14.58%	13.35%	16.55%
2024	15.09%	13.86%	17.14%	14.99%	13.78%	17.01%	14.85%	13.66%	16.82%	14.70%	13.54%	16.63%
2025	15.33%	14.16%	17.34%	15.22%	14.07%	17.19%	15.05%	13.93%	16.97%	14.89%	13.79%	16.77%
2026	15.36%	14.25%	17.34%	15.24%	14.15%	17.18%	15.06%	14.00%	16.95%	14.89%	13.85%	16.72%
2027	15.95%	14.84%	17.96%	15.81%	14.73%	17.79%	15.61%	14.56%	17.52%	15.41%	14.39%	17.27%
2028	16.94%	15.86%	18.97%	16.78%	15.73%	18.77%	16.56%	15.54%	18.47%	16.33%	15.34%	18.19%
2029	17.68%	16.62%	19.74%	17.51%	16.47%	19.52%	17.25%	16.25%	19.19%	17.01%	16.04%	18.88%
2030	18.43%	17.37%	20.57%	18.24%	17.20%	20.33%	17.96%	16.96%	19.97%	17.69%	16.72%	19.62%
2031	19.16%	18.08%	21.42%	18.95%	17.89%	21.15%	18.65%	17.62%	20.76%	18.35%	17.35%	20.38%
2032	19.71%	18.61%	22.06%	19.48%	18.40%	21.77%	19.15%	18.11%	21.35%	18.82%	17.82%	20.95%
2033	20.59%	19.49%	23.01%	20.34%	19.26%	22.69%	19.97%	18.93%	22.23%	19.61%	18.61%	21.79%
2034	21.31%	20.23%	23.75%	21.04%	19.99%	23.41%	20.64%	19.62%	22.91%	20.25%	19.28%	22.44%
2035	22.16%	21.11%	24.62%	21.86%	20.84%	24.25%	21.43%	20.44%	23.71%	21.01%	20.06%	23.20%

续表

年份	"全面二孩"生育意愿											
	46.7%			60%			80%			100%		
	全国	城镇	农村	全国	城镇	农村	全国	城镇	农村	全国	城镇	农村
2036	22.86%	21.85%	25.28%	22.53%	21.55%	24.88%	22.06%	21.12%	24.31%	21.61%	20.71%	23.76%
2037	23.49%	22.53%	25.87%	23.15%	22.21%	25.45%	22.64%	21.75%	24.83%	22.16%	21.30%	24.25%
2038	24.06%	23.16%	26.36%	23.69%	22.81%	25.91%	23.15%	22.31%	25.25%	22.63%	21.83%	24.62%
2039	24.54%	23.70%	26.76%	24.14%	23.32%	26.27%	23.56%	22.78%	25.57%	23.00%	22.27%	24.90%
2040	24.90%	24.12%	26.99%	24.47%	23.72%	26.47%	23.85%	23.14%	25.73%	23.25%	22.59%	25.02%
2041	25.19%	24.49%	27.14%	24.74%	24.06%	26.59%	24.07%	23.44%	25.80%	23.44%	22.85%	25.05%
2042	25.31%	24.68%	27.09%	24.83%	24.23%	26.52%	24.13%	23.58%	25.68%	23.46%	22.95%	24.89%
2043	25.50%	24.95%	27.10%	24.99%	24.47%	26.49%	24.24%	23.77%	25.61%	23.53%	23.10%	24.76%
2044	25.70%	25.23%	27.10%	25.15%	24.71%	26.45%	24.36%	23.97%	25.52%	23.60%	23.25%	24.63%
2045	25.82%	25.42%	27.05%	25.24%	24.87%	26.37%	24.40%	24.08%	25.39%	23.60%	23.32%	24.45%
2046	25.97%	25.64%	27.00%	25.35%	25.05%	26.29%	24.47%	24.21%	25.26%	23.62%	23.41%	24.28%
2047	26.29%	26.03%	27.10%	25.63%	25.41%	26.35%	24.69%	24.51%	25.26%	23.79%	23.66%	24.23%
2048	26.41%	26.22%	27.03%	25.72%	25.56%	26.24%	24.73%	24.61%	25.10%	23.78%	23.71%	24.02%
2049	26.54%	26.40%	27.01%	25.81%	25.71%	26.18%	24.77%	24.70%	24.99%	23.78%	23.75%	23.86%
2050	26.68%	26.58%	27.01%	25.92%	25.85%	26.15%	24.82%	24.79%	24.90%	23.78%	23.79%	23.72%
2051	26.99%	26.94%	27.19%	26.19%	26.16%	26.28%	25.03%	25.04%	24.97%	23.93%	23.99%	23.74%
2052	27.51%	27.50%	27.57%	26.66%	26.67%	26.60%	25.42%	25.48%	25.22%	24.26%	24.35%	23.92%
2053	27.95%	27.98%	27.82%	27.04%	27.10%	26.80%	25.73%	25.84%	25.35%	24.51%	24.65%	23.99%
2054	28.52%	28.61%	28.16%	27.55%	27.67%	27.09%	26.17%	26.33%	25.57%	24.88%	25.07%	24.15%

续表

<table>
<tr><th rowspan="2">年份</th><th colspan="3">46.7%</th><th colspan="3">60%</th><th colspan="3">"全面三孩"生育意愿
80%</th><th colspan="3">100%</th></tr>
<tr><th>全国</th><th>城镇</th><th>农村</th><th>全国</th><th>城镇</th><th>农村</th><th>全国</th><th>城镇</th><th>农村</th><th>全国</th><th>城镇</th><th>农村</th></tr>
<tr><td>2055</td><td>29.20%</td><td>29.34%</td><td>28.63%</td><td>28.17%</td><td>28.34%</td><td>27.50%</td><td>26.70%</td><td>26.91%</td><td>25.90%</td><td>25.33%</td><td>25.56%</td><td>24.40%</td></tr>
<tr><td>2056</td><td>29.42%</td><td>29.60%</td><td>28.70%</td><td>28.35%</td><td>28.55%</td><td>27.52%</td><td>26.82%</td><td>27.06%</td><td>25.86%</td><td>25.38%</td><td>25.65%</td><td>24.31%</td></tr>
<tr><td>2057</td><td>29.60%</td><td>29.82%</td><td>28.71%</td><td>28.48%</td><td>28.72%</td><td>27.49%</td><td>26.88%</td><td>27.15%</td><td>25.77%</td><td>25.39%</td><td>25.69%</td><td>24.17%</td></tr>
<tr><td>2058</td><td>29.78%</td><td>30.03%</td><td>28.71%</td><td>28.61%</td><td>28.88%</td><td>27.45%</td><td>26.95%</td><td>27.25%</td><td>25.66%</td><td>25.40%</td><td>25.74%</td><td>24.02%</td></tr>
<tr><td>2059</td><td>29.83%</td><td>30.10%</td><td>28.63%</td><td>28.61%</td><td>28.90%</td><td>27.33%</td><td>26.89%</td><td>27.21%</td><td>25.49%</td><td>25.29%</td><td>25.65%</td><td>23.80%</td></tr>
<tr><td>2060</td><td>29.82%</td><td>30.08%</td><td>28.65%</td><td>28.56%</td><td>28.85%</td><td>27.30%</td><td>26.79%</td><td>27.10%</td><td>25.40%</td><td>25.14%</td><td>25.48%</td><td>23.66%</td></tr>
<tr><td>2061</td><td>29.66%</td><td>29.90%</td><td>28.56%</td><td>28.37%</td><td>28.63%</td><td>27.17%</td><td>26.54%</td><td>26.84%</td><td>25.22%</td><td>24.86%</td><td>25.18%</td><td>23.43%</td></tr>
<tr><td>2062</td><td>29.46%</td><td>29.69%</td><td>28.41%</td><td>28.13%</td><td>28.38%</td><td>26.97%</td><td>26.26%</td><td>26.54%</td><td>24.97%</td><td>24.54%</td><td>24.85%</td><td>23.14%</td></tr>
<tr><td>2063</td><td>29.26%</td><td>29.48%</td><td>28.23%</td><td>27.90%</td><td>28.14%</td><td>26.75%</td><td>25.98%</td><td>26.26%</td><td>24.70%</td><td>24.23%</td><td>24.53%</td><td>22.83%</td></tr>
<tr><td>2064</td><td>28.95%</td><td>29.17%</td><td>27.88%</td><td>27.55%</td><td>27.80%</td><td>26.38%</td><td>25.60%</td><td>25.87%</td><td>24.29%</td><td>23.81%</td><td>24.11%</td><td>22.39%</td></tr>
<tr><td>2065</td><td>28.69%</td><td>28.92%</td><td>27.55%</td><td>27.26%</td><td>27.51%</td><td>26.01%</td><td>25.26%</td><td>25.54%</td><td>23.88%</td><td>23.44%</td><td>23.75%</td><td>21.95%</td></tr>
<tr><td>2066</td><td>28.42%</td><td>28.66%</td><td>27.20%</td><td>26.95%</td><td>27.22%</td><td>25.63%</td><td>24.91%</td><td>25.21%</td><td>23.46%</td><td>23.06%</td><td>23.38%</td><td>21.51%</td></tr>
<tr><td>2067</td><td>28.11%</td><td>28.37%</td><td>26.79%</td><td>26.61%</td><td>26.89%</td><td>25.19%</td><td>24.54%</td><td>24.84%</td><td>22.99%</td><td>22.65%</td><td>22.98%</td><td>21.01%</td></tr>
<tr><td>2068</td><td>27.80%</td><td>28.06%</td><td>26.39%</td><td>26.27%</td><td>26.55%</td><td>24.76%</td><td>24.15%</td><td>24.46%</td><td>22.53%</td><td>22.24%</td><td>22.57%</td><td>20.53%</td></tr>
<tr><td>2069</td><td>27.58%</td><td>27.86%</td><td>26.08%</td><td>26.01%</td><td>26.31%</td><td>24.41%</td><td>23.85%</td><td>24.17%</td><td>22.14%</td><td>21.90%</td><td>22.25%</td><td>20.11%</td></tr>
<tr><td>2070</td><td>27.37%</td><td>27.66%</td><td>25.77%</td><td>25.76%</td><td>26.07%</td><td>24.07%</td><td>23.55%</td><td>23.89%</td><td>21.76%</td><td>21.57%</td><td>21.92%</td><td>19.70%</td></tr>
<tr><td>2071</td><td>27.20%</td><td>27.50%</td><td>25.53%</td><td>25.55%</td><td>25.87%</td><td>23.79%</td><td>23.29%</td><td>23.63%</td><td>21.43%</td><td>21.28%</td><td>21.63%</td><td>19.35%</td></tr>
<tr><td>2072</td><td>27.05%</td><td>27.36%</td><td>25.29%</td><td>25.36%</td><td>25.68%</td><td>23.52%</td><td>23.05%</td><td>23.39%</td><td>21.11%</td><td>20.99%</td><td>21.35%</td><td>19.00%</td></tr>
<tr><td>2073</td><td>26.94%</td><td>27.25%</td><td>25.12%</td><td>25.20%</td><td>25.53%</td><td>23.30%</td><td>22.84%</td><td>23.18%</td><td>20.85%</td><td>20.74%</td><td>21.10%</td><td>18.70%</td></tr>
</table>

年份	"全面三孩"生育意愿											
---	46.7%			60%			80%			100%		
	全国	城镇	农村	全国	城镇	农村	全国	城镇	农村	全国	城镇	农村
2074	26.84%	27.15%	24.98%	25.06%	25.38%	23.12%	22.64%	22.98%	20.62%	20.50%	20.85%	18.43%
2075	26.60%	26.90%	24.76%	24.78%	25.10%	22.86%	22.32%	22.65%	20.32%	20.15%	20.50%	18.10%
2076	26.54%	26.85%	24.58%	24.67%	24.99%	22.64%	22.14%	22.49%	20.05%	19.93%	20.29%	17.81%
2077	26.49%	26.81%	24.42%	24.57%	24.90%	22.44%	21.99%	22.34%	19.80%	19.73%	20.09%	17.53%
2078	26.46%	26.79%	24.26%	24.48%	24.83%	22.24%	21.85%	22.21%	19.56%	19.55%	19.92%	17.26%
2079	26.43%	26.78%	24.10%	24.40%	24.76%	22.04%	21.70%	22.07%	19.32%	19.36%	19.74%	17.00%
2080	26.40%	26.76%	23.94%	24.32%	24.69%	21.84%	21.56%	21.94%	19.08%	19.18%	19.56%	16.73%
2081	26.36%	26.74%	23.78%	24.23%	24.61%	21.64%	21.42%	21.80%	18.84%	19.00%	19.38%	16.47%
2082	26.73%	27.12%	23.98%	24.62%	25.02%	21.87%	21.84%	22.24%	19.10%	19.44%	19.84%	16.75%
2083	27.06%	27.47%	24.17%	24.98%	25.39%	22.07%	22.22%	22.63%	19.33%	19.84%	20.26%	17.01%
2084	27.36%	27.78%	24.33%	25.30%	25.72%	22.26%	22.56%	22.99%	19.54%	20.20%	20.63%	17.24%
2085	27.63%	28.05%	24.46%	25.58%	26.01%	22.41%	22.86%	23.30%	19.72%	20.51%	20.95%	17.43%
2086	27.85%	28.28%	24.57%	25.82%	26.25%	22.53%	23.12%	23.56%	19.86%	20.78%	21.22%	17.59%
2087	28.02%	28.46%	24.63%	26.00%	26.44%	22.62%	23.32%	23.77%	19.97%	20.99%	21.44%	17.71%
2088	28.14%	28.58%	24.66%	26.14%	26.59%	22.66%	23.47%	23.92%	20.03%	21.16%	21.61%	17.79%
2089	28.23%	28.68%	24.67%	26.24%	26.69%	22.69%	23.59%	24.04%	20.07%	21.28%	21.74%	17.84%
2090	28.29%	28.74%	24.66%	26.31%	26.76%	22.69%	23.67%	24.12%	20.08%	21.37%	21.83%	17.86%

第五节　小　　结

　　运用人口预测模型并带入相关参数，本书分析了在继续实行"全面二孩"政策和实施"全面三孩"政策背景下，我国人口老龄化程度的变化趋势。如果继续实行"全面二孩"政策，我国 60 岁及以上人口占总人口的比重从 2018 年的 18.35% 上升至 2090 年的 44.16%。如果 20.5% 的符合"全面三孩"规定的夫妇生育三孩，2090 年我国 60 岁及以上人口占总人口的比重下降至 39.63%；如果 46.7% 的符合"全面三孩"规定的夫妇生育三孩，2090 年我国 60 岁及以上人口占总人口的比重下降至 34.67%；如果所有符合"全面三孩"规定的夫妇生育三孩，2090 年我国 60 岁及以上人口占总人口的比重下降至 26.84%。

　　再看 65 岁及以上人口占总人口比重的变化趋势，如果继续实行"全面二孩"政策，我国 65 岁及以上人口占总人口的比重从 2018 年的 12.39% 上升至 2090 年的 37.05%。如果 20.5% 的符合"全面三孩"规定的夫妇生育三孩，2090 年我国 65 岁及以上人口占总人口的比重下降至 32.82%；如果 46.7% 的符合"全面三孩"规定的夫妇生育三孩，2090 年我国 65 岁及以上人口占总人口的比重下降至 28.29%；如果所有符合"全面三孩"规定的夫妇生育三孩，2090 年我国 65 岁及以上人口占总人口的比重下降至 21.37%。

第四章 "全面二孩"政策下我国社会养老保险基金可持续性评估

为了便于评估"全面三孩"政策对社会养老保险基金和社会医疗保险基金可持续性的影响，本书首先分析"全面二孩"政策下社会养老保险基金的财务运行状况，再将"全面二孩"政策下的情况和"全面三孩"政策下的情况进行对比，以找出"全面三孩"政策对社会养老保险基金可持续性的影响。在分析社会养老保险基金的财务运行状况时，当基金出现累计赤字，则代表基金不具备可持续性，反之，当基金仍存有累计结余，则代表基金具备可持续性。

考虑到"全面三孩"政策对社会养老保险基金和社会医疗保险基金的影响存在时滞效应，要待新生人口成为社会保险参保人口后才能产生效应，因此为了更加准确地考察"全面三孩"政策的效应，精算分析的起止时间分别为 2018 年和 2090 年，时长为 72 年，约为一代人的生命周期。

第一节 模型与方法

在精算领域，通过分析社会保险基金的财务运行状况（基金收入、基金支出、当期结余和累计结余）可以判断社会保险基金的可持续性，如果基金累计结余大于 0，则代表基金可持续，如果基金累计结余小于 0，则代表基金不可持续。因此，在后文的分析中，通过建立社会养老保险精算模型来分析社会养老保险基金的财务运行状况，并进一步判断社会养老保险基金和社会医疗保险基金的可持续性。

我国社会养老保险体系主要包括城镇职工基本养老保险、城乡居民基本养老保险和机关事业单位工作人员养老保险，机关事业单位工作人员养老保险的参保对象是机关事业单位工作人员（正式编制），而机关事业单位工作人员数量受"全面三孩"政策的影响不大，主要是受到国家编制政策的影响较大，因此本书主要分析城镇职工基本养老保险基金和城乡居民基本养老保险基金的财务运行状况，不再对机关事业单位养老保险基金进行过多的探讨。

一、城镇职工基本养老保险基金精算模型

1997 年颁布的《国务院关于建立统一的企业职工基本养老保险制度的决定》(国发〔1997〕26 号文件)标志着城镇职工基本养老保险制度的建立, 2005 年颁布的《国务院关于完善企业职工基本养老保险制度的决定》(国发〔2005〕38 号文件)对国发〔1997〕26 号文件的部分规定进行修正。这两项文件适用的人群不同, 为了研究方便, 本书将参保职工细分为老人、老中人、新中人和新人。老人为国发〔1997〕26 号文件实施前退休的人员, 领取基础养老金; 老中人为国发〔1997〕26 号文件实施前参加工作、国发〔1997〕26 号文件实施后至国发〔2005〕38 号文件实施前退休的人员, 领取基础养老金、个人账户养老金和过渡性性养老金; 新中人为国发〔1997〕26 号文件实施前参加工作、国发〔2005〕38 号文件实施后退休的人员, 同样领取基础养老金、个人账户养老金和过渡性性养老金; 新人为国发〔1997〕26 号文件实施后参加工作的人员, 领取基础养老金和个人账户养老金, 具体分类详见表 4-1。

表 4-1　参保职工的分类

职工分类	对应时间	养老金计发办法参照文件	2017 年的年龄区间
老人	国发〔1997〕26 号文件实施前退休的人员	参照国发〔1997〕26 号文件, 计发基础养老金	男　性[80, 100] 女干部[75, 100] 女工人[70, 100]
老中人	国发〔1997〕26 号文件实施前参加工作、国发〔1997〕26 号文件实施后至国发〔2005〕38 号文件实施前退休的人员	参照国发〔1997〕26 号文件, 计发基础养老金、个人账户养老金和过渡性养老金	男　性[72, 79] 女干部[67, 74] 女工人[62, 69]
新中人	国发〔1997〕26 号文件实施前参加工作、国发〔2005〕38 号文件实施后退休的人员	参照国发〔2005〕38 号文件, 计发基础养老金、个人账户养老金和过渡性养老金	男　性[42, 71] 女干部[42, 66] 女工人[42, 61]
新人	国发〔1997〕26 号文件实施后参加工作的人员	参照国发〔2005〕38 号文件, 计发基础养老金和个人账户养老金	男　性[22, 41] 女干部[22, 41] 女工人[22, 41]

注: 根据国发〔1997〕26 号文件和国发〔2005〕38 号文件整理; 本书假定城镇职工最初参加养老保险的年龄为 22 岁①; 老人仅计发基础养老金, 过渡性养老金仅为老中人和新中人计发。

---

①　详见本章第二节。

根据《2014 年度人力资源和社会保障事业发展统计公报》的数据，截至 2014 年底，共有 13 个省(区、市)做实个人账户。然而，根据《2008 年度人力资源和社会保障事业发展统计公报》的数据，截至 2008 年底，我国已有 13 个省(区、市)做实个人账户。可见，个人账户做实进程缓慢，现阶段几乎处于停滞不前的状态。2015 年及以后，人力资源和社会保障事业发展统计公报不再公布做实个人账户的省份。为了研究方便，本书假设我国未做实个人账户。那么，个人账户仅记录参保职工的缴费情况，为日后政府发放参保职工的个人账户养老金及返还个人账户余额提供数值依据。同时，个人账户缴费收入与统筹基金缴费收入全部进入统一的财政账户，用于支付参保职工的基础养老金、过渡性养老金、个人账户养老金和个人账户返还性支出。个人账户返还性支出，是指如果参保职工在缴纳养老保险费或领取养老金的过程中死亡，政府会退还参保职工的个人账户余额给其继承人。不仅如此，如果参保职工在个人账户余额用尽后仍存活[1]，政府会为参保职工继续发放个人账户养老金。

(一)城镇职工基本养老保险基金收入模型

t 年城镇职工基本养老保险基金收入等于 t 年参保在职职工人数乘以 t 年养老保险缴费基数再乘以 t 年养老保险缴费率，具体表达式如下：

$$(AI)_t^e = \left(\sum_{i=1}^{4} \sum_{j=1}^{3} \sum_{x=a_t^j}^{b_t^j-1} N_{t,x}^{i,j} \right) \times \bar{w}_t \times R_t^e$$

$$= \left(\sum_{i=1}^{4} \sum_{j=1}^{3} \sum_{x=a_t^j}^{b_t^j-1} N_{t,x}^{i,j} \right) \times \bar{w}_{t_0-1} \times \prod_{s=t_0}^{t} (1+k_t) \times R_t^e \tag{4-1}$$

其中 $(AI)_t^e$ 为 t 年城镇职工基本养老保险基金收入，$i = 1，2，3，4$ 分别代表老人、老中人、新中人和新人，$j = 1，2，3$ 分别代表男性、女干部和女工人，$N_{t,x}^{i,j}$ 则代表 t 年 x 岁的第 i、j 类的参保职工人数，a_t^j 和 b_t^j 分别为 t 年第 j 类参保职工最初参加养老保险的年龄和退休年龄，$\sum_{i=1}^{4} \sum_{j=1}^{3} \sum_{x=a_t^j}^{b_t^j-1} N_{t,x}^{i,j}$ 为(参保)在职职工人数，$\bar{w}_t$ 为 t 年养老保险人均缴费基数，t_0 为精算分析的起始时间，k_t 为 t 年缴费基数增长率，R_t^e 为 t 年城镇职工基本养老保险缴费率。

(二) 城镇职工基本养老保险基金支出模型

t 年城镇职工基本养老保险基金支出 $(AC)_t^e$ 由 t 年基础养老金支出 $(AC)_{t,b}^e$、t 年过渡性

---

① 60 岁退休的男性职工个人账户养老金的计发月数为 139 个月，如果其在 71.58(=60+139/12)岁及以后仍存活，政府会继续为其发放个人账户养老金。也就是说，个人账户养老金发放至参保职工死亡时为止。

养老金支出 $(AC)_{t, g}^e$、t 年个人账户养老金支出 $(AC)_{t, i}^{e, 1}$ 和 t 年个人账户返还性支出 $(AC)_{t, i}^{e, 2}$ 构成，用公式表达即为：

$$(AC)_t^e = (AC)_{t, b}^e + (AC)_{t, g}^e + (AC)_{t, i}^{e, 1} + (AC)_{t, i}^{e, 2} \quad (4-2)$$

1. 基础养老金支出模型

t 年基础养老金支出等于 t 年参保退休职工人数乘以 t 年人均基础养老金，t 年人均基础养老金等于计发基数乘以基础养老金计发比例乘以增长系数①，具体表达式如下：

$$(AC)_{t, b}^e = \sum_{i=1}^4 \sum_{j=1}^3 \sum_{x=b_t^j}^{c_t^j} \left[N_{t, x}^{i, j} \times \bar{B}_{t, x}^{i, j} \times s_{t, x}^{i, j} \times \prod_{s=t-x+b_t^j}^t (1+g_t) \right] \quad (4-3)$$

其中 c_t^j 为 t 年第 j 类参保职工的最大生存年龄，$\bar{B}_{t, x}^{i, j}$ 为 t 年 x 岁的第 i、j 类参保职工基础养老金的计发基数，老人和老中人基础养老金的年计发基数为其退休前一年的年社会平均工资，新中人和新人基础养老金的年计发基数为其退休前一年的年社会平均工资和指数化年平均缴费基数的平均值，$s_{t, x}^{i, j}$ 为 t 年 x 岁的第 i、j 类参保职工基础养老金的计发比例，g_t 为 t 年基础养老金的增长率，$1+g_t$ 为 t 年基础养老金的增长系数。

2. 过渡性养老金支出模型

t 年过渡性养老金支出等于 t 年退休老中人和退休新中人的人数乘以 t 年人均过渡性养老金，t 年人均过渡性养老金等于计发基数乘以视同缴费年限乘以过渡性养老金的年计发比例乘以增长系数，具体表达式如下：

$$(AC)_{t, g}^e = \sum_{i=2}^3 \sum_{j=1}^3 \sum_{x=b_t^j}^{c_t^j} \left\{ N_{t, x}^{i, j} \times \bar{G}_{t, x}^{i, j} \times [1998 - (t-x+a_t^j)] \times v_{t, x}^{i, j} \times \prod_{s=t-x+b_t^j}^t (1+g_t) \right\} \quad (4-4)$$

其中 $\bar{G}_{t, x}^{i, j}$ 为 t 年 x 岁的第 i、j 类参保职工过渡性养老金的计发基数，老中人和新中人过渡性养老金的年计发基数分别为其退休前一年的年社会平均工资和指数化年平均缴费基数，$[1998 - (t-x+a_t^j)]$ 为第 j 类参保职工的视同缴费年限②，$v_{t, x}^{i, j}$ 为 t 年 x 岁的第 i、j 类参保职工过渡性养老金的年计发比例，t 年过渡性养老金的增长率等于 t 年基础养老金的增长率。

3. 个人账户养老金支出模型

t 年个人账户养老金支出等于 t 年退休老中人、退休新中人和退休新人的人数乘以 t 年人均个人账户养老金，t 年人均个人账户养老金等于个人账户储存额除以计发月数乘以 12

---

① 国发〔2005〕38 号文件指出，适时调整退休人员基本养老金水平，调整幅度为平均工资增长率的一定比例。

② 视同缴费年限为养老保险制度正式建立（即 1998 年）前，参保职工的工作年限。$(t-x+a_t^j)$ 为参保职工最初参加工作的年份，因而 $[1998 - (t-x+a_t^j)]$ 为视同缴费年限。

乘以增长系数，具体表达式如下：

$$(AC)_{t,i}^{e,1} = \sum_{i=2}^{4}\sum_{j=1}^{3}\sum_{x=b_t^j}^{c_t^j}\left\{\left\{N_{t,x}^{i,j}\times 12\times\left[\sum_{s=a_t^j}^{b_t^j-1}\overline{w}_s\times R_s^{e,2}\times(1+r_e)\,b_t^{j-s-1}\right]\Big/m_t^{i,j}\right\}\times\right.$$
$$\left.\prod_{s=t-x+b_t^j}^{t}(1+g_s)\right\} \tag{4-5}$$

其中 r_e 为城镇职工基本养老保险个人账户记账利率，$R_t^{e,2}$ 为 t 年城镇职工基本养老保险个人账户的缴费率，$m_t^{i,j}$ 为 t 年第 i、j 类参保职工个人账户养老金的计发月数，t 年个人账户养老金的增长率等于 t 年基础养老金的增长率。

4. 个人账户返还性支出模型

个人账户返还性支出等于死亡职工人数乘以个人账户余额，具体表达式如下：

$$(AC)_{t,i}^{e,2} = \sum_{i=2}^{4}\sum_{j=1}^{3}\sum_{x=b_t^j}^{b_t^j+m_t^i\cdot j/12}\left(D_{t,x}^{i,j}\times\left(b_t^j+\frac{m_t^{i,j}}{12}-x\right)\times\left(12\times\left(\sum_{s=a_t^j}^{b_t^j-1}\overline{w}_s\times R_s^2\times(1+r_e)\,b_t^{j-s-1}\right)\Big/m_t^{i,j}\right)\right)+$$
$$\sum_{i=2}^{4}\sum_{j=1}^{3}\sum_{x=a_t^j}^{b_t^j-1}\left(D_{t,x}^{i,j}\times\left(\sum_{s=a_t^j}^{x}\overline{w}_s\times R_s^2\times(1+r_e)^{x-s}\right)\right) \tag{4-6}$$

其中 $D_{t,x}^{i,j}$ 为 t 年 x 岁的第 i、j 类死亡的参保职工人数，其他符号意义同上，公式等号右边第一项为参保退休职工个人账户返还性支出，第二项为参保在职职工个人账户返还性支出。

（三）城镇职工基本养老保险基金累计结余模型

t 年城镇职工基本养老保险基金累计结余等于 $t-1$ 年基金累计结余（含利息）加上 t 年基金当期结余（含利息），当期结余等于基金收入减去支出，具体表达如下：

$$F_t^e = F_{t-1}^e\times(1+i)+[(AI)_t^e-(AC)_t^e]\times(1+i) \tag{4-7}$$

其中 F_t^e 为 t 年城镇职工基本养老保险基金累计结余，i 为银行 1 年期定期存款利率（即城镇职工基本养老保险基金的保值增值率），其他符号意义与式(4-1) ～ 式(4-6)的符号意义一致。

二、城乡居民基本养老保险基金精算模型

（一）城乡居民基本养老保险基金收入模型

t 年城乡居民基本养老保险基金收入等于 t 年城乡居民基本养老保险缴费人员数量乘以 t 年人均缴费额，t 年人均缴费额等于 t 年城乡居民人均纯收入乘以 t 年缴费率，具体表达式如下：

$$(AI)_t^r = \sum_{j=1}^{2}\sum_{x=a}^{b-1}\left[N_{t,x}^j\cdot I_t\cdot(R_t^{r,1}+R_t^{r,2})\right]$$

$$= \sum_{j=1}^{2} \sum_{x=a}^{b-1} \left[N_{t,x}^{j} \cdot I_{t_0-1} \cdot \prod_{s=t_0}^{t} (1+k_t) \cdot (R_t^{r,1} + R_t^{r,2}) \right] \tag{4-8}$$

其中 $(AI)_t^r$ 为 t 年城乡居民基本养老保险基金收入，$j=1$，2 分别代表男性和女性，a 为城乡居民基本养老保险参保人员最初参保年龄，b 为城乡居民基本养老参保人员待遇领取年龄，$N_{t,x}^{j}$ 为 t 年 x 岁第 j 类城乡居民基本养老保险参保人员数量，$\sum_{j=1}^{2} \sum_{x=a}^{b-1} N_{t,x}^{j}$ 则为 t 年城乡居民基本养老保险缴费人员数量，I_t 为 t 年城乡居民人均纯收入，$R_t^{r,1}$ 和 $R_t^{r,2}$ 分别为 t 年城乡居民基本养老保险政府缴费率和个人缴费率，k_t 为 t 年城乡居民人均纯收入的增长速度，t_0 为精算分析的起始时间。

(二) 城乡居民基本养老保险基金支出模型

t 年城乡居民基本养老保险基金支出等于 t 年城乡居民基础养老金支出、t 年城乡居民个人账户养老金支出与 t 年城乡居民个人账户返还性支出之和，具体表达式如下：

$$(AC)_t^r = (AC)_t^{r,b} + (AC)_{t,i}^{r,1} + (AC)_{t,i}^{r,2} \tag{4-9}$$

其中 $(AC)_t^r$ 为 t 年城乡居民基本养老保险基金支出，$(AC)_t^{r,b}$ 为 t 年城乡居民基础养老金支出，$(AC)_{t,i}^{r,1}$ 为 t 年城乡居民个人账户养老金支出，$(AC)_{t,i}^{r,2}$ 为 t 年城乡居民个人账户返还性支出。

1. 基础养老金支出模型

t 年城乡居民基础养老金支出等于 t 年城乡居民基本养老保险领取待遇人员数量乘以 t 年人均基础养老金，t 年人均基础养老金等于计发基数乘以计发比例乘以增长系数，具体表达式如下：

$$(AC)_t^{r,b} = \sum_{j=1}^{2} \sum_{x=b}^{c} \left[N_{t,x}^{j} \cdot I_{t-x+b-1} \cdot s_{t-x+b}^{j} \cdot \prod_{s=t-x+b+1}^{t} (1+g_t) \right] \tag{4-10}$$

其中 c 为城乡居民最大生存年龄，$\sum_{j=1}^{2} \sum_{x=b}^{c} N_{t,x}^{j}$ 为 t 年城乡居民基本养老保险领取待遇人员数量，$t-x+b-1$ 为 t 年 x 岁的城乡居民基本养老保险参保人员在距离待遇领取年龄一年时对应的年份，s_{t-x+b}^{j} 为 t 年 x 岁第 j 类城乡居民基本养老保险参保人员在达到待遇领取年龄时基础养老金的计发比例，g_t 为 t 年基础养老金的增长速度。

2. 个人账户养老金支出模型

t 年城乡居民个人账户养老金支出等于 t 年城乡居民基本养老保险领取待遇人员数量乘以 t 年人均个人账户养老金，t 年人均个人账户养老金等于个人账户储存额除以计发月数乘以 12 再乘以增长系数，具体表达式如下：

$$(AC)_{t,i}^{r,1} = \sum_{j=1}^{2} \sum_{x=b}^{c} \left\{ N_{t,x}^j \cdot 12 \cdot \left\{ \sum_{s=t-x+a}^{t-x+b-1} \left[I_s \cdot R_s^2 \cdot \prod_{w=s}^{t-x+b-1} (1+r_r) \right] \right\} \middle/ m_{t-x+b}^j \cdot \prod_{s=t-x+b+1}^{t} (1+g_t) \right\}$$

$$(4-11)$$

其中 r_r 为城乡居民基本养老保险个人账户记账利率, m_{t-x+b}^j 为 t 年 x 岁第 j 类城乡居民基本养老保险参保人员个人账户养老金的计发月数, 个人账户养老金的增长速度与基础养老金的增长速度一致。

3. 个人账户返还性支出模型

当城乡居民基本养老保险参保人员去世, 政府将退还其个人账户余额给其继承人。t 年城乡居民基本养老保险个人账户返还性支出等于 t 年去世的城乡居民基本养老保险参保人员数量乘以 t 年人均个人账户余额, 具体表达式如下:

$$(AC)_t^{i,2} = \sum_{j=1}^{2} \sum_{x=b}^{b+m_{t-x+b}^j/12} \left\{ D_{t,x}^j \cdot \left(b + \frac{m_{t-x+b}^j}{12} - x \right) \cdot \left\{ 12 \cdot \left\{ \sum_{s=t-x+a}^{t-x+b-1} \left[I_s \cdot R_s^2 \cdot \prod_{w=s}^{t-x+b-1} (1+r_r) \right] \right\} \middle/ \right. \right.$$
$$\left. \left. m_{t-x+b}^j \right\} \right\} + \sum_{j=1}^{2} \sum_{x=a}^{b-1} \left\{ D_{t,x}^j \cdot \left\{ \sum_{s=t-x+a}^{t} \left[I_s \cdot R_s^2 \cdot \prod_{w=s}^{t} (1+r_r) \right] \right\} \right\} \qquad (4-12)$$

其中 $D_{t,x}^j$ 为 t 年去世的 x 岁第 j 类城乡居民基本养老保险参保人员数量, 公式等号右边第一项为已进入待遇领取年龄的城乡居民基本养老保险参保人员的个人账户返还性支出, 第二项为还未进入待遇领取年龄的城乡居民基本养老保险参保人员的个人账户返还性支出。

(三) 城乡居民基本养老保险基金累计结余模型

t 年城乡居民基本养老保险基金累计结余等于 $t-1$ 年累计结余(含利息) 加上 t 年当期结余(含利息), t 年当期结余等于 t 年基金收入减去基金支出, 具体表达式如下:

$$F_t^r = F_{t-1}^r \cdot (1+i) + \left[(AI)_t^r - (AC)_t^r \right] \cdot (1+i) \qquad (4-13)$$

其中 F_t^r 为 t 年城乡居民基本养老保险基金累计结余, i 为银行 1 年期定期存款利率(即城乡居民基本养老保险基金的保值增值率), 其他符号意义与式(4-8) ~ 式(4-12) 的符号意义一致。

第二节 相关参数设定与说明

一、年龄参数

(一)城镇职工基本养老保险基金精算模型的年龄参数

根据《中华人民共和国劳动法》, 法定最低就业年龄为 16 岁, 但是 16~20 岁城镇人口的就业率并不高(约为 10%)①，而且大部分城镇职工为大学毕业生，其初次就业年龄约为 22 岁，因此本书假设参保职工最初参加养老保险的年龄为 22 岁。在 2010 年第六次人口普查分年龄别数据中，100 岁人口和 100 岁以上人口被合并为一个年龄别(100 岁人口)进行统计，即在人口普查中，最大生存年龄默认为 100 岁。由于人口预测是以人口普查为基础，本书同样将最大生存年龄选择为 100 岁。

现阶段，我国仍沿用原先的退休规定，即男性在 60 岁退休，女干部在 55 岁退休，女工人在 50 岁退休。《中华人民共和国国民经济和社会发展第十三个五年规划纲要》(以下简称《十三五规划纲要》)指出"实施渐进式延迟退休年龄政策"，可见中国势必延迟退休年龄，然而具体的退休年龄方案还未公布。本书对延迟退休年龄方案做如下设定：我国于 2022 年开始延迟退休年龄②，首先，延迟女工人的退休年龄，每年延迟 6 个月，至 2031 年女工人的退休年龄达到 55 岁；其次，2032 年开始延迟女性(含女干部和女工人)的退休年龄(男性的退休年龄暂不变)，每年延迟 6 个月，至 2041 年女性的退休年龄达到 60 岁；最后，2042 年开始延迟男女的退休年龄，每年延迟 6 个月，至 2051 年男女的退休年龄均达到 65 岁。本书将在第六章再次介绍具体的延迟退休年龄方案。

(二)城乡居民基本养老保险基金精算模型的年龄参数

根据《国务院关于建立统一的城乡居民基本养老保险制度的意见》(国发[2014]8 号文件)的相关规定，年满 16 周岁、未参加城镇职工基本养老保险的城乡居民(在校学生除外)均可参加城乡居民基本养老保险，年满 60 岁的城乡居民基本养老保险参保人员可按月领取基本养老金(基础养老金和个人账户养老金之和)。因此，本书假定城乡居民基本养老保险最初参保年龄和待遇领取年龄③分别为 16 岁和 60 岁，但这并不排除我国在未来会延迟城乡居民基本养老保险参保人员的待遇领取年龄④。因此，本书仍会分析延迟待遇领取年龄对城乡居民基本养老保险基金可持续性的影响，假定城乡居民基本养老保险参保人员的领取待遇年龄于 2032 年起每年延迟 6 个月，最终从目前的 60 周岁延迟至 65 周岁，这将在第六章进行更加详细的论述。

---

① 详见第六次全国人口普查表数据。

② 人力资源和社会保障部曾召开新闻发布会，表示延迟退休年龄政策将于 2022 年正式实施。

③ 城乡居民基本养老保险参保人员与城镇职工基本养老保险参保人员不一样，城镇职工基本养老保险参保人员在达到法定退休年龄后即可领取基本养老金，而城乡居民基本养老保险参保人员不存在退休年龄这一说法，城乡居民基本养老保险参保人员在达到待遇领取年龄后即可领取基本养老金，城乡居民基本养老保险参保人员的待遇领取年龄类似于城镇职工基本养老保险参保人员的退休年龄。

④ 延迟退休年龄势在必行，在人口老龄化不断加深的背景下，城乡居民基本养老保险参保人员的待遇领取年龄也可能延迟，本书并不排除这一情况的发生。

二、参保人口预测

(一)城镇职工基本养老保险参保人口预测

下面介绍如何获得城镇职工基本养老保险参保人口中老人、老中人、新中人和新人的人数。首先，假设在同年龄别中，女干部人数和女工人人数各占城镇女性人数的50%。其次，假设2017年参保在职职工(29268万人)与劳动年龄段城镇人口①的年龄分布一致。再次，按照相同步骤，假设2017年参保退休职工(11026万人)与退休年龄段城镇人口②的年龄分布一致，即可获得分年龄别的参保退休职工人数。根据表4-1汇报的这四类人口年龄区间即可得到2017年分年龄、性别的老人、老中人、新中人和新人的人数。最后，按照队列要素方法原理，t年分年龄、性别的老人、老中人、新中人和新人的人数等于$t-1$年分年龄、性别的老人、老中人、新中人和新人的人数乘以对应的生存概率，每年还有22岁的城镇职工加入新人这一人口系统。未来各年城镇职工基本养老保险参保人数的预测结果详见本章第三节的分析。同时，本书还在第五章预测了实施"全面三孩"政策对城镇职工基本养老保险参保人数的影响。

(二)城乡居民基本养老保险参保人口预测

t年分年龄、性别的城乡居民基本养老保险参保人员数量等于t年分年龄、性别的城乡常住人口数量减去t年分年龄、性别的在校学生(16~21岁)③数量再减去t年分年龄、性别的城镇职工基本养老保险参保人员(22~100岁)④数量。t年在校学生数量(包括在校高中生和在校大学生)等于t年城乡常住人口乘以每十万人口在校高中生和在校大学生数量；再根据每年16~21岁城乡常住人口的年龄分布，可得到每年分年龄、性别的在校学生数量。未来各年城乡居民基本养老保险参保人数的预测结果详见本章第四节的分析。同理，本书还在第五章预测了实施"全面三孩"政策对城乡居民基本养老保险参保人数的影响。

---

① 劳动年龄段城镇人口数包括22~59岁男性人数、22~54岁女干部人数和22~49岁女工人人数。
② 退休年龄段城镇人口数包括60岁及以上男性人数、55岁及以上女干部人数和50岁及以上女工人人数。
③ 高中阶段和大学阶段在校学生的年龄分别在15~17岁和18~21岁，所以绝大部分16~21岁的城乡常住人口为高中在校学生和大学在校学生。
④ 城镇职工基本养老保险的覆盖对象为城镇就业人口。根据《中华人民共和国劳动法》的相关规定，就业人口的法定最低就业年龄为16岁，但是16~21岁人口的劳动参与率并不高(约为10%)，所以本书假定城镇职工最初参加城镇职工基本养老保险的年龄为22岁。

三、缴费基数和缴费率

（一）城镇职工基本养老保险的缴费基数和缴费率

根据国发〔1997〕26号文件、国发〔2005〕38号文件和《关于阶段性降低社会保险费率的通知》（人社部发〔2016〕36号），城镇职工基本养老保险的缴费率为27%，其中用人单位缴费率为19%，参保在职职工缴费率为8%。城镇职工基本养老保险的缴费基数为上年度在岗职工平均工资，但实际缴费基数与政策规定缴费基数存在差距，例如2017年城镇职工基本养老保险人均实际缴费基数为44677.79元[①]，而2016年在岗职工平均工资为67569元。为使本书的研究更加贴近实际情况，以2017年人均实际缴费基数为基准，2018年及以后的缴费基数按一定增长率增长。目前，我国经济进入新常态化发展路径，本书假定城镇职工基本养老保险人均缴费基数的增长率与人均GDP增长率持平，2018—2020年人均缴费基数增长率为6.5%，以后每5年下降0.5%，直至达到2%（闫坤、刘陈杰，2015[②]）。

（二）城乡居民基本养老保险的缴费基数和缴费率

根据国发〔2014〕8号文件，城乡居民基本养老保险资金来源于个人缴费、集体补助和政府财政补贴，其中个人缴费共有12个缴费档次，包括每年100~1000元共10个档次以及每年1500元和每年2000元共2个档次，政府不仅对领取待遇人员的基础养老金给予全额补贴（每人每月不低于70元），还对缴费人员的个人缴费给予补贴，根据个人缴费档次的不同，政府补贴不低于每人每年30元或每人每年60元。然而，国发〔2014〕8号文件并未对集体补助给予明确的规定，因此本书假定城乡居民基本养老保险的集体补助为0（封铁英、杨洲，2013[③]）。由于各省（市、区）的规定不尽相同，城乡居民基本养老保险的实际缴费情况与政策规定有所差别。从表4-2可以看出，人均个人缴费从2012年的168.30元上升至2015年的196.23元，人均政府补贴从2012年的349.91元上升至2015年的

---

① 根据《2017年度人力资源和社会保障事业发展统计公报》的数据，2017年城镇职工基本养老保险基金收入43110亿元，其中财政补贴8004亿元，扣除财政补贴后的基金收入为35106亿元。2017年城镇职工基本养老保险参保在职职工人数（缴费人数）为29268万人，因此2017年城镇职工基本养老保险人均缴费额为11994.67元（=35106×10000/29268），2017年人均实际缴费基数为44677.79元（=11994.67/0.27）。

② 闫坤，刘陈杰. 我国新常态时期合理经济增速测算[J]. 财贸经济，2015（1）：17-26.

③ 封铁英，杨洲. 引入土地流转因素的新型农村社会养老保险基金预测[J]. 数量经济技术经济研究，2013，30（6）：3-18.

604.12 元。2012—2014 年人均缴费约占农村居民人均纯收入①的 6.5%，但是 2015 年这一比例上升至 7.43%，考虑到政策的延续性，本书采用 2015 年的缴费情况进行预测，即假定人均缴费占农村居民人均纯收入的 7.43%，其中人均个人缴费与人均政府补贴分别占农村居民人均纯收入的 1.82% 和 5.61%，政府对缴费人员个人缴费的补贴为农村居民人均纯收入的 0.3%②。同时，本书假定农村居民人均纯收入的增长速度与人均 GDP 的增长速度持平，即 2018—2020 年为 6.5%，以后每 5 年下降 0.5%，直至达到 2%。

表 4-2　2012—2015 年城乡居民养老保险基金收入情况

年份	缴费人数（万人）	基金收入（亿元）		人均缴费（元）	人均个人缴费（元）	人均政府补贴（元）	农村居民人均纯收入（元）	人均缴费/人均纯收入（%）	人均个人缴费/人均纯收入（%）	人均政府补贴/人均纯收入（%）
		总计	其中：个人缴费							
2012	35295	1829	594	518.20	168.30	349.91	7916.6	6.55	2.13	4.42
2013	35982	2052	536	570.29	148.96	421.32	8859.9	6.44	1.68	4.76
2014	35794	2310	666	645.36	186.06	459.29	9892.0	6.52	1.88	4.64
2015	35672	2855	700	800.35	196.23	604.12	10772.0	7.43	1.82	5.61

数据来源：2012—2015 年《中国统计年鉴》和《人力资源和社会保障事业发展统计公报》。

注：自 2016 年起，《中国统计年鉴》不再公布农村居民人均纯收入的相关数据，所以本书只分析 2012—2015 年城乡居民基本养老保险的缴费情况；人均缴费＝基金收入/缴费人数，人均个人缴费＝个人缴费/缴费人数，人均政府补贴＝人均缴费－人均个人缴费。

四、养老金计发比例和个人账户计发月数

（一）城镇职工基本养老保险的养老金计发比例和个人账户计发月数

根据国发〔1997〕26 号文件和国发〔2005〕38 号文件的规定，本书做如下设定：①老人

---

① 2016 年及以前的《中国统计年鉴》均公布城镇居民和农村居民的人均纯收入，然而《中国统计年鉴》所指的城镇居民既包括参加城镇职工基本养老保险的城镇居民，也包括参加城乡居民基本养老保险的城镇居民，因而本书所指的城镇居民与《中国统计年鉴》所指的城镇居民并不一致，而《中国统计年鉴》所指的农村居民与参加城乡居民基本养老保险的农村居民是一致的，所以本书使用农村居民人均纯收入进行测算。

② 2014 年人均个人缴费不超过每人每年 200 元，根据国发〔2014〕8 号文件，政府应对个人缴费补贴每人每年 30 元，约为农村居民人均纯收入的 0.3%（＝30/9892）。

基础养老金的计发比例为70%；②老中人基础养老金的计发比例为20%，个人账户养老金的计发月数为120；③对于新中人，男性、女干部和女工人基础养老金的计发比例分别为38%、33%和28%，男性、女干部和女工人个人账户养老金的计发月数分别为139、170和195；④新人基础养老金的计发比例和个人账户养老金计发月数与新中人一致；⑤老中人和新中人过渡性养老金的年计发比例为1.2%；⑥基础养老金、个人账户养老金和过渡性养老金的增长率为在岗职工平均工资增长率的90%①。

上述参数设定均假定我国未延迟退休年龄，根据上文假定的延迟退休年龄方案，参照国发［2005］38号文件的规定，如果我国自2022年起延迟退休年龄，2022年及以后进入退休年龄的新中人和新人的基础养老金和个人账户养老金的计发月数，详见表4-3。

表4-3　未来各年基础养老金计发比例和个人账户养老金计发月数（延迟退休年龄）

类别	2022—2023		2024—2025		2026—2027		2028—2029		2030—2031		2032—2033		2034—2035		2036—2037	
	计发比例	计发月数	计发比例	计发月数	计发比例	计发月数	计发比例	计发月数	计发比例	计发月数	计发比例	计发月数	计发比例	计发月数	计发比例	计发月数
男性	38%	139	38%	139	38%	139	38%	139	38%	139	38%	139	38%	139	38%	139
女干部	33%	170	33%	170	33%	170	33%	170	33%	170	34%	164	35%	158	36%	152
女工人	29%	190	30%	185	31%	180	32%	175	33%	170	34%	164	35%	158	36%	152

类别	2038—2039		2040—2041		2042—2043		2044—2045		2046—2047		2048—2049		2050—2051		2052+	
	计发比例	计发月数	计发比例	计发月数	计发比例	计发月数	计发比例	计发月数	计发比例	计发月数	计发比例	计发月数	计发比例	计发月数	计发比例	计发月数
男性	38%	139	38%	139	39%	132	40%	125	41%	117	42%	109	43%	101	43%	101
女干部	37%	145	38%	139	39%	132	40%	125	41%	117	42%	109	43%	101	43%	101
女工人	37%	145	38%	139	39%	132	40%	125	41%	117	42%	109	43%	101	43%	101

数据来源：国发［2005］38号文件"个人账户计发月数表"。

注：2052+是指2052年及以后；t年基础养老金的计发比例=（t年职工的退休年龄−22）×1%，例如2052年的退休年龄为65岁，那么2052年基础养老金的计发比例为43%；个人账户养老金的计发月数来源于国发［2005］38号文件，计发月数与退休年龄相关；每一个年份区间均汇报两列数据，第一列数据为基础养老金的计发比例，第二列为个人账户养老金的计发月数。

----

① 根据《中国统计年鉴》，2002—2017年人均养老金和实际缴费基数的年平均增长率分别为10.35%和11.38%，也就是说人均养老金的年平均增长率约为缴费基数的年平均增长率的90%（=10.35%/11.38%）。

(二)城乡居民基本养老保险的养老金计发比例和个人账户计发月数

根据国发[2014]8号文件，政府为领取待遇人员计发基础养老金和个人账户养老金，其中基础养老金标准不低于每人每月70元，每月个人账户养老金标准等于个人账户储存额除以139。按照上述规定，城乡居民基本养老金约为每年900～1000元。然而，由于个人缴费额的提高和政府补贴的提升，城乡居民基本养老金的实际金额也与政策规定存在差异。从表4-4可以看出，人均基本养老金从2012年的879.54元上升至2015年的1430.41元。2012—2014年城乡居民基本养老金约为农村居民人均纯收入的11.1%，2015年这一比例提升至13.28%，考虑到政策的延续性，本书假定城乡居民基本养老金待遇为农村居民人均纯收入的13.28%。同时，参照城镇职工基本养老保险的情况，假定城乡居民基本养老金待遇的增长速度也为人均GDP增长速度的90%。

表4-4　2012—2015年城乡居民基本养老金待遇

年份	领取待遇人数 （万人）	基金支出 （亿元）	人均待遇 （元）	农村居民人均 纯收入（元）	人均待遇/人均 纯收入（%）
2012	13075	1150	879.54	7916.6	11.11
2013	13768	1348	979.08	8859.9	11.05
2014	14313	1571	1097.60	9892.0	11.10
2015	14800	2117	1430.41	10772.0	13.28

数据来源：2012—2015年《人力资源和社会保障事业发展统计公报》。

注：自2016年起，《中国统计年鉴》不再公布农村居民人均纯收入的相关数据，所以本书也只分析2012—2015年城乡居民基本养老保险的待遇情况；人均待遇＝基金支出/领取待遇人数。

五、个人账户记账利率和基金保值增值率

根据《统一和规范职工养老保险个人账户记账利率办法》（人社部发[2017]31号）的规定，城镇职工基本养老保险个人账户记账利率应主要考虑职工工资增长和基金平衡状况等因素研究确定，且不得低于银行定期存款利率，其中2015年和2016年的记账利率分别为5%和8.31%。可见，城镇职工基本养老保险个人账户记账利率在近两年浮动较大。杨再贵(2018)计算了最优个人账户记账利率，本书按照这一研究，设定2018年及以后城镇职工基本养老保险个人账户记账利率为5%[1]。然而，我国并未出台对于城乡居民基本养老

---

① 杨再贵. 现阶段背景下企业职工基本养老保险最优缴费率与最优记账利率研究[J]. 华中师范大学学报(人文社会科学版)，2018，57(1)：55-64.

保险个人账户记账利率的相关规定，因此本书仍参照国发〔2014〕8 号文件的相关规定，设定城乡居民基本养老保险个人账户的记账利率为银行 1 年期整存整取存款利率，为 2.5%①。

现阶段，城镇职工基本养老保险基金和城乡基本养老保险基金还未投资于资本市场②，主要存放于银行，因此本书设定基金的保值增值率为银行 1 年期整存整取存款利率，即 2.5%。

第三节　"全面二孩"政策下城镇职工基本养老保险基金财务运行状况

一、参保人数的变化趋势

表 4-5 总结了如果继续实行"全面二孩"政策，我国城镇职工基本养老保险的参保人数。可以看出，2018 年城镇职工基本养老保险参保总人数为 4.08 亿人（＝292318538 人＋115597167 人），2019 年及以后呈上升趋势，直至 2046 年达到峰值，为 5.12 亿人（＝294667024 人＋217759985 人），2047 年及以后呈下降趋势，2090 年的参保总人数为 3.83 亿人（＝177361134 人＋205875447 人）。2018 年参保在职职工人数和参保退休职工人数分别为 2.92 亿人和 1.16 亿人，2019 年及以后均呈上升趋势，参保在职职工人数在 2041 年达到峰值，为 2.99 亿人，2042 年及以后参保在职职工人数呈下降趋势，至 2090 年为 1.77 亿人。参保退休职工人数在 2075 年超过参保在职职工人数，至 2090 年参保退休职工人数为 2.06 亿人。

根据未来各年参保在职职工人数和参保退休职工人数，本书计算了未来各年的退职比（＝参保退休职工人数/参保在职职工人数），即系统内抚养比，该数值越高，说明在职职工的抚养压力越高。从表 4-5 可以看出，2018 年的职退比为 0.3954，即 2017 年 2.53 位在职职工抚养 1 位退休职工，2019 年及以后退职比呈上升趋势，至 2090 年退职比为 1.1608，即 1 位在职职工需要抚养 1.16 位退休职工。可见，在老龄化程度不断加深的背景下，在职职工的抚养压力不断加重。

---

① 根据中国人民银行的数据，近年来银行 1 年期定期存款利率为 1.5%～3.5%，本书取中间值 2.5%。

② 2015 年 8 月 23 日《基本养老保险基金投资管理办法》出台，政府允许部分基本养老保险基金资金投资进入资本市场，然而该政策还未正式实施，所以本书假定我国社会养老保险基金的保值增值率仍为银行 1 年期定期存款利率。

表 4-5　我国城镇职工基本养老保险参保人数(继续实行"全面二孩"政策)

年份	参保在职职工(人)				参保退休职工(人)				退职比
	总计	男性	女干部	女工人	总计	男性	女干部	女工人	总计
2018	292318538	161703362	70464239	60150938	115597167	43193137	30800628	41603401	0.3954
2019	292946531	163215619	70114417	59616495	119707576	44184092	32268583	43254900	0.4086
2020	293428855	164697403	69819479	58911974	124181904	45354831	33716172	45110901	0.4232
2021	294193895	166496226	69433967	58263702	127776244	45898366	35110838	46767040	0.4343
2022	294246950	167107385	69385357	57754208	132500913	47881052	36252092	48367769	0.4503
2023	292439724	166381426	68779184	57279114	138950462	51135872	37915771	49898819	0.4751
2024	291419357	166292628	68276258	56850472	144315967	53598946	39404997	51312023	0.4952
2025	290129337	166100188	67511709	56517440	149688551	56030589	41092183	52565779	0.5159
2026	290061543	166507470	67128301	56425771	154636786	58300964	42578050	53757772	0.5331
2027	290699947	167376079	66774427	56549441	158753543	60042938	44005405	54705200	0.5461
2028	290390243	167272961	66522326	56594956	163947457	62831555	45358208	55757695	0.5646
2029	290565472	167557047	66387654	56620770	168653294	65239551	46588870	56824873	0.5804
2030	290678825	167484794	66406898	56787132	173462881	68057898	47659695	57745288	0.5968
2031	291085696	167786922	66443710	56855064	177836390	70461912	48661844	58712634	0.6109
2032	290183918	167394263	66431539	56358116	182097657	72727357	49419405	59950894	0.6275
2033	291173530	167970942	66655868	56546720	185914642	74801812	50275070	60837760	0.6385
2034	292420947	168800136	66848239	56772571	189374260	76573654	51138262	61662344	0.6476
2035	294064795	169900928	67159478	57004389	192300910	78003066	51850062	62447783	0.6539
2036	295362699	171027983	67376292	56958424	195358722	79292991	52605859	63459872	0.6614
2037	296413281	172537596	67268968	56606718	198397482	80059802	53623262	64714418	0.6693
2038	297456728	173703759	67434087	56318882	201117948	80996817	54292550	65828581	0.6761
2039	297956011	174643757	67571091	55741163	204002786	81959726	54900585	67142475	0.6847
2040	298299593	175669999	67643924	54985670	206617964	82610916	55473246	68533802	0.6927
2041	298592555	176373578	67373232	54845745	208766521	83311879	56267727	69186915	0.6992
2042	297820865	176345977	66745999	54728888	211490311	84486424	57303381	69700506	0.7101
2043	297399446	176730492	66143577	54525377	213381529	84995509	58200298	70185721	0.7175
2044	296711395	176968176	65226727	54516492	215054947	85396693	59297460	70360794	0.7248
2045	295833559	177024386	64129038	54680135	216465155	85743542	60467519	70254094	0.7317
2046	294667024	176437737	63658625	54570661	217759985	86523953	60913528	70322504	0.7390
2047	292823036	175127724	63235919	54459393	219365709	87838494	61223678	70303536	0.7491

年份	参保在职职工（人）				参保退休职工（人）				退职比
	总计	男性	女干部	女工人	总计	男性	女干部	女工人	总计
2048	290894038	173887112	62760092	54246834	220746230	88925280	61511495	70309454	0.7589
2049	288759434	172125728	62518982	54114724	222065230	90397823	61498853	70168554	0.7690
2050	286437133	170097920	62491843	53847371	223331919	92017693	61212085	70102142	0.7797
2051	285077614	169277745	62233456	53566413	223440057	92334759	61106387	69998911	0.7838
2052	283885077	168569938	62005944	53309194	223210440	92457137	60925714	69827590	0.7863
2053	282592808	167815470	61705865	53071473	222899953	92540864	60769955	69589135	0.7888
2054	281625297	167500089	61508861	52616347	222147889	92131482	60479649	69536758	0.7888
2055	280856820	167508808	61195850	52152162	221075539	91343618	60271649	69460273	0.7871
2056	279439353	166928634	60885953	51624766	220593813	91120776	60042921	69430117	0.7894
2057	278037576	166359001	60613563	51065012	220046291	90866916	59761312	69418063	0.7914
2058	276418640	165577340	60367513	50473788	219638535	90790218	59431351	69416967	0.7946
2059	274790925	164998240	59906372	49886313	219203876	90496270	59305136	69402470	0.7977
2060	273070704	164095839	59431350	49543515	218848030	90515936	59189900	69142194	0.8014
2061	270859156	163157771	58883346	48818038	218894447	90530658	59122464	69241325	0.8081
2062	268607635	162258555	58289706	48059375	218953146	90488572	59094900	69369674	0.8151
2063	266290669	161366915	57649470	47274284	218871835	90341163	59059235	69471437	0.8219
2064	263416130	159944983	56997056	46474091	219165551	90634353	58991150	69540048	0.8320
2065	260690388	158452302	56570215	45667871	219276628	90967183	58694808	69614637	0.8411
2066	257357789	156745997	55746092	44865701	219886009	91449112	58773044	69663852	0.8544
2067	253838653	154887909	54872622	44078122	220567791	92016678	58876035	69675079	0.8689
2068	250112055	152833388	53959226	43319441	221359972	92716897	59001645	69641430	0.8850
2069	246280502	150658594	53019927	42601980	222030950	93418193	59097405	69515352	0.9015
2070	243095838	149103906	52067581	41924350	221948898	93431963	59186852	69330083	0.9130
2071	239073597	146672621	51115801	41285175	222531433	94226071	59237368	69067994	0.9308
2072	235000814	144135943	50178025	40686846	223065196	95059798	59257109	68748288	0.9492
2073	230920355	141523972	49271640	40124743	223493631	95899374	59223680	68370577	0.9678
2074	226879500	138875886	48411808	39591806	223783646	96712462	59125591	67945593	0.9864
2075	222904876	136224860	47599003	39081013	223925114	97473689	58966718	67484708	1.0046
2076	219022239	133604437	46833204	38584599	223906782	98155445	58751366	66999971	1.0223
2077	215261135	131046608	46117746	38096781	223690446	98721500	58473990	66494955	1.0392

续表

年份	参保在职职工（人）				参保退休职工（人）				退职比
	总计	男性	女干部	女工人	总计	男性	女干部	女工人	总计
2078	211649960	128590055	45448134	37611771	223291935	99153505	58151034	65987397	1.0550
2079	208210912	126267815	44817025	37126072	222637494	99396706	57774917	65465871	1.0693
2080	204936780	124080312	44217303	36639166	221767004	99464213	57362327	64940464	1.0821
2081	201815843	122026661	43641093	36148089	220730910	99373943	56931981	64424986	1.0937
2082	198841355	120110259	43081172	35649924	219508336	99109965	56483562	63914809	1.1039
2083	195988836	118316147	42530080	35142609	218091701	98674561	56014834	63402306	1.1128
2084	193229142	116623655	41982885	34622602	216611497	98128249	55561483	62921766	1.1210
2085	190538954	115011718	41437174	34090062	215035042	97469180	55109375	62456487	1.1286
2086	187892442	113457425	40888048	33546969	213376788	96715593	54660058	62001138	1.1356
2087	185268766	111941352	40331434	32995980	211606912	95865879	54202790	61538243	1.1422
2088	182648333	110444466	39764447	32439420	209741836	94938424	53739192	61064220	1.1483
2089	180014065	108953204	39182624	31878237	207849838	93968731	53288360	60592747	1.1546
2090	177361134	107460556	38585466	31315113	205875447	92942278	52831408	60101761	1.1608

注：参保城镇职工人数（参保总人数）=参保在职职工人数+参保退休职工人数，退职比=参保退休职工人数/参保在职职工人数。

再看老人、老中人、新中人和新人数量的变化趋势。从表4-6可以看出，老人、老中人和新中人的数量均呈下降趋势，这是因为老人、老中人和新中人均为封闭的人口系统①。老人的数量从2014年的2113.5万人一直下降至2047年的4.91万人，至2048年不再发生老人的养老金支出，并且老人全部为退休职工。老中人的数量从2014年的2296.66万人一直下降至2055年的8.17万人，至2056年不再发生老中人的养老金支出，并且老中人也全部为退休职工。新中人的数量从2014年的1.65亿人一直下降至2075年的36.01万人，2076年及以后不再发生新中人的养老金支出，2014年在职新中人占新中人的比重为74.66%（=123213772/165042039），至2035年新中人全部为退休职工。新人的数量从2014年的1.32亿人增加至2064年的4.68亿人，2065年及以后呈现下降趋势，至2090年为3.83亿人。在2025年及以前，新人全部为在职职工，2026年及以后才有新人退休并开始领取养老金。

---

① 封闭人口系统是指只有死亡而没有出生的人口系统，老人、老中人和新中人均属于封闭的人口系统。开放人口系统是指既有死亡又有出生的人口系统，新人即属于开放的人口系统。

（单位：人）

表 4-6 老人、老中人、新中人和新人数量的预测结果（继续实行"全面二孩"政策）

年份	老人			老中人			新中人			新人		
	在职	退休	总计	在职	退休	总计	在职	退休	总计	在职	退休	总计
2014	0	21135088	21135088	0	22966644	22966644	123213772	41828268	165042039	132096228	0	132096228
2015	0	20332353	20332353	0	23000291	23000291	119686605	48086356	167772961	142505395	0	142505395
2016	0	20379199	20379199	0	24041036	24041036	120471028	56609765	177080793	157788972	0	157788972
2017	0	19991724	19991724	0	24664890	24664890	119771684	65623386	185395070	172908316	0	172908316
2018	0	18740821	18740821	0	24132202	24132202	111814285	72724145	184538430	180504253	0	180504253
2019	0	17492296	17492296	0	23577083	23577083	104961579	78638196	183599775	187984952	0	187984952
2020	0	16251912	16251912	0	22979916	22979916	97622225	84950076	182572301	195806630	0	195806630
2021	0	15024087	15024087	0	22340654	22340654	91035671	90411502	181447173	203158224	0	203158224
2022	0	13817928	13817928	0	21660840	21660840	83193649	97022144	180215793	211053301	0	211053301
2023	0	12642557	12642557	0	20935752	20935752	73499104	105372153	178871256	218940621	0	218940621
2024	0	11504072	11504072	0	20168903	20168903	64762700	112642991	177405691	226656658	0	226656658
2025	0	10405833	10405833	0	19363531	19363531	55887457	119919187	175806645	234241880	0	234241880
2026	0	9353103	9353103	0	18522932	18522932	49318341	124748002	174066343	240743201	2012749	242755951
2027	0	8355104	8355104	0	17652185	17652185	43239826	128933033	172172859	247460121	3813221	251273342
2028	0	7412719	7412719	0	16750685	16750685	36085102	134030462	170115564	254305141	5753591	260058733
2029	0	6529880	6529880	0	15822420	15822420	29332850	138557307	167890157	261232621	7743687	268976308
2030	0	5715351	5715351	0	14874763	14874763	22234361	143253001	165487361	268444464	9619767	278064231
2031	0	4953911	4953911	0	13914673	13914673	17501194	145393767	162894960	273584502	13574040	287158542
2032	0	4263640	4263640	0	12950897	12950897	12846638	147262774	160109412	277337281	17620345	294957626

续表

年份	老人			老中人			新中人			新人		
	在职	退休	总计	在职	退休	总计	在职	退休	总计	在职	退休	总计
2033	0	3633128	3633128	0	11987033	11987033	8313364	148803431	157116795	282860166	21491049	304351215
2034	0	3055821	3055821	0	11030014	11030014	4015127	149901950	153917078	288405819	25386474	313792293
2035	0	2543073	2543073	0	10087872	10087872	0	150505871	150505871	294064795	29164095	323228890
2036	0	2082602	2082602	0	9171910	9171910	0	146877554	146877554	295362699	37226655	332589355
2037	0	1673512	1673512	0	8289897	8289897	0	143036836	143036836	296413281	45397238	341810519
2038	0	1316545	1316545	0	7443331	7443331	0	138981631	138981631	297456728	53376440	350833168
2039	0	1046136	1046136	0	6593461	6593461	0	134723734	134723734	297956011	61639455	359595466
2040	0	821458	821458	0	5796641	5796641	0	130276287	130276287	298299593	69723576	368023169
2041	0	624307	624307	0	5046789	5046789	0	125640138	125640138	298592555	77455287	376047842
2042	0	457962	457962	0	4353706	4353706	0	120828681	120828681	297820865	85849963	383670828
2043	0	318650	318650	0	3721478	3721478	0	115843109	115843109	297399446	93498292	390897738
2044	0	234849	234849	0	3115478	3115478	0	110707384	110707384	296711395	100997236	397708632
2045	0	163897	163897	0	2568512	2568512	0	105439755	105439755	295833559	108292991	404126549
2046	0	103103	103103	0	2083984	2083984	0	100062505	100062505	294667024	115510393	410177417
2047	0	49114	49114	0	1710683	1710683	0	94546550	94546550	292823036	123059361	415882397
2048	0	0	0	0	1389873	1389873	0	88971278	88971278	290894038	130385078	421279116
2049	0	0	0	0	1073989	1073989	0	83364542	83364542	288759434	137626699	426386133
2050	0	0	0	0	797249	797249	0	77747374	77747374	286437133	144787297	431224430
2051	0	0	0	0	559257	559257	0	75462989	75462989	285077614	147417812	432495426
2052	0	0	0	0	413858	413858	0	66573475	66573475	283885077	156223107	440108184

续表

年份	老人			老中人			新中人			新人		
	在职	退休	总计	在职	退休	总计	在职	退休	总计	在职	退休	总计
2053	0	0	0	0	285343	285343	0	61045307	61045307	282592808	161569303	444162111
2054	0	0	0	0	178099	178099	0	55639266	55639266	281625297	166330524	447955821
2055	0	0	0	0	81674	81674	0	50375547	50375547	280856820	170613317	451475137
2056	0	0	0	0	0	0	0	45306869	45306869	279439353	175286944	454726297
2057	0	0	0	0	0	0	0	40408284	40408284	278037576	179638007	457675583
2058	0	0	0	0	0	0	0	35750052	35750052	276418640	183888484	460307124
2059	0	0	0	0	0	0	0	31399328	31399328	274790925	187804548	462595473
2060	0	0	0	0	0	0	0	27399502	27399502	273070704	191448528	464519232
2061	0	0	0	0	0	0	0	23692428	23692428	270859156	195202019	466061175
2062	0	0	0	0	0	0	0	20350059	20350059	268607635	198603087	467210722
2063	0	0	0	0	0	0	0	17216435	17216435	266290669	201655400	467946069
2064	0	0	0	0	0	0	0	14313448	14313448	263416130	204852103	468268233
2065	0	0	0	0	0	0	0	11808725	11808725	260690388	207467903	468158291
2066	0	0	0	0	0	0	0	9629601	9629601	257357789	210256407	467614197
2067	0	0	0	0	0	0	0	7770642	7770642	253838653	212797150	466635803
2068	0	0	0	0	0	0	0	6228786	6228786	250112055	215131186	465243241
2069	0	0	0	0	0	0	0	4855377	4855377	246280502	217175573	463456074
2070	0	0	0	0	0	0	0	3731712	3731712	243095838	218217186	461313023
2071	0	0	0	0	0	0	0	2762036	2762036	239073597	219769397	458842994
2072	0	0	0	0	0	0	0	1983790	1983790	235000814	221081405	456082219

续表

年份	老人			老中人			新中人			新人		
	在职	退休	总计	在职	退休	总计	在职	退休	总计	在职	退休	总计
2073	0	0	0	0	0	0	0	1340830	1340830	230920355	222152801	453073156
2074	0	0	0	0	0	0	0	803444	803444	226879500	222980201	449859701
2075	0	0	0	0	0	0	0	360111	360111	222904876	223565003	446469879
2076	0	0	0	0	0	0	0	0	0	219022239	223906782	442929022
2077	0	0	0	0	0	0	0	0	0	215261135	223690446	438951581
2078	0	0	0	0	0	0	0	0	0	211649960	223291935	434941895
2079	0	0	0	0	0	0	0	0	0	208210912	222637494	430848406
2080	0	0	0	0	0	0	0	0	0	204936780	221767004	426703785
2081	0	0	0	0	0	0	0	0	0	201815843	220730910	422546753
2082	0	0	0	0	0	0	0	0	0	198841355	219508336	418349690
2083	0	0	0	0	0	0	0	0	0	195988836	218091701	414080537
2084	0	0	0	0	0	0	0	0	0	193229142	216611497	409840639
2085	0	0	0	0	0	0	0	0	0	190538954	215035042	405573995
2086	0	0	0	0	0	0	0	0	0	187892442	213376788	401269230
2087	0	0	0	0	0	0	0	0	0	185268766	211606912	396875678
2088	0	0	0	0	0	0	0	0	0	182648333	209741836	392390168
2089	0	0	0	0	0	0	0	0	0	180014065	207849838	387863903
2090	0	0	0	0	0	0	0	0	0	177361134	205875447	383236581

二、基金收支运行情况的变化趋势

运用式(4-1)~式(4-7)，并代入相关参数的取值，对2018—2090年我国城镇职工基本养老保险基金的收支运行状况进行测算。由表4-7可见，2018—2090年城镇职工基本养老保险基金的收入和支出均呈上升趋势，基金收入从2018年的37730.76亿元上升至2090年的310606.86亿元，大约提高了8.23倍，年平均增长率为2.97%。基金支出规模从2018年的38453.24亿元上升至2090年的864762.29亿元，大约提高了22.49倍，年平均增长率为4.42%，基金支出的年平均增长率比基金收入的年平均增长率快1.45%。基础养老金支出从2018年的24074.65亿元上升至2090年的441642.52亿元，大约上升了18.34倍，年平均增长率为4.12%；过渡性养老金支出从2018年的11590.14亿元上升至2035年的27274.62亿元，自2036年呈现下降趋势，至2076年不再发生过渡性养老金支出；个人账户养老金支出也同样呈现上升趋势，从2018年的2519.85亿元上升至2090年的406428.68亿元，大约上升了161.29倍，年平均增长率为7.32%；个人账户返还性支出也从2018年的268.6亿元上升至2090年的16691.10亿元，大约上升62.14倍，年平均增长率为5.9%。

表4-7　城镇职工基本养老保险基金收支运行状况
(继续实行"全面二孩"政策)
（单位：亿元）

年份	基金收入	基金支出				
		总计	基础养老金	过渡性养老金	个人账户养老金	个人账户返还性支出
2018	37730.76	38453.24	24074.65	11590.14	2519.85	268.60
2019	40458.65	41680.11	25817.91	12643.08	2909.64	309.48
2020	43362.03	45244.20	27755.78	13759.33	3373.31	355.79
2021	46300.97	48566.95	29544.33	14771.03	3843.65	407.94
2022	49319.42	52566.09	31724.12	15920.29	4454.68	467.00
2023	52202.58	57516.30	34481.92	17234.89	5269.33	530.17
2024	55401.77	62425.30	37234.23	18471.18	6121.95	597.94
2025	58741.69	67711.97	40238.66	19707.05	7094.24	672.02
2026	62251.65	72894.73	43211.23	20804.37	8127.61	751.52
2027	66131.98	78087.98	46210.05	21827.79	9211.39	838.75

续表

年份	基金收入	基金支出				
		总计	基础养老金	过渡性养老金	个人账户养老金	个人账户返还性支出
2028	70025.21	84179.70	49800.92	22893.42	10554.00	931.36
2029	74271.52	90456.56	53553.74	23872.29	12001.66	1028.87
2030	78758.52	97293.64	57703.83	24807.96	13649.48	1132.37
2031	83206.54	103876.96	61767.67	25511.61	15358.91	1238.77
2032	87510.95	110818.87	66113.49	26124.51	17230.31	1350.57
2033	92638.91	118002.80	70664.37	26630.63	19243.69	1464.11
2034	98152.75	125435.61	75432.42	27016.99	21404.42	1581.78
2035	104133.26	133022.58	80359.06	27274.62	23681.98	1706.93
2036	109822.52	140495.93	85301.70	27269.15	26085.82	1839.27
2037	115723.80	148369.07	90535.77	27183.25	28670.07	1979.97
2038	121937.74	156598.73	96016.54	27013.34	31440.53	2128.32
2039	128249.53	165522.17	102031.75	26713.73	34492.84	2283.85
2040	134817.29	174813.53	108303.88	26344.24	37717.45	2447.96
2041	141022.43	183609.25	114264.55	25760.35	40962.27	2622.07
2042	146987.58	193580.98	120970.77	25106.98	44696.01	2807.22
2043	153384.67	203342.97	127531.23	24387.01	48422.81	3001.92
2044	159916.15	213593.57	134430.94	23566.47	52386.24	3209.92
2045	166617.97	224283.69	141570.68	22691.51	56588.44	3433.06
2046	172599.39	234506.40	148343.66	21658.71	60831.91	3672.12
2047	178380.06	245800.31	155700.20	20588.31	65595.30	3916.49
2048	184293.16	257447.96	163207.73	19491.96	70582.79	4165.48
2049	190258.44	269917.40	171197.71	18322.85	75976.21	4420.62
2050	196277.45	283073.94	179526.01	17135.83	81742.70	4669.40
2051	202182.96	293716.63	186235.67	15863.49	86699.48	4917.99
2052	208383.99	304404.28	192861.40	14617.88	91751.74	5173.25
2053	214695.65	315522.16	199648.06	13373.44	97068.63	5432.03

年份	基金收入	基金支出				
		总计	基础养老金	过渡性养老金	个人账户养老金	个人账户返还性支出
2054	221449.22	326309.12	206155.17	12160.78	102290.69	5702.49
2055	228574.52	336967.35	212504.73	10969.74	107510.53	5982.35
2056	234243.54	347703.81	218683.06	9786.51	112954.12	6280.13
2057	240060.54	358799.91	224937.01	8674.82	118601.11	6586.96
2058	245822.62	370707.36	231527.55	7613.78	124658.89	6907.14
2059	251706.32	382989.76	238219.91	6633.71	130888.70	7247.43
2060	257634.53	396208.48	245271.18	5762.63	137555.10	7619.58
2061	261936.70	408788.43	251743.84	4934.00	144091.06	8019.53
2062	266253.33	421891.60	258369.66	4217.72	150852.13	8452.09
2063	270555.59	435217.30	264978.78	3514.11	157810.09	8914.32
2064	274325.88	450131.93	272293.67	2838.44	165604.50	9395.32
2065	278274.43	465233.11	279566.11	2285.07	173493.16	9888.77
2066	280211.38	479947.95	286364.52	1806.68	181386.62	10390.14
2067	281907.34	495413.43	293428.83	1408.63	189694.88	10881.09
2068	283324.04	511770.44	300825.87	1092.23	198478.52	11373.83
2069	284563.38	528442.55	308237.59	799.09	207556.62	11849.26
2070	286501.35	543275.21	314614.99	571.39	215768.80	12320.03
2071	287396.14	560924.12	322259.74	380.53	225488.81	12795.04
2072	288150.15	578999.60	330018.75	239.70	235507.20	13233.95
2073	288809.77	597351.86	337804.59	135.65	245755.85	13655.77
2074	289431.03	615809.78	345551.32	63.46	256158.01	14036.99
2075	290047.80	634293.62	353225.08	19.66	266661.87	14387.01
2076	290695.56	652698.49	360787.01	0	277207.05	14704.42
2077	291417.73	670828.69	368150.82	0	287706.08	14971.79
2078	292259.55	688633.20	375316.83	0	298104.50	15211.87
2079	293260.91	705823.74	382134.84	0	308275.90	15413.00

年份	基金收入	基金支出				
		总计	基础养老金	过渡性养老金	个人账户养老金	个人账户返还性支出
2080	294422.35	722456.05	388646.60	0	318223.97	15585.48
2081	295737.43	738618.52	394916.51	0	327965.57	15736.44
2082	297206.24	754172.13	400884.02	0	337446.06	15842.05
2083	298801.46	769099.04	406520.35	0	346648.24	15930.44
2084	300485.95	783747.72	412047.17	0	355689.03	16011.51
2085	302228.56	798037.81	417399.54	0	364545.58	16092.69
2086	303991.33	812020.97	422599.20	0	373241.46	16180.30
2087	305741.42	825607.34	427579.11	0	381748.03	16280.20
2088	307445.36	838852.79	432366.93	0	390088.80	16397.05
2089	309071.42	851966.56	437093.67	0	398339.27	16533.62
2090	310606.86	864762.29	441642.52	0	406428.68	16691.10

三、基金累计结余的变化趋势

2018 年城镇职工基本养老保险基金的收支差（当期结余）为–722.48 亿元，即 2018 年的当期赤字为 722.48 亿元，如不采取有效措施，基金的收不抵支状况会一直出现，当期赤字也会逐年扩大，2090 年当期赤字为 554155.43 亿元，见表 4-8。长期的当期赤字状况使得基金不得不动用过去积累的资金来保证养老金的正常发放。2026 年及以前，城镇职工基本养老保险基金的累计结余一直为正，但是至 2027 年，城镇职工基本养老保险基金的累计结余使用完毕，城镇职工基本养老保险基金出现累计赤字，2027 年累计赤字规模为 1887.16 亿元，2028 年及以后累计赤字规模逐年加大，2090 年城镇职工基本养老保险基金累计赤字额度为 20487133.06 亿元，这表明在测算期内城镇职工基本养老保险基金的内源性融资不足以偿付养老金支出。可见，若维持现有制度不变，在继续实行"全面二孩"政策的情况下，我国城镇职工基本养老保险基金在 2027 年开始出现累计赤字，2027 年及以后基金不具备财务可持续性，迫切需要相关政策干预，以改善城镇职工基本养老保险基金的财务运行状况。

表 4-8　城镇职工基本养老保险基金累计结余(继续实行"全面二孩"政策)　(单位：亿元)

年份	当期结余	累计结余	年份	当期结余	累计结余	年份	当期结余	累计结余
2018	-722.48	44241.59	2043	-49958.29	-586281.46	2068	-228446.40	-5106587.03
2019	-1221.46	44095.63	2044	-53677.42	-655957.85	2069	-243879.18	-5484227.87
2020	-1882.18	43268.79	2045	-57665.73	-731464.17	2070	-256773.86	-5884526.77
2021	-2265.99	42027.87	2046	-61907.01	-813205.45	2071	-273527.98	-6312006.12
2022	-3246.67	39750.73	2047	-67420.25	-902641.34	2072	-290849.44	-6767926.95
2023	-5313.72	35297.93	2048	-73154.80	-1000191.04	2073	-308542.09	-7253380.77
2024	-7023.53	28981.26	2049	-79658.96	-1106846.25	2074	-326378.75	-7769253.51
2025	-8970.28	20511.25	2050	-86796.49	-1223483.81	2075	-344245.82	-8316336.82
2026	-10643.08	10114.88	2051	-91533.67	-1347892.91	2076	-362002.93	-8895298.24
2027	-11956.00	-1887.16	2052	-96020.29	-1480011.03	2077	-379410.95	-9506576.93
2028	-14154.49	-16442.68	2053	-100826.51	-1620358.48	2078	-396373.65	-10150524.34
2029	-16185.04	-33443.42	2054	-104859.90	-1768348.83	2079	-412562.83	-10827164.35
2030	-18535.12	-53278.01	2055	-108392.84	-1923660.21	2080	-428033.70	-11536578.00
2031	-20670.42	-75797.14	2056	-113460.27	-2088048.49	2081	-442881.09	-12278945.57
2032	-23307.92	-101582.69	2057	-118739.37	-2261957.56	2082	-456965.89	-13054309.25
2033	-25363.89	-130120.24	2058	-124884.75	-2446513.36	2083	-470297.58	-13862722.01
2034	-27282.86	-161338.18	2059	-131283.44	-2642241.72	2084	-483261.76	-14704633.36
2035	-28889.32	-194983.19	2060	-138573.95	-2850336.07	2085	-495809.25	-15580453.68
2036	-30673.42	-231298.02	2061	-146851.73	-3072117.49	2086	-508029.64	-16490695.40
2037	-32645.26	-270541.87	2062	-155638.27	-3308449.66	2087	-519865.92	-17435825.36
2038	-34660.99	-312832.93	2063	-164661.71	-3559939.16	2088	-531407.42	-18416413.60
2039	-37272.64	-358858.21	2064	-175806.04	-3829138.83	2089	-542895.14	-19433291.46
2040	-39996.23	-408825.80	2065	-186958.68	-4116499.95	2090	-554155.43	-20487133.06
2041	-42586.81	-462697.93	2066	-199736.57	-4424142.43	—	—	—
2042	-46593.40	-522023.62	2067	-213506.09	-4753589.73	—	—	—

注：当期结余＝基金收入-基金支出；当期结余为负代表基金出现当期赤字，累计结余为负代表基金出现累计赤字，下同。

第四节 "全面二孩"政策下城乡居民 基本养老保险基金财务运行状况

一、参保人数的变化趋势

表4-9总结了我国城乡居民基本养老保险的参保人数。可以看出，如果继续实行"全面二孩"政策，2018年城乡居民基本养老保险参保总人数为6亿人（= 445718086人 + 154786888人），直至2020年达到峰值，为6.54亿人（= 494491511人 + 159531622人），2021年及以后呈下降趋势，2090年的参保总人数为2.05亿人（= 107009397人 + 98294566人）。2018年缴费人数和待遇领取人数分别为4.46亿人和1.55亿人，缴费人数在2020年达到峰值，为4.94亿人，2021年及以后缴费人数呈下降趋势，至2090年缴费人数为1.07亿人。待遇领取人数一直呈现上升趋势，在2048年超过缴费人数，至2050年待遇领取人数达到峰值，为2.7亿人，此后待遇领取人数呈现下降趋势，至2090年为0.98亿人。

表4-9 城乡居民基本养老保险参保人数（继续实行"全面二孩"政策）

| 年份 | 缴费人数（人） | | | 领取待遇人数（人） | | | 抚养比 |
	总计	男性	女性	总计	男性	女性	总计
2018	445718086	226625462	281801793	154786888	76266886	99041462	0.3473
2019	471138470	239356201	298705174	156768745	77251701	100577427	0.3327
2020	494491511	251182984	314425387	159531622	78422498	102802980	0.3226
2021	492644174	250291448	313956067	160490380	78599793	103958017	0.3258
2022	486283798	247114128	310706157	166627180	81417464	108276003	0.3427
2023	476180593	242009174	305026064	176256329	86023568	114881995	0.3701
2024	468788678	238372679	300866079	183641552	89419785	120114462	0.3917
2025	460999551	234546269	296567993	191383898	92986314	125408861	0.4151
2026	452533535	230382863	292136978	199046887	96495664	130629536	0.4399
2027	445705267	227096283	288665766	204889283	99052220	134757909	0.4597
2028	433730648	221091820	282330906	213473407	102978399	140716519	0.4922
2029	424926360	216736026	277666851	220433298	106097518	145704066	0.5188

续表

| 年份 | 缴费人数（人） | | | 领取待遇人数（人） | | | 抚养比 |
	总计	男性	女性	总计	男性	女性	总计
2030	414704205	211661058	272127542	228438435	109731755	151392698	0.5508
2031	405829752	207201983	267454702	234774975	112581005	156017989	0.5785
2032	398436735	203568649	263234913	240516891	115105891	160320483	0.6037
2033	389790489	199227769	258824237	245446248	117235530	164140045	0.6297
2034	381431867	195037841	254639578	249476148	118902630	167411063	0.6541
2035	373782825	191180090	250949235	252181363	119924641	169856374	0.6747
2036	366106044	187287618	247282204	254272809	120655445	171918028	0.6945
2037	359447561	183879849	244316379	254693995	120571102	172901609	0.7086
2038	351764494	179979944	240667837	255555751	120683909	174212132	0.7265
2039	343628894	175823967	236742268	256367401	120804742	175466281	0.7461
2040	335652470	171787454	232903740	256613205	120609004	176336535	0.7645
2041	327273993	167548056	228724838	256922162	120460710	177256817	0.7850
2042	317458440	162617757	223470736	258413443	120892943	179006550	0.8140
2043	309049761	158418137	219099584	258294325	120512066	179652006	0.8358
2044	300415398	154152283	214524416	258277187	120159636	180315113	0.8597
2045	291661100	149864832	209797322	258294390	119813236	180965171	0.8856
2046	281532026	144956071	204036837	259625284	120085738	182505033	0.9222
2047	269871750	139290955	197220499	262430731	121114875	184966267	0.9724
2048	259103589	134065778	190901578	264280270	121699398	186804579	1.0200
2049	247429035	128370984	183911702	266977914	122752616	189198446	1.0790
2050	234906281	122172681	176465889	270459363	124307230	191932934	1.1514
2051	225862897	117586211	171457170	270456990	124277943	192143471	1.1974
2052	217300274	113203013	166789909	269977235	124074904	191938547	1.2424
2053	210930031	109916000	162672207	267261173	122785885	191079521	1.2671
2054	205345574	107022251	159199335	263750856	121127185	189508366	1.2844
2055	199622124	104035794	155903345	260349200	119575848	187676242	1.3042

续表

年份	缴费人数（人）			领取待遇人数（人）			抚养比
	总计	男性	女性	总计	男性	女性	总计
2056	194748892	101490357	153272588	256073503	117589884	185124303	1.3149
2057	190367901	99192269	150913715	251321505	115389242	182258977	1.3202
2058	186120026	96965983	148546927	246443237	113143386	179349204	1.3241
2059	182764674	95199844	146686411	240738695	110488801	175923575	1.3172
2060	179392122	93425010	144699526	235149543	107903870	172645248	1.3108
2061	176160184	91729391	142753947	229425111	105269441	169265654	1.3024
2062	173251416	90200317	140973032	223468934	102520792	165743882	1.2899
2063	170401298	88712907	139206784	217375114	99714789	162084381	1.2757
2064	167091819	86993066	137006021	211732919	97152906	158785133	1.2672
2065	163812826	85297206	134777616	206206621	94634096	155583624	1.2588
2066	160301577	83490122	132344909	200993221	92270366	152602544	1.2538
2067	156856194	81715798	129889487	195806467	89924026	149661900	1.2483
2068	153216520	79835093	127293895	190947668	87746926	146915505	1.2463
2069	149552698	77933597	124677004	186123562	85610800	144132420	1.2445
2070	146487345	76380261	122499688	180866954	83208472	140979076	1.2347
2071	143142565	74690572	119841642	175983181	81000134	138312257	1.2294
2072	139856786	73032664	117172969	171229967	78853740	135740004	1.2243
2073	136666693	71425092	114522639	166546869	76745508	133209908	1.2186
2074	133621925	69892444	111925668	161927791	74671066	130708239	1.2118
2075	130737805	68442700	109401865	157370524	72629800	128225519	1.2037
2076	128030876	67084465	106971835	152882688	70622200	125760038	1.1941
2077	125511757	65823257	104652845	148444892	68640220	123287189	1.1827
2078	123189428	64663565	102464111	144091090	66695583	120824814	1.1697
2079	121079927	63613478	100426017	139745415	64756981	118303142	1.1542
2080	119171745	62666735	98533334	135446378	62836933	115756289	1.1366
2081	117450602	61815749	96778912	131227412	60949852	113214422	1.1173

年份	缴费人数（人）			领取待遇人数（人）			抚养比
	总计	男性	女性	总计	男性	女性	总计
2082	115908838	61056349	95160566	127079751	59089086	110666649	1.0964
2083	114525025	60377461	93662413	122990456	57251422	108100904	1.0739
2084	113266977	59762263	92261415	119071885	55480478	105620624	1.0512
2085	112111424	59198754	90938536	115277958	53758310	103192553	1.0282
2086	111031710	58673167	89672528	111622187	52090952	100830751	1.0053
2087	110009654	58176116	88447580	108068758	50464563	98508328	0.9824
2088	109027217	57698243	87248228	104619374	48879985	96233164	0.9596
2089	108025381	57210813	86049549	101387143	47384018	94079057	0.9385
2090	107009397	56717346	84849952	98294566	45945085	91987410	0.9186

注：参保总人数＝缴费人数＋待遇领取人数，抚养比＝待遇领取人数/缴费人数。

根据未来各年缴费人数和待遇领取人数，本书计算了未来各年城乡居民基本养老保险的系统内抚养比（＝待遇领取人数/缴费人数），与退职比类似，该数值越高，说明缴费人口的抚养压力越高。从表4-9可以看出，2018年的系统内抚养比为0.3473，即2018年2.88位缴费人口抚养1位待遇领取人口，2019年及以后系统内抚养比呈先上升再下降的趋势，至2090年退职比为0.9186，即1.09位缴费人口需要抚养1位待遇领取人口。可见，在老龄化程度不断加深的背景下，缴费人口的抚养压力也比较重。

二、基金收支运行情况的变化趋势

运用式（4-8）～式（4-13），并代入相关参数的取值，本书对2018—2090年我国城乡居民基本养老保险基金的收支运行状况进行测算。由表4-10可见，如果继续实行"全面二孩"政策，基金收入从2018年的4730.15亿元上升至2090年的14235.47亿元，大约提高了3.01倍，年平均增长率为1.54%；基金支出规模呈现先上升再下降的趋势①，2018年为2712.56亿元，至2090年为23371.61亿元，年平均增长率为3.03%。可见，2018—2090年城乡居民基本养老保险基金支出的增长速度快于基金收入的增长速度。

---

① 这是因为待遇领取人数呈现先上升再下降的趋势，所以基金收入呈现先上升再下降的趋势。

表 4-10 城乡居民基本养老保险基金收支运行状况

（继续实行"全面二孩"政策） （单位：亿元）

年份	基金收入	基金支出	年份	基金收入	基金支出	年份	基金收入	基金支出
2018	4370.15	2712.56	2043	12107.86	18086.86	2068	13184.14	29367.68
2019	4942.75	2939.61	2044	12299.22	18899.52	2069	13126.24	29198.25
2020	5550.89	3200.81	2045	12478.15	19751.31	2070	13114.34	28941.09
2021	5889.62	3429.35	2046	12526.59	20647.20	2071	13071.20	28722.82
2022	6191.46	3791.91	2047	12488.08	21705.12	2072	13026.58	28505.97
2023	6456.91	4271.76	2048	12469.39	22732.42	2073	12984.03	28280.86
2024	6769.86	4740.05	2049	12383.85	23883.04	2074	12948.66	28046.44
2025	7090.10	5260.98	2050	12227.37	25162.26	2075	12922.56	27802.25
2026	7377.49	5799.93	2051	12168.12	26042.71	2076	12908.10	27549.58
2027	7702.14	6328.38	2052	12116.56	26906.39	2077	12907.20	27284.89
2028	7944.92	6989.12	2053	12173.01	27567.95	2078	12921.75	27014.33
2029	8250.67	7650.01	2054	12265.50	28158.07	2079	12954.48	26723.59
2030	8535.32	8403.49	2055	12340.96	28767.73	2080	13005.33	26419.51
2031	8812.07	9111.61	2056	12400.87	29144.14	2081	13073.85	26108.51
2032	9127.37	9847.84	2057	12485.57	29461.41	2082	13160.28	25788.98
2033	9420.41	10602.41	2058	12573.17	29756.23	2083	13263.22	25458.30
2034	9725.42	11369.19	2059	12716.90	29939.47	2084	13379.88	25140.12
2035	10054.56	12124.56	2060	12856.70	30121.71	2085	13508.24	24825.87
2036	10340.46	12836.37	2061	12940.70	30123.14	2086	13645.71	24519.35
2037	10660.02	13500.51	2062	13045.20	30074.64	2087	13790.50	24213.57
2038	10953.77	14223.50	2063	13151.36	29985.89	2088	13940.70	23909.52
2039	11235.45	14982.11	2064	13218.34	29937.76	2089	14088.85	23634.25
2040	11523.38	15746.30	2065	13282.92	29885.29	2090	14235.47	23371.61
2041	11741.35	16474.69	2066	13258.17	29712.31	—	—	—
2042	11901.72	17315.98	2067	13232.67	29524.48	—	—	—

三、基金累计结余的变化趋势

2018—2030 年城乡居民基本养老保险基金收入一直大于城乡居民基本养老保险基金支出，2031 年及以后基金收入小于基金支出，并一直延续至 2090 年，这导致基金在 2016—2030 年出现当期结余，但是至 2031 年及以后转而出现当期赤字。虽然基金在 2031 年出现当期赤字，但是由于基金在前期存有累计结余并可应对基金支出，所以基金在 2031—2044 年并未出现累计赤字，基金仍可持续运行。然而，随着人口老龄化程度不断提高，基金累计结余耗尽，并于 2045 年出现累计赤字，此后累计赤字规模不断扩大，至 2090 年累计赤字高达 121.44 万亿元。由此可见，若维持现有制度不变，在继续实行"全面二孩"政策的情况下，我国城乡居民基本养老保险基金分别于 2031 年和 2045 年开始出现当期赤字和累计赤字，2045 年及以后基金不具备财务可持续性，迫切需要相关政策干预，以改善城乡居民基本养老保险基金的财务运行状况。具体情况，见表 4-11。

表 4-11　城乡居民基本养老保险基金累计结余（继续实行"全面二孩"政策）（单位：亿元）

年份	当期结余	累计结余	年份	当期结余	累计结余	年份	当期结余	累计结余
2018	1657.59	9428.41	2035	-2070.00	35489.67	2052	-14789.83	-96404.04
2019	2003.15	11717.35	2036	-2495.91	33818.60	2053	-15394.95	-114594.00
2020	2350.08	14419.12	2037	-2840.50	31752.56	2054	-15892.58	-133748.70
2021	2460.27	17301.37	2038	-3269.73	29194.90	2055	-16426.78	-153929.90
2022	2399.55	20193.44	2039	-3746.66	26084.45	2056	-16743.26	-174940.00
2023	2185.15	22938.05	2040	-4222.91	22408.07	2057	-16975.84	-196713.70
2024	2029.81	25592.06	2041	-4733.34	18116.59	2058	-17183.06	-219244.20
2025	1829.12	28106.71	2042	-5414.26	13019.89	2059	-17222.57	-242378.40
2026	1577.56	30426.38	2043	-5979.00	7216.91	2060	-17265.01	-266134.50
2027	1373.77	32595.15	2044	-6600.30	632.03	2061	-17182.44	-290399.90
2028	955.80	34389.72	2045	-7273.16	-6807.16	2062	-17029.44	-315115.00
2029	600.66	35865.14	2046	-8120.62	-15300.97	2063	-16834.53	-340248.30
2030	131.83	36896.90	2047	-9217.04	-25130.96	2064	-16719.42	-365891.90
2031	-299.54	37512.29	2048	-10263.03	-36278.84	2065	-16602.37	-392056.60
2032	-720.47	37711.61	2049	-11499.19	-48972.48	2066	-16454.14	-418723.60
2033	-1181.99	37442.86	2050	-12934.89	-63455.06	2067	-16291.80	-445890.70
2034	-1643.77	36694.06	2051	-13874.59	-79262.89	2068	-16183.55	-473626.20

年份	当期结余	累计结余	年份	当期结余	累计结余	年份	当期结余	累计结余
2069	−16072.01	−501940.60	2077	−14377.69	−747521.20	2085	−11317.63	−1025652.00
2070	−15826.75	−530711.50	2078	−14092.58	−780654.10	2086	−10873.64	−1062439.00
2071	−15651.62	−560022.20	2079	−13769.11	−814283.80	2087	−10423.06	−1099683.00
2072	−15479.39	−589889.20	2080	−13414.18	−848390.40	2088	−9968.83	−1137394.00
2073	−15296.83	−620315.70	2081	−13034.66	−882960.70	2089	−9545.40	−1175612.00
2074	−15097.78	−651298.80	2082	−12628.70	−917979.10	2090	−9136.14	−1214367.00
2075	−14879.69	−682832.90	2083	−12195.07	−953428.60	—	—	—
2076	−14641.49	−714911.30	2084	−11760.24	−989318.50	—	—	—

注：当期结余＝基金收入−基金支出；当期结余为负代表基金出现当期赤字；累计结余为负代表基金出现累计赤字。

第五节 小 结

运用精算模型，本书模拟在继续实行"全面二孩"政策的情况下，我国社会养老保险基金的财务运行状况，研究发现：第一，如果继续实行"全面二孩"政策，在测算期内（2018—2090 年），城镇职工基本养老保险基金一直出现当期赤字（收不抵支），并于 2027年开始出现累计赤字，至 2090 年累计赤字高达 2048.71 万亿元；第二，如果继续实行"全面二孩"政策，城乡居民基本养老保险基金于 2031 年开始出现当期赤字，并于 2045 年开始出现累计赤字，至 2090 年累计赤字高达 121.44 万亿元。可见，在继续实行"全面二孩"政策的情况下，我国社会养老保险基金（城镇职工基本养老保险基金和城乡居民基本养老保险基金）不具备可持续性。具体情况，见表 4-12。

表 4-12 我国社会养老保险基金财务运行状况总结（继续实行"全面二孩"政策）

险种	当期赤字时点	累计赤字时点	2090 年累计赤字（亿元）
城镇职工基本养老保险	2018—2090 年	2027—2090 年	20487133.06
城乡居民基本养老保险	2031—2090 年	2045—2090 年	1214367.00

第五章 生育政策调整对社会养老保险基金可持续性的影响

本章将再次运用精算模型(式(4-1)~式(4-13))分析"全面三孩"政策对城镇职工基本养老保险基金和城乡居民基本养老保险基金可持续性的影响,本章将首先阐明"全面三孩"政策对社会养老保险基金可持续性的影响机制。

第一节 生育政策调整对社会养老保险基金可持续性的影响机制

"全面三孩"政策对社会养老保险基金可持续性的影响主要是通过人口数量传导的。总和生育率的变化是"全面三孩"政策效果最直观的反映。"全面三孩"政策实施后,总和生育率发生变化,进而影响新生人口规模与人口老龄化程度。新生人口尚未成为参保人口前,基金财务运行状况保持原有状态,与继续实行"全面三孩"政策时的情况一致。随着新生人口成为参保人口,基金财务运行状况发生变化。相比继续实行"全面三孩"政策的情况,当新生人口成为参保在职职工(缴费人口)时,基金收入持续增加,而基金支出状况不变;而当新生人口开始进入退休时段(待遇领取时段)后,参保在职职工(缴费人口)的增加数量又高于参保退休职工(待遇领取人口)的增加数量。基金财务运行状况依然优于"全面三孩"政策。因此,"全面三孩"政策的确可以改善社会养老保险基金财务运行状况,具体如下。

(1)社会养老保险基金收入

在现收现付制下,人口增长率直接影响着社会养老保险基金可持续性。"全面三孩"政策下,符合条件的夫妇实际选择生育三孩的比例越高,新生人口规模越大。大约经过十几年或二十几年的时间,这些新生人口逐步成长为参保在职职工(缴费人口)后,基金收入状况开始变化。在缴费率保持不变的条件下,确定型缴费制度下社会养老保险的资金来源越充足,基金收入也就越高。

(2)社会养老保险基金支出

同样,分年龄、分性别的人口结构影响着社会养老保险基金支出规模。在新增"三孩"

122

未进入退休阶段(待遇领取阶段)前,社会养老保险基金支出状况与继续实行"全面三孩"政策时相同。随着新生人口进入退休年龄(待遇领取年龄)后,社会养老保险基金支出状况才呈现出与"全面三孩"政策的差别。在理论(生命周期理论)和实践中,参保人员的平均工作时间(缴费时间)长于平均退休时间(待遇领取时间)①,因此工作年龄段(缴费年龄段)的新增人口必然多于退休年龄段(待遇领取年龄段)的新增人口,所以社会养老保险基金收入的增幅要快于社会养老保险基金支出的增幅。所以,综合社会养老保险基金的收支状况来看,在"全面三孩"政策的新增人口成为社会养老保险的缴费人口后的任何时点,社会养老保险基金的财务运行状况均能得以改善。那么,具体的改善程度为多少呢?本书将采用精算模型进行定量评估。

第二节 生育政策调整对城镇职工基本养老保险基金的影响

一、生育政策调整对城镇职工基本养老保险参保人数的影响

"全面三孩"政策对我国人口数量产生影响,待新增人口参加城镇职工基本养老保险,参保总人数也将随之增加,因而本书在此分析"全面三孩"政策对城镇职工基本养老保险参保人数的影响。从表 5-1 可以看出,如果 20.5%的符合"全面三孩"规定的夫妇生育三孩,与继续实行"全面二孩"政策的情况相比,2039—2090 年参保在职职工的人数增加 135.67 万~4457.07 万人,增加幅度为 0.46%~25.13%,2067—2090 年参保退休职工的人数增加 30.25 万~1682.80 万人,增加幅度为 0.14%~8.17%,2039—2090 年参保总人数增加 135.66 万~6139.87 万人,增加幅度为 0.27%~16.02%。

表 5-1 城镇职工基本养老保险参保人数("全面三孩"生育意愿为 20.5%) (单位:人)

年份	绝对值				变化值			
	参保在职职工	参保退休职工	参保城镇职工	退职比	参保在职职工	参保退休职工	参保城镇职工	退职比
2018	292318538	115597167	407915705	0.3954	0	0	0	0
2019	292946531	119707576	412654107	0.4086	0	0	0	0
2020	293428855	124181904	417610759	0.4232	0	0	0	0

① 结合我国职工平均初始参保年龄、法定退休年龄与平均预期寿命来看,大多职工平均在职时间(30 多年)要长于退休时间(20 多年)。

续表

年份	绝对值				变化值			
	参保在职职工	参保退休职工	参保城镇职工	退职比	参保在职职工	参保退休职工	参保城镇职工	退职比
2021	294193895	127776244	421970139	0.4343	0	0	0	0
2022	294246950	132500913	426747863	0.4503	0	0	0	0
2023	292439724	138950462	431390186	0.4751	0	0	0	0
2024	291419357	144315967	435735324	0.4952	0	0	0	0
2025	290129337	149688551	439817888	0.5159	0	0	0	0
2026	290061543	154636786	444698329	0.5331	0	0	0	0
2027	290699947	158753543	449453490	0.5461	0	0	0	0
2028	290390243	163947457	454337701	0.5646	0	0	0	0
2029	290565472	168653294	459218765	0.5804	0	0	0	0
2030	290678825	173462881	464141706	0.5968	0	0	0	0
2031	291085696	177836390	468922086	0.6109	0	0	0	0
2032	290183918	182097657	472281575	0.6275	0	0	0	0
2033	291173530	185914642	477088172	0.6385	0	0	0	0
2034	292420947	189374260	481795206	0.6476	0	0	0	0
2035	294064795	192300910	486365705	0.6539	0	0	0	0
2036	295362699	195358722	490721421	0.6614	0	0	0	0
2037	296413281	198397482	494810763	0.6693	0	0	0	0
2038	297456728	201117948	498574676	0.6761	0	0	0	0
2039	299312675	204002786	503315461	0.6816	1356664	0	1356664	−0.0031
2040	300974128	206617964	507592091	0.6865	2674535	0	2674535	−0.0062
2041	302537698	208766521	511304219	0.6901	3945143	0	3945143	−0.0091
2042	302990284	211490311	514480596	0.6980	5169420	0	5169420	−0.0121
2043	303747991	213381529	517129520	0.7025	6348545	0	6348545	−0.0150
2044	304193158	215054947	519248104	0.7070	7481762	0	7481762	−0.0178
2045	304406765	216465155	520871920	0.7111	8573207	0	8573207	−0.0206
2046	304295751	217759985	522055736	0.7156	9628727	0	9628727	−0.0234
2047	303477144	219365709	522842853	0.7228	10654109	0	10654109	−0.0263
2048	302549533	220746230	523295762	0.7296	11655495	0	11655495	−0.0292
2049	301397378	222065230	523462608	0.7368	12637944	0	12637944	−0.0322

续表

年份	绝对值				变化值			
	参保在职职工	参保退休职工	参保城镇职工	退职比	参保在职职工	参保退休职工	参保城镇职工	退职比
2050	300043481	223331919	523375401	0.7443	13606348	0	13606348	−0.0354
2051	299641663	223440057	523081720	0.7457	14564049	0	14564049	−0.0381
2052	299397579	223210440	522608019	0.7455	15512502	0	15512502	−0.0407
2053	299047438	222899953	521947391	0.7454	16454630	0	16454630	−0.0434
2054	299018219	222147889	521166108	0.7429	17392922	0	17392922	−0.0459
2055	299186468	221075539	520262007	0.7389	18329648	0	18329648	−0.0482
2056	298708888	220593813	519302701	0.7385	19269535	0	19269535	−0.0509
2057	298253562	220046291	518299853	0.7378	20215986	0	20215986	−0.0536
2058	297594757	219638535	517233292	0.7380	21176117	0	21176117	−0.0565
2059	296953453	219203876	516157329	0.7382	22162528	0	22162528	−0.0595
2060	296257543	218848030	515105573	0.7387	23186839	0	23186839	−0.0627
2061	295121718	218894447	514016165	0.7417	24262562	0	24262562	−0.0664
2062	294007653	218953146	512960799	0.7447	25400018	0	25400018	−0.0704
2063	292887219	218871835	511759054	0.7473	26596550	0	26596550	−0.0746
2064	291262104	219165551	510427655	0.7525	27845973	0	27845973	−0.0795
2065	289831440	219276628	509108069	0.7566	29141052	0	29141052	−0.0846
2066	287836566	219886009	507722575	0.7639	30478777	0	30478777	−0.0905
2067	285389433	220870302	506259735	0.7739	31550780	302510	31853290	−0.0950
2068	282763806	221956017	504719823	0.7850	32651752	596044	33247796	−0.1001
2069	280052506	222909633	502962139	0.7960	33772004	878682	34650687	−0.1056
2070	278001193	223099510	501100703	0.8025	34905355	1150613	36055968	−0.1105
2071	275117256	223943499	499060754	0.8140	36043659	1412066	37455724	−0.1168
2072	271881994	225027496	496909490	0.8277	36881180	1962301	38843480	−0.1215
2073	268643423	225987166	494630589	0.8412	37723068	2493535	40216603	−0.1266
2074	265447771	226788763	492236534	0.8544	38568271	3005118	41573389	−0.1320
2075	262318967	227423516	489742482	0.8670	39414090	3498402	42912492	−0.1376
2076	259280375	227881706	487162081	0.8789	40258136	3974924	44233060	−0.1434
2077	255677098	228809134	484486232	0.8949	40415963	5118688	45534651	−0.1442
2078	252244883	229514593	481759476	0.9099	40594923	6222658	46817581	−0.1451

年份	绝对值				变化值			
	参保在职职工	参保退休职工	参保城镇职工	退职比	参保在职职工	参保退休职工	参保城镇职工	退职比
2079	249009545	229922220	478931766	0.9233	40798634	7284726	48083360	-0.1459
2080	245964482	230073011	476037493	0.9354	41027702	8306007	49333708	-0.1467
2081	243098662	230019494	473118156	0.9462	41282819	9288583	50571402	-0.1475
2082	240406407	229740755	470147162	0.9556	41565052	10232419	51797471	-0.1483
2083	237862811	229232424	467095234	0.9637	41873974	11140723	53014697	-0.1491
2084	235437177	228629821	464066998	0.9711	42208035	12018324	54226359	-0.1499
2085	233105402	227902245	461007647	0.9777	42566449	12867203	55433652	-0.1509
2086	230839515	227068875	457908390	0.9837	42947073	13692087	56639160	-0.1520
2087	228613793	226103926	454717719	0.9890	43345027	14497014	57842041	-0.1531
2088	226401098	225026939	451428037	0.9939	43752765	15285104	59037869	-0.1544
2089	224176869	223911347	448088216	0.9988	44162804	16061509	60224314	-0.1558
2090	221931836	222703424	444635260	1.0035	44570702	16827977	61398679	-0.1573

　　注：变化值是与继续实行"全面二孩"政策的情况相比；参保城镇职工人数（参保总人数）＝参保在职职工人数+参保退休职工人数，退职比＝参保退休职工人数/参保在职职工人数。

　　从上文分析可以看出，"全面三孩"政策使得参保在职职工数量的增加幅度超过了退休职工数量的增加幅度，从而使城镇职工基本养老保险系统内抚养比（退职比）有所下降。从表 5-1 可以看出，如果 20.5% 的符合"全面三孩"规定的夫妇生育三孩，2090 年退职比为1.0035，较继续实行"全面二孩"政策时下降 0.1573。

　　如果"全面三孩"生育意愿进一步提高，情况会如何变化呢？从表 5-2 可以看出，如果46.7% 的符合"全面三孩"规定的夫妇生育三孩，与继续实行"全面二孩"政策的情况相比，2039—2090 年参保在职职工的人数增加 1.04%～61.43%，2067—2090 年参保退休职工的人数增加 0.31%～18.65%，2039—2090 年参保总人数增加 0.62%～38.45%。如果 60% 的符合"全面三孩"规定的夫妇生育三孩，与继续实行"全面二孩"政策的情况相比，2039—2090 年参保在职职工的人数增加 1.33%～81.7%，2067—2090 年参保退休职工的人数增加0.4%～23.97%，2039—2090 年参保总人数增加 0.79%～50.69%。如果 80% 的符合"全面三孩"规定的夫妇生育三孩，与继续实行"全面二孩"政策的情况相比，2039—2090 年参保在职职工的人数增加 1.78%～114.53%，2067—2090 年参保退休职工的人数增加 0.54%～

表 5-2 城镇职工基本养老保险参保人数（"全面三孩"生育意愿为 46.7%～100%）

（单位：人）

"全面三孩"生育意愿

年份	46.7%				60%				80%				100%			
	参保在职职工	参保退休职工	参保城镇职工	退职比	参保在职职工	参保退休职工	参保城镇职工	退职比	参保在职职工	参保退休职工	参保城镇职工	退职比	参保在职职工	参保退休职工	参保城镇职工	退职比
2018	292318538	115597167	407915705	0.3954	292318538	115597167	407915705	0.3954	292318538	115597167	407915705	0.3954	292318538	115597167	407915705	0.3954
2019	292946531	119707576	412654107	0.4086	292946531	119707576	412654107	0.4086	292946531	119707576	412654107	0.4086	292946531	119707576	412654107	0.4086
2020	293428855	124181904	417610759	0.4232	293428855	124181904	417610759	0.4232	293428855	124181904	417610759	0.4232	293428855	124181904	417610759	0.4232
2021	294193895	127776244	421970139	0.4343	294193895	127776244	421970139	0.4343	294193895	127776244	421970139	0.4343	294193895	127776244	421970139	0.4343
2022	294246950	132500913	426747863	0.4503	294246950	132500913	426747863	0.4503	294246950	132500913	426747863	0.4503	294246950	132500913	426747863	0.4503
2023	294239724	138950462	431390186	0.4751	294239724	138950462	431390186	0.4751	294239724	138950462	431390186	0.4751	294239724	138950462	431390186	0.4751
2024	291419357	144315967	435735324	0.4952	291419357	144315967	435735324	0.4952	291419357	144315967	435735324	0.4952	291419357	144315967	435735324	0.4952
2025	290129337	149688551	439817888	0.5159	290129337	149688551	439817888	0.5159	290129337	149688551	439817888	0.5159	290129337	149688551	439817888	0.5159
2026	290061543	154636786	444698329	0.5331	290061543	154636786	444698329	0.5331	290061543	154636786	444698329	0.5331	290061543	154636786	444698329	0.5331
2027	290699947	158753543	449453490	0.5461	290699947	158753543	449453490	0.5461	290699947	158753543	449453490	0.5461	290699947	158753543	449453490	0.5461
2028	290390243	163947457	454337701	0.5646	290390243	163947457	454337701	0.5646	290390243	163947457	454337701	0.5646	290390243	163947457	454337701	0.5646
2029	290565472	168653294	459218765	0.5804	290565472	168653294	459218765	0.5804	290565472	168653294	459218765	0.5804	290565472	168653294	459218765	0.5804
2030	290678825	173462881	464141706	0.5968	290678825	173462881	464141706	0.5968	290678825	173462881	464141706	0.5968	290678825	173462881	464141706	0.5968
2031	291085696	177836390	468922086	0.6109	291085696	177836390	468922086	0.6109	291085696	177836390	468922086	0.6109	291085696	177836390	468922086	0.6109
2032	290183918	182097657	472281575	0.6275	290183918	182097657	472281575	0.6275	290183918	182097657	472281575	0.6275	290183918	182097657	472281575	0.6275
2033	291173530	185914642	477088172	0.6385	291173530	185914642	477088172	0.6385	291173530	185914642	477088172	0.6385	291173530	185914642	477088172	0.6385
2034	292420947	189374260	481795206	0.6476	292420947	189374260	481795206	0.6476	292420947	189374260	481795206	0.6476	292420947	189374260	481795206	0.6476
2035	294064795	192300910	486365705	0.6539	294064795	192300910	486365705	0.6539	294064795	192300910	486365705	0.6539	294064795	192300910	486365705	0.6539
2036	295362699	195358722	490721421	0.6614	295362699	195358722	490721421	0.6614	295362699	195358722	490721421	0.6614	295362699	195358722	490721421	0.6614
2037	296413281	198397482	494810763	0.6693	296413281	198397482	494810763	0.6693	296413281	198397482	494810763	0.6693	296413281	198397482	494810763	0.6693
2038	297456728	201117948	498574676	0.6761	297456728	201117948	498574676	0.6761	297456728	201117948	498574676	0.6761	297456728	201117948	498574676	0.6761

续表

"全面三孩"生育意愿

年份	46.7%				60%				80%				100%			
	参保在职职工	参保退休职工	参保城镇职工	退职比	参保在职职工	参保退休职工	参保城镇职工	退职比	参保在职职工	参保退休职工	参保城镇职工	退职比	参保在职职工	参保退休职工	参保城镇职工	退职比
2039	301046557	204002786	505049343	0.6776	301926734	204002786	505929520	0.6757	303250308	204002786	507253094	0.6727	304573883	204002786	508576669	0.6698
2040	304392314	206617964	511010277	0.6788	306127499	206617964	512745463	0.6749	308736802	206617964	515354765	0.6692	311346104	206617964	517964067	0.6636
2041	307579784	208766521	516346305	0.6787	310139316	208766521	518905837	0.6731	313988237	208766521	522754758	0.6649	317837157	208766521	526603678	0.6568
2042	309597055	211490311	521087366	0.6831	312950873	211490311	524441185	0.6758	317994210	211490311	529484521	0.6651	323037546	211490311	534527857	0.6547
2043	311861741	213381529	525243269	0.6842	315980553	213381529	529362082	0.6753	322174255	213381529	535555784	0.6623	328367957	213381529	541749486	0.6498
2044	313755215	215054947	528810162	0.6854	318609236	215054947	533664183	0.6750	325908516	215054947	540963463	0.6599	333207797	215054947	548262743	0.6454
2045	315362742	216465155	531828897	0.6864	320925871	216465155	537391026	0.6745	329289976	216465155	545755130	0.6574	337654080	216465155	554119235	0.6411
2046	316001734	217759985	534361719	0.6878	322848665	217759985	540608649	0.6745	332242545	217759985	550002530	0.6554	341636426	217759985	559396410	0.6374
2047	317093615	219365709	536459324	0.6918	324005793	219365709	543371502	0.6770	334000045	219365709	553765754	0.6560	344794298	219365709	564160006	0.6362
2048	317445824	220746230	538192053	0.6954	325007681	220746230	545753911	0.6792	336378896	220746230	557125125	0.6562	347750110	220746230	568496340	0.6348
2049	317549287	222065230	539614517	0.6993	325748538	222065230	547813768	0.6817	338078239	222065230	560143470	0.6568	350407941	222065230	572473171	0.6337
2050	317433058	223331919	540764977	0.7036	326260591	223331919	549592511	0.6845	339535077	223331919	562866997	0.6578	352809563	223331919	576141483	0.6330
2051	318255228	223440057	541695285	0.7021	327004099	223440057	551144156	0.6818	341912927	223440057	565352984	0.6535	356121755	223440057	579561812	0.6274
2052	319223313	223210440	542433753	0.6992	329287522	223210440	552497962	0.6779	344421670	223210440	567632110	0.6481	359555818	223210440	582766258	0.6208
2053	320077268	222899953	542977222	0.6964	330752722	222899953	553652675	0.6739	346800041	222899953	569705994	0.6427	362859368	222899953	585755321	0.6143
2054	321247343	222147889	543395232	0.6915	332531644	222147889	554679533	0.6681	349500584	222147889	571648473	0.6356	366469603	222147889	588617491	0.6062
2055	322613320	221075539	543688860	0.6853	334505864	221075539	555581403	0.6609	352389752	221075539	573465291	0.6274	370274077	221075539	591349616	0.5971
2056	323338813	220593813	543932626	0.6822	335842872	220593813	556436685	0.6568	354647339	220593813	575241153	0.6220	373453454	220593813	594047268	0.5907
2057	324097582	220046291	544143873	0.6790	337219882	220046291	557266173	0.6525	356956475	220046291	577002766	0.6165	376697648	220046291	596743939	0.5841
2058	324676165	219638535	544314701	0.6765	338431025	219638535	558069560	0.6490	359124439	219638535	578762974	0.6116	379829163	219638535	599467698	0.5783
2059	325317033	219203876	544520909	0.6738	339731994	219203876	558935870	0.6452	361429740	219203876	580633616	0.6065	383152848	219203876	602356724	0.5721

续表

| 年份 | "全面三孩"生育意愿 | | | | | | | | | | | | | | | |
| | 46.7% | | | | 60% | | | | 80% | | | | 100% | | | |
	参保在职职工	参保退休职工	参保城镇职工	退职比	参保在职职工	参保退休职工	参保城镇职工	退职比	参保在职职工	参保退休职工	参保城镇职工	退职比	参保在职职工	参保退休职工	参保城镇职工	退职比
2060	325967904	218848030	544815934	0.6714	341082707	218848030	559930737	0.6416	363853347	218848030	582701378	0.6015	386673974	218848030	605522005	0.5660
2061	326266104	218894447	545160551	0.6709	342134284	218894447	561028731	0.6398	366070045	218894447	584964492	0.5980	390094498	218894447	608988945	0.5611
2062	326691104	218953146	545644251	0.6702	343377208	218953146	562330354	0.6376	368589382	218953146	587542529	0.5940	393946048	218953146	612899195	0.5558
2063	327211434	218871835	546083269	0.6689	344778334	218871835	563650169	0.6348	371375726	218871835	590247561	0.5894	398190537	218871835	617062372	0.5497
2064	327319488	219165551	546485039	0.6696	345824746	219165551	564990297	0.6337	373907419	219165551	593072970	0.5861	402296659	219165551	621462210	0.5448
2065	327703478	219276628	546980106	0.6691	347198391	219276628	566475019	0.6316	376856075	219276628	596132703	0.5819	406924600	219276628	626201228	0.5389
2066	327600540	219886009	547486549	0.6712	348134119	219886009	568020128	0.6316	379452915	219886009	599338923	0.5795	411301720	219886009	631187728	0.5346
2067	326726928	221256924	547983852	0.6772	348146633	221453187	569599821	0.6361	380908692	221748319	602657011	0.5822	414333783	222043451	636377234	0.5359
2068	325727361	222717791	548445152	0.6838	348066526	223104493	571171019	0.6410	382330417	223685999	606016416	0.5851	417400509	224267506	641668015	0.5373
2069	324678237	224032632	548710868	0.6900	347960122	224602704	572562825	0.6455	383767070	225459955	609227025	0.5875	420530889	226317206	646848095	0.5382
2070	324315188	224570050	548885238	0.6924	348557050	225316545	573873595	0.6464	385938094	226439094	612377187	0.5867	424243791	227561642	651994433	0.5362
2071	323132252	225748188	548880440	0.6986	348343308	226664308	575007616	0.6507	387315795	228041934	615357729	0.5888	427562908	229419559	656982467	0.5366
2072	321217455	227535412	548752867	0.7084	347206197	228808514	576014711	0.6590	387484259	230722954	618207213	0.5954	429200458	232637393	661837851	0.5420
2073	319307583	229174026	548481609	0.7177	346079332	230791784	576871115	0.6669	387672420	233224501	620896921	0.6016	430868901	235657219	666526120	0.5469
2074	317446537	230629451	548075988	0.7265	345005015	232579112	577584127	0.6741	387919648	235510935	623430583	0.6071	432604044	238442757	671046801	0.5512
2075	315654079	231894644	547548723	0.7346	344000590	234164339	578164929	0.6807	388239281	237577414	625816695	0.6119	434414784	240990488	675405272	0.5547
2076	313950015	232961853	546911868	0.7420	343083857	235540707	578624563	0.6865	388645862	239418681	628064543	0.6160	436312144	243296656	679608800	0.5576
2077	310804480	235351068	546155547	0.7572	340280723	238671973	578952696	0.7014	386497243	243665815	630163058	0.6304	434985900	248659658	683645557	0.5716
2078	307857619	237467453	545325071	0.7714	337690640	241504591	579195232	0.7152	384583882	247575477	632159359	0.6437	439917960	253646362	687564323	0.5845
2079	305140566	239232456	544373022	0.7840	335347817	243958644	579306461	0.7275	382945171	251065693	634010864	0.6556	433153681	258172743	691326424	0.5960
2080	302648867	240688492	543337359	0.7953	333249579	246077268	579326847	0.7384	381582128	254180689	635762817	0.6661	432699128	262284110	694983238	0.6062

续表

"全面三孩"生育意愿

年份	46.7%				60%				80%				100%			
	参保在职职工	参保退休职工	参保城镇职工	退职比	参保在职职工	参保退休职工	参保城镇职工	退职比	参保在职职工	参保退休职工	参保城镇职工	退职比	参保在职职工	参保退休职工	参保城镇职工	退职比
2081	300374262	241890759	542265021	0.8053	331390029	247917013	579307042	0.7481	380493782	256979050	637472833	0.6754	432560100	266041090	698601189	0.6150
2082	298314431	242818312	541132743	0.8140	329769574	249456930	579226504	0.7565	379686159	259439830	639125988	0.6833	432750289	269422746	702173035	0.6226
2083	296446450	243470958	539917408	0.8213	328367573	250698979	579066552	0.7635	379143907	261568263	640712170	0.6899	433262122	272437643	705669765	0.6288
2084	294740071	243990379	538730450	0.8278	327155246	251788152	578943398	0.7696	378842277	263514428	642356705	0.6956	434077341	275241067	709318407	0.6341
2085	293172552	244348702	537521254	0.8335	326111755	252698139	578809894	0.7749	378765077	265254523	644019600	0.7003	435186802	277811917	712998719	0.6384
2086	291715077	244571855	536286932	0.8384	325208848	253458597	578667445	0.7794	378886381	266824200	645710581	0.7042	436568929	280192304	716761232	0.6418
2087	290336123	244640429	534976552	0.8426	324412396	254053879	578466275	0.7831	379168772	268214131	647382902	0.7074	438183973	282380013	720563986	0.6444
2088	288998048	244579146	533577194	0.8463	323679176	254511844	578191020	0.7863	379560460	269457540	649018000	0.7099	439971537	284414416	724385952	0.6464
2089	287665460	244469420	532134880	0.8498	322967829	254918562	577886391	0.7893	380010626	270648257	650658883	0.7122	441870852	286398012	728268864	0.6481
2090	286322264	244261091	530583355	0.8531	322258337	255226252	577484589	0.7920	380492800	271742809	652235609	0.7142	443848384	288292509	732140892	0.6495

注：参保城镇职工人数（参保总人数）=参保在职职工人数+参保退休职工人数，退职比=参保退休职工人数/参保在职职工人数。

31.99%，2039—2090 年参保总人数增加 1.05%~70.19%。如果所有符合"全面三孩"规定的夫妇生育三孩，与继续实行"全面二孩"政策的情况相比，2039—2090 年参保在职职工的人数增加 2.22%~150.25%，2067—2090 年参保退休职工的人数增加 0.67%~40.03%，2039—2090 年参保总人数增加 0.79%~91.04%。

可见，随着"全面三孩"生育意愿的提高，参保在职职工人数和参保退休职工人数的增加幅度高于"全面三孩"生育意愿为 20.5% 的情况。那么退职比的变化情况如何呢？如果 46.7% 的符合"全面三孩"规定的夫妇生育三孩，2090 年退职比为 0.8531，较继续实行"全面二孩"政策时下降 0.3077。如果 60% 的符合"全面三孩"规定的夫妇生育三孩，2090 年退职比为 0.7920，较继续实行"全面二孩"政策时下降 0.3688。如果 80% 的符合"全面三孩"规定的夫妇生育三孩，2090 年退职比为 0.7142，较继续实行"全面二孩"政策时下降 0.4466。如果所有符合"全面三孩"规定的夫妇生育三孩，2090 年退职比为 0.6495，较继续实行"全面二孩"政策时下降 0.5113。可见，随着"全面三孩"生育意愿的提高，参保在职职工的抚养压力会逐步下降。

二、生育政策调整对城镇职工基本养老保险基金财务运行状况的影响

退职比的改善使得城镇职工基本养老保险基金的财务运行状况得到改善。从表 5-3 可以看出，如果 20.5% 的符合"全面三孩"规定的夫妇生育三孩，城镇职工基本养老保险基金仍在 2027 年开始出现累计赤字，也即与继续实行"全面二孩"政策的情况相比，基金开始出现累计赤字的时点没有变化。然而，较继续实行"全面二孩"政策时的情况，2039—2090 年基金收入增加 0.46%~25.13%，2067—2090 年基金支出增加 0.17%~8.54%，基金收入的增长速度快于基金支出的增长速度，2039—2090 年的当期赤字减少 0.76%~16.54%；进一步，2039—2090 年的累计赤字有所减少，2090 年的累计赤字减少 9.17%。

表 5-3　城镇职工基本养老保险基金财务运行状况（"全面三孩"生育意愿为 20.5%）

年份	基金财务运行状况（亿元）				变化幅度			
	收入	支出	当期结余	累计结余	收入	支出	当期结余	累计结余
2018	37730.76	38453.24	−722.48	44241.59	0.00%	0.00%	0.00%	0.00%
2019	40458.65	41680.11	−1221.46	44095.63	0.00%	0.00%	0.00%	0.00%
2020	43362.03	45244.20	−1882.18	43268.79	0.00%	0.00%	0.00%	0.00%
2021	46300.97	48566.95	−2265.99	42027.87	0.00%	0.00%	0.00%	0.00%
2022	49319.42	52566.09	−3246.67	39750.73	0.00%	0.00%	0.00%	0.00%

续表

年份	基金财务运行状况（亿元）				变化幅度			
	收入	支出	当期结余	累计结余	收入	支出	当期结余	累计结余
2023	52202.58	57516.30	−5313.72	35297.93	0.00%	0.00%	0.00%	0.00%
2024	55401.77	62425.30	−7023.53	28981.26	0.00%	0.00%	0.00%	0.00%
2025	58741.69	67711.97	−8970.28	20511.25	0.00%	0.00%	0.00%	0.00%
2026	62251.65	72894.73	−10643.08	10114.88	0.00%	0.00%	0.00%	0.00%
2027	66131.98	78087.98	−11956.00	−1887.16	0.00%	0.00%	0.00%	0.00%
2028	70025.21	84179.70	−14154.49	−16442.68	0.00%	0.00%	0.00%	0.00%
2029	74271.52	90456.56	−16185.04	−33443.42	0.00%	0.00%	0.00%	0.00%
2030	78758.52	97293.64	−18535.12	−53278.01	0.00%	0.00%	0.00%	0.00%
2031	83206.54	103876.96	−20670.42	−75797.14	0.00%	0.00%	0.00%	0.00%
2032	87510.95	110818.87	−23307.92	−101582.69	0.00%	0.00%	0.00%	0.00%
2033	92638.91	118002.80	−25363.89	−130120.24	0.00%	0.00%	0.00%	0.00%
2034	98152.75	125435.61	−27282.86	−161338.18	0.00%	0.00%	0.00%	0.00%
2035	104133.26	133022.58	−28889.32	−194983.19	0.00%	0.00%	0.00%	0.00%
2036	109822.52	140495.93	−30673.42	−231298.02	0.00%	0.00%	0.00%	0.00%
2037	115723.80	148369.07	−32645.26	−270541.87	0.00%	0.00%	0.00%	0.00%
2038	121937.74	156598.73	−34660.99	−312832.93	0.00%	0.00%	0.00%	0.00%
2039	128833.48	165522.20	−36688.71	−358259.68	0.46%	0.00%	−1.57%	−0.17%
2040	136026.05	174813.63	−38787.58	−406973.44	0.90%	0.00%	−3.02%	−0.45%
2041	142885.69	183609.51	−40723.82	−458889.69	1.32%	0.00%	−4.37%	−0.82%
2042	149538.91	193581.47	−44042.55	−515505.55	1.74%	0.00%	−5.47%	−1.25%
2043	156658.95	203343.76	−46684.81	−576245.12	2.13%	0.00%	−6.55%	−1.71%
2044	163948.54	213594.78	−49646.24	−641538.65	2.52%	0.00%	−7.51%	−2.20%
2045	171446.53	224285.43	−52838.91	−711736.99	2.90%	0.00%	−8.37%	−2.70%
2046	178239.36	234508.82	−56269.45	−787206.61	3.27%	0.00%	−9.11%	−3.20%
2047	184870.26	245803.58	−60933.32	−869343.42	3.64%	0.00%	−9.62%	−3.69%
2048	191677.39	257452.32	−65774.92	−958496.30	4.01%	0.00%	−10.09%	−4.17%
2049	198585.35	269923.13	−71337.77	−1055579.93	4.38%	0.00%	−10.45%	−4.63%

续表

年份	基金财务运行状况（亿元）				变化幅度			
	收入	支出	当期结余	累计结余	收入	支出	当期结余	累计结余
2050	205601.03	283081.33	−77480.30	−1161386.73	4.75%	0.00%	−10.73%	−5.08%
2051	212512.09	293726.11	−81214.02	−1273665.78	5.11%	0.00%	−11.27%	−5.51%
2052	219770.84	304416.34	−84645.50	−1392269.05	5.46%	0.00%	−11.85%	−5.93%
2053	227196.81	315537.29	−88340.48	−1517624.77	5.82%	0.00%	−12.38%	−6.34%
2054	235125.72	326328.10	−91202.38	−1649047.83	6.18%	0.01%	−13.02%	−6.75%
2055	243492.05	336990.92	−93498.87	−1786110.37	6.53%	0.01%	−13.74%	−7.15%
2056	250396.47	347733.05	−97336.57	−1930533.12	6.90%	0.01%	−14.21%	−7.54%
2057	257515.23	358836.20	−101320.97	−2082650.44	7.27%	0.01%	−14.67%	−7.93%
2058	264654.81	370752.34	−106097.54	−2243466.67	7.66%	0.01%	−15.04%	−8.30%
2059	272007.02	383045.10	−111038.08	−2413367.37	8.07%	0.01%	−15.42%	−8.66%
2060	279510.66	396276.15	−116765.49	−2593386.18	8.49%	0.02%	−15.74%	−9.01%
2061	285400.02	408870.97	−123470.95	−2784778.56	8.96%	0.02%	−15.92%	−9.35%
2062	291430.72	421992.62	−130561.90	−2988223.98	9.46%	0.02%	−16.11%	−9.68%
2063	297578.11	435339.60	−137761.49	−3204135.10	9.99%	0.03%	−16.34%	−9.99%
2064	303325.14	450281.06	−146955.93	−3434868.30	10.57%	0.03%	−16.41%	−10.30%
2065	309381.10	465412.62	−156031.52	−3680672.32	11.18%	0.04%	−16.54%	−10.59%
2066	313396.70	480165.53	−166768.83	−3943627.18	11.84%	0.05%	−16.51%	−10.86%
2067	316946.91	496241.80	−179294.90	−4225995.13	12.43%	0.17%	−16.02%	−11.10%
2068	320311.57	513222.37	−192910.80	−4529378.58	13.05%	0.28%	−15.56%	−11.30%
2069	323585.04	530530.66	−206945.62	−4854732.30	13.71%	0.40%	−15.14%	−11.48%
2070	327639.16	546011.07	−218371.90	−5199931.81	14.36%	0.50%	−14.96%	−11.63%
2071	330725.09	564321.58	−233596.49	−5569366.51	15.08%	0.61%	−14.60%	−11.77%
2072	333372.63	583876.60	−250503.97	−5965367.24	15.69%	0.84%	−13.87%	−11.86%
2073	335989.63	603733.37	−267743.74	−6388938.75	16.34%	1.07%	−13.22%	−11.92%
2074	338632.72	623721.64	−285088.92	−6840878.36	17.00%	1.28%	−12.65%	−11.95%
2075	341334.12	643761.35	−302427.23	−7321888.23	17.68%	1.49%	−12.15%	−11.96%
2076	344127.85	663757.21	−319629.35	−7832555.53	18.38%	1.69%	−11.71%	−11.95%

续表

年份	基金财务运行状况(亿元)				变化幅度			
	收入	支出	当期结余	累计结余	收入	支出	当期结余	累计结余
2077	346132. 34	686203. 81	−340071. 47	−8376942. 68	18. 78%	2. 29%	−10. 37%	−11. 88%
2078	348315. 57	708353. 44	−360037. 87	−8955405. 06	19. 18%	2. 86%	−9. 17%	−11. 77%
2079	350724. 97	729916. 64	−379191. 67	−9567961. 65	19. 59%	3. 41%	−8. 09%	−11. 63%
2080	353364. 78	750936. 77	−397571. 99	−10214671. 99	20. 02%	3. 94%	−7. 12%	−11. 46%
2081	356232. 55	771510. 32	−415277. 77	−10895698. 50	20. 46%	4. 45%	−6. 23%	−11. 27%
2082	359333. 12	791477. 53	−432144. 41	−11611038. 98	20. 90%	4. 95%	−5. 43%	−11. 06%
2083	362641. 85	810821. 92	−448180. 07	−12360699. 53	21. 37%	5. 42%	−4. 70%	−10. 83%
2084	366122. 65	829918. 40	−463795. 75	−13145107. 66	21. 84%	5. 89%	−4. 03%	−10. 61%
2085	369746. 49	848678. 51	−478932. 02	−13964640. 66	22. 34%	6. 35%	−3. 40%	−10. 37%
2086	373475. 44	867172. 35	−493696. 92	−14819796. 02	22. 86%	6. 79%	−2. 82%	−10. 13%
2087	377271. 93	885319. 68	−508047. 75	−15711039. 86	23. 40%	7. 23%	−2. 27%	−9. 89%
2088	381092. 82	903179. 81	−522087. 00	−16638955. 03	23. 95%	7. 67%	−1. 75%	−9. 65%
2089	384895. 83	921007. 70	−536111. 87	−17604443. 57	24. 53%	8. 10%	−1. 25%	−9. 41%
2090	388662. 09	938624. 95	−549962. 86	−18608266. 59	25. 13%	8. 54%	−0. 76%	−9. 17%

注：变化幅度均是与继续实行"全面二孩"政策时的情况相比；当期结余为负代表基金出现当期赤字，累计结余为负代表基金出现累计赤字。

随着"全面三孩"生育意愿的提高，基金财务运行状况得到进一步改善。从表5-4和表5-5可以看出，虽然城镇职工基本养老保险基金开始出现累计赤字的时点未有变动，也即基金仍在2027年开始出现累计赤字，但基金的累计赤字有所下降。当"全面三孩"生育意愿提高至46.7%，2090年累计赤字较继续实行"全面二孩"政策时下降21.78%。当"全面三孩"生育意愿为60%，2090年基金累计赤字较继续实行"全面二孩"政策时下降约三成(28.57%)。当"全面三孩"生育意愿为80%，2090年基金累计赤字较继续实行"全面二孩"政策时下降约四成(39.27%)。当"全面三孩"生育意愿为100%，2090年基金累计赤字较继续实行"全面二孩"政策时下降约五成(50.56%)。因此，"全面三孩"政策的实施能改善城镇职工基本养老保险基金财务运行状况，降低城镇职工基本养老保险基金的累计赤字。

表 5-4 城镇职工基本养老保险基金财务运行状况（"全面三孩"生育意愿为 46.7%~60%）

"全面三孩"生育意愿

年份	46.7% 基金财务运行状况（亿元）				46.7% 变化幅度				60% 基金财务运行状况（亿元）				60% 变化幅度			
	收入	支出	当期结余	累计结余	收入	支出	当期结余	累计结余	收入	支出	当期结余	累计结余	收入	支出	当期结余	累计结余
2018	37730.76	38453.24	-722.48	44241.59	0.00%	0.00%	0.00%	0.00%	37730.76	38453.24	-722.48	44241.59	0.00%	0.00%	0.00%	0.00%
2019	40458.65	41680.11	-1221.46	44095.63	0.00%	0.00%	0.00%	0.00%	40458.65	41680.11	-1221.46	44095.63	0.00%	0.00%	0.00%	0.00%
2020	43362.03	45244.20	-1882.18	43268.79	0.00%	0.00%	0.00%	0.00%	43362.03	45244.20	-1882.18	43268.79	0.00%	0.00%	0.00%	0.00%
2021	46300.97	48566.95	-2265.99	42027.87	0.00%	0.00%	0.00%	0.00%	46300.97	48566.95	-2265.99	42027.87	0.00%	0.00%	0.00%	0.00%
2022	49319.42	52566.09	-3246.67	39750.73	0.00%	0.00%	0.00%	0.00%	49319.42	52566.09	-3246.67	39750.73	0.00%	0.00%	0.00%	0.00%
2023	52202.58	57516.30	-5313.72	35297.93	0.00%	0.00%	0.00%	0.00%	52202.58	57516.30	-5313.72	35297.93	0.00%	0.00%	0.00%	0.00%
2024	55401.77	62425.30	-7023.53	28981.26	0.00%	0.00%	0.00%	0.00%	55401.77	62425.30	-7023.53	28981.26	0.00%	0.00%	0.00%	0.00%
2025	58741.69	67711.97	-8970.28	20511.25	0.00%	0.00%	0.00%	0.00%	58741.69	67711.97	-8970.28	20511.25	0.00%	0.00%	0.00%	0.00%
2026	62251.65	72894.73	-10643.08	10114.88	0.00%	0.00%	0.00%	0.00%	62251.65	72894.73	-10643.08	10114.88	0.00%	0.00%	0.00%	0.00%
2027	66131.98	78087.98	-11956.00	-1887.16	0.00%	0.00%	0.00%	0.00%	66131.98	78087.98	-11956.00	-1887.16	0.00%	0.00%	0.00%	0.00%
2028	70025.21	84179.70	-14154.49	-16442.68	0.00%	0.00%	0.00%	0.00%	70025.21	84179.70	-14154.49	-16442.68	0.00%	0.00%	0.00%	0.00%
2029	74271.52	90456.56	-16185.04	-33443.42	0.00%	0.00%	0.00%	0.00%	74271.52	90456.56	-16185.04	-33443.42	0.00%	0.00%	0.00%	0.00%
2030	78758.52	97293.64	-18535.12	-53278.01	0.00%	0.00%	0.00%	0.00%	78758.52	97293.64	-18535.12	-53278.01	0.00%	0.00%	0.00%	0.00%
2031	83206.54	103876.96	-20670.42	-75797.14	0.00%	0.00%	0.00%	0.00%	83206.54	103876.96	-20670.42	-75797.14	0.00%	0.00%	0.00%	0.00%
2032	87510.95	110818.87	-23307.92	-101582.69	0.00%	0.00%	0.00%	0.00%	87510.95	110818.87	-23307.92	-101582.69	0.00%	0.00%	0.00%	0.00%
2033	92638.91	118002.80	-25363.89	-130120.24	0.00%	0.00%	0.00%	0.00%	92638.91	118002.80	-25363.89	-130120.24	0.00%	0.00%	0.00%	0.00%
2034	98152.75	125435.61	-27282.86	-161338.18	0.00%	0.00%	0.00%	0.00%	98152.75	125435.61	-27282.86	-161338.18	0.00%	0.00%	0.00%	0.00%
2035	104133.26	133022.58	-28889.32	-194983.19	0.00%	0.00%	0.00%	0.00%	104133.26	133022.58	-28889.32	-194983.19	0.00%	0.00%	0.00%	0.00%
2036	109822.52	140495.93	-30673.42	-231298.02	0.00%	0.00%	0.00%	0.00%	109822.52	140495.93	-30673.42	-231298.02	0.00%	0.00%	0.00%	0.00%

续表

"全面三孩"生育意愿

年份	46.7%								60%							
	基金财务运行状况（亿元）				变化幅度				基金财务运行状况（亿元）				变化幅度			
	收入	支出	当期结余	累计结余	收入	支出	当期结余	累计结余	收入	支出	当期结余	累计结余	收入	支出	当期结余	累计结余
2037	115723.80	148369.07	-32645.26	-270541.87	0.00%	0.00%	0.00%	0.00%	115723.80	148369.07	-32645.26	-270541.87	0.00%	0.00%	0.00%	0.00%
2038	121937.74	156598.73	-34660.99	-312832.93	0.00%	0.00%	0.00%	0.00%	121937.74	156598.73	-34660.99	-312832.93	0.00%	0.00%	0.00%	0.00%
2039	129579.80	165522.23	-35942.43	-357494.74	1.04%	0.00%	-3.57%	-0.38%	129958.66	165522.24	-35563.59	-357106.43	1.33%	0.00%	-4.59%	-0.49%
2040	137570.91	174813.77	-37242.86	-404606.03	2.04%	0.00%	-6.88%	-1.03%	138355.14	174813.84	-36458.70	-403404.26	2.62%	0.00%	-8.84%	-1.33%
2041	145267.02	183609.84	-38342.83	-454022.58	3.01%	0.00%	-9.97%	-1.87%	146475.86	183610.01	-37134.15	-451551.87	3.87%	0.00%	-12.80%	-2.41%
2042	152799.64	193582.09	-40782.44	-507175.15	3.95%	0.00%	-12.47%	-2.84%	154454.90	193582.40	-39127.50	-502946.36	5.08%	0.00%	-16.02%	-3.65%
2043	160843.65	203344.77	-42501.13	-563418.19	4.86%	0.00%	-14.93%	-3.90%	162967.94	203345.29	-40377.35	-556906.80	6.25%	0.00%	-19.18%	-5.01%
2044	169102.12	213596.32	-44494.20	-623110.20	5.74%	0.00%	-17.11%	-5.01%	171718.25	213597.10	-41878.85	-613755.30	7.38%	0.00%	-21.98%	-6.43%
2045	177617.66	224287.66	-46670.00	-686524.70	6.60%	0.00%	-19.07%	-6.14%	180750.34	224288.79	-43538.45	-673726.09	8.48%	0.00%	-24.50%	-7.89%
2046	185447.52	234511.90	-49064.39	-753978.81	7.44%	0.00%	-20.75%	-7.28%	189106.62	234513.47	-45406.85	-737111.27	9.56%	0.00%	-26.65%	-9.36%
2047	193165.06	245807.76	-52642.70	-826787.05	8.29%	0.00%	-21.92%	-8.40%	197375.77	245809.88	-48434.10	-805184.01	10.65%	0.00%	-28.16%	-10.80%
2048	201114.80	257457.88	-56343.09	-905208.39	9.13%	0.00%	-22.98%	-9.50%	205905.54	257460.71	-51555.17	-878157.66	11.73%	0.00%	-29.53%	-12.20%
2049	209227.56	269930.45	-60702.90	-990059.07	9.97%	0.00%	-23.80%	-10.55%	214629.90	269934.17	-55304.27	-956798.48	12.81%	0.01%	-30.57%	-13.56%
2050	217517.02	283090.77	-65573.75	-1082023.64	10.82%	0.01%	-24.45%	-11.56%	223565.97	283095.56	-59529.59	-1041736.27	13.90%	0.01%	-31.41%	-14.85%
2051	225713.21	293738.23	-68025.02	-1178799.88	11.64%	0.01%	-25.68%	-12.54%	232414.55	293744.38	-61329.84	-1130642.76	14.95%	0.01%	-33.00%	-16.12%
2052	234323.79	304431.75	-70107.96	-1280130.53	12.45%	0.01%	-26.99%	-13.51%	241711.36	304439.58	-62728.22	-1223205.25	15.99%	0.01%	-34.67%	-17.35%
2053	243173.90	315556.62	-72382.72	-1386326.08	13.26%	0.01%	-28.21%	-14.44%	251284.42	315566.43	-64282.01	-1319674.45	17.04%	0.01%	-36.24%	-18.56%
2054	252605.05	326352.35	-73747.30	-1496575.21	14.07%	0.01%	-29.67%	-15.37%	261478.19	326364.67	-64886.48	-1419174.95	18.08%	0.02%	-38.12%	-19.75%
2055	262557.92	337021.04	-74463.12	-1610314.29	14.87%	0.02%	-31.30%	-16.29%	272236.64	337036.33	-64799.70	-1521074.01	19.10%	0.02%	-40.22%	-20.93%
2056	271042.82	347770.41	-76727.60	-1729217.93	15.71%	0.02%	-32.37%	-17.18%	281524.50	347789.38	-66264.88	-1627022.36	20.18%	0.02%	-41.60%	-22.08%

续表

| 年份 | "全面三孩"生育意愿 46.7% | | | | | | | | "全面三孩"生育意愿 60% | | | | | | | |
| | 基金财务运行状况（亿元） | | | | 变化幅度 | | | | 基金财务运行状况（亿元） | | | | 变化幅度 | | | |
	收入	支出	当期结余	累计结余	收入	支出	当期结余	累计结余	收入	支出	当期结余	累计结余	收入	支出	当期结余	累计结余
2057	279829.23	355882.59	-79053.36	-1853478.08	16.57%	0.02%	-33.42%	-18.06%	291159.16	358906.14	-67746.98	-1737138.58	21.29%	0.03%	-42.94%	-23.20%
2058	288738.65	370809.83	-82071.18	-1983937.99	17.46%	0.03%	-34.28%	-18.91%	300971.02	370839.01	-69867.99	-1852181.73	22.43%	0.04%	-44.05%	-24.29%
2059	297987.84	383115.82	-85127.98	-2120792.63	18.39%	0.03%	-35.16%	-19.74%	311191.83	383151.73	-71959.90	-1972245.17	23.63%	0.04%	-45.19%	-25.36%
2060	307541.55	396362.65	-88821.10	-2264854.07	19.37%	0.04%	-35.90%	-20.54%	321801.94	396406.56	-74604.62	-2098021.04	24.91%	0.05%	-46.16%	-26.39%
2061	315518.47	408976.49	-93458.02	-2417269.89	20.46%	0.05%	-36.36%	-21.32%	330863.93	409030.06	-78166.13	-2230591.85	26.31%	0.06%	-46.77%	-27.39%
2062	323827.70	422121.76	-98294.06	-2578453.05	21.62%	0.05%	-36.84%	-22.06%	340367.56	422187.33	-81819.78	-2370221.92	27.84%	0.07%	-47.43%	-28.36%
2063	332452.06	435495.96	-103043.90	-2748534.37	22.88%	0.06%	-37.42%	-22.79%	350300.31	435575.36	-85275.05	-2516884.39	29.47%	0.08%	-48.21%	-29.30%
2064	340875.89	450471.78	-109595.89	-2929583.51	24.26%	0.08%	-37.66%	-23.49%	360147.57	450568.64	-90421.07	-2672488.10	31.28%	0.10%	-48.57%	-30.21%
2065	349807.68	465642.22	-115834.55	-3121553.51	25.71%	0.09%	-38.04%	-24.17%	370617.56	465758.85	-95141.29	-2836820.13	33.18%	0.11%	-49.11%	-31.09%
2066	356691.75	480443.88	-123752.13	-3326438.28	27.29%	0.10%	-38.04%	-24.81%	379048.73	480585.29	-101536.56	-3011815.60	35.27%	0.13%	-49.16%	-31.92%
2067	362855.37	497300.89	-134445.52	-3547405.90	28.71%	0.38%	-37.03%	-25.37%	386643.60	497838.69	-111195.08	-3201085.95	37.15%	0.49%	-47.92%	-32.66%
2068	368980.18	515078.54	-146098.35	-3785841.86	30.23%	0.65%	-36.05%	-25.86%	394285.73	516021.03	-121735.29	-3405891.78	39.16%	0.83%	-46.71%	-33.30%
2069	375147.58	533200.12	-158052.53	-4042491.75	31.83%	0.90%	-35.19%	-26.29%	402048.50	534555.54	-132507.04	-3626858.79	41.29%	1.16%	-45.67%	-33.87%
2070	382222.66	549508.64	-167285.98	-4315022.17	33.41%	1.15%	-34.85%	-26.67%	410792.98	551284.56	-140491.58	-3861534.13	43.38%	1.47%	-45.29%	-34.38%
2071	388445.08	568665.06	-180219.98	-4607623.20	35.16%	1.38%	-34.11%	-27.00%	418751.90	570870.53	-152118.63	-4113994.08	45.71%	1.77%	-44.39%	-34.82%
2072	393866.12	590111.42	-196245.30	-4923965.21	36.69%	1.92%	-32.53%	-27.25%	425732.65	593277.19	-167544.54	-4388577.08	47.75%	2.47%	-42.39%	-35.16%
2073	399354.79	611891.54	-212536.75	-5264914.51	38.28%	2.43%	-31.12%	-27.41%	432837.94	616033.89	-183195.95	-4686067.36	49.87%	3.13%	-40.63%	-35.39%
2074	404967.74	633836.32	-228868.58	-5631127.67	39.92%	2.93%	-29.88%	-27.52%	440124.19	638972.14	-198847.95	-5007038.19	52.07%	3.76%	-39.07%	-35.55%
2075	410734.71	655865.31	-245130.59	-6023164.72	41.61%	3.40%	-28.79%	-27.57%	447619.70	662011.29	-214391.59	-5351965.53	54.33%	4.37%	-37.72%	-35.65%
2076	416687.70	677895.51	-261207.81	-6441481.84	43.34%	3.86%	-27.84%	-27.59%	455355.37	685074.61	-229719.25	-5721226.89	56.64%	4.96%	-36.54%	-35.68%

续表

年份	"全面三孩"生育意愿															
---	46.7%								60%							
	基金财务运行状况(亿元)				变化幅度				基金财务运行状况(亿元)				变化幅度			
	收入	支出	当期结余	累计结余	收入	支出	当期结余	累计结余	收入	支出	当期结余	累计结余	收入	支出	当期结余	累计结余
2077	420763.07	705859.89	-285096.82	-6894743.12	44.38%	5.22%	-24.86%	-27.47%	460667.63	715840.51	-255172.88	-6125809.77	58.08%	6.71%	-32.74%	-35.56%
2078	425109.12	733564.24	-308455.11	-7383278.19	45.46%	6.52%	-22.18%	-27.26%	466304.43	746365.25	-280060.82	-6566017.35	59.55%	8.38%	-29.34%	-35.31%
2079	429784.39	760717.69	-330933.30	-7907066.78	46.55%	7.78%	-19.79%	-26.97%	472330.70	776357.27	-304026.57	-7041795.02	61.06%	9.99%	-26.31%	-34.96%
2080	434800.38	787347.82	-352547.44	-8466104.58	47.68%	8.98%	-17.64%	-26.62%	478762.88	805836.14	-327073.26	-7553089.99	62.61%	11.54%	-23.59%	-34.53%
2081	440163.22	813561.55	-373398.33	-9060490.48	48.84%	10.15%	-15.69%	-26.21%	485613.19	834914.14	-349300.95	-8099950.71	64.20%	13.04%	-21.13%	-34.03%
2082	445887.68	839172.77	-393285.09	-9690119.97	50.03%	11.27%	-13.94%	-25.77%	492903.37	863391.83	-370488.45	-8682200.15	65.85%	14.48%	-18.92%	-33.49%
2083	451957.54	864167.04	-412209.50	-10354887.70	51.26%	12.36%	-12.35%	-25.30%	500623.97	891255.94	-390631.97	-9299652.92	67.54%	15.88%	-16.94%	-32.92%
2084	458343.14	888953.74	-430610.60	-11055135.77	52.53%	13.42%	-10.89%	-24.82%	508751.19	918933.65	-410182.46	-9952581.26	69.31%	17.25%	-15.12%	-32.32%
2085	465023.64	913435.09	-448411.46	-11791135.90	53.86%	14.46%	-9.56%	-24.32%	517271.05	946322.88	-429051.83	-10641173.92	71.15%	18.58%	-13.46%	-31.70%
2086	471966.06	937707.12	-465741.06	-12563298.88	55.26%	15.48%	-8.32%	-23.82%	526155.66	973533.81	-447378.15	-11365765.87	73.08%	19.89%	-11.94%	-31.08%
2087	479129.75	961705.87	-482576.12	-13372021.88	56.71%	16.48%	-7.17%	-23.31%	535364.42	1000512.52	-465148.10	-12126686.82	75.10%	21.19%	-10.53%	-30.45%
2088	486460.01	985499.40	-499039.39	-14217837.80	58.23%	17.48%	-6.09%	-22.80%	544837.51	1027333.35	-482495.84	-12924412.22	77.21%	22.47%	-9.20%	-29.82%
2089	493901.25	1009406.51	-515505.26	-15101676.63	59.80%	18.48%	-5.05%	-22.29%	554512.92	1054349.81	-499836.88	-13759855.33	79.41%	23.75%	-7.93%	-29.19%
2090	501426.98	1033264.66	-531837.68	-16024352.17	61.43%	19.49%	-4.03%	-21.78%	564360.67	1081409.89	-517049.21	-14463827.16	81.70%	25.05%	-6.70%	-28.57%

注:变化幅度均是与继续实行"全面二孩"政策时的情况相比,当期结余为负号代表基金出现当期赤字,累计结余为负号代表基金出现累计赤字。

表5-5 城镇职工基本养老保险基金财务运行状况("全面三孩"生育意愿为80%~100%)

"全面三孩"生育意愿

80%

年份	基金财务运行状况(亿元)				变化幅度			
	收入	支出	当期结余	累计结余	收入	支出	当期结余	累计结余
2018	37730.76	38453.24	-722.48	44241.59	0.00%	0.00%	0.00%	0.00%
2019	40458.65	41680.11	-1221.46	44095.63	0.00%	0.00%	0.00%	0.00%
2020	43362.03	45244.20	-1882.18	43268.79	0.00%	0.00%	0.00%	0.00%
2021	46300.97	48566.95	-2265.99	42027.87	0.00%	0.00%	0.00%	0.00%
2022	49319.42	52566.09	-3246.67	39750.73	0.00%	0.00%	0.00%	0.00%
2023	52202.58	57516.30	-5313.72	35297.93	0.00%	0.00%	0.00%	0.00%
2024	55401.77	62425.30	-7023.53	28981.26	0.00%	0.00%	0.00%	0.00%
2025	58741.69	67711.97	-8970.28	20511.25	0.00%	0.00%	0.00%	0.00%
2026	62251.65	72894.73	-10643.08	10114.88	0.00%	0.00%	0.00%	0.00%
2027	66131.98	78087.98	-11956.00	-1887.16	0.00%	0.00%	0.00%	0.00%
2028	70025.21	84179.70	-14154.49	-16442.68	0.00%	0.00%	0.00%	0.00%
2029	74271.52	90456.56	-16185.04	-33443.42	0.00%	0.00%	0.00%	0.00%
2030	78758.52	97293.64	-18535.12	-53278.01	0.00%	0.00%	0.00%	0.00%
2031	83206.54	103876.96	-20670.42	-75797.14	0.00%	0.00%	0.00%	0.00%
2032	87510.95	110818.87	-23307.92	-101582.69	0.00%	0.00%	0.00%	0.00%
2033	92638.91	118002.80	-25363.89	-130120.24	0.00%	0.00%	0.00%	0.00%
2034	98152.75	125435.61	-27282.86	-161338.18	0.00%	0.00%	0.00%	0.00%
2035	104133.26	133022.58	-28889.32	-194983.19	0.00%	0.00%	0.00%	0.00%
2036	109822.52	140495.93	-30673.42	-231298.02	0.00%	0.00%	0.00%	0.00%
2037	115723.80	148369.07	-32645.26	-270541.87	0.00%	0.00%	0.00%	0.00%

100%

年份	基金财务运行状况(亿元)				变化幅度			
	收入	支出	当期结余	累计结余	收入	支出	当期结余	累计结余
2018	37730.76	38453.24	-722.48	44241.59	0.00%	0.00%	0.00%	0.00%
2019	40458.65	41680.11	-1221.46	44095.63	0.00%	0.00%	0.00%	0.00%
2020	43362.03	45244.20	-1882.18	43268.79	0.00%	0.00%	0.00%	0.00%
2021	46300.97	48566.95	-2265.99	42027.87	0.00%	0.00%	0.00%	0.00%
2022	49319.42	52566.09	-3246.67	39750.73	0.00%	0.00%	0.00%	0.00%
2023	52202.58	57516.30	-5313.72	35297.93	0.00%	0.00%	0.00%	0.00%
2024	55401.77	62425.30	-7023.53	28981.26	0.00%	0.00%	0.00%	0.00%
2025	58741.69	67711.97	-8970.28	20511.25	0.00%	0.00%	0.00%	0.00%
2026	62251.65	72894.73	-10643.08	10114.88	0.00%	0.00%	0.00%	0.00%
2027	66131.98	78087.98	-11956.00	-1887.16	0.00%	0.00%	0.00%	0.00%
2028	70025.21	84179.70	-14154.49	-16442.68	0.00%	0.00%	0.00%	0.00%
2029	74271.52	90456.56	-16185.04	-33443.42	0.00%	0.00%	0.00%	0.00%
2030	78758.52	97293.64	-18535.12	-53278.01	0.00%	0.00%	0.00%	0.00%
2031	83206.54	103876.96	-20670.42	-75797.14	0.00%	0.00%	0.00%	0.00%
2032	87510.95	110818.87	-23307.92	-101582.69	0.00%	0.00%	0.00%	0.00%
2033	92638.91	118002.80	-25363.89	-130120.24	0.00%	0.00%	0.00%	0.00%
2034	98152.75	125435.61	-27282.86	-161338.18	0.00%	0.00%	0.00%	0.00%
2035	104133.26	133022.58	-28889.32	-194983.19	0.00%	0.00%	0.00%	0.00%
2036	109822.52	140495.93	-30673.42	-231298.02	0.00%	0.00%	0.00%	0.00%
2037	115723.80	148369.07	-32645.26	-270541.87	0.00%	0.00%	0.00%	0.00%

"全面三孩"生育意愿

年份	80%								100%							
	基金财务运行状况(亿元)				变化幅度				基金财务运行状况(亿元)				变化幅度			
	收入	支出	当期结余	累计结余	收入	支出	当期结余	累计结余	收入	支出	当期结余	累计结余	收入	支出	当期结余	累计结余
2038	121937.74	156598.73	-34660.99	-312832.93	0.00%	0.00%	0.00%	0.00%	121937.74	156598.73	-34660.99	-312832.93	0.00%	0.00%	0.00%	0.00%
2039	130528.36	165522.26	-34993.90	-356522.50	1.78%	0.00%	-6.11%	-0.65%	131098.07	165522.29	-34424.22	-355938.57	2.22%	0.00%	-7.64%	-0.81%
2040	139534.42	174813.94	-35279.53	-401597.08	3.50%	0.00%	-11.79%	-1.77%	140713.70	174814.05	-34100.35	-399789.90	4.37%	0.00%	-14.74%	-2.21%
2041	148293.67	183610.27	-35316.60	-447836.52	5.16%	0.00%	-17.07%	-3.21%	150111.48	183610.52	-33499.05	-444121.17	6.45%	0.00%	-21.34%	-4.01%
2042	156944.01	193582.87	-36638.87	-496587.27	6.77%	0.00%	-21.36%	-4.87%	159433.11	193583.35	-34150.24	-490228.19	8.47%	0.00%	-26.71%	-6.09%
2043	166162.36	203346.06	-37183.70	-547115.25	8.33%	0.00%	-25.57%	-6.68%	169356.78	203346.83	-33990.06	-537323.70	10.41%	0.00%	-31.96%	-8.35%
2044	175652.29	213598.28	-37945.99	-599687.78	9.84%	0.00%	-29.31%	-8.58%	179586.32	213599.46	-34013.14	-585620.26	12.30%	0.00%	-36.63%	-10.72%
2045	185461.13	224290.49	-38829.36	-654480.07	11.31%	0.00%	-32.66%	-10.52%	190171.92	224292.19	-34120.27	-635234.04	14.14%	0.00%	-40.83%	-13.16%
2046	194609.02	234515.82	-39906.80	-711746.54	12.75%	0.00%	-35.54%	-12.48%	200111.43	234518.18	-34406.75	-686381.81	15.94%	0.01%	-44.42%	-15.60%
2047	203707.68	245813.06	-42105.39	-772698.23	14.20%	0.01%	-37.55%	-14.40%	210039.58	245816.25	-35776.67	-740212.45	17.75%	0.01%	-46.93%	-17.99%
2048	213109.67	257464.96	-44355.29	-837479.86	15.64%	0.01%	-39.37%	-16.27%	220313.79	257469.21	-37155.42	-796802.06	19.55%	0.01%	-49.21%	-20.34%
2049	222753.72	269939.77	-47186.05	-906782.55	17.08%	0.01%	-40.76%	-18.08%	230877.54	269945.36	-39067.82	-856766.63	21.35%	0.01%	-50.96%	-22.59%
2050	232662.15	283102.77	-50440.63	-981153.76	18.54%	0.01%	-41.89%	-19.81%	241758.32	283109.98	-41351.66	-920571.25	23.17%	0.01%	-52.36%	-24.76%
2051	242491.74	293753.64	-51261.89	-1058226.04	19.94%	0.01%	-44.00%	-21.49%	252568.94	293762.89	-41193.95	-985809.32	24.92%	0.02%	-55.00%	-26.86%
2052	252820.48	304451.34	-51630.86	-1137603.33	21.32%	0.02%	-46.23%	-23.14%	263929.60	304463.11	-40533.51	-1052001.40	26.66%	0.02%	-57.79%	-28.92%
2053	263480.69	315581.19	-52100.50	-1219446.43	22.72%	0.02%	-48.33%	-24.74%	275676.96	315595.95	-39918.99	-1119218.40	28.40%	0.02%	-60.41%	-30.93%
2054	274821.30	326383.19	-51561.88	-1302783.52	24.10%	0.02%	-50.83%	-26.33%	288164.48	326401.70	-38237.23	-1186392.01	30.13%	0.03%	-63.53%	-32.91%
2055	286791.39	337059.33	-50267.94	-1386877.74	25.47%	0.03%	-53.62%	-27.90%	301346.49	337082.32	-35735.82	-1252681.04	31.84%	0.03%	-67.03%	-34.88%
2056	297287.58	347817.90	-50530.32	-1473343.26	26.91%	0.03%	-55.46%	-29.44%	313052.04	347846.42	-34794.38	-1319662.30	33.64%	0.04%	-69.33%	-36.80%
2057	308199.94	358941.55	-50741.61	-1562187.00	28.38%	0.04%	-57.27%	-30.94%	325244.67	358976.97	-33732.29	-1387229.46	35.48%	0.05%	-71.59%	-38.67%

续表

"全面三孩"生育意愿

年份	80%								100%							
	基金财务运行状况（亿元）				变化幅度				基金财务运行状况（亿元）				变化幅度			
	收入	支出	当期结余	累计结余	收入	支出	当期结余	累计结余	收入	支出	当期结余	累计结余	收入	支出	当期结余	累计结余
2058	319373.94	370882.90	-51508.96	-1654038.36	29.92%	0.05%	-58.75%	-32.39%	337786.91	370926.78	-33139.87	-1455878.56	37.41%	0.06%	-73.46%	-40.49%
2059	331066.79	383205.72	-52138.93	-1748831.72	31.53%	0.06%	-60.29%	-33.81%	350964.99	383259.72	-32294.73	-1525377.62	39.43%	0.07%	-75.40%	-42.27%
2060	343285.40	396472.60	-53187.20	-1847069.39	33.25%	0.07%	-61.62%	-35.20%	364816.02	396538.64	-31722.62	-1596027.75	41.60%	0.08%	-77.11%	-44.01%
2061	354011.21	409110.63	-55099.42	-1949723.03	35.15%	0.08%	-62.48%	-36.53%	377244.27	409191.21	-31946.94	-1668674.06	44.02%	0.10%	-78.25%	-45.68%
2062	365358.75	422285.96	-56927.21	-2056816.49	37.22%	0.09%	-63.42%	-37.83%	390493.17	422384.61	-31891.44	-1743079.64	46.66%	0.12%	-79.51%	-47.31%
2063	377323.69	435694.80	-58371.12	-2168067.30	39.46%	0.11%	-64.55%	-39.10%	404567.96	435814.29	-31246.32	-1818684.11	49.53%	0.14%	-81.02%	-48.91%
2064	389393.33	450714.35	-61321.02	-2285123.03	41.95%	0.13%	-65.12%	-40.32%	418958.35	450860.13	-31901.78	-1896850.54	52.72%	0.16%	-81.85%	-50.46%
2065	402275.71	465934.32	-63658.62	-2407501.18	44.56%	0.15%	-65.95%	-41.52%	434372.41	466109.91	-31737.50	-1976802.74	56.09%	0.19%	-83.02%	-51.98%
2066	413148.66	480798.08	-67649.42	-2537029.37	47.44%	0.18%	-66.13%	-42.65%	447825.67	481011.04	-33185.37	-2060237.82	59.82%	0.22%	-83.39%	-53.43%
2067	423028.39	498647.61	-75619.22	-2677964.80	50.06%	0.65%	-64.58%	-43.66%	460149.52	499456.78	-39307.26	-2152033.70	63.23%	0.82%	-81.59%	-54.73%
2068	433099.47	517438.60	-84339.13	-2831361.52	52.86%	1.11%	-63.08%	-44.55%	472826.46	518856.52	-46030.06	-2253015.35	66.89%	1.38%	-79.85%	-55.88%
2069	443421.43	536594.19	-93172.76	-2997647.64	55.83%	1.54%	-61.80%	-45.34%	485899.97	538633.32	-52733.35	-2363392.42	70.75%	1.93%	-78.38%	-56.91%
2070	454848.53	553955.68	-99107.15	-3174173.65	58.76%	1.97%	-61.40%	-46.06%	500216.57	556627.45	-56410.88	-2480298.39	74.59%	2.46%	-78.03%	-57.85%
2071	465601.67	574187.77	-108586.11	-3364828.76	62.01%	2.36%	-60.30%	-46.69%	513983.69	577505.90	-63522.21	-2607416.11	78.84%	2.96%	-76.78%	-58.69%
2072	475120.26	598038.71	-122918.44	-3574940.88	64.89%	3.29%	-57.74%	-47.18%	526271.27	602801.39	-76530.11	-2751044.88	82.64%	4.11%	-73.69%	-59.35%
2073	484858.00	622264.24	-137406.24	-3805155.80	67.88%	4.17%	-55.47%	-47.54%	538883.41	628496.09	-89612.69	-2911674.01	86.59%	5.21%	-70.96%	-59.86%
2074	494870.55	646696.78	-151826.23	-4055906.58	70.98%	5.02%	-53.48%	-47.80%	551874.60	654423.35	-102548.75	-3089578.33	90.68%	6.27%	-68.58%	-60.23%
2075	505183.87	671255.41	-166071.54	-4327527.57	74.17%	5.83%	-51.76%	-47.96%	565268.26	680501.98	-115233.72	-3284932.35	94.89%	7.29%	-66.53%	-60.50%
2076	515827.18	695872.83	-180045.65	-4620262.55	77.45%	6.61%	-50.26%	-48.06%	579091.88	706674.14	-127582.25	-3497827.47	99.21%	8.27%	-64.76%	-60.68%
2077	523234.95	730852.19	-207617.24	-4948576.78	79.55%	8.95%	-45.28%	-47.95%	588878.27	745867.74	-156989.47	-3746187.36	102.07%	11.19%	-58.62%	-60.59%

续表

"全面三孩"生育意愿

年份	80%								100%							
	基金财务运行状况（亿元）				变化幅度				基金财务运行状况（亿元）				变化幅度			
	收入	支出	当期结余	累计结余	收入	支出	当期结余	累计结余	收入	支出	当期结余	累计结余	收入	支出	当期结余	累计结余
2078	531057.56	765618.91	-234561.34	-5312716.58	81.71%	11.18%	-40.82%	-47.66%	599181.16	784877.39	-185696.23	-4030180.68	105.02%	13.98%	-53.15%	-60.30%
2079	539370.62	799880.40	-260509.78	-5712557.02	83.92%	13.33%	-36.86%	-47.24%	610088.31	823409.52	-213321.21	-4349589.44	108.04%	16.66%	-48.29%	-59.83%
2080	548199.82	833644.28	-285444.46	-6147951.52	86.20%	15.39%	-33.31%	-46.71%	621637.04	861459.80	-239822.76	-4704147.51	111.14%	19.24%	-43.97%	-59.22%
2081	557568.97	867030.87	-309461.90	-6618848.75	88.54%	17.39%	-30.13%	-46.10%	633866.05	899156.70	-265290.64	-5093674.11	114.33%	21.73%	-40.10%	-58.52%
2082	567513.21	899820.79	-332307.58	-7124935.24	90.95%	19.31%	-27.28%	-45.42%	646827.64	936260.94	-289433.30	-5517685.09	117.64%	24.14%	-36.66%	-57.73%
2083	578036.76	932002.70	-353965.94	-7665873.71	93.45%	21.18%	-24.74%	-44.70%	660544.53	972763.36	-312218.83	-5975651.52	121.06%	26.48%	-33.61%	-56.89%
2084	589128.44	964030.90	-374902.47	-8241795.58	96.06%	23.00%	-22.42%	-43.95%	675023.15	1009145.81	-334122.66	-6467518.54	124.64%	28.76%	-30.86%	-56.02%
2085	600788.56	995797.43	-395008.88	-8852724.57	98.79%	24.78%	-20.33%	-43.18%	690283.41	1045295.09	-355011.68	-6993093.47	128.40%	30.98%	-28.40%	-55.12%
2086	613000.58	1027435.02	-414434.43	-9498837.97	101.65%	26.53%	-18.42%	-42.40%	706325.22	1081368.04	-375042.82	-7552339.70	132.35%	33.17%	-26.18%	-54.20%
2087	625726.61	1058907.00	-433180.39	-10180318.82	104.66%	28.26%	-16.67%	-41.61%	723116.97	1117347.91	-394230.94	-8145234.90	136.51%	35.34%	-24.17%	-53.28%
2088	638900.46	1090299.55	-451399.09	-10897510.86	107.81%	29.98%	-15.06%	-40.83%	740588.25	1153335.49	-412747.24	-8771931.69	140.88%	37.49%	-22.33%	-52.37%
2089	652451.37	1122021.35	-469569.97	-11651257.86	111.10%	31.70%	-13.51%	-40.04%	758661.01	1189798.18	-431137.17	-9433145.59	145.46%	39.65%	-20.59%	-51.46%
2090	666344.82	1153939.26	-487594.44	-12442323.61	114.53%	33.44%	-12.01%	-39.27%	777297.41	1226625.49	-449328.07	-10129535.50	150.25%	41.85%	-18.92%	-50.56%

注：变化幅度均是与继续实行"全面二孩"政策时的情况相比；当期结余为负代表基金出现当期赤字，累计结余为负代表基金出现累计赤字。

第三节　生育政策调整对城乡居民基本养老保险基金的影响

一、生育政策调整对城乡居民基本养老保险参保人数的影响

从表5-6中可以看出，如果20.5%的符合"全面三孩"规定的夫妇生育三孩，与继续实行"全面二孩"政策的情况相比，2035—2090年缴费人数增加4.95万~1337.45万人，增加幅度为0.01%~12.5%，2077—2090年待遇领取人数增加220.41万~325.97万人，增加幅度为1.48%~3.32%，2035—2090年参保总人数增加4.95万~1663.42万人，增加幅度为0.01%~8.1%。

表5-6　城乡居民基本养老保险的参保人数("全面三孩"生育意愿为**20.5%**)　（单位：人）

年份	绝对值				变化值			
	缴费人数	领取待遇人数	参保总人数	抚养比	缴费人数	领取待遇人数	参保总人数	抚养比
2018	445718086	154786888	600504973	0.3473	0	0	0	0
2019	471138470	156768745	627907215	0.3327	0	0	0	0
2020	494491511	159531622	654023133	0.3226	0	0	0	0
2021	492644174	160490380	653134554	0.3258	0	0	0	0
2022	486283798	166627180	652910979	0.3427	0	0	0	0
2023	476180593	176256329	652436922	0.3701	0	0	0	0
2024	468788678	183641552	652430230	0.3917	0	0	0	0
2025	460999551	191383898	652383449	0.4151	0	0	0	0
2026	452533535	199046887	651580421	0.4399	0	0	0	0
2027	445705267	204889283	650594551	0.4597	0	0	0	0
2028	433730648	213473407	647204055	0.4922	0	0	0	0
2029	424926360	220433298	645359657	0.5188	0	0	0	0
2030	414704205	228438435	643142640	0.5508	0	0	0	0
2031	405829752	234774975	640604727	0.5785	0	0	0	0
2032	398436735	240516891	638953625	0.6037	0	0	0	0

年份	绝对值				变化值			
	缴费人数	领取待遇人数	参保总人数	抚养比	缴费人数	领取待遇人数	参保总人数	抚养比
2033	389790489	245446248	635236737	0.6297	0	0	0	0
2034	381431867	249476148	630908015	0.6541	0	0	0	0
2035	373832327	252181363	626013690	0.6746	49502	0	49502	−0.0001
2036	367705937	254272809	621978746	0.6915	1599893	0	1599893	−0.0030
2037	362521479	254693995	617215474	0.7026	3073918	0	3073918	−0.0060
2038	355453643	255555751	611009394	0.7190	3689149	0	3689149	−0.0075
2039	347929000	256367401	604296402	0.7368	4300106	0	4300106	−0.0092
2040	340516155	256613205	597129360	0.7536	4863685	0	4863685	−0.0109
2041	332715610	256922162	589637772	0.7722	5441616	0	5441616	−0.0128
2042	323533189	258413443	581946632	0.7987	6074749	0	6074749	−0.0153
2043	315697875	258294325	573992200	0.8182	6648114	0	6648114	−0.0176
2044	307637998	258277187	565915185	0.8395	7222600	0	7222600	−0.0202
2045	299467388	258294390	557761778	0.8625	7806288	0	7806288	−0.0231
2046	289972094	259625284	549597378	0.8953	8440067	0	8440067	−0.0268
2047	278982914	262430731	541413645	0.9407	9111164	0	9111164	−0.0318
2048	268790585	264280270	533070855	0.9832	9686996	0	9686996	−0.0368
2049	257615969	266977914	524593883	1.0363	10186934	0	10186934	−0.0427
2050	245390965	270459363	515850328	1.1022	10484684	0	10484684	−0.0492
2051	236335442	270456990	506792432	1.1444	10472545	0	10472545	−0.0531
2052	227260719	269977235	497237954	1.1880	9960445	0	9960445	−0.0545
2053	217367236	267261173	484628410	1.2295	6437206	0	6437206	−0.0375
2054	212001139	263750856	475751995	1.2441	6655565	0	6655565	−0.0403
2055	206531009	260349200	466880209	1.2606	6908885	0	6908885	−0.0436
2056	201951814	256073503	458025317	1.2680	7202922	0	7202922	−0.0469
2057	197908630	251321505	449230135	1.2699	7540729	0	7540729	−0.0503
2058	194033057	246443237	440476293	1.2701	7913031	0	7913031	−0.0540

续表

年份	绝对值				变化值			
	缴费人数	领取待遇人数	参保总人数	抚养比	缴费人数	领取待遇人数	参保总人数	抚养比
2059	191071865	240738695	431810560	1.2599	8307191	0	8307191	−0.0573
2060	188101506	235149543	423251049	1.2501	8709383	0	8709383	−0.0607
2061	185269164	229425111	414694276	1.2383	9108981	0	9108981	−0.0640
2062	182750914	223468934	406219848	1.2228	9499498	0	9499498	−0.0670
2063	180272256	217375114	397647370	1.2058	9870958	0	9870958	−0.0699
2064	177308879	211732919	389041798	1.1941	10217060	0	10217060	−0.0730
2065	174346593	206206621	380553213	1.1827	10533766	0	10533766	−0.0761
2066	171121306	200993221	372114527	1.1746	10819729	0	10819729	−0.0793
2067	167936694	195806467	363743161	1.1660	11080501	0	11080501	−0.0824
2068	164538107	190947668	355485776	1.1605	11321587	0	11321587	−0.0858
2069	161099029	186123562	347222591	1.1553	11546331	0	11546331	−0.0892
2070	158244354	180866954	339111308	1.1430	11757009	0	11757009	−0.0917
2071	155099980	175983181	331083161	1.1346	11957415	0	11957415	−0.0948
2072	152006508	171229967	323236475	1.1265	12149722	0	12149722	−0.0979
2073	149003137	166546869	315550006	1.1177	12336444	0	12336444	−0.1009
2074	146145915	161927791	308073706	1.1080	12523990	0	12523990	−0.1038
2075	143406344	157370524	300776868	1.0974	12668539	0	12668539	−0.1063
2076	140631050	152882688	293513738	1.0871	12600174	0	12600174	−0.1070
2077	138060162	150649010	288709172	1.0912	12548404	2204118	14752522	−0.0915
2078	135705990	146469200	282175190	1.0793	12516561	2378110	14894671	−0.0904
2079	133586806	142269599	275856406	1.0650	12506879	2524184	15031063	−0.0892
2080	131691563	138089004	269780567	1.0486	12519818	2642626	15162444	−0.0880
2081	130006172	133967449	263973621	1.0305	12555570	2740037	15295607	−0.0868
2082	128521346	129894313	258415659	1.0107	12612508	2814562	15427070	−0.0857
2083	127211333	125864420	253075753	0.9894	12686308	2873964	15560272	−0.0845
2084	126039294	121991813	248031107	0.9679	12772317	2919928	15692245	−0.0834

年份	绝对值				变化值			
	缴费人数	领取待遇人数	参保总人数	抚养比	缴费人数	领取待遇人数	参保总人数	抚养比
2085	124978120	118244074	243222194	0.9461	12866697	2966117	15832813	-0.0821
2086	123998124	114634515	238632639	0.9245	12966414	3012329	15978742	-0.0808
2087	123079403	111134205	234213607	0.9029	13069749	3065447	16135196	-0.0794
2088	122201680	107745016	229946696	0.8817	13174464	3125642	16300106	-0.0779
2089	121301950	104577029	225878979	0.8621	13276569	3189886	16466455	-0.0764
2090	120383874	101554266	221938139	0.8436	13374476	3259700	16634176	-0.0750

注：变化值是与继续实行"全面二孩"政策的情况相比；参保总人数＝缴费人数+待遇领取人数，抚养比＝待遇领取人数/缴费人数。

实施"全面三孩"政策后，人口老龄化程度的改善使得城乡居民基本养老保险系统内抚养比也得以改善。从表5-6中可以看出，当20.5%的符合"全面三孩"规定的夫妇生育三孩，2090年城乡居民基本养老保险系统内抚养比降至0.8436，较继续实行"全面二孩"政策时下降0.075。

如果"全面三孩"生育意愿进一步提高，情况会如何变化呢？从表5-7中可以看出，如果46.7%的符合"全面三孩"规定的夫妇生育三孩，与继续实行"全面二孩"政策的情况相比，2035—2090年缴费人数增加0.68%～30.36%，2077—2090年参保退休职工的人数增加1.94%～7.07%，2035—2090年参保总人数增加0.41%～19.21%。如果60%的符合"全面三孩"规定的夫妇生育三孩，与继续实行"全面二孩"政策的情况相比，2035—2090年参保在职职工的人数增加1.05%～40.3%，2077—2090年参保退休职工的人数增加2.16%～8.98%，2035—2090年参保总人数增加0.63%～25.3%。如果80%的符合"全面三孩"规定的夫妇生育三孩，与继续实行"全面二孩"政策的情况相比，2035—2090年参保在职职工的人数增加1.6%～56.4%，2077—2090年参保退休职工的人数增加2.51%～11.85%，2035—2090年参保总人数增加0.96%～35.07%。如果所有符合"全面三孩"规定的夫妇生育三孩，与继续实行"全面二孩"政策的情况相比，2035—2090年参保在职职工的人数增加2.15%～73.95%，2077—2090年参保退休职工的人数增加2.85%～14.72%，2035—2090年参保总人数增加1.29%～45.59%。

可见，随着"全面三孩"生育意愿的提高，缴费人数和待遇领取人数的增加幅度高于

表 5-7　城乡居民基本养老保险的参保人数("全面三孩"生育意愿为 46.7%~100%)

（单位：人）

年份	"全面三孩"生育意愿															
---	46.7%				60%				80%				100%			
	缴费人数	待遇领取人数	参保总人数	抚养比	缴费人数	待遇领取人数	参保总人数	抚养比	缴费人数	待遇领取人数	参保总人数	抚养比	缴费人数	待遇领取人数	参保总人数	抚养比
2018	445718086	154786888	600504973	0.3473	445718086	154786888	600504973	0.3473	445718086	154786888	600504973	0.3473	445718086	154786888	600504973	0.3473
2019	471138470	156768745	627907215	0.3327	471138470	156768745	627907215	0.3327	471138470	156768745	627907215	0.3327	471138470	156768745	627907215	0.3327
2020	494491511	159531622	654023133	0.3226	494491511	159531622	654023133	0.3226	494491511	159531622	654023133	0.3226	494491511	159531622	654023133	0.3226
2021	492644174	160490380	653134554	0.3258	492644174	160490380	653134554	0.3258	492644174	160490380	653134554	0.3258	492644174	160490380	653134554	0.3258
2022	486283798	166627180	652910979	0.3427	486283798	166627180	652910979	0.3427	486283798	166627180	652910979	0.3427	486283798	166627180	652910979	0.3427
2023	476180593	176256329	652436922	0.3701	476180593	176256329	652436922	0.3701	476180593	176256329	652436922	0.3701	476180593	176256329	652436922	0.3701
2024	468788678	183641552	652430230	0.3917	468788678	183641552	652430230	0.3917	468788678	183641552	652430230	0.3917	468788678	183641552	652430230	0.3917
2025	460999551	191383898	652383449	0.4151	460999551	191383898	652383449	0.4151	460999551	191383898	652383449	0.4151	460999551	191383898	652383449	0.4151
2026	452533535	190046887	651580421	0.4399	452533535	190046887	651580421	0.4399	452533535	190046887	651580421	0.4399	452533535	190046887	651580421	0.4399
2027	445705267	204889283	650594551	0.4597	445705267	204889283	650594551	0.4597	445705267	204889283	650594551	0.4597	445705267	204889283	650594551	0.4597
2028	433730648	213473407	647204055	0.4922	433730648	213473407	647204055	0.4922	433730648	213473407	647204055	0.4922	433730648	213473407	647204055	0.4922
2029	424926360	220433298	645359657	0.5188	424926360	220433298	645359657	0.5188	424926360	220433298	645359657	0.5188	424926360	220433298	645359657	0.5188
2030	414704205	228438435	643142640	0.5508	414704205	228438435	643142640	0.5508	414704205	228438435	643142640	0.5508	414704205	228438435	643142640	0.5508
2031	405829752	234774975	640604727	0.5785	405829752	234774975	640604727	0.5785	405829752	234774975	640604727	0.5785	405829752	234774975	640604727	0.5785
2032	398436735	240516891	638953625	0.6037	398436735	240516891	638953625	0.6037	398436735	240516891	638953625	0.6037	398436735	240516891	638953625	0.6037
2033	389790489	245446248	635236737	0.6297	389790489	245446248	635236737	0.6297	389790489	245446248	635236737	0.6297	389790489	245446248	635236737	0.6297
2034	381431867	249476148	630908015	0.6541	381431867	249476148	630908015	0.6541	381431867	249476148	630908015	0.6541	381431867	249476148	630908015	0.6541
2035	376335664	252181363	628517028	0.6701	377007354	252181363	629888717	0.6677	379769907	252181363	631951270	0.6640	381832294	252181363	634013657	0.6605
2036	371998553	254272809	626271362	0.6835	374177376	254272809	628450185	0.6796	377453483	254272809	631726292	0.6737	380729205	254272809	635002014	0.6679
2037	368348953	254693995	623042948	0.6914	371306663	254693995	626000658	0.6859	375753698	254693995	630447694	0.6778	380199955	254693995	634893950	0.6699
2038	361438698	255555751	616994449	0.7071	364475980	255555751	620031731	0.7012	369042140	255555751	624597891	0.6925	373606880	255555751	629162631	0.6840

"全面三孩"生育意愿

年份	46.7%				60%				80%				100%			
	缴费人数	待遇领取人数	参保总人数	抚养比	缴费人数	待遇领取人数	参保总人数	抚养比	缴费人数	待遇领取人数	参保总人数	抚养比	缴费人数	待遇领取人数	参保总人数	抚养比
2039	354037052	256367401	610404453	0.7241	357136147	256367401	613503549	0.7178	361794467	256367401	618161868	0.7086	366450416	256367401	622817817	0.6996
2040	346723154	256613205	603336359	0.7401	349871644	256613205	606484849	0.7334	354603184	256613205	611216389	0.7237	359331083	256613205	615944288	0.7141
2041	339011737	256922162	595993899	0.7579	342204433	256922162	599126596	0.7508	347001134	256922162	603923296	0.7404	351792614	256922162	608714776	0.7303
2042	329914982	258413443	588328425	0.7833	333149933	258413443	591563377	0.7757	338008613	258413443	596422056	0.7645	342860195	258413443	601273638	0.7537
2043	322168041	258294325	580462366	0.8017	325446427	258294325	583740752	0.7937	330368611	258294325	588662936	0.7818	335281524	258294325	593575849	0.7704
2044	314208297	258277187	572485483	0.8220	317535902	258277187	575813088	0.8134	322530058	258277187	580807245	0.8008	327512491	258277187	585789677	0.7886
2045	306152933	258294390	564447323	0.8437	309537295	258294390	567831685	0.8345	314614585	258294390	572908975	0.8210	319677490	258294390	577971880	0.8080
2046	296789085	259625284	556414370	0.8748	300238324	259625284	559863609	0.8647	305410831	259625284	565036116	0.8501	310566139	259625284	570191423	0.8360
2047	285946429	262430731	548377161	0.9178	289468117	262430731	551898848	0.9066	294747119	262430731	557177851	0.8904	300005979	262430731	562436711	0.8748
2048	275912162	264280270	540192432	0.9578	279512098	264280270	543792368	0.9455	284906246	264280270	549186516	0.9276	290277223	264280270	554557493	0.9104
2049	264906513	269977914	531884427	1.0078	268590216	269977914	535568130	0.9940	274107786	269977914	541085700	0.9740	279599129	269977914	546577043	0.9549
2050	252860711	270459363	523320074	1.0696	256633452	270459363	527092815	1.0539	262282465	270459363	532741827	1.0312	267902310	270459363	538361673	1.0095
2051	243998157	270456990	514455147	1.1084	247867233	270456990	518324222	1.0911	253659054	270456990	524116044	1.0662	259419238	270456990	529876228	1.0425
2052	235136321	269977235	505113556	1.1482	239112529	269977235	509089764	1.1291	245064264	269977235	515041499	1.1017	250982935	269977235	520960170	1.0757
2053	225483116	267261173	492744290	1.1853	229581934	267261173	496843108	1.1641	235718851	267261173	502980025	1.1338	241823673	267261173	509084847	1.1052
2054	220398003	263750856	484148859	1.1967	224643186	263750856	488394042	1.1741	231004926	263750856	494755783	1.1418	237340246	263750856	501091103	1.1113
2055	215261846	260349200	475611046	1.2095	219684825	260349200	480034025	1.1851	226324397	260349200	486673597	1.1503	232950120	260349200	493299321	1.1176
2056	211081505	256073503	467155008	1.2131	215721339	256073503	471794841	1.1871	222705236	256073503	478778739	1.1498	229697177	256073503	485770680	1.1148
2057	207510952	251321505	458832457	1.2111	212412200	251321505	463733705	1.1832	219816435	251321505	471137940	1.1433	227261417	251321505	478582922	1.1059
2058	204168158	246443237	450611394	1.2071	209367402	246443237	455810639	1.1771	217254653	246443237	463697889	1.1344	225224555	246443237	471667792	1.0942
2059	201780426	240738695	442519121	1.1931	207302747	240738695	448041442	1.1613	215716331	240738695	456455026	1.1160	224261193	240738695	464999888	1.0735

续表

"全面三孩"生育意愿

年份	46.7%				60%				80%				100%			
	缴费人数	待遇领取人数	参保总人数	抚养比	缴费人数	待遇领取人数	参保总人数	抚养比	缴费人数	待遇领取人数	参保总人数	抚养比	缴费人数	待遇领取人数	参保总人数	抚养比
2060	194401231	235149543	434550774	1.1793	205258053	235149543	440407596	1.1456	214218224	235149543	449367767	1.0977	223361979	235149543	458511522	1.0528
2061	197159910	229425111	426585021	1.1636	203352136	229425111	432777248	1.1282	212861476	229425111	442286587	1.0778	222608155	229425111	452033267	1.0306
2062	195223895	223468934	418692829	1.1447	201747294	223468934	425216228	1.1077	211799702	223468934	435268636	1.0551	222143500	223468934	445612434	1.0060
2063	193301066	217375114	410676180	1.1245	200140672	217375114	417515786	1.0861	210711641	217375114	428086755	1.0316	221625618	217375114	439000732	0.9808
2064	190856035	211732919	402588954	1.1094	197990111	211732919	409723030	1.0694	209043495	211732919	420776413	1.0129	220487311	211732919	432220230	0.9603
2065	188367437	206206621	394574058	1.0947	195769795	206206621	401976415	1.0533	207261714	206206621	413468335	0.9949	219186058	206206621	425392679	0.9408
2066	185566396	200993221	386559617	1.0831	193207812	200993221	394201033	1.0403	205089062	200993221	406082283	0.9800	217438371	200993221	418431592	0.9244
2067	182765509	195806467	378571976	1.0714	190622082	195806467	386428549	1.0272	202852459	195806467	398658926	0.9653	215581372	195806467	411387838	0.9083
2068	179719538	190947668	370667206	1.0625	187772916	190947668	378720584	1.0169	200321544	190947668	391269212	0.9532	213395208	190947668	404342876	0.8948
2069	176606561	186123562	362730123	1.0539	184841036	186123562	370964598	1.0069	197681405	186123562	383804967	0.9415	211069807	186123562	397193369	0.8818
2070	174055565	180866954	354922518	1.0391	182457995	180866954	363324948	0.9913	195568089	180866954	376435042	0.9248	209246470	180866954	390113423	0.8644
2071	171198866	175983181	347182047	1.0279	179759917	175983181	355743097	0.9790	193124143	175983181	369107324	0.9112	207075024	175983181	383058205	0.8499
2072	168380350	171229967	339610317	1.0169	177092648	171229967	348322615	0.9669	190698753	171229967	361928720	0.8979	204908475	171229967	376138442	0.8356
2073	165643283	166546869	332190152	1.0055	174501913	166546869	341048781	0.9544	188341868	166546869	354888736	0.8843	202801666	166546869	369348535	0.8212
2074	163052934	161927791	324980724	0.9931	172058218	161927791	333986009	0.9411	186132625	161927791	348060416	0.8700	200843316	161927791	362771106	0.8062
2075	160585406	157370524	317955930	0.9800	169740603	157370524	327111127	0.9271	184055298	157370524	341425823	0.8550	199023991	157370524	356394516	0.7907
2076	157752513	152882688	310635201	0.9691	166891610	152882688	319774298	0.9161	181198853	152882688	334081541	0.8437	196180334	152882688	349063022	0.7793
2077	155148524	151317576	306466100	0.9753	164285880	151656963	315942842	0.9231	178610033	152167319	330777352	0.8520	193632348	152677675	346310023	0.7885
2078	152791663	147453269	300244932	0.9651	161945391	147952815	309898207	0.9136	176317531	148704013	325021544	0.8434	191416849	149455211	340872059	0.7808
2079	150704275	143553862	294258137	0.9526	159895160	144205797	304100957	0.9019	174351261	145145150	319537411	0.8327	189569824	146166504	335736327	0.7710
2080	148876822	139658257	288535079	0.9381	158126932	140454862	298581794	0.8882	172705640	141652765	314358406	0.8202	188089360	142850668	330940028	0.7595

"全面三孩"生育意愿

年份	46.7%				60%				80%				100%			
	缴费人数	待遇领取取人数	参保总人数	抚养比	缴费人数	待遇领取取人数	参保总人数	抚养比	缴费人数	待遇领取取人数	参保总人数	抚养比	缴费人数	待遇领取取人数	参保总人数	抚养比
2081	147296897	135806374	283103271	0.9220	156629617	136739874	293369492	0.8730	171372218	138143634	309515852	0.8061	186970495	139547393	326517888	0.7464
2082	145953448	131987447	277940895	0.9043	155391236	133049992	288441227	0.8562	170337592	134647804	304985396	0.7905	186198405	136245616	322444021	0.7317
2083	144814040	128197409	273011449	0.8853	154375442	129381713	283757155	0.8381	169958870	131162621	300721491	0.7736	185722828	132943528	318666357	0.7158
2084	143834367	124551182	268385549	0.8659	153533488	125850403	279383891	0.8197	168979741	127804119	296783860	0.7563	185478763	129757836	315236599	0.6996
2085	142980925	121017617	263998542	0.8464	152827945	122425561	275253505	0.8011	168555916	124542769	293098685	0.7389	185413814	126659978	312073792	0.6831
2086	142218559	117611008	259829567	0.8270	152220189	119121976	271342165	0.7826	168242551	121394107	289636658	0.7215	185475563	123666239	309141802	0.6668
2087	141524326	114302911	255827237	0.8077	151685190	115911452	267596643	0.7642	168010635	118330312	286340947	0.7043	185629856	120749171	306379027	0.6505
2088	140874107	111096225	251970332	0.7886	151196244	112797411	263993655	0.7460	167828626	115355586	283184211	0.6873	185839005	117913760	303752765	0.6345
2089	140198286	108103062	248301347	0.7711	150679631	109892994	260572625	0.7293	167615548	112584622	280200170	0.6717	186013328	115276250	301289578	0.6197
2090	139497213	105247242	244744455	0.7545	150133393	107121921	257255315	0.7135	167365058	109940989	277306047	0.6569	186140871	112760057	298900927	0.6058

注:参保总人数=缴费人数+待遇领取人数,抚养比=待遇领取人数/缴费人数。

"全面三孩"生育意愿为 20.5% 的情况，那么抚养比的变化情况如何呢？如果 46.7% 的符合"全面三孩"规定的夫妇生育三孩，2090 年抚养比为 0.7545，较继续实行"全面二孩"政策时下降 0.1641。如果 60% 的符合"全面三孩"规定的夫妇生育三孩，2090 年退职比为 0.7135，较继续实行"全面二孩"政策时下降 0.2051。如果 80% 的符合"全面三孩"规定的夫妇生育三孩，2090 年退职比为 0.6569，较继续实行"全面二孩"政策时下降 0.2617。如果所有符合"全面三孩"规定的夫妇生育三孩，2090 年退职比为 0.6058，较继续实行"全面二孩"政策时下降 0.3128。可见，随着"全面三孩"生育意愿的提高，缴费人口的抚养压力会逐步下降。

二、生育政策调整对城乡居民基本养老保险基金财务运行状况的影响

抚养比的改善使得城乡居民基本养老保险基金的财务运行状况得到改善。从表 5-8 可以看出，如果 20.5% 的符合"全面三孩"规定的夫妇生育三孩，城乡居民基本养老保险基金分别于 2031 年和 2045 年开始出现当期赤字和累计赤字，也即与继续实行"全面二孩"政策的情况相比，基金开始出现当期赤字和累计赤字的时点没有变化。然而，较继续实行"全面二孩"政策时的情况，2035—2090 年基金收入增加 0.04%~12.50%，2077—2090 年基金支出增加 1.48%~3.32%，基金收入的增长速度快于基金支出的增长速度，2035—2090 年的当期赤字减少 0.19%~10.99%；进一步，2035—2090 年的累计赤字有所减少，2090 年的累计赤字减少 5.55%。

表 5-8　城乡居民基本养老保险基金财务运行状况（"全面三孩"生育意愿为 20.5%）

年份	基金财务运行状况（亿元）				变化幅度			
	收入	支出	当期结余	累计结余	收入	支出	当期结余	累计结余
2018	4370.15	2712.56	1657.59	9428.41	0.00%	0.00%	0.00%	0.00%
2019	4942.75	2939.61	2003.15	11717.35	0.00%	0.00%	0.00%	0.00%
2020	5550.89	3200.81	2350.08	14419.12	0.00%	0.00%	0.00%	0.00%
2021	5889.62	3429.35	2460.27	17301.37	0.00%	0.00%	0.00%	0.00%
2022	6191.46	3791.91	2399.55	20193.44	0.00%	0.00%	0.00%	0.00%
2023	6456.91	4271.76	2185.15	22938.05	0.00%	0.00%	0.00%	0.00%
2024	6769.86	4740.05	2029.81	25592.06	0.00%	0.00%	0.00%	0.00%
2025	7090.10	5260.98	1829.12	28106.71	0.00%	0.00%	0.00%	0.00%

年份	基金财务运行状况（亿元）				变化幅度			
	收入	支出	当期结余	累计结余	收入	支出	当期结余	累计结余
2026	7377.49	5799.93	1577.56	30426.38	0.00%	0.00%	0.00%	0.00%
2027	7702.14	6328.38	1373.77	32595.15	0.00%	0.00%	0.00%	0.00%
2028	7944.92	6989.12	955.80	34389.72	0.00%	0.00%	0.00%	0.00%
2029	8250.67	7650.01	600.66	35865.14	0.00%	0.00%	0.00%	0.00%
2030	8535.32	8403.49	131.83	36896.90	0.00%	0.00%	0.00%	0.00%
2031	8812.07	9111.61	−299.54	37512.29	0.00%	0.00%	0.00%	0.00%
2032	9127.37	9847.84	−720.47	37711.61	0.00%	0.00%	0.00%	0.00%
2033	9420.41	10602.41	−1181.99	37442.86	0.00%	0.00%	0.00%	0.00%
2034	9725.42	11369.19	−1643.77	36694.06	0.00%	0.00%	0.00%	0.00%
2035	10058.58	12124.56	−2065.98	35493.79	0.04%	0.00%	−0.19%	0.01%
2036	10385.65	12836.37	−2450.72	33869.15	0.44%	0.00%	−1.81%	0.15%
2037	10751.18	13500.51	−2749.34	31897.81	0.86%	0.00%	−3.21%	0.46%
2038	11068.65	14223.50	−3154.85	29461.53	1.05%	0.00%	−3.51%	0.91%
2039	11376.05	14982.11	−3606.06	26501.85	1.25%	0.00%	−3.75%	1.60%
2040	11690.36	15746.30	−4055.94	23007.07	1.45%	0.00%	−3.95%	2.67%
2041	11936.57	16474.69	−4538.12	18930.67	1.66%	0.00%	−4.12%	4.49%
2042	12129.46	17315.98	−5186.52	14087.75	1.91%	0.00%	−4.21%	8.20%
2043	12368.32	18086.86	−5718.54	8578.44	2.15%	0.00%	−4.36%	18.87%
2044	12594.92	18899.52	−6304.60	2330.69	2.40%	0.00%	−4.48%	268.76%
2045	12812.13	19751.31	−6939.18	−4723.70	2.68%	0.00%	−4.59%	−30.61%
2046	12902.12	20647.20	−7745.08	−12780.50	3.00%	0.00%	−4.62%	−16.47%
2047	12909.69	21705.12	−8795.43	−22115.33	3.38%	0.00%	−4.57%	−12.00%
2048	12935.57	22732.42	−9796.85	−32709.98	3.74%	0.00%	−4.54%	−9.84%
2049	12893.71	23883.04	−10989.33	−44791.80	4.12%	0.00%	−4.43%	−8.54%
2050	12773.12	25162.26	−12389.14	−58610.46	4.46%	0.00%	−4.22%	−7.63%

续表

年份	基金财务运行状况（亿元）				变化幅度			
	收入	支出	当期结余	累计结余	收入	支出	当期结余	累计结余
2051	12732.32	26042.71	-13310.39	-73718.87	4.64%	0.00%	-4.07%	-6.99%
2052	12671.95	26906.39	-14234.44	-90152.15	4.58%	0.00%	-3.76%	-6.49%
2053	12544.50	27567.95	-15023.45	-107804.99	3.05%	0.00%	-2.41%	-5.92%
2054	12663.04	28158.07	-15495.03	-126382.52	3.24%	0.00%	-2.50%	-5.51%
2055	12768.07	28767.73	-15999.66	-145941.73	3.46%	0.00%	-2.60%	-5.19%
2056	12859.53	29144.14	-16284.61	-166282.00	3.70%	0.00%	-2.74%	-4.95%
2057	12980.14	29461.41	-16481.27	-187332.35	3.96%	0.00%	-2.91%	-4.77%
2058	13107.73	29756.23	-16648.50	-209080.38	4.25%	0.00%	-3.11%	-4.64%
2059	13294.92	29939.47	-16644.55	-231368.05	4.55%	0.00%	-3.36%	-4.54%
2060	13480.89	30121.71	-16640.82	-254209.10	4.85%	0.00%	-3.62%	-4.48%
2061	13609.85	30123.14	-16513.30	-277490.45	5.17%	0.00%	-3.89%	-4.45%
2062	13760.48	30074.64	-16314.16	-301149.73	5.48%	0.00%	-4.20%	-4.43%
2063	13913.19	29985.89	-16072.70	-325152.99	5.79%	0.00%	-4.53%	-4.44%
2064	14026.59	29937.76	-15911.17	-349590.76	6.11%	0.00%	-4.83%	-4.46%
2065	14137.06	29885.29	-15748.23	-374472.46	6.43%	0.00%	-5.14%	-4.49%
2066	14153.04	29712.31	-15559.27	-399782.52	6.75%	0.00%	-5.44%	-4.52%
2067	14167.44	29524.48	-15357.03	-425518.04	7.06%	0.00%	-5.74%	-4.57%
2068	14158.35	29367.68	-15209.34	-451745.56	7.39%	0.00%	-6.02%	-4.62%
2069	14139.67	29198.25	-15058.59	-478474.25	7.72%	0.00%	-6.31%	-4.68%
2070	14166.89	28941.09	-14774.20	-505579.66	8.03%	0.00%	-6.65%	-4.74%
2071	14163.10	28722.82	-14559.72	-533142.86	8.35%	0.00%	-6.98%	-4.80%
2072	14158.23	28505.97	-14347.74	-561177.86	8.69%	0.00%	-7.31%	-4.87%
2073	14156.06	28280.86	-14124.80	-589685.24	9.03%	0.00%	-7.66%	-4.94%
2074	14162.30	28046.44	-13884.14	-618658.61	9.37%	0.00%	-8.04%	-5.01%
2075	14174.76	27802.25	-13627.49	-648093.26	9.69%	0.00%	-8.42%	-5.09%

续表

年份	基金财务运行状况（亿元）				变化幅度			
	收入	支出	当期结余	累计结余	收入	支出	当期结余	累计结余
2076	14178.45	27549.58	-13371.14	-678001.00	9.84%	0.00%	-8.68%	-5.16%
2077	14197.63	27690.01	-13492.38	-708780.71	10.00%	1.48%	-6.16%	-5.18%
2078	14234.65	27460.18	-13225.53	-740056.40	10.16%	1.65%	-6.15%	-5.20%
2079	14292.61	27206.29	-12913.68	-771794.33	10.33%	1.81%	-6.21%	-5.22%
2080	14371.63	26934.97	-12563.34	-803966.61	10.51%	1.95%	-6.34%	-5.24%
2081	14471.46	26653.66	-12182.20	-836552.53	10.69%	2.09%	-6.54%	-5.26%
2082	14592.30	26360.15	-11767.85	-869528.39	10.88%	2.21%	-6.82%	-5.28%
2083	14732.43	26053.19	-11320.76	-902870.38	11.08%	2.34%	-7.17%	-5.30%
2084	14888.63	25756.61	-10867.98	-936581.82	11.28%	2.45%	-7.59%	-5.33%
2085	15058.54	25464.65	-10406.10	-970662.62	11.48%	2.57%	-8.05%	-5.36%
2086	15239.27	25181.05	-9941.78	-1005119.50	11.68%	2.70%	-8.57%	-5.40%
2087	15428.89	24900.40	-9471.51	-1039955.79	11.88%	2.84%	-9.13%	-5.43%
2088	15625.24	24623.85	-8998.61	-1075178.26	12.08%	2.99%	-9.73%	-5.47%
2089	15820.40	24377.84	-8557.44	-1110829.09	12.29%	3.15%	-10.35%	-5.51%
2090	16014.68	24146.67	-8132.00	-1146935.12	12.50%	3.32%	-10.99%	-5.55%

　　注：变化幅度均是与继续实行"全面二孩"政策时的情况相比；当期结余为负代表基金出现当期赤字，累计结余为负代表基金出现累计赤字。

　　随着"全面三孩"生育意愿的提高，基金财务运行状况得到进一步改善。从表5-9和表5-10中可以看出，虽然城乡居民基本养老保险基金开始出现当期赤字的时点未发生变动（均为2031年），且基金开始出现累计赤字的时点最多推迟1年①，但基金的累计赤字有所下降。当"全面三孩"生育意愿提高至46.7%，2090年累计赤字较继续实行"全面二孩"政策时下降12.94%。当"全面三孩"生育意愿为60%，2090年基金累计赤字较继续实行"全面二孩"政策时下降16.87%。当"全面三孩"生育意愿为80%，2090年基金累计赤字较继续实行"全面二孩"政策时下降23.1%。当"全面三孩"生育意愿为100%，2090年基金累

　　① 　当"全面三孩"生育意愿分别为46.7%、60%、80%和100%时，城乡居民基本养老保险基金开始出现累计赤字的时点分别为2045年、2045年、2046年和2046年。

表5-9 城乡居民基本养老保险基金财务运行状况（"全面三孩"生育意愿为46.7%～60%）

年份	46.7%								60%							
	基金财务运行状况（亿元）				变化幅度				基金财务运行状况（亿元）				变化幅度			
	收入	支出	当期结余	累计结余	收入	支出	当期结余	累计结余	收入	支出	当期结余	累计结余	收入	支出	当期结余	累计结余
2018	4370.15	2712.56	1657.59	9428.41	0.00%	0.00%	0.00%	0.00%	4370.15	2712.56	1657.59	9428.41	0.00%	0.00%	0.00%	0.00%
2019	4942.75	2939.61	2003.15	11717.35	0.00%	0.00%	0.00%	0.00%	4942.75	2939.61	2003.15	11717.35	0.00%	0.00%	0.00%	0.00%
2020	5550.89	3200.81	2350.08	14419.12	0.00%	0.00%	0.00%	0.00%	5550.89	3200.81	2350.08	14419.12	0.00%	0.00%	0.00%	0.00%
2021	5889.62	3429.35	2460.27	17301.37	0.00%	0.00%	0.00%	0.00%	5889.62	3429.35	2460.27	17301.37	0.00%	0.00%	0.00%	0.00%
2022	6191.46	3791.91	2399.55	20193.44	0.00%	0.00%	0.00%	0.00%	6191.46	3791.91	2399.55	20193.44	0.00%	0.00%	0.00%	0.00%
2023	6456.91	4271.76	2185.15	22938.05	0.00%	0.00%	0.00%	0.00%	6456.91	4271.76	2185.15	22938.05	0.00%	0.00%	0.00%	0.00%
2024	6769.86	4740.05	2029.81	25592.06	0.00%	0.00%	0.00%	0.00%	6769.86	4740.05	2029.81	25592.06	0.00%	0.00%	0.00%	0.00%
2025	7090.10	5260.98	1829.12	28106.71	0.00%	0.00%	0.00%	0.00%	7090.10	5260.98	1829.12	28106.71	0.00%	0.00%	0.00%	0.00%
2026	7377.49	5799.93	1577.56	30426.38	0.00%	0.00%	0.00%	0.00%	7377.49	5799.93	1577.56	30426.38	0.00%	0.00%	0.00%	0.00%
2027	7702.14	6328.38	1373.77	32595.15	0.00%	0.00%	0.00%	0.00%	7702.14	6328.38	1373.77	32595.15	0.00%	0.00%	0.00%	0.00%
2028	7944.92	6989.12	955.80	34389.72	0.00%	0.00%	0.00%	0.00%	7944.92	6989.12	955.80	34389.72	0.00%	0.00%	0.00%	0.00%
2029	8250.67	7650.01	600.66	35865.14	0.00%	0.00%	0.00%	0.00%	8250.67	7650.01	600.66	35865.14	0.00%	0.00%	0.00%	0.00%
2030	8535.32	8403.49	131.83	36896.90	0.00%	0.00%	0.00%	0.00%	8535.32	8403.49	131.83	36896.90	0.00%	0.00%	0.00%	0.00%
2031	8812.07	9111.61	-299.54	37512.29	0.00%	0.00%	0.00%	0.00%	8812.07	9111.61	-299.54	37512.29	0.00%	0.00%	0.00%	0.00%
2032	9127.37	9847.84	-720.47	37711.61	0.00%	0.00%	0.00%	0.00%	9127.37	9847.84	-720.47	37711.61	0.00%	0.00%	0.00%	0.00%
2033	9420.41	10602.41	-1181.99	37442.86	0.68%	0.00%	-3.32%	0.20%	9420.41	10602.41	-1181.99	37442.86	1.05%	0.00%	-5.10%	0.30%
2034	9725.42	11369.19	-1643.77	36694.06	1.61%	0.00%	-6.67%	0.72%	9725.42	11369.19	-1643.77	36694.06	2.20%	0.00%	-9.13%	1.02%
2035	10123.23	12124.56	-2001.33	35560.05	2.48%	0.00%	-9.29%	1.64%	10160.13	12124.56	-1964.43	35597.87	3.30%	0.00%	-12.38%	2.25%
2036	10506.89	12836.37	-2329.48	34061.34					10568.43	12836.37	-2267.94	34163.18				
2037	10924.00	13500.51	-2576.51	32271.95					11011.72	13500.51	-2488.80	32466.25				

续表

| 年份 | "全面三孩"生育意愿 46.7% | | | | | | | | 60% | | | | | | | |
| | 基金财务运行状况(亿元) | | | | 变化幅度 | | | | 基金财务运行状况(亿元) | | | | 变化幅度 | | | |
	收入	支出	当期结余	累计结余	收入	支出	当期结余	累计结余	收入	支出	当期结余	累计结余	收入	支出	当期结余	累计结余
2038	11255.02	14223.50	-2968.48	30036.05	2.75%	0.00%	-9.21%	2.88%	11349.60	14223.50	-2873.90	30332.15	3.61%	0.00%	-12.11%	3.90%
2039	11575.76	14982.11	-3406.35	27295.45	3.03%	0.00%	-9.08%	4.64%	11677.09	14982.11	-3305.02	27702.82	3.93%	0.00%	-11.79%	6.20%
2040	11903.46	15746.30	-3842.84	24038.92	3.30%	0.00%	-9.00%	7.28%	12011.55	15746.30	-3734.75	24567.27	4.24%	0.00%	-11.56%	9.64%
2041	12162.45	16474.69	-4312.24	20219.85	3.59%	0.00%	-8.90%	11.61%	12277.00	16474.69	-4197.70	20878.81	4.56%	0.00%	-11.32%	15.25%
2042	12368.72	17315.98	-4947.26	15654.40	3.92%	0.00%	-8.63%	20.23%	12490.00	17315.98	-4825.98	16454.15	4.94%	0.00%	-10.87%	26.38%
2043	12621.81	18086.86	-5465.05	10444.08	4.24%	0.00%	-8.60%	44.72%	12750.25	18086.86	-5336.61	11395.47	5.31%	0.00%	-10.74%	57.90%
2044	12863.91	18899.52	-6035.61	4518.69	4.59%	0.00%	-8.56%	614.95%	13000.15	18899.52	-5899.37	5633.50	5.70%	0.00%	-10.62%	791.33%
2045	13098.15	19751.31	-6653.16	-2187.83	4.97%	0.00%	-8.52%	-67.86%	13242.95	19751.31	-6508.36	-896.73	6.13%	0.00%	-10.52%	-86.83%
2046	13205.44	20647.20	-7441.76	-9870.33	5.42%	0.00%	-8.36%	-35.49%	13358.91	20647.20	-7288.29	-8389.65	6.64%	0.00%	-10.25%	-45.17%
2047	13231.92	21705.12	-8473.20	-18802.12	5.96%	0.00%	-8.07%	-25.18%	13394.89	21705.12	-8310.24	-17117.38	7.26%	0.00%	-9.84%	-31.89%
2048	13278.30	22732.42	-9454.12	-28962.64	6.49%	0.00%	-7.88%	-20.17%	13451.55	22732.42	-9280.87	-27058.21	7.88%	0.00%	-9.57%	-25.42%
2049	13258.60	23883.04	-10624.44	-40576.76	7.06%	0.00%	-7.61%	-17.14%	13442.97	23883.04	-10440.07	-38435.74	8.55%	0.00%	-9.21%	-21.52%
2050	13161.93	25162.26	-12000.33	-53891.51	7.64%	0.00%	-7.23%	-15.07%	13358.31	25162.26	-11803.95	-51495.67	9.25%	0.00%	-8.74%	-18.85%
2051	13145.14	26042.71	-12897.57	-68458.81	8.03%	0.00%	-7.04%	-13.63%	13353.58	26042.71	-12689.13	-65789.42	9.74%	0.00%	-8.54%	-17.00%
2052	13111.09	26906.39	-13795.30	-84310.46	8.21%	0.00%	-6.72%	-12.54%	13332.80	26906.39	-13573.59	-81347.09	10.04%	0.00%	-8.22%	-15.62%
2053	13012.88	27567.95	-14555.07	-101337.18	6.90%	0.00%	-5.46%	-11.57%	13249.43	27567.95	-14318.53	-98057.25	8.84%	0.00%	-6.99%	-14.43%
2054	13164.59	28158.07	-14993.48	-119238.92	7.33%	0.00%	-5.66%	-10.85%	13418.16	28158.07	-14739.91	-115617.09	9.40%	0.00%	-7.25%	-13.56%
2055	13307.83	28767.73	-15459.90	-138066.29	7.83%	0.00%	-5.89%	-10.31%	13581.26	28767.73	-15186.47	-134073.65	10.05%	0.00%	-7.55%	-12.90%
2056	13440.87	29144.14	-15703.27	-157613.80	8.39%	0.00%	-6.21%	-9.90%	13736.32	29144.14	-15407.82	-153218.50	10.77%	0.00%	-7.98%	-12.42%
2057	13609.92	29461.41	-15851.49	-177801.92	9.01%	0.00%	-6.62%	-9.61%	13931.38	29461.41	-15530.03	-172967.25	11.58%	0.00%	-8.52%	-12.07%

续表

| 年份 | "全面三孩"生育意愿 46.7% | | | | | | | | 60% | | | | | | | |
| | 基金财务运行状况（亿元） | | | | 变化幅度 | | | | 基金财务运行状况（亿元） | | | | 变化幅度 | | | |
	收入	支出	当期结余	累计结余	收入	支出	当期结余	累计结余	收入	支出	当期结余	累计结余	收入	支出	当期结余	累计结余
2058	13792.40	29756.23	-15963.83	-198609.89	9.70%	0.00%	-7.10%	-9.41%	14143.63	29756.23	-15612.60	-193294.35	12.49%	0.00%	-9.14%	-11.84%
2059	14040.03	29939.47	-15899.44	-219872.07	10.40%	0.00%	-7.68%	-9.29%	14424.28	29939.47	-15515.20	-214029.78	13.43%	0.00%	-9.91%	-11.70%
2060	14290.72	30121.71	-15830.99	-241595.64	11.15%	0.00%	-8.31%	-9.22%	14710.47	30121.71	-15411.24	-235177.05	14.42%	0.00%	-10.74%	-11.63%
2061	14483.34	30123.14	-15639.81	-263666.33	11.92%	0.00%	-8.98%	-9.21%	14938.22	30123.14	-15184.93	-256621.03	15.44%	0.00%	-11.63%	-11.63%
2062	14699.65	30074.64	-15374.99	-286017.35	12.68%	0.00%	-9.72%	-9.23%	15190.84	30074.64	-14883.80	-278292.45	16.45%	0.00%	-12.60%	-11.69%
2063	14918.74	29985.89	-15067.15	-308611.61	13.44%	0.00%	-10.50%	-9.30%	15446.61	29985.89	-14539.28	-300152.52	17.45%	0.00%	-13.63%	-11.78%
2064	15098.28	29937.76	-14839.48	-331537.37	14.22%	0.00%	-11.24%	-9.39%	15662.65	29937.76	-14275.11	-322288.32	18.49%	0.00%	-14.62%	-11.92%
2065	15273.95	29885.29	-14611.34	-354802.42	14.99%	0.00%	-11.99%	-9.50%	15874.18	29885.29	-14011.11	-344706.92	19.51%	0.00%	-15.61%	-12.08%
2066	15347.76	29712.31	-14364.55	-378396.14	15.76%	0.00%	-12.70%	-9.63%	15979.77	29712.31	-13732.54	-367400.45	20.53%	0.00%	-16.54%	-12.26%
2067	15418.43	29524.48	-14106.05	-402314.75	16.52%	0.00%	-13.42%	-9.77%	16081.22	29524.48	-13443.25	-390364.79	21.53%	0.00%	-17.48%	-12.45%
2068	15464.70	29367.68	-13902.99	-426623.18	17.30%	0.00%	-14.09%	-9.92%	16157.68	29367.68	-13210.00	-413664.16	22.55%	0.00%	-18.37%	-12.66%
2069	15500.76	29198.25	-13697.49	-451328.68	18.09%	0.00%	-14.77%	-10.08%	16223.50	29198.25	-12974.75	-437304.89	23.60%	0.00%	-19.27%	-12.88%
2070	15582.40	28941.09	-13358.69	-476304.56	18.82%	0.00%	-15.59%	-10.25%	16334.63	28941.09	-12606.46	-461159.13	24.56%	0.00%	-20.35%	-13.11%
2071	15633.19	28722.82	-13089.63	-501629.04	19.60%	0.00%	-16.37%	-10.43%	16414.95	28722.82	-12307.87	-485303.68	25.58%	0.00%	-21.36%	-13.34%
2072	15683.33	28505.97	-12822.64	-527312.98	20.39%	0.00%	-17.16%	-10.61%	16494.81	28505.97	-12011.16	-509747.71	26.62%	0.00%	-22.41%	-13.59%
2073	15736.96	28280.86	-12543.91	-553353.31	21.20%	0.00%	-18.00%	-10.79%	16578.57	28280.86	-11702.29	-534486.25	27.68%	0.00%	-23.50%	-13.84%
2074	15800.68	28046.44	-12245.76	-579739.05	22.03%	0.00%	-18.89%	-10.99%	16673.34	28046.44	-11373.10	-559505.83	28.76%	0.00%	-24.67%	-14.09%
2075	15872.79	27802.25	-11929.46	-606460.21	22.83%	0.00%	-19.83%	-11.18%	16777.72	27802.25	-11024.53	-584793.62	29.83%	0.00%	-25.91%	-14.36%
2076	15904.64	27549.58	-11644.95	-633557.79	23.21%	0.00%	-20.47%	-11.38%	16826.04	27549.58	-10723.54	-610405.09	30.35%	0.00%	-26.76%	-14.62%
2077	15954.94	27812.90	-11857.96	-661551.14	23.61%	1.94%	-17.53%	-11.50%	16894.60	27875.28	-10980.68	-636920.42	30.89%	2.16%	-23.63%	-14.80%

续表

年份	46.7%								60%							
	基金财务运行状况（亿元）				变化幅度				基金财务运行状况（亿元）				变化幅度			
	收入	支出	当期结余	累计结余	收入	支出	当期结余	累计结余	收入	支出	当期结余	累计结余	收入	支出	当期结余	累计结余
2078	16026.82	27644.67	-11617.85	-689998.21	24.03%	2.33%	-17.56%	-11.61%	16986.99	27738.33	-10751.34	-663863.55	31.46%	2.68%	-23.71%	-14.96%
2079	16124.03	27451.88	-11327.85	-718859.22	24.47%	2.73%	-17.73%	-11.72%	17107.37	27576.55	-10469.18	-691191.05	32.06%	3.19%	-23.97%	-15.12%
2080	16247.08	27241.06	-10993.98	-748099.53	24.93%	3.11%	-18.04%	-11.82%	17256.55	27396.44	-10139.89	-718864.21	32.69%	3.70%	-24.41%	-15.27%
2081	16396.15	27019.53	-10623.37	-777690.98	25.41%	3.49%	-18.50%	-11.92%	17435.01	27205.25	-9770.24	-746850.32	33.36%	4.20%	-25.04%	-15.42%
2082	16571.54	26784.92	-10213.38	-807601.97	25.92%	3.86%	-19.13%	-12.02%	17643.10	27000.55	-9357.44	-775112.95	34.06%	4.70%	-25.90%	-15.56%
2083	16771.01	26536.10	-9765.09	-837801.24	26.45%	4.23%	-19.93%	-12.13%	17878.33	26781.25	-8902.92	-803616.27	34.80%	5.20%	-27.00%	-15.71%
2084	16990.71	26296.98	-9306.28	-868285.20	26.99%	4.60%	-20.87%	-12.23%	18136.44	26571.29	-8434.86	-832352.41	35.55%	5.69%	-28.28%	-15.87%
2085	17227.69	26061.95	-8834.25	-899047.44	27.53%	4.98%	-21.94%	-12.34%	18414.15	26365.16	-7951.00	-861311.00	36.32%	6.20%	-29.75%	-16.02%
2086	17478.55	25834.88	-8356.33	-930088.86	28.09%	5.37%	-23.15%	-12.46%	18707.74	26166.78	-7459.04	-890489.29	37.10%	6.72%	-31.40%	-16.18%
2087	17741.10	25610.37	-7869.28	-961407.09	28.65%	5.77%	-24.50%	-12.57%	19014.83	25970.78	-6955.94	-919881.36	37.88%	7.26%	-33.26%	-16.35%
2088	18012.78	25389.73	-7376.95	-993003.64	29.21%	6.19%	-26.00%	-12.69%	19332.61	25778.52	-6445.90	-949485.45	38.68%	7.82%	-35.34%	-16.52%
2089	18284.89	25199.79	-6914.90	-1024916.51	29.78%	6.62%	-27.56%	-12.82%	19651.89	25617.04	-5965.15	-979336.86	39.49%	8.39%	-37.51%	-16.70%
2090	18557.33	25024.75	-6467.43	-1057168.53	30.36%	7.07%	-29.21%	-12.94%	19972.26	25470.50	-5498.24	-1009455.99	40.30%	8.98%	-39.82%	-16.87%

注：变化幅度均是与继续实行"全面二孩"政策时的情况相比；当期结余为负代表基金出现当期赤字，累计结余为负代表基金出现累计赤字。

表5-10　城乡居民基本养老保险基金财务运行状况（"全面三孩"生育意愿为 80%~100%）

年份	"全面三孩"生育意愿															
	80%								100%							
	基金财务运行状况（亿元）				变化幅度				基金财务运行状况（亿元）				变化幅度			
	收入	支出	当期结余	累计结余	收入	支出	当期结余	累计结余	收入	支出	当期结余	累计结余	收入	支出	当期结余	累计结余
2018	4370.15	2712.56	1657.59	9428.41	0.00%	0.00%	0.00%	0.00%	4370.15	2712.56	1657.59	9428.41	0.00%	0.00%	0.00%	0.00%
2019	4942.75	2939.61	2003.15	11717.35	0.00%	0.00%	0.00%	0.00%	4942.75	2939.61	2003.15	11717.35	0.00%	0.00%	0.00%	0.00%
2020	5550.89	3200.81	2350.08	14419.12	0.00%	0.00%	0.00%	0.00%	5550.89	3200.81	2350.08	14419.12	0.00%	0.00%	0.00%	0.00%
2021	5889.62	3429.35	2460.27	17301.37	0.00%	0.00%	0.00%	0.00%	5889.62	3429.35	2460.27	17301.37	0.00%	0.00%	0.00%	0.00%
2022	6191.46	3791.91	2399.55	20193.44	0.00%	0.00%	0.00%	0.00%	6191.46	3791.91	2399.55	20193.44	0.00%	0.00%	0.00%	0.00%
2023	6456.91	4271.76	2185.15	22938.05	0.00%	0.00%	0.00%	0.00%	6456.91	4271.76	2185.15	22938.05	0.00%	0.00%	0.00%	0.00%
2024	6769.86	4740.05	2029.81	25592.06	0.00%	0.00%	0.00%	0.00%	6769.86	4740.05	2029.81	25592.06	0.00%	0.00%	0.00%	0.00%
2025	7090.10	5260.98	1829.12	28106.71	0.00%	0.00%	0.00%	0.00%	7090.10	5260.98	1829.12	28106.71	0.00%	0.00%	0.00%	0.00%
2026	7377.49	5799.93	1577.56	30426.38	0.00%	0.00%	0.00%	0.00%	7377.49	5799.93	1577.56	30426.38	0.00%	0.00%	0.00%	0.00%
2027	7702.14	6328.38	1373.77	32595.15	0.00%	0.00%	0.00%	0.00%	7702.14	6328.38	1373.77	32595.15	0.00%	0.00%	0.00%	0.00%
2028	7944.92	6989.12	955.80	34389.72	0.00%	0.00%	0.00%	0.00%	7944.92	6989.12	955.80	34389.72	0.00%	0.00%	0.00%	0.00%
2029	8250.67	7650.01	600.66	35865.14	0.00%	0.00%	0.00%	0.00%	8250.67	7650.01	600.66	35865.14	0.00%	0.00%	0.00%	0.00%
2030	8535.32	8403.49	131.83	36896.90	0.00%	0.00%	0.00%	0.00%	8535.32	8403.49	131.83	36896.90	0.00%	0.00%	0.00%	0.00%
2031	8812.07	9111.61	-299.54	37512.29	0.00%	0.00%	0.00%	0.00%	8812.07	9111.61	-299.54	37512.29	0.00%	0.00%	0.00%	0.00%
2032	9127.37	9847.84	-720.47	37711.61	0.00%	0.00%	0.00%	0.00%	9127.37	9847.84	-720.47	37711.61	0.00%	0.00%	0.00%	0.00%
2033	9420.41	10602.41	-1181.99	37442.86	0.00%	0.00%	0.00%	0.00%	9420.41	10602.41	-1181.99	37442.86	0.00%	0.00%	0.00%	0.00%
2034	9725.42	11369.19	-1643.77	36694.06	0.00%	0.00%	0.00%	0.00%	9725.42	11369.19	-1643.77	36694.06	0.00%	0.00%	0.00%	0.00%
2035	10215.61	12124.56	-1908.95	35654.74	1.60%	0.00%	-7.78%	0.47%	10271.09	12124.56	-1853.47	35711.61	2.15%	0.00%	-10.46%	0.63%
2036	10660.96	12836.37	-2175.41	34316.32	3.10%	0.00%	-12.84%	1.47%	10753.48	12836.37	-2082.88	34469.44	3.99%	0.00%	-16.55%	1.92%
2037	11143.60	13500.51	-2356.91	32758.39	4.54%	0.00%	-17.02%	3.17%	11275.46	13500.51	-2225.05	33050.50	5.77%	0.00%	-21.67%	4.09%

159

续表

"全面三孩"生育意愿

年份	80% 基金财务运行状况（亿元）				80% 变化幅度				100% 基金财务运行状况（亿元）				100% 变化幅度			
	收入	支出	当期结余	累计结余	收入	支出	当期结余	累计结余	收入	支出	当期结余	累计结余	收入	支出	当期结余	累计结余
2038	11491.79	14223.50	-2731.71	30777.35	4.91%	0.00%	-16.45%	5.42%	11633.93	14223.50	-2589.57	31222.45	6.21%	0.00%	-20.80%	6.94%
2039	11829.40	14982.11	-3152.71	28315.25	5.29%	0.00%	-15.85%	8.55%	11981.64	14982.11	-3000.47	28927.53	6.64%	0.00%	-19.92%	10.90%
2040	12173.99	15746.30	-3572.31	25361.52	5.65%	0.00%	-15.41%	13.18%	12336.30	15746.30	-3410.00	26155.47	7.05%	0.00%	-19.25%	16.72%
2041	12449.08	16474.69	-4025.61	21869.31	6.03%	0.00%	-14.95%	20.71%	12620.98	16474.69	-3853.71	22859.30	7.49%	0.00%	-18.58%	26.18%
2042	12672.16	17315.98	-4643.83	17656.12	6.47%	0.00%	-14.23%	35.61%	12854.05	17315.98	-4461.94	18857.30	8.00%	0.00%	-17.59%	44.83%
2043	12943.09	18086.86	-5143.77	12825.15	6.90%	0.00%	-13.97%	77.71%	13135.56	18086.86	-4951.30	14253.65	8.49%	0.00%	-17.19%	97.50%
2044	13204.61	18899.52	-5694.91	7308.50	7.36%	0.00%	-13.72%	1056.35%	13408.59	18899.52	-5490.92	8981.80	9.02%	0.00%	-16.81%	1321.10%
2045	13460.17	19751.31	-6291.14	1042.79	7.87%	0.00%	-13.50%	-115.32%	13676.78	19751.31	-6074.53	2979.95	9.61%	0.00%	-16.48%	-143.78%
2046	13589.06	20647.20	-7058.14	-6165.73	8.48%	0.00%	-13.08%	-59.70%	13818.44	20647.20	-6828.76	-3945.03	10.31%	0.00%	-15.91%	-74.22%
2047	13639.17	21705.12	-8065.96	-14587.48	9.22%	0.00%	-12.49%	-41.95%	13882.52	21705.12	-7822.61	-12061.83	11.17%	0.00%	-15.13%	-52.00%
2048	13711.14	22732.42	-9021.28	-24198.98	9.96%	0.00%	-12.10%	-33.30%	13969.62	22732.42	-8762.80	-21345.25	12.03%	0.00%	-14.62%	-41.16%
2049	13719.12	23883.04	-10163.92	-35221.97	10.78%	0.00%	-11.61%	-28.08%	13993.97	23883.04	-9889.07	-32015.18	13.00%	0.00%	-14.00%	-34.63%
2050	13652.36	25162.26	-11509.90	-47900.17	11.65%	0.00%	-11.02%	-24.51%	13944.88	25162.26	-11217.38	-44313.37	14.05%	0.00%	-13.28%	-30.17%
2051	13665.61	26042.71	-12377.10	-61784.20	12.31%	0.00%	-10.79%	-22.05%	13975.94	26042.71	-12066.77	-57789.65	14.86%	0.00%	-13.03%	-27.09%
2052	13664.67	26906.39	-13241.73	-76901.57	12.78%	0.00%	-10.47%	-20.23%	13994.69	26906.39	-12911.70	-72468.89	15.50%	0.00%	-12.70%	-24.83%
2053	13603.60	27567.95	-13964.36	-93137.58	11.75%	0.00%	-9.29%	-18.72%	13955.91	27567.95	-13612.04	-88232.95	14.65%	0.00%	-11.58%	-23.00%
2054	13798.15	28158.07	-14359.92	-110184.93	12.50%	0.00%	-9.64%	-17.62%	14176.57	28158.07	-13981.50	-104769.81	15.58%	0.00%	-12.02%	-21.67%
2055	13991.73	28767.73	-14776.00	-128084.95	13.38%	0.00%	-10.05%	-16.79%	14401.34	28767.73	-14366.39	-122114.61	16.70%	0.00%	-12.54%	-20.67%
2056	14181.03	29144.14	-14963.11	-146624.26	14.36%	0.00%	-10.63%	-16.19%	14626.25	29144.14	-14517.89	-140048.31	17.95%	0.00%	-13.29%	-19.94%
2057	14416.99	29461.41	-15044.41	-165710.39	15.47%	0.00%	-11.38%	-15.76%	14905.28	29461.41	-14556.12	-158469.54	19.38%	0.00%	-14.25%	-19.44%

续表

| 年份 | 80% | | | | | | | | "全面三孩"生育意愿 100% | | | | | | | |
| | 基金财务运行状况（亿元） | | | | 变化幅度 | | | | 基金财务运行状况（亿元） | | | | 变化幅度 | | | |
	收入	支出	当期结余	累计结余	收入	支出	当期结余	累计结余	收入	支出	当期结余	累计结余	收入	支出	当期结余	累计结余
2058	14676.44	29756.23	-15079.79	-185309.93	16.73%	0.00%	-12.24%	-15.48%	15214.84	29756.23	-14541.39	-177336.20	21.01%	0.00%	-15.37%	-19.11%
2059	15009.70	29939.47	-14929.77	-205245.70	18.03%	0.00%	-13.31%	-15.32%	15604.26	29939.47	-14335.22	-196463.20	22.70%	0.00%	-16.76%	-18.94%
2060	15352.62	30121.71	-14769.09	-225515.15	19.41%	0.00%	-14.46%	-15.26%	16007.94	30121.71	-14113.77	-215841.40	24.51%	0.00%	-18.25%	-18.90%
2061	15636.77	30123.14	-14486.37	-246001.56	20.83%	0.00%	-15.69%	-15.29%	16352.76	30123.14	-13770.38	-235352.07	26.37%	0.00%	-19.86%	-18.96%
2062	15947.75	30074.64	-14126.89	-266631.66	22.25%	0.00%	-17.04%	-15.39%	16726.60	30074.64	-13348.04	-254917.61	28.22%	0.00%	-21.62%	-19.10%
2063	16262.46	29985.89	-13723.42	-287363.97	23.66%	0.00%	-18.48%	-15.54%	17104.79	29985.89	-12881.10	-274493.68	30.06%	0.00%	-23.48%	-19.33%
2064	16537.06	29937.76	-13400.70	-308283.78	25.11%	0.00%	-19.85%	-15.74%	17442.36	29937.76	-12495.40	-294163.80	31.96%	0.00%	-25.26%	-19.60%
2065	16806.01	29885.29	-13079.28	-329397.13	26.52%	0.00%	-21.22%	-15.98%	17772.91	29885.29	-12112.38	-313933.09	33.80%	0.00%	-27.04%	-19.93%
2066	16962.44	29712.31	-12749.87	-350700.68	27.94%	0.00%	-22.51%	-16.25%	17983.82	29712.31	-11728.49	-333803.12	35.64%	0.00%	-28.72%	-20.28%
2067	17113.00	29524.48	-12411.47	-372189.96	29.32%	0.00%	-23.82%	-16.53%	18186.84	29524.48	-11337.64	-353769.28	37.44%	0.00%	-30.41%	-20.66%
2068	17237.48	29367.68	-12130.21	-393928.17	30.74%	0.00%	-25.05%	-16.83%	18362.45	29367.68	-11005.23	-373893.87	39.28%	0.00%	-32.00%	-21.06%
2069	17350.50	29198.25	-11847.75	-415920.32	32.18%	0.00%	-26.28%	-17.14%	18525.60	29198.25	-10672.65	-394180.68	41.13%	0.00%	-33.59%	-21.47%
2070	17508.32	28941.09	-11432.77	-438036.92	33.51%	0.00%	-27.76%	-17.46%	18732.88	28941.09	-10208.21	-414498.61	42.84%	0.00%	-35.50%	-21.90%
2071	17635.31	28722.82	-11087.50	-460352.53	34.92%	0.00%	-29.16%	-17.80%	18909.25	28722.82	-9813.57	-434919.98	44.66%	0.00%	-37.30%	-22.34%
2072	17762.11	28505.97	-10743.86	-482873.80	36.35%	0.00%	-30.59%	-18.14%	19085.64	28505.97	-9420.33	-455448.82	46.51%	0.00%	-39.14%	-22.79%
2073	17893.44	28280.86	-10387.42	-505592.75	37.81%	0.00%	-32.09%	-18.49%	19267.19	28280.86	-9013.67	-476074.05	48.39%	0.00%	-41.07%	-23.25%
2074	18037.22	28046.44	-10009.22	-528492.02	39.30%	0.00%	-33.70%	-18.86%	19462.76	28046.44	-8583.68	-496774.17	50.31%	0.00%	-43.15%	-23.73%
2075	18192.63	27802.25	-9609.61	-551554.18	40.78%	0.00%	-35.42%	-19.23%	19672.19	27802.25	-8130.06	-517526.84	52.23%	0.00%	-45.36%	-24.21%
2076	18268.50	27549.58	-9281.08	-574856.14	41.53%	0.00%	-36.61%	-19.59%	19778.94	27549.58	-7770.65	-538429.92	53.23%	0.00%	-46.93%	-24.69%
2077	18367.64	27969.09	-9601.44	-599069.02	42.31%	2.51%	-33.22%	-19.86%	19912.49	28062.89	-8150.40	-560244.83	54.27%	2.85%	-43.31%	-25.05%

续表

年份	"全面三孩"生育意愿																
	80%								100%								
	基金财务运行状况(亿元)				变化幅度				基金财务运行状况(亿元)				变化幅度			
	收入	支出	当期结余	累计结余	收入	支出	当期结余	累计结余	收入	支出	当期结余	累计结余	收入	支出	当期结余	累计结余
2078	18494.53	27879.16	-9384.63	-623665.00	43.13%	3.20%	-33.41%	-20.11%	20078.35	28020.00	-7941.65	-582391.15	55.38%	3.72%	-43.65%	-25.40%
2079	18654.05	27764.02	-9109.98	-648594.35	44.00%	3.89%	-33.84%	-20.35%	20282.30	27951.50	-7669.20	-604811.86	56.57%	4.59%	-44.30%	-25.72%
2080	18847.54	27630.10	-8782.56	-673811.33	44.92%	4.58%	-34.53%	-20.58%	20526.38	27863.76	-7337.38	-627452.96	57.83%	5.47%	-45.30%	-26.04%
2081	19076.06	27484.54	-8408.48	-699275.30	45.91%	5.27%	-35.49%	-20.80%	20812.36	27763.82	-6951.46	-650264.54	59.19%	6.34%	-46.67%	-26.35%
2082	19340.11	27324.80	-7984.69	-724941.49	46.96%	5.96%	-36.77%	-21.03%	21140.95	27649.05	-6508.11	-673191.96	60.64%	7.21%	-48.47%	-26.67%
2083	19636.73	27149.88	-7513.16	-750766.01	48.05%	6.64%	-38.39%	-21.26%	21508.69	27518.52	-6009.83	-696181.84	62.17%	8.09%	-50.72%	-26.98%
2084	19961.05	26983.79	-7022.74	-776733.47	49.19%	7.33%	-40.28%	-21.49%	21910.03	27396.28	-5486.25	-719209.79	63.75%	8.97%	-53.35%	-27.30%
2085	20309.21	26821.11	-6511.90	-802826.51	50.35%	8.04%	-42.46%	-21.73%	22340.41	27277.07	-4936.66	-742250.11	65.38%	9.87%	-56.38%	-27.63%
2086	20676.88	26665.89	-5989.01	-829035.90	51.53%	8.75%	-44.92%	-21.97%	22794.80	27164.99	-4370.19	-765285.81	67.05%	10.79%	-59.81%	-27.97%
2087	21061.35	26512.74	-5451.39	-855349.48	52.72%	9.50%	-47.70%	-22.22%	23270.04	27054.70	-3784.66	-788297.23	68.74%	11.73%	-63.69%	-28.32%
2088	21459.30	26363.16	-4903.86	-881759.67	53.93%	10.26%	-50.81%	-22.48%	23762.19	26947.80	-3185.61	-811269.91	70.45%	12.71%	-68.04%	-28.67%
2089	21860.70	26244.48	-4383.79	-908297.04	55.16%	11.04%	-54.07%	-22.74%	24260.16	26871.92	-2611.76	-834228.72	72.19%	13.70%	-72.64%	-29.04%
2090	22264.59	26140.79	-3876.21	-934977.58	56.40%	11.85%	-57.57%	-23.01%	24762.33	26811.09	-2048.75	-857184.40	73.95%	14.72%	-77.58%	-29.41%

注:变化幅度均是与继续实行"全面二孩"政策时的情况相比;当期结余为负代表基金出现当期赤字,累计结余为负代表基金出现累计赤字。

计赤字较继续实行"全面二孩"政策时下降约三成（29.41%）。因此，"全面三孩"政策的实施能改善城乡居民基本养老保险基金财务运行状况，并降低城乡居民基本养老保险基金的累计赤字。

第四节　小　　结

运用精算模型，本书模拟了"全面三孩"政策对我国社会养老保险基金财务运行状况的影响，研究发现以下几点。第一，当20.5%的符合"全面三孩"规定的夫妇生育三孩，与继续实行"全面二孩"政策的情况相比，城镇职工基本养老保险基金开始出现当期赤字和累计赤字的时点没有发生变化，但是2090年基金累计赤字降至1860.83万亿元，降幅达9.17%；如果生育意愿进一步提高，降幅更大，当所有符合"全面三孩"规定的夫妇生育三孩，基金开始出现当期赤字和累计赤字的时点仍未发生变化，但是2090年基金累计赤字降至1012.95万亿元，降幅达50.56%。第二，当20.5%的符合"全面三孩"规定的夫妇生育三孩，与继续实行"全面二孩"政策的情况相比，城乡居民基本养老保险基金开始出现当期赤字和累计赤字的时点没有发生变化，但是2090年基金累计赤字降至114.69万亿元，降幅为5.55%；如果生育意愿进一步提高，降幅将更大，当所有符合"全面三孩"规定的夫妇生育三孩，基金开始出现累计赤字的时点仅推迟1年（=2046-2045），但是2090年基金累计赤字降至85.72万亿元，降幅达29.41%。可见，虽然"全面三孩"政策对社会养老保险基金开始出现当期赤字和累计赤字的时点影响较小，但是能改善社会养老保险基金的财务运行状况，降低社会养老保险基金的累计赤字。具体情况，见表5-11。

表5-11　"全面三孩"政策对社会养老保险基金财务运行状况的影响

险种	模拟情形	当期赤字时点	累计赤字时点	2090年累计赤字（亿元）	变化幅度
城镇职工基本养老保险	继续实行"全面二孩"政策	2018—2090年	2027—2090年	20487133.06	—
	20.5%的符合"全面三孩"规定的夫妇生育三孩	2018—2090年	2027—2090年	18608266.59	-9.17%
	46.7%的符合"全面三孩"规定的夫妇生育三孩	2018—2090年	2027—2090年	16024352.17	-21.78%
	60%的符合"全面三孩"规定的夫妇生育三孩	2018—2090年	2027—2090年	14633827.16	-28.57%
	80%的符合"全面三孩"规定的夫妇生育三孩	2018—2090年	2027—2090年	12442323.61	-39.27%
	100%的符合"全面三孩"规定的夫妇生育三孩	2018—2090年	2027—2090年	10129535.50	-50.56%

续表

险种	模拟情形	当期赤字时点	累计赤字时点	2090 年累计赤字（亿元）	变化幅度
城乡居民基本养老保险	继续实行"全面二孩"政策	2031—2090 年	2045—2090 年	1214367.00	—
	20.5% 的符合"全面三孩"规定的夫妇生育三孩	2031—2090 年	2045—2090 年	1146935.12	−5.55%
	46.7% 的符合"全面三孩"规定的夫妇生育三孩	2031—2090 年	2045—2090 年	1057168.53	−12.94%
	60% 的符合"全面三孩"规定的夫妇生育三孩	2031—2090 年	2045—2090 年	1009455.99	−16.87%
	80% 的符合"全面三孩"规定的夫妇生育三孩	2031—2090 年	2046—2090 年	934977.58	−23.01%
	100% 的符合"全面三孩"规定的夫妇生育三孩	2031—2090 年	2046—2090 年	857184.40	−29.41%

第六章　生育政策调整与延迟退休年龄政策的组合 对社会养老保险基金可持续性的影响

上文分析了"全面三孩"政策对城镇职工基本养老保险和城乡居民基本养老保险基金可持续性的影响，发现"全面三孩"也无法改变城镇职工基本养老保险基金和城乡居民基本养老保险基金出现累计赤字的趋势，那么如何进一步促进城镇职工基本养老保险基金和城乡居民基本养老保险基金的可持续性呢？下面分析"全面三孩"政策与延迟退休年龄政策的组合对城镇职工基本养老保险基金和城乡居民基本养老保险基金可持续性的影响。

第一节　延迟退休年龄政策对社会养老保险基金 可持续性的影响机制

现阶段，我国退休年龄仍执行的是老政策，即男性 60 岁退休，女干部 55 岁退休，女工人 50 岁退休。《十四五规划纲要》指出"出台渐进式延迟退休年龄政策"，可见延迟退休年龄已成定局。延迟退休年龄(延迟待遇领取年龄)使得参保在职职工人数(缴费人数)增加且参保退休职工人数(待遇领取人数)减少，从而社会养老保险基金收入增加且社会养老保险基金支出减少，进而社会养老保险基金的财务运行状况得以改善。延迟退休年龄(延迟待遇领取年龄)使得社会养老保险基金开始出现累计赤字的时点向后推迟，从而有助于"全面二孩"政策发挥作用，进一步提高社会养老保险基金的可持续性。

然而，我国还未公布具体的延迟退休年龄方案，参照发达国家经验，本书对延迟退休年龄方案做如下设定：我国于 2022 年开始延迟退休年龄①，首先，延迟女工人的退休年龄(女干部和男性的退休年龄暂不变)，每年延迟 6 个月，至 2031 年女工人的退休年龄达到 55 岁；其次，2032 年开始延迟女性(含女干部和女工人)的退休年龄(男性的退休年龄暂不变)，每年延迟 6 个月，至 2041 年女性的退休年龄达到 60 岁；最后，2042 年开始延迟男女的退休年龄，每年延迟 6 个月，至 2051 年男女的退休年龄均达到 65 岁。

---

① 人力资源和社会保障部曾召开新闻发布会，表示延迟退休年龄政策将于 2022 年正式实施。

在人口老龄化不断加深的背景下，城乡居民基本养老保险基金的支付压力不断上升，城乡居民基本养老保险参保人员的领取待遇年龄也可能延迟，本书并不排除这一情况的发生。本书假定城乡居民基本养老保险参保人员的领取待遇年龄于 2032 年起每年延迟 6 个月，最终从目前的 60 周岁延迟至 65 周岁（封铁英，李梦伊，2010①；于洪，曾益，2015②），这一设定方式参照的是城镇职工延迟退休年龄方案的设定。

第二节　生育政策调整与延迟退休年龄政策的组合对城镇
职工基本养老保险基金的影响

一、生育政策调整与延迟退休年龄政策的组合对城镇职工基本养老保险参保人数的影响

从表 6-1 中可以看出，"全面三孩"政策叠加延迟退休年龄政策后，与继续实行"全面二孩"政策的情况相比，未来各年城镇职工基本养老保险的参保总人数有所增加。当20.5%的符合"全面三孩"规定的夫妇生育三孩，与继续实行"全面二孩"政策的情况相比，2018—2090 年"全面三孩"政策叠加延迟退休年龄政策使得参保在职职工人数增加 0.77% ~59.52%，参保退休职工人数减少 1.62% ~33.08%，参保总人数增加 0.27%-16.02%。

表 6-1　城镇职工基本养老保险参保人数

（"全面三孩"生育意愿为 20.5%与延迟退休年龄）　　　　　　　　　（单位：人）

年份	绝对值				变化值			
	参保在职职工	参保退休职工	参保城镇职工	退职比	参保在职职工	参保退休职工	参保城镇职工	退职比
2018	292318538	115597167	407915705	0.3954	0	0	0	0
2019	292946531	119707576	412654107	0.4086	0	0	0	0
2020	293428855	124181904	417610759	0.4232	0	0	0	0
2021	294193895	127776244	421970139	0.4343	0	0	0	0
2022	296529662	130218201	426747863	0.4391	2282712	−2282712	0	−0.0112

① 封铁英，李梦伊. 新型农村社会养老保险基金收支平衡模拟与预测——基于制度风险参数优化的视角[J]. 公共管理学报，2010，7（4）：100-110.

② 于洪，曾益. 退休年龄、生育政策与中国基本养老保险基金的可持续性[J]. 财经研究，2015，4（6）：46-57.

续表

年份	绝对值				变化值			
	参保在职职工	参保退休职工	参保城镇职工	退职比	参保在职职工	参保退休职工	参保城镇职工	退职比
2023	294686263	136703923	431390186	0.4639	2246539	−2246539	0	−0.0112
2024	295824765	139910559	435735324	0.4730	4405408	−4405408	0	−0.0223
2025	294327059	145490829	439817888	0.4943	4197722	−4197722	0	−0.0216
2026	296264556	148433773	444698329	0.5010	6203013	−6203013	0	−0.0321
2027	296544644	152908846	449453490	0.5156	5844698	−5844698	0	−0.0305
2028	298171321	156166380	454337701	0.5237	7781078	−7781078	0	−0.0408
2029	298309158	160909607	459218765	0.5394	7743687	−7743687	0	−0.0410
2030	300298591	163843115	464141706	0.5456	9619767	−9619767	0	−0.0512
2031	300674343	168247744	468922086	0.5596	9588647	−9588647	0	−0.0514
2032	303829289	168452285	472281575	0.5544	13645371	−13645371	0	−0.0731
2033	305138180	171949992	477088172	0.5635	13964650	−13964650	0	−0.0750
2034	310303535	171491671	481795206	0.5527	17882588	−17882588	0	−0.0950
2035	311915038	174450667	486365705	0.5593	17850243	−17850243	0	−0.0947
2036	317377005	173344416	490721421	0.5462	22014306	−22014306	0	−0.1152
2037	319245304	175565459	494810763	0.5499	22832023	−22832023	0	−0.1194
2038	324634648	173940028	498574676	0.5358	27177920	−27177920	0	−0.1403
2039	327353705	175961756	503315461	0.5375	29397694	−28041030	1356664	−0.1471
2040	333698629	173893462	507592091	0.5211	35399036	−32724501	2674535	−0.1715
2041	335651011	175653208	511304219	0.5233	37058456	−33113313	3945143	−0.1758
2042	344869215	169611380	514480596	0.4918	47048351	−41878931	5169420	−0.2183
2043	344943730	172185790	517129520	0.4992	47544284	−41195739	6348545	−0.2183
2044	353391285	165856819	519248104	0.4693	56679890	−49198127	7481762	−0.2555
2045	353944463	166927457	520871920	0.4716	58110904	−49537697	8573207	−0.2601
2046	361718690	160337046	522055736	0.4433	67051666	−57422938	9628727	−0.2957
2047	361801641	161041212	522842853	0.4451	68978605	−58324496	10654109	−0.3040
2048	369079340	154216423	523295762	0.4178	78185302	−66529807	11655495	−0.3410
2049	368786092	154676516	523462608	0.4194	80026658	−67388714	12637944	−0.3496
2050	375729146	147646255	523375401	0.3930	89292013	−75685665	13606348	−0.3867
2051	374234195	148847525	523081720	0.3977	89156581	−74592532	14564049	−0.3860

年份	绝对值				变化值			
	参保在职职工	参保退休职工	参保城镇职工	退职比	参保在职职工	参保退休职工	参保城镇职工	退职比
2052	371546466	151061553	522608019	0.4066	87661389	−72148887	15512502	−0.3797
2053	369151736	152795655	521947391	0.4139	86558928	−70104298	16454630	−0.3749
2054	365841630	155324478	521166108	0.4246	84216333	−66823410	17392922	−0.3642
2055	362101037	158160970	520262C07	0.4368	81244217	−62914569	18329648	−0.3504
2056	360872782	158429919	519302701	0.4390	81433429	−62163894	19269535	−0.3504
2057	359974353	158325500	518299853	0.4398	81936778	−61720791	20215986	−0.3516
2058	359029013	158204280	517233292	0.4406	82610373	−61434256	21176117	−0.3539
2059	359024466	157132863	516157329	0.4377	84233541	−62071013	22162528	−0.3600
2060	359786284	155319289	515105573	0.4317	86715580	−63528741	23186839	−0.3697
2061	359577349	154438816	514016165	0.4295	88718193	−64455631	24262562	−0.3786
2062	359464875	153495924	512960799	0.4270	90857240	−65457222	25400018	−0.3881
2063	359014351	152744704	511759054	0.4255	92723681	−66127131	26596550	−0.3965
2064	358935238	151492417	510427655	0.4221	95519107	−67673134	27845973	−0.4100
2065	358284761	150823308	509108069	0.4210	97594372	−68453320	29141052	−0.4202
2066	357546576	150175999	507722575	0.4200	100188786	−69710009	30478777	−0.4344
2067	356851349	149408386	506259735	0.4187	103012696	−71159406	31853290	−0.4502
2068	356137804	148582019	504719823	0.4172	106025749	−72777953	33247796	−0.4678
2069	354430667	148531471	502962139	0.4191	108150165	−73499479	34650687	−0.4825
2070	352564803	148535900	501100703	0.4213	109468966	−73412998	36055968	−0.4917
2071	350295908	148764846	499060754	0.4247	111222311	−73766587	37455724	−0.5061
2072	347744951	149164539	496909490	0.4289	112744137	−73900656	38843480	−0.5203
2073	344885749	149744840	494630589	0.4342	113965394	−73748791	40216603	−0.5337
2074	341873625	150362910	492236534	0.4398	114994124	−73420736	41573389	−0.5465
2075	339881913	149860569	489742482	0.4409	116977037	−74064545	42912492	−0.5637
2076	336302477	150859605	487162081	0.4486	117280238	−73047178	44233060	−0.5737
2077	332551385	151934847	484486232	0.4569	117290250	−71755599	45534651	−0.5823
2078	328683447	153076028	481759476	0.4657	117033487	−70215907	46817581	−0.5893
2079	324769679	154162086	478931766	0.4747	116558768	−68475408	48083360	−0.5946
2080	320871822	155165671	476037493	0.4836	115935041	−66601333	49333708	−0.5985

续表

年份	绝对值				变化值			
	参保在职职工	参保退休职工	参保城镇职工	退职比	参保在职职工	参保退休职工	参保城镇职工	退职比
2081	317053160	156064996	473118156	0.4922	115237317	−64665914	50571402	−0.6015
2082	312144714	158002447	470147162	0.5062	113303360	−61505888	51797471	−0.5978
2083	307482488	159612746	467095234	0.5191	111493652	−58478954	53014697	−0.5937
2084	303130633	160936365	464066998	0.5309	109901491	−55675132	54226359	−0.5901
2085	299083877	161923771	461007647	0.5414	108544923	−53111271	55433652	−0.5872
2086	295334118	162574272	457908390	0.5505	107441676	−50802516	56639160	−0.5852
2087	291883907	162833811	454717719	0.5579	106615141	−48773101	57842041	−0.5843
2088	288696797	162731240	451428037	0.5637	106048465	−47010596	59037869	−0.5847
2089	285724174	162364042	448088216	0.5683	105710109	−45485795	60224314	−0.5864
2090	282919226	161716034	444635260	0.5716	105558092	−44159413	61398679	−0.5892

注：变化值是与继续实行"全面二孩"政策的情况相比；参保城镇职工人数(参保总人数)＝参保在职职工人数+参保退休职工人数，退职比＝参保退休职工人数/参保在职职工人数。

与继续实行"全面二孩"政策的情况相比，"全面三孩"政策和延迟退休年龄政策的组合同样使得参保在职职工人数增加且参保退休职工人数减少，进而城镇职工基本养老保险系统内抚养比(退职比)有所下降。从表6-1中可以看出，与继续实行"全面二孩"政策的情况相比，自2022年起退职比下降。在继续实行"全面二孩"政策的情况下，2090年的退职比为1.1608，即1位参保在职职工需要抚养1.1608位参保退休职工；延迟退休年龄后，如果20.5%的符合"全面三孩"规定的夫妇生育三孩，2090年的退职比降至0.5716，即1.75位在职职工抚养1位退休职工。如果"全面三孩"生育意愿进一步提高，情况会如何变化呢？从表6-2中可以看出，如果46.7%的符合"全面三孩"规定的夫妇生育三孩，与继续实行"全面二孩"政策的情况相比，2018—2090年"全面三孩"政策叠加延迟退休年龄政策使得参保在职职工人数增加0.77%～101.46%，参保退休职工人数减少1.62%～33.15%。如果60%的符合"全面三孩"规定的夫妇生育三孩，与继续实行"全面二孩"政策的情况相比，2018—2090年"全面三孩"政策叠加延迟退休年龄政策使得参保在职职工人数增加0.77%～124.59%，参保退休职工人数减少1.62%～33.89%。如果80%的符合"全面三孩"规定的夫妇生育三孩，与继续实行"全面二孩"政策的情况相比，2018—2090年"全面三孩"政策叠加延迟退休年龄政策使得参保在职职工人数增加0.77%～161.76%，参

表 6-2 城镇职工基本养老保险参保人数（"全面三孩"生育意愿为 46.7%～100%与延迟退休年龄）

（单位：人）

"全面三孩"生育意愿

年份	46.7%			60%			80%			100%		
	参保在职职工	参保退休职工	退职比	参保在职职工	参保退休职工	退职比	参保在职职工	参保退休职工	退职比	参保在职职工	参保退休职工	退职比
2018	292318538	115597167	0.3954	292318538	115597167	0.3954	292318538	115597167	0.3954	292318538	115597167	0.3954
2019	292946531	119707576	0.4086	292946531	119707576	0.4086	292946531	119707576	0.4086	292946531	119707576	0.4086
2020	293428855	124181904	0.4232	293428855	124181904	0.4232	293428855	124181904	0.4232	293428855	124181904	0.4232
2021	294193895	127776244	0.4343	294193895	127776244	0.4343	294193895	127776244	0.4343	294193895	127776244	0.4343
2022	296529662	130218201	0.4391	296529662	130218201	0.4391	296529662	130218201	0.4391	296529662	130218201	0.4391
2023	294686263	136703923	0.4639	294686263	136703923	0.4639	294686263	136703923	0.4639	294686263	136703923	0.4639
2024	295824765	139910559	0.4730	295824765	139910559	0.4730	295824765	139910559	0.4730	295824765	139910559	0.4730
2025	294327059	145490829	0.4943	294327059	145490829	0.4943	294327059	145490829	0.4943	294327059	145490829	0.4943
2026	296264556	148433773	0.5010	296264556	148433773	0.5010	296264556	148433773	0.5010	296264556	148433773	0.5010
2027	296544644	152908846	0.5156	296544644	152908846	0.5156	296544644	152908846	0.5156	296544644	152908846	0.5156
2028	298171321	156166380	0.5237	298171321	156166380	0.5237	298171321	156166380	0.5237	298171321	156166380	0.5237
2029	298309158	160909607	0.5394	298309158	160909607	0.5394	298309158	160909607	0.5394	298309158	160909607	0.5394
2030	300298591	163843115	0.5456	300298591	163843115	0.5456	300298591	163843115	0.5456	300298591	163843115	0.5456
2031	300674343	168247744	0.5596	300674343	168247744	0.5596	300674343	168247744	0.5596	300674343	168247744	0.5596
2032	303829289	168452285	0.5544	303829289	168452285	0.5544	303829289	168452285	0.5544	303829289	168452285	0.5544

续表

"全面三孩"生育意愿

年份	46.7%			60%			80%			100%		
	参保在职职工	参保退休职工	退职比	参保在职职工	参保退休职工	退职比	参保在职职工	参保退休职工	退职比	参保在职职工	参保退休职工	退职比
2033	305138180	171949992	0.5635	305138180	171949992	0.5635	305138180	171949992	0.5635	305138180	171949992	0.5635
2034	310303535	171491671	0.5527	310303535	171491671	0.5527	310303535	171491671	0.5527	310303535	171491671	0.5527
2035	311915038	174450667	0.5593	311915038	174450667	0.5593	311915038	174450667	0.5593	311915038	174450667	0.5593
2036	317377005	173344416	0.5462	317377005	173344416	0.5462	317377005	173344416	0.5462	317377005	173344416	0.5462
2037	319245304	175565459	0.5499	319245304	175565459	0.5499	319245304	175565459	0.5499	319245304	175565459	0.5499
2038	324634648	173940028	0.5358	324634648	173940028	0.5358	324634648	173940028	0.5358	324634648	173940028	0.5358
2039	329087587	175961756	0.5347	329967764	175961756	0.5333	331291339	175961756	0.5311	332614913	175961756	0.5290
2040	337116815	173893462	0.5158	338852001	173893462	0.5132	341461303	173893462	0.5093	344070605	173893462	0.5054
2041	340693097	175653208	0.5156	343252629	175653208	0.5117	347101549	175653208	0.5061	350950470	175653208	0.5005
2042	351475986	169611380	0.4826	354829805	169611380	0.4780	359873141	169611380	0.4713	364916477	169611380	0.4648
2043	353057480	172185790	0.4877	357176292	172185790	0.4821	363369994	172185790	0.4739	369563696	172185790	0.4659
2044	362953342	165856819	0.4570	367807363	165856819	0.4509	375106644	165856819	0.4422	382405924	165856819	0.4337
2045	364901439	166927457	0.4575	370463569	166927457	0.4506	378827673	166927457	0.4406	387191777	166927457	0.4311
2046	374024673	160337046	0.4287	380271603	160337046	0.4216	389665484	160337046	0.4115	399059364	160337046	0.4018
2047	375418111	161041212	0.4290	382330289	161041212	0.4212	392724542	161041212	0.4101	403118794	161041212	0.3995
2048	383975631	154216423	0.4016	391537488	154216423	0.3939	402908703	154216423	0.3828	414279917	154216423	0.3723

续表

"全面三孩"生育意愿

年份	46.7%			60%			80%			100%		
	参保在职职工	参保退休职工	退职比	参保在职职工	参保退休职工	退职比	参保在职职工	参保退休职工	退职比	参保在职职工	参保退休职工	退职比
2049	384938000	154676516	0.4018	393137252	154676516	0.3934	405466953	154676516	0.3815	417796655	154676516	0.3702
2050	393118723	147646255	0.3756	401946256	147646255	0.3673	415220742	147646255	0.3556	428495228	147646255	0.3446
2051	392847760	148847525	0.3789	402296631	148847525	0.3700	416505459	148847525	0.3574	430714287	148847525	0.3456
2052	391372200	151061553	0.3860	401436409	151061553	0.3763	416570557	151061553	0.3626	431704706	151061553	0.3499
2053	390181567	152795655	0.3916	400857020	152795655	0.3812	416910339	152795655	0.3665	432963666	152795655	0.3529
2054	388070753	155324478	0.4002	399355055	155324478	0.3889	416323995	155324478	0.3731	433293013	155324478	0.3585
2055	385527890	158160970	0.4102	397420433	158160970	0.3980	415304321	158160970	0.3808	433188646	158160970	0.3651
2056	385502707	158429919	0.4110	398006766	158429919	0.3981	416811233	158429919	0.3801	435617348	158429919	0.3637
2057	385818373	158325500	0.4104	398940673	158325500	0.3969	418677267	158325500	0.3782	438418439	158325500	0.3611
2058	386110421	158204280	0.4097	399865280	158204280	0.3956	420558695	158204280	0.3762	441263419	158204280	0.3585
2059	387388046	157132863	0.4056	401803007	157132863	0.3911	423500753	157132863	0.3710	445223861	157132863	0.3529
2060	389496645	155319289	0.3988	404611448	155319289	0.3839	427382089	155319289	0.3634	450202715	155319289	0.3450
2061	390721735	154438816	0.3953	406589915	154438816	0.3798	430525676	154438816	0.3587	454550129	154438816	0.3398
2062	392148327	153495924	0.3914	408834430	153495924	0.3754	434046605	153495924	0.3536	459403271	153495924	0.3341
2063	393338565	152744704	0.3883	410905465	152744704	0.3717	437502857	152744704	0.3491	464317668	152744704	0.3290
2064	394992622	151492417	0.3835	413497880	151492417	0.3664	441580553	151492417	0.3431	469969793	151492417	0.3223

续表

"全面三孩"生育意愿

年份	46.7%			60%			80%			100%		
	参保在职职工	参保退休职工	退职比	参保在职职工	参保退休职工	退职比	参保在职职工	参保退休职工	退职比	参保在职职工	参保退休职工	退职比
2065	396156798	150823308	0.3807	415651711	150823308	0.3629	445309395	150823308	0.3387	475377921	150823308	0.3173
2066	397310549	150175999	0.3780	417844128	150175999	0.3594	449162924	150175999	0.3343	481011729	150175999	0.3122
2067	398575466	149408386	0.3749	420191435	149408386	0.3556	453248625	149408386	0.3296	486968848	149408386	0.3068
2068	399863132	148582019	0.3716	422588999	148582019	0.3516	457434397	148582019	0.3248	493085995	148582019	0.3013
2069	400179397	148531471	0.3712	424031354	148531471	0.3503	460695553	148531471	0.3224	498316623	148531471	0.2981
2070	400349338	148535900	0.3710	425337695	148535900	0.3492	463841287	148535900	0.3202	503458533	148535900	0.2950
2071	400115594	148764846	0.3718	426242770	148764846	0.3490	466592882	148764846	0.3188	508217621	148764846	0.2927
2072	399588328	149164539	0.3733	426850172	149164539	0.3495	469042673	149164539	0.3180	512673312	149164539	0.2910
2073	398736769	149744840	0.3755	427126275	149744840	0.3506	471152081	149744840	0.3178	516781280	149744840	0.2898
2074	397713078	150362910	0.3781	427221217	150362910	0.3520	473067673	150362910	0.3178	520683891	150362910	0.2888
2075	397688154	149860569	0.3768	428304360	149860569	0.3499	475956126	149860569	0.3149	525544703	149860569	0.2852
2076	396052264	150859605	0.3809	427764959	150859605	0.3527	477204939	150859605	0.3161	528749195	150859605	0.2853
2077	394220701	151934847	0.3854	427017849	151934847	0.3558	478228212	151934847	0.3177	531710711	151934847	0.2857
2078	392249043	153076028	0.3903	426119203	153076028	0.3592	479083330	153076028	0.3195	534488294	153076028	0.2864
2079	390210936	154162086	0.3951	425144374	154162086	0.3626	479848778	154162086	0.3213	537164338	154162086	0.2870
2080	388171688	155165671	0.3997	424161176	155165671	0.3658	480597146	155165671	0.3229	539817567	155165671	0.2874

"全面三孩"生育意愿

年份	46.7%			60%			80%			100%		
	参保在职职工	参保退休职工	退职比	参保在职职工	参保退休职工	退职比	参保在职职工	参保退休职工	退职比	参保在职职工	参保退休职工	退职比
2081	386200025	156064996	0.4041	423242046	156064996	0.3687	481407837	156064996	0.3242	542536194	156064996	0.2877
2082	381568355	159564388	0.4182	418869223	160357281	0.3828	477576386	161549602	0.3383	539431112	162741923	0.3017
2083	377242147	162675261	0.4312	414836655	164229897	0.3959	474144476	166567695	0.3513	536794273	168905492	0.3147
2084	373302000	165428449	0.4431	411234615	167708782	0.4078	471218850	171137855	0.3632	534751480	174566927	0.3264
2085	369748223	167773031	0.4537	408067582	170742312	0.4184	468812204	175207396	0.3737	533326239	179672480	0.3369
2086	366577933	169708999	0.4630	405336619	173330826	0.4276	466933399	178777183	0.3829	532537693	184223539	0.3459
2087	363797357	171179195	0.4705	403050683	175415592	0.4352	465596788	181786114	0.3904	532407350	188156636	0.3534
2088	361362873	172214321	0.4766	401162769	177028251	0.4413	464750756	184267244	0.3965	532879715	191506237	0.3594
2089	359216847	172918033	0.4814	399610797	178275594	0.4461	464326808	186332075	0.4013	533880308	194388557	0.3641
2090	357305022	173278333	0.4850	398336845	179147745	0.4497	464261681	187973927	0.4049	535340782	196800110	0.3676

注:参保城镇职工人数(参保总人数)=参保在职职工人数+参保退休职工人数,退职比=参保退休职工人数/参保在职职工人数。

保退休职工人数减少 1.62%～33.89%。如果所有符合"全面三孩"规定的夫妇生育三孩，与继续实行"全面二孩"政策的情况相比，2018—2090 年"全面三孩"政策叠加延迟退休年龄政策使得参保在职职工人数增加 0.77%～201.84%，参保退休职工人数减少 1.62%～33.89%。

再看退职比的变化，如果 46.7% 的符合"全面三孩"规定的夫妇生育三孩，"全面三孩"政策叠加延迟退休年龄政策使得 2090 年的退职比降至 0.4850，即 2.06 位参保在职职工抚养 1 位参保退休职工。如果 60% 的符合"全面三孩"规定的夫妇生育三孩，"全面三孩"政策叠加延迟退休年龄政策使得 2090 年的退职比降至 0.4497，即 2.22 位参保在职职工抚养 1 位参保退休职工。如果 80% 的符合"全面三孩"规定的夫妇生育三孩，"全面三孩"政策叠加延迟退休年龄政策使得 2090 年的退职比降至 0.4049，即 2.47 位参保在职职工抚养 1 位参保退休职工。如果所有符合"全面三孩"规定的夫妇生育三孩，2090 年的退职比降至 0.3676，即 2.72 位在职职工抚养 1 位退休职工。可见，"全面三孩"政策与延迟退休年龄政策的组合能使得参保在职职工的抚养压力进一步减轻。

二、生育政策调整与延迟退休年龄政策的组合对城镇职工基本养老保险基金财务运行状况的影响

与继续实行"全面二孩"政策的情况相比，同时实施"全面三孩"政策与延迟退休年龄政策使得参保在职职工人数增加且参保退休职工人数减少，进而基金收入增加且基金支出减少。从表 6-3 中可以看出，与继续实行"全面二孩"政策的情况相比，当"全面三孩"生育意愿为 20.5%，"全面三孩"政策叠加延迟退休年龄政策后，2022—2090 年基金收入增加 0.78%～59.52%，2022—2090 年基金支出先减少 0.08%～25.68% 再增加 0.94%～36.22%，不过即使 2063 年及以后基金支出转而出现增加趋势，基金支出的增加幅度仍小于基金收入的增加幅度，这导致基金开始出现累计赤字的时点推迟，基金在 2029—2050 年和 2058—2090 年出现累计赤字，而在继续实行"全面二孩"政策的情况下，基金在 2027—2090 年一直出现累计赤字。不仅如此，2090 年基金累计赤字为 1240.2 万亿元，较继续实行"全面二孩"政策的情况下降了 39.46%。

表 6-3　城镇职工基本养老保险基金财务运行状况("全面三孩"生育意愿为 20.5% 与延迟退休年龄)

年份	基金财务运行状况（亿元）				变化幅度			
	收入	支出	当期结余	累计结余	收入	支出	当期结余	累计结余
2018	37730.76	38453.24	−722.48	44241.59	0.00%	0.00%	0.00%	0.00%
2019	40458.65	41680.11	−1221.46	44095.63	0.00%	0.00%	0.00%	0.00%

续表

年份	基金财务运行状况（亿元）				变化幅度			
	收入	支出	当期结余	累计结余	收入	支出	当期结余	累计结余
2020	43362.03	45244.20	−1882.18	43268.79	0.00%	0.00%	0.00%	0.00%
2021	46300.97	48566.95	−2265.99	42027.87	0.00%	0.00%	0.00%	0.00%
2022	49702.03	52027.28	−2325.25	40695.19	0.78%	−1.03%	−28.38%	2.38%
2023	52603.60	56985.88	−4382.27	37220.74	0.77%	−0.92%	−17.53%	5.45%
2024	56239.28	61306.08	−5066.81	32957.78	1.51%	−1.79%	−27.86%	13.72%
2025	59591.60	66653.31	−7061.71	26543.47	1.45%	−1.56%	−21.28%	29.41%
2026	63582.91	71213.84	−7630.93	19385.35	2.14%	−2.31%	−28.30%	91.65%
2027	67461.60	76522.81	−9061.21	10582.24	2.01%	−2.00%	−24.21%	−660.75%
2028	71901.56	81907.20	−10005.65	591.01	2.68%	−2.70%	−29.31%	−103.59%
2029	76250.88	88186.57	−11935.69	−11628.30	2.67%	−2.51%	−26.25%	−65.23%
2030	81364.96	94212.67	−12847.70	−25087.90	3.31%	−3.17%	−30.68%	−52.91%
2031	85947.45	100791.15	−14843.71	−40929.89	3.29%	−2.97%	−28.19%	−46.00%
2032	91625.99	105764.00	−14138.00	−56444.60	4.70%	−4.56%	−39.34%	−44.43%
2033	97081.86	112743.69	−15661.83	−73909.09	4.80%	−4.46%	−38.25%	−43.20%
2034	104155.14	117908.55	−13753.41	−89854.06	6.12%	−6.00%	−49.59%	−44.31%
2035	110454.33	125460.98	−15006.65	−107482.22	6.07%	−5.68%	−48.05%	−44.88%
2036	118007.93	130211.43	−12203.50	−122677.86	7.45%	−7.32%	−60.21%	−46.96%
2037	124637.74	137606.19	−12968.45	−139037.47	7.70%	−7.25%	−60.27%	−48.61%
2038	133078.90	142569.80	−9490.90	−152241.58	9.14%	−8.96%	−72.62%	−51.33%
2039	140903.21	151035.08	−10131.86	−166432.78	9.87%	−8.75%	−72.82%	−53.62%
2040	150815.98	156344.95	−5528.97	−176260.79	11.87%	−10.56%	−86.18%	−56.89%
2041	158524.79	164928.75	−6403.96	−187231.37	12.41%	−10.17%	−84.96%	−59.53%
2042	170207.99	166037.66	4170.33	−187637.57	15.80%	−14.23%	−108.95%	−64.06%
2043	177905.78	176837.44	1068.34	−191233.46	15.99%	−13.03%	−102.14%	−67.38%
2044	190464.45	177839.64	12624.82	−183073.86	19.10%	−16.74%	−123.52%	−72.09%
2045	199346.91	188442.92	10903.99	−176474.11	19.64%	−15.98%	−118.91%	−75.87%
2046	211874.49	188355.22	23519.27	−156778.71	22.76%	−19.68%	−137.99%	−80.72%

续表

年份	基金财务运行状况（亿元）				变化幅度			
	收入	支出	当期结余	累计结余	收入	支出	当期结余	累计结余
2047	220400.01	199145.64	21254.36	-138912.45	23.56%	-18.98%	-131.53%	-84.61%
2048	233826.72	198738.85	35087.87	-106420.20	26.88%	-22.80%	-147.96%	-89.36%
2049	242986.58	210996.85	31989.73	-76291.23	27.71%	-21.83%	-140.16%	-93.11%
2050	257463.68	210393.74	47069.94	-29951.82	31.17%	-25.68%	-154.23%	-97.55%
2051	265414.66	225319.01	40095.65	10397.43	31.27%	-23.29%	-143.80%	-100.77%
2052	272731.26	243458.30	29272.96	40662.15	30.88%	-20.02%	-130.49%	-102.75%
2053	280457.50	261810.17	18647.32	60792.21	30.63%	-17.02%	-118.49%	-103.75%
2054	287670.69	283245.85	4424.84	66847.47	29.90%	-13.20%	-104.22%	-103.78%
2055	294694.89	306824.50	-12129.61	56085.81	28.93%	-8.95%	-88.81%	-102.92%
2056	302506.14	323923.28	-21417.14	35535.38	29.14%	-6.84%	-81.12%	-101.70%
2057	310805.61	340944.49	-30138.89	5531.41	29.47%	-4.98%	-74.62%	-100.24%
2058	319289.07	358803.86	-39514.79	-34832.96	29.89%	-3.21%	-68.36%	-98.58%
2059	328863.58	374753.78	-45890.20	-82741.24	30.65%	-2.15%	-65.04%	-96.87%
2060	339448.24	389132.48	-49684.23	-135736.12	31.76%	-1.79%	-64.15%	-95.24%
2061	347732.39	405179.18	-57446.78	-198012.47	32.75%	-0.88%	-60.88%	-93.55%
2062	356314.22	421564.69	-65250.48	-269844.52	33.83%	-0.08%	-58.08%	-91.84%
2063	364764.33	439295.40	-74531.07	-352984.98	34.82%	0.94%	-54.74%	-90.08%
2064	373801.05	455946.10	-82145.05	-446008.28	36.26%	1.29%	-53.28%	-88.35%
2065	382451.72	475027.97	-92576.25	-552049.14	37.44%	2.11%	-50.48%	-86.59%
2066	389297.02	492489.82	-103192.80	-671622.99	38.93%	2.61%	-48.34%	-84.82%
2067	396310.86	509841.08	-113530.22	-804782.04	40.58%	2.91%	-46.83%	-83.07%
2068	403428.78	527237.43	-123808.64	-951805.45	42.39%	3.02%	-45.80%	-81.36%
2069	409524.86	548295.33	-138770.48	-1117840.32	43.91%	3.76%	-43.10%	-79.62%
2070	415516.33	569975.04	-154458.71	-1304106.51	45.03%	4.91%	-39.85%	-77.84%
2071	421099.17	593193.74	-172094.57	-1513106.11	46.52%	5.75%	-37.08%	-76.03%
2072	426393.25	617583.24	-191189.98	-1746903.49	47.98%	6.66%	-34.26%	-74.19%
2073	431345.14	643327.22	-211982.08	-2007857.71	49.35%	7.70%	-31.30%	-72.32%

续表

年份	基金财务运行状况（亿元）				变化幅度			
	收入	支出	当期结余	累计结余	收入	支出	当期结余	累计结余
2074	436129.47	669756.87	−233627.40	−2297522.24	50.69%	8.76%	−28.42%	−70.43%
2075	442260.40	691175.84	−248915.44	−2610098.62	52.48%	8.97%	−27.69%	−68.61%
2076	446354.83	720557.60	−274202.77	−2956408.93	53.55%	10.40%	−24.25%	−66.76%
2077	450203.75	750983.53	−300779.78	−3338618.43	54.49%	11.95%	−20.72%	−64.88%
2078	453866.73	782342.31	−328475.58	−3758771.35	55.30%	13.61%	−17.13%	−62.97%
2079	457431.61	814170.43	−356738.83	−4218397.93	55.98%	15.35%	−13.53%	−61.04%
2080	460980.38	846247.88	−385267.50	−4718757.06	56.57%	17.13%	−9.99%	−59.10%
2081	464604.19	878360.93	−413756.75	−5260826.66	57.10%	18.92%	−6.58%	−57.16%
2082	466559.67	917423.11	−450863.44	−5854482.35	56.98%	21.65%	−1.34%	−55.15%
2083	468782.90	955448.81	−486665.90	−6499676.96	56.89%	24.23%	3.48%	−53.11%
2084	471391.10	992311.29	−520920.19	−7196112.08	56.88%	26.61%	7.79%	−51.06%
2085	474400.05	1027690.68	−553290.63	−7943137.78	56.97%	28.78%	11.59%	−49.02%
2086	477821.31	1061460.83	−583639.51	−8739946.73	57.18%	30.72%	14.88%	−47.00%
2087	481684.00	1093177.80	−611493.80	−9585226.54	57.55%	32.41%	17.63%	−45.03%
2088	485952.93	1122966.93	−637014.00	−10477796.55	58.06%	33.87%	19.87%	−43.11%
2089	490568.20	1151286.51	−660718.31	−11416977.74	58.72%	35.13%	21.70%	−41.25%
2090	495467.35	1178009.00	−682541.65	−12402007.37	59.52%	36.22%	23.17%	−39.46%

注：变化幅度均是与继续实行"全面二孩"政策的情况相比；当期结余为负代表基金出现当期赤字，累计结余为负代表基金出现累计赤字。

如果"全面三孩"的生育意愿进一步提高，情况会如何呢？从表6-4和表6-5中可以看出，与继续实行"全面二孩"政策的情况相比，若"全面三孩"生育意愿为46.7%，"全面三孩"政策叠加延迟退休年龄政策使得2090年基金累计赤字下降55.84%，基金在2029—2049年和2066—2090年出现累计赤字；若"全面三孩"生育意愿为60%，"全面三孩"政策叠加延迟退休年龄政策使得2090年基金累计赤字下降64.54%，基金在2029—2048年和2071—2090年出现累计赤字；若"全面三孩"生育意愿为80%，"全面三孩"政策叠加延迟退休年龄政策使得2090年基金累计赤字下降78.12%，基金在2029—2047年和2080—2090年出现累计赤字；若"全面三孩"生育意愿上升至100%，"全面三孩"政策叠加延迟退

表 6-4 城镇职工基本养老保险基金财务运行状况（延迟退休年龄与 46.7%~60%符合"全面三孩"规定的夫妇生育三孩）

年份	46.7% "全面三孩"生育意愿								60% "全面三孩"生育意愿							
	基金财务运行状况（亿元）				变化幅度				基金财务运行状况（亿元）				变化幅度			
	收入	支出	当期结余	累计结余	收入	支出	当期结余	累计结余	收入	支出	当期结余	累计结余	收入	支出	当期结余	累计结余
2018	37730.76	38453.24	-722.48	44241.59	0.00%	0.00%	0.00%	0.00%	37730.76	38453.24	-722.48	44241.59	0.00%	0.00%	0.00%	0.00%
2019	40458.65	41680.11	-1221.46	44095.63	0.00%	0.00%	0.00%	0.00%	40458.65	41680.11	-1221.46	44095.63	0.00%	0.00%	0.00%	0.00%
2020	43362.03	45244.20	-1882.18	43268.79	0.00%	0.00%	0.00%	0.00%	43362.03	45244.20	-1882.18	43268.79	0.00%	0.00%	0.00%	0.00%
2021	46300.97	48566.95	-2265.99	42027.87	0.00%	0.00%	0.00%	0.00%	46300.97	48566.95	-2265.99	42027.87	0.00%	0.00%	0.00%	0.00%
2022	49702.03	52027.28	-2325.25	40695.19	0.78%	-1.03%	-28.38%	2.38%	49702.03	52027.28	-2325.25	40695.19	0.78%	-1.03%	-28.38%	2.38%
2023	52603.60	56985.88	-4382.27	37220.74	0.77%	-0.92%	-17.53%	5.45%	52603.60	56985.88	-4382.27	37220.74	0.77%	-0.92%	-17.53%	5.45%
2024	56239.28	61306.08	-5066.81	32957.78	1.51%	-1.79%	-27.86%	13.72%	56239.28	61306.08	-5066.81	32957.78	1.51%	-1.79%	-27.86%	13.72%
2025	59591.60	66653.31	-7061.71	26543.47	1.45%	-1.56%	-21.28%	29.41%	59591.60	66653.31	-7061.71	26543.47	1.45%	-1.56%	-21.28%	29.41%
2026	63582.91	71213.84	-7630.93	19385.35	2.14%	-2.31%	-28.30%	91.65%	63582.91	71213.84	-7630.93	19385.35	2.14%	-2.31%	-28.30%	91.65%
2027	67461.60	76522.81	-9061.21	10582.24	2.01%	-2.00%	-24.21%	-660.75%	67461.60	76522.81	-9061.21	10582.24	2.01%	-2.00%	-24.21%	-660.75%
2028	71901.56	81907.20	-10005.65	591.01	2.68%	-2.70%	-29.31%	-103.59%	71901.56	81907.20	-10005.65	591.01	2.68%	-2.70%	-29.31%	-103.59%
2029	76250.88	88186.57	-11935.69	-11628.30	2.67%	-2.51%	-26.25%	-65.23%	76250.88	88186.57	-11935.69	-11628.30	2.67%	-2.51%	-26.25%	-65.23%
2030	81364.96	94212.67	-12847.70	-25087.90	3.31%	-3.17%	-30.68%	-52.91%	81364.96	94212.67	-12847.70	-25087.90	3.31%	-3.17%	-30.68%	-52.91%
2031	85947.45	100791.15	-14843.71	-40929.89	3.29%	-2.97%	-28.19%	-46.00%	85947.45	100791.15	-14843.71	-40929.89	3.29%	-2.97%	-28.19%	-46.00%
2032	91625.99	105764.00	-14138.00	-56444.60	4.70%	-4.56%	-39.34%	-44.43%	91625.99	105764.00	-14138.00	-56444.60	4.70%	-4.56%	-39.34%	-44.43%
2033	97081.86	112743.69	-15661.83	-73909.09	4.80%	-4.46%	-38.25%	-43.20%	97081.86	112743.69	-15661.83	-73909.09	4.80%	-4.46%	-38.25%	-43.20%
2034	104155.14	117908.55	-13753.41	-89854.06	6.12%	-6.00%	-49.59%	-44.31%	104155.14	117908.55	-13753.41	-89854.06	6.12%	-6.00%	-49.59%	-44.31%
2035	110454.33	125460.98	-15006.65	-107482.22	6.07%	-5.68%	-48.05%	-44.88%	110454.33	125460.98	-15006.65	-107482.22	6.07%	-5.68%	-48.05%	-44.88%
2036	118007.93	130211.43	-12203.50	-122677.86	7.45%	-7.32%	-60.21%	-46.96%	118007.93	130211.43	-12203.50	-122677.86	7.45%	-7.32%	-60.21%	-46.96%
2037	124637.74	137606.19	-12968.45	-139037.47	7.70%	-7.25%	-60.27%	-48.61%	124637.74	137606.19	-12968.45	-139037.47	7.70%	-7.25%	-60.27%	-48.61%

续表

"全面三孩"生育意愿

年份	46.7%								60%							
	基金财务运行状况（亿元）				变化幅度				基金财务运行状况（亿元）				变化幅度			
	收入	支出	当期结余	累计结余	收入	支出	当期结余	累计结余	收入	支出	当期结余	累计结余	收入	支出	当期结余	累计结余
2038	133078.90	142569.80	-9490.90	-152241.58	9.14%	-8.96%	-72.62%	-51.33%	133078.90	142569.80	-9490.90	-152241.58	9.14%	-8.96%	-72.62%	-51.33%
2039	141649.53	151035.11	-9385.57	-165667.84	10.45%	-8.75%	-74.82%	-53.83%	142028.39	151035.12	-9006.73	-165279.53	10.74%	-8.75%	-75.84%	-53.94%
2040	152360.84	156345.09	-3984.25	-173893.39	13.01%	-10.56%	-90.04%	-57.47%	153145.06	156345.15	-3200.09	-172691.61	13.59%	-10.56%	-92.00%	-57.76%
2041	160906.12	164929.09	-4022.97	-183264.26	14.10%	-10.17%	-90.55%	-60.59%	162114.96	164929.26	-2814.30	-179893.55	14.96%	-10.17%	-93.39%	-61.12%
2042	173468.72	166038.28	7430.44	-179307.16	18.02%	-14.23%	-115.95%	-65.65%	175123.98	166038.59	9085.39	-175078.37	19.14%	-14.23%	-119.50%	-66.46%
2043	182090.47	176838.46	5252.02	-178406.53	18.71%	-13.03%	-110.51%	-69.57%	184214.76	176838.97	7375.79	-171895.14	20.10%	-13.03%	-114.76%	-70.68%
2044	195618.04	177841.18	17776.86	-164645.41	22.33%	-16.74%	-133.12%	-74.90%	198234.17	177841.96	20392.21	-155290.51	23.96%	-16.74%	-137.99%	-76.33%
2045	205518.05	188445.14	17072.90	-151261.82	23.35%	-15.98%	-129.61%	-79.32%	208650.72	188446.27	20204.45	-138463.21	25.23%	-15.98%	-135.04%	-81.07%
2046	219082.65	188358.31	30724.34	-123550.91	26.93%	-19.68%	-149.63%	-84.81%	222741.75	188359.87	34381.88	-106683.37	29.05%	-19.68%	-155.54%	-86.88%
2047	228694.80	199149.82	29544.98	-96356.08	28.21%	-18.98%	-143.82%	-89.33%	232905.52	199151.94	33753.58	-74753.04	30.57%	-18.98%	-150.06%	-91.72%
2048	243264.13	198744.42	44519.71	-53132.28	32.00%	-22.80%	-160.86%	-94.69%	248054.87	198747.25	49307.63	-26081.55	34.60%	-22.80%	-167.40%	-97.39%
2049	253628.78	211004.17	42624.61	-10770.37	33.31%	-21.83%	-153.51%	-99.03%	259031.12	211007.89	48023.23	22490.22	36.15%	-21.83%	-160.29%	-102.03%
2050	269379.67	210403.18	58976.49	49411.27	37.24%	-25.67%	-167.95%	-104.04%	275428.63	210407.98	65020.65	89698.64	40.33%	-25.67%	-174.91%	-107.33%
2051	278615.79	225331.13	53284.66	105263.33	37.80%	-23.28%	-158.21%	-107.81%	285317.12	225337.28	59979.84	153420.45	41.12%	-23.28%	-165.53%	-111.38%
2052	287284.21	243473.72	43810.49	152800.67	37.86%	-20.02%	-145.63%	-110.32%	294671.78	243481.54	51190.24	209725.95	41.41%	-20.01%	-153.31%	-114.17%
2053	296434.59	261829.51	34605.09	192090.90	38.07%	-17.02%	-134.32%	-111.85%	304545.11	261839.32	42705.79	258742.53	41.85%	-17.01%	-142.36%	-115.97%
2054	305150.02	283270.10	21879.91	219320.09	37.80%	-13.19%	-120.87%	-112.40%	314023.15	283282.42	30740.74	296720.35	41.80%	-13.19%	-129.32%	-116.78%
2055	313760.77	306854.62	6906.14	231881.88	37.27%	-8.94%	-106.37%	-112.05%	323439.48	306869.91	16569.56	321122.16	41.50%	-8.93%	-115.29%	-116.69%
2056	323152.48	323960.64	-808.16	236850.57	37.96%	-6.83%	-99.29%	-111.34%	333634.16	323979.61	9654.55	339046.14	42.43%	-6.82%	-108.51%	-116.24%
2057	333119.60	340990.88	-7871.28	234703.77	38.76%	-4.96%	-93.37%	-110.38%	344449.53	341014.43	3435.10	351043.27	43.48%	-4.96%	-102.89%	-115.52%

续表

	"全面三孩"生育意愿															
	46.7%								60%							
	基金财务运行状况（亿元）				变化幅度				基金财务运行状况（亿元）				变化幅度			
年份	收入	支出	当期结余	累计结余	收入	支出	当期结余	累计结余	收入	支出	当期结余	累计结余	收入	支出	当期结余	累计结余
2058	343372.91	358861.35	-15488.43	224695.72	39.68%	-3.20%	-87.60%	-109.18%	355605.29	358890.53	-3285.24	356451.98	44.66%	-3.19%	-97.37%	-114.57%
2059	354844.40	374824.51	-19980.11	209833.50	40.98%	-2.13%	-84.78%	-107.94%	368048.39	374860.41	-6812.02	358380.95	46.22%	-2.12%	-94.81%	-113.56%
2060	367479.13	389218.97	-21739.84	192796.00	42.64%	-1.76%	-84.31%	-106.76%	381739.52	389262.88	-7523.36	359629.03	48.17%	-1.75%	-94.57%	-112.62%
2061	377850.84	405284.69	-27433.85	169496.20	44.25%	-0.86%	-81.32%	-105.52%	393196.30	405338.27	-12141.96	356174.25	50.11%	-0.84%	-91.73%	-111.59%
2062	388711.20	421693.83	-32982.63	139926.41	45.99%	-0.05%	-78.81%	-104.23%	405251.05	421759.41	-16508.35	348157.54	52.21%	-0.03%	-89.39%	-110.52%
2063	399638.28	439451.77	-39813.48	102615.75	47.71%	0.97%	-75.82%	-102.88%	417486.54	439531.17	-22044.63	334265.73	54.31%	0.99%	-86.61%	-109.39%
2064	411351.80	456136.81	-44785.01	59276.51	49.95%	1.33%	-74.53%	-101.55%	430623.48	456233.67	-25610.19	316371.93	56.98%	1.36%	-85.43%	-108.26%
2065	422878.30	475257.57	-52379.27	7069.67	51.96%	2.15%	-71.98%	-100.17%	443688.18	475374.20	-31686.02	291803.05	59.44%	2.18%	-83.05%	-107.09%
2066	432592.07	492768.16	-60176.09	-54434.09	54.38%	2.67%	-69.87%	-98.77%	454949.05	492909.57	-37960.52	260188.60	62.36%	2.70%	-80.99%	-105.88%
2067	442648.70	510179.77	-67531.07	-125014.28	57.02%	2.98%	-68.37%	-97.37%	466654.89	510351.86	-43696.96	221903.92	65.53%	3.02%	-79.53%	-104.67%
2068	452960.33	527642.76	-74682.43	-204689.13	59.87%	3.10%	-67.31%	-95.99%	478703.93	527848.75	-49144.83	177078.07	68.96%	3.14%	-78.49%	-103.47%
2069	462384.96	548779.20	-86394.24	-298360.45	62.49%	3.85%	-64.57%	-94.56%	489944.57	549025.15	-59080.58	120947.43	72.17%	3.89%	-75.77%	-102.21%
2070	471832.94	570548.73	-98715.79	-407003.15	64.69%	5.02%	-61.56%	-93.08%	501283.05	570840.40	-69557.35	52674.83	74.97%	5.07%	-72.91%	-100.90%
2071	480988.61	593872.50	-112883.89	-532884.21	67.36%	5.87%	-58.73%	-91.56%	512396.72	594217.64	-81820.92	-29874.74	78.29%	5.94%	-70.09%	-99.53%
2072	489961.87	618386.50	-128424.63	-677841.56	70.04%	6.80%	-55.84%	-89.98%	523389.43	618795.03	-95405.60	-128412.35	81.64%	6.87%	-67.20%	-98.10%
2073	498696.07	644273.00	-145576.93	-844003.96	72.67%	7.85%	-52.82%	-88.36%	534252.54	644754.10	-110551.56	-244938.00	84.97%	7.94%	-64.17%	-96.62%
2074	507364.07	670871.62	-163507.56	-1032699.31	75.30%	8.94%	-49.90%	-86.71%	545007.71	671438.78	-126431.07	-380653.30	88.30%	9.03%	-61.26%	-95.10%
2075	517478.91	692484.35	-175005.44	-1237897.36	78.41%	9.17%	-49.16%	-85.11%	557317.27	693150.21	-135832.94	-529398.39	92.15%	9.28%	-60.54%	-93.63%
2076	525657.27	722097.74	-196440.47	-1470196.27	80.83%	10.63%	-45.74%	-83.47%	567747.70	722881.59	-155133.89	-701645.59	95.31%	10.75%	-57.15%	-92.11%
2077	533690.87	752806.89	-219116.02	-1731545.10	83.14%	12.22%	-42.25%	-81.79%	578091.22	753735.03	-175643.80	-899221.63	98.37%	12.36%	-53.71%	-90.54%

续表

年份	"全面三孩"生育意愿															
	46.7%								60%							
	基金财务运行状况(亿元)				变化幅度				基金财务运行状况(亿元)				变化幅度			
	收入	支出	当期结余	累计结余	收入	支出	当期结余	累计结余	收入	支出	当期结余	累计结余	收入	支出	当期结余	累计结余
2078	541642.10	784474.52	-242832.42	-2023736.96	85.33%	13.92%	-38.74%	-80.06%	588412.14	785560.06	-197147.92	-1123778.79	101.33%	14.08%	-50.26%	-88.93%
2079	549604.31	816678.63	-267074.33	-2348081.57	87.41%	15.71%	-35.26%	-78.31%	598807.36	817955.81	-219148.45	-1376500.42	104.19%	15.89%	-46.88%	-87.29%
2080	557666.71	849190.31	-291523.60	-2705595.30	89.41%	17.54%	-31.89%	-76.55%	609370.99	850688.83	-241317.84	-1658263.72	106.97%	17.75%	-43.62%	-85.63%
2081	565930.80	881837.23	-315906.43	-3097039.27	91.36%	19.39%	-28.67%	-74.78%	620211.54	883607.89	-263396.35	-1969701.57	109.72%	19.63%	-40.53%	-83.96%
2082	570326.51	930925.70	-360599.19	-3544079.42	91.90%	23.44%	-21.09%	-72.85%	626079.75	937787.39	-311707.64	-2238444.43	110.65%	24.35%	-31.79%	-82.09%
2083	575137.37	979008.59	-403871.22	-4046649.41	92.48%	27.29%	-14.12%	-70.81%	632453.36	990977.28	-358523.92	-2764392.57	111.66%	28.85%	-23.77%	-80.06%
2084	580512.89	1025906.42	-445393.53	-4604344.02	93.19%	30.90%	-7.84%	-68.69%	639500.98	1042971.37	-403470.39	-3247059.53	112.82%	33.07%	-16.51%	-77.92%
2085	586486.23	1071246.73	-484760.50	-5216332.13	94.05%	34.24%	-2.23%	-66.52%	647267.52	1093370.53	-446103.01	-3785491.60	114.16%	37.01%	-10.03%	-75.70%
2086	593086.74	1114891.96	-521805.23	-5881590.79	95.10%	37.30%	2.71%	-64.33%	655794.45	1142031.54	-486237.09	-4378521.91	115.73%	40.64%	-4.29%	-73.45%
2087	600359.80	1156352.37	-555992.56	-6598522.56	96.36%	40.06%	6.95%	-62.16%	665137.95	1188441.45	-523303.50	-5024371.05	117.55%	43.95%	0.66%	-71.18%
2088	608269.12	1195731.48	-587462.36	-7365634.93	97.85%	42.54%	10.55%	-60.01%	675262.85	1232692.83	-557429.98	-5721346.06	119.64%	46.95%	4.90%	-68.93%
2089	616749.92	1233557.19	-616807.26	-8182003.24	99.55%	44.79%	13.61%	-57.90%	686103.48	1275349.02	-589245.54	-6468356.39	121.99%	49.69%	8.54%	-66.72%
2090	625736.81	1269717.99	-643981.19	-9046634.04	101.46%	46.83%	16.21%	-55.84%	697594.52	1316306.79	-618712.27	-7264245.38	124.59%	52.22%	11.65%	-64.54%

注:变化幅度均是与继续实行"全面三孩"政策的情况相比;当期结余为负代表基金出现当期赤字,累计结余为负代表基金出现累计赤字。

表6-5 城镇职工基本养老保险基金财务运行状况（延迟退休年龄与80%～100%符合"全面三孩"规定的夫妇生育三孩）

"全面三孩"生育意愿

年份	80%								100%							
	基金财务运行状况（亿元）				变化幅度				基金财务运行状况（亿元）				变化幅度			
	收入	支出	当期结余	累计结余	收入	支出	当期结余	累计结余	收入	支出	当期结余	累计结余	收入	支出	当期结余	累计结余
2018	37730.76	38453.24	-722.48	44241.59	0.00%	0.00%	0.00%	0.00%	37730.76	38453.24	-722.48	44241.59	0.00%	0.00%	0.00%	0.00%
2019	40458.65	41680.11	-1221.46	44095.63	0.00%	0.00%	0.00%	0.00%	40458.65	41680.11	-1221.46	44095.63	0.00%	0.00%	0.00%	0.00%
2020	43362.03	45244.20	-1882.18	43268.79	0.00%	0.00%	0.00%	0.00%	43362.03	45244.20	-1882.18	43268.79	0.00%	0.00%	0.00%	0.00%
2021	46300.97	48566.95	-2265.99	42027.87	0.00%	0.00%	0.00%	0.00%	46300.97	48566.95	-2265.99	42027.87	0.00%	0.00%	0.00%	0.00%
2022	49702.03	52027.28	-2325.25	40695.19	0.78%	-1.03%	-28.38%	2.38%	49702.03	52027.28	-2325.25	40695.19	0.78%	-1.03%	-28.38%	2.38%
2023	52603.60	56985.88	-4382.27	37220.74	0.77%	-0.92%	-17.53%	5.45%	52603.60	56985.88	-4382.27	37220.74	0.77%	-0.92%	-17.53%	5.45%
2024	56239.28	61306.08	-5066.81	32957.78	1.51%	-1.79%	-27.86%	13.72%	56239.28	61306.08	-5066.81	32957.78	1.51%	-1.79%	-27.86%	13.72%
2025	59591.60	66653.31	-7061.71	26543.47	1.45%	-1.56%	-21.28%	29.41%	59591.60	66653.31	-7061.71	26543.47	1.45%	-1.56%	-21.28%	29.41%
2026	63582.91	71213.84	-7630.93	19385.35	2.14%	-2.31%	-28.30%	91.65%	63582.91	71213.84	-7630.93	19385.35	2.14%	-2.31%	-28.30%	91.65%
2027	67461.60	76522.81	-9061.21	10582.24	2.01%	-2.00%	-24.21%	-660.75%	67461.60	76522.81	-9061.21	10582.24	2.01%	-2.00%	-24.21%	-660.75%
2028	71901.56	81907.20	-10005.65	591.01	2.68%	-2.70%	-29.31%	-103.59%	71901.56	81907.20	-10005.65	591.01	2.68%	-2.70%	-29.31%	-103.59%
2029	76250.88	88186.57	-11935.69	-11628.30	2.67%	-2.51%	-26.25%	-65.23%	76250.88	88186.57	-11935.69	-11628.30	2.67%	-2.51%	-26.25%	-65.23%
2030	81364.96	94212.67	-12847.70	-25087.90	3.31%	-3.17%	-30.68%	-52.91%	81364.96	94212.67	-12847.70	-25087.90	3.31%	-3.17%	-30.68%	-52.91%
2031	85947.45	100791.15	-14843.71	-40929.89	3.29%	-2.97%	-28.19%	-46.00%	85947.45	100791.15	-14843.71	-40929.89	3.29%	-2.97%	-28.19%	-46.00%
2032	91625.99	105764.00	-14138.00	-56444.60	4.70%	-4.56%	-39.34%	-44.43%	91625.99	105764.00	-14138.00	-56444.60	4.70%	-4.56%	-39.34%	-44.43%
2033	97081.86	112743.69	-15661.83	-73909.09	4.80%	-4.46%	-38.25%	-43.20%	97081.86	112743.69	-15661.83	-73909.09	4.80%	-4.46%	-38.25%	-43.20%
2034	104155.14	117908.55	-13753.41	-89854.06	6.12%	-6.00%	-49.59%	-44.31%	104155.14	117908.55	-13753.41	-89854.06	6.12%	-6.00%	-49.59%	-44.31%
2035	110454.33	125460.98	-15006.65	-107482.22	6.07%	-5.68%	-48.05%	-44.88%	110454.33	125460.98	-15006.65	-107482.22	6.07%	-5.68%	-48.05%	-44.88%
2036	118007.93	130211.43	-12203.50	-122677.86	7.45%	-7.32%	-60.21%	-46.96%	118007.93	130211.43	-12203.50	-122677.86	7.45%	-7.32%	-60.21%	-46.96%
2037	124637.74	137606.19	-12968.45	-139037.47	7.70%	-7.25%	-60.27%	-48.61%	124637.74	137606.19	-12968.45	-139037.47	7.70%	-7.25%	-60.27%	-48.61%

续表

"全面三孩"生育意愿

年份	80%								100%							
	基金财务运行状况（亿元）				变化幅度				基金财务运行状况（亿元）				变化幅度			
	收入	支出	当期结余	累计结余	收入	支出	当期结余	累计结余	收入	支出	当期结余	累计结余	收入	支出	当期结余	累计结余
2038	133078.90	142569.80	-9490.90	-152241.58	9.14%	-8.96%	-72.62%	-51.33%	133078.90	142569.80	-9490.90	-152241.58	9.14%	-8.96%	-72.62%	-51.33%
2039	142598.09	151035.14	-8437.05	-164695.60	11.19%	-8.75%	-77.36%	-54.11%	143167.80	151035.17	-7867.37	-164111.67	11.63%	-8.75%	-78.89%	-54.27%
2040	154324.34	156345.26	-2020.92	-170884.43	14.47%	-10.56%	-94.95%	-58.20%	155503.62	156345.36	-841.74	-169077.25	15.34%	-10.56%	-97.90%	-58.64%
2041	163932.77	164929.51	-996.74	-176178.20	16.25%	-10.17%	-97.66%	-61.92%	165750.58	164929.77	820.81	-172462.85	17.53%	-10.17%	-101.93%	-62.73%
2042	177613.08	166039.06	11574.02	-168719.29	20.84%	-14.23%	-124.84%	-67.68%	180102.19	166039.54	14062.65	-162360.20	22.53%	-14.23%	-130.18%	-68.90%
2043	187409.18	176839.74	10569.44	-162103.59	22.18%	-13.03%	-121.16%	-72.35%	190603.61	176840.52	13763.09	-152312.04	24.27%	-13.03%	-127.55%	-74.02%
2044	202168.21	177843.14	24325.06	-141222.99	26.42%	-16.74%	-145.32%	-78.47%	206102.24	177844.32	28257.92	-127155.47	28.88%	-16.74%	-152.64%	-80.62%
2045	213361.52	188447.97	24913.54	-119217.19	28.05%	-15.98%	-143.20%	-83.70%	218072.31	188449.67	29622.63	-99971.16	30.88%	-15.98%	-151.37%	-86.33%
2046	228244.16	188362.23	39881.93	-81318.64	32.24%	-19.68%	-164.42%	-90.00%	233746.56	188364.59	45381.98	-55953.91	35.43%	-19.68%	-173.31%	-93.12%
2047	239237.42	199155.13	40082.29	-42267.26	34.12%	-18.98%	-159.45%	-95.32%	245569.32	199158.32	46411.01	-9781.48	37.67%	-18.98%	-168.84%	-98.92%
2048	255259.00	198751.50	56507.50	14596.25	38.51%	-22.80%	-177.24%	-101.46%	262463.12	198755.74	63707.38	55274.05	42.42%	-22.80%	-187.09%	-105.53%
2049	267154.94	211013.49	56141.45	72506.15	40.42%	-21.82%	-170.48%	-106.55%	275278.76	211019.08	64259.68	122522.07	44.69%	-21.82%	-180.67%	-111.07%
2050	284524.80	210415.19	74109.61	150281.15	44.96%	-25.67%	-185.38%	-112.28%	293620.98	210422.40	83198.58	210863.67	49.59%	-25.67%	-195.85%	-117.23%
2051	295394.32	225346.53	70047.79	225837.16	46.10%	-23.28%	-176.53%	-116.75%	305471.51	225355.78	80115.73	298253.88	51.09%	-23.27%	-187.53%	-122.13%
2052	305780.90	243493.31	62287.59	295327.87	46.74%	-20.01%	-164.87%	-119.95%	316890.03	243505.08	73384.95	380929.80	52.07%	-20.01%	-176.43%	-125.74%
2053	316741.38	261854.08	54887.30	358970.55	47.53%	-17.01%	-154.44%	-122.15%	328937.65	261868.82	67068.82	459198.58	53.21%	-17.00%	-166.52%	-128.34%
2054	327366.27	283300.93	44065.33	413111.78	47.83%	-13.18%	-142.02%	-123.36%	340709.44	283319.45	57389.99	529503.29	53.85%	-13.17%	-154.73%	-129.94%
2055	337994.23	306892.91	31101.32	455318.43	47.87%	-8.93%	-128.69%	-123.67%	352549.34	306915.90	45633.43	589515.14	54.24%	-8.92%	-142.10%	-130.65%
2056	349397.24	324008.13	25389.11	492725.24	49.16%	-6.81%	-122.38%	-123.60%	365161.71	324036.65	41125.05	646406.20	55.89%	-6.81%	-136.25%	-130.96%
2057	361490.31	341049.84	20440.47	525994.85	50.58%	-4.95%	-117.21%	-123.25%	378535.05	341085.25	37449.79	700952.39	57.68%	-4.94%	-131.54%	-130.99%

续表

年份	"全面三孩"生育意愿															
	80%								100%							
	基金财务运行状况(亿元)				变化幅度				基金财务运行状况(亿元)				变化幅度			
	收入	支出	当期结余	累计结余	收入	支出	当期结余	累计结余	收入	支出	当期结余	累计结余	收入	支出	当期结余	累计结余
2058	374008.20	358934.41	15073.79	554595.35	52.15%	-3.18%	-112.07%	-122.67%	392421.18	358978.30	33442.88	752755.15	59.64%	-3.16%	-126.78%	-130.77%
2059	387923.35	374914.40	13008.95	581794.41	54.12%	-2.11%	-109.91%	-122.02%	407821.55	374968.40	32853.15	805248.50	62.02%	-2.09%	-125.02%	-130.48%
2060	403222.98	389328.92	13894.06	610580.68	56.51%	-1.74%	-110.03%	-121.42%	424753.60	389394.97	35358.64	861622.32	64.87%	-1.72%	-125.52%	-130.23%
2061	416343.59	405418.83	10924.75	637043.07	58.95%	-0.82%	-107.44%	-120.74%	439576.65	405499.42	34077.23	918092.03	67.82%	-0.80%	-123.21%	-129.88%
2062	430242.25	421858.03	8384.21	661562.97	61.59%	-0.01%	-105.39%	-120.00%	455376.67	421956.68	33419.98	975299.82	71.03%	0.02%	-121.47%	-129.48%
2063	444509.91	439650.61	4859.30	683082.83	64.30%	1.02%	-102.95%	-119.19%	471754.19	439770.09	31984.10	1032466.01	74.36%	1.05%	-119.42%	-129.00%
2064	459869.24	456379.38	3489.85	703737.00	67.64%	1.39%	-101.99%	-118.38%	489434.26	456525.17	32909.09	1092009.48	78.41%	1.42%	-118.72%	-128.52%
2065	475346.33	475549.67	-203.34	721121.99	70.82%	2.22%	-99.89%	-117.52%	507443.03	475725.26	31717.77	1151820.43	82.35%	2.26%	-116.97%	-127.98%
2066	489048.98	493122.36	-4073.38	734974.83	74.53%	2.74%	-97.96%	-116.61%	523725.99	493335.32	30390.67	1211766.38	86.90%	2.79%	-115.22%	-127.39%
2067	503367.45	510610.85	-7243.41	745924.71	78.56%	3.07%	-96.61%	-115.69%	540816.35	510870.10	29946.25	1272755.44	91.84%	3.12%	-114.03%	-126.77%
2068	518176.39	528158.81	-9982.42	754340.84	82.89%	3.20%	-95.63%	-114.77%	558562.11	528469.23	30092.88	1335419.53	97.15%	3.26%	-113.17%	-126.15%
2069	532308.00	549395.40	-17087.40	755684.78	87.06%	3.97%	-92.99%	-113.78%	575777.05	549766.15	26010.90	1395466.19	102.34%	4.04%	-110.67%	-125.45%
2070	546661.58	571279.54	-24617.96	749343.48	90.81%	5.15%	-90.41%	-112.73%	593352.60	571719.35	21633.26	1452526.93	107.10%	5.24%	-108.43%	-124.68%
2071	560902.57	594737.39	-33834.82	733396.38	95.17%	6.03%	-87.63%	-111.62%	610940.67	595258.02	15682.65	1504914.82	112.58%	6.12%	-105.73%	-123.84%
2072	575124.47	619410.32	-44285.85	706338.29	99.59%	6.98%	-84.77%	-110.44%	628622.90	620026.78	8596.12	1551348.71	118.16%	7.09%	-102.96%	-122.92%
2073	589265.17	645478.81	-56213.64	666377.77	104.03%	8.06%	-81.78%	-109.19%	646333.15	646205.02	128.13	1590263.77	123.79%	8.18%	-100.04%	-121.92%
2074	603494.20	672293.24	-68799.04	612518.20	108.51%	9.17%	-78.92%	-107.88%	664238.39	673149.64	-8911.24	1620886.33	129.50%	9.31%	-97.27%	-120.86%
2075	619322.59	694153.53	-74830.93	551129.45	113.52%	9.44%	-78.26%	-106.63%	683848.14	695159.30	-11311.16	1649814.56	135.77%	9.60%	-96.71%	-119.84%
2076	633366.52	724062.88	-90696.36	471943.92	117.88%	10.93%	-74.95%	-105.31%	701778.24	725247.26	-23469.03	1667004.17	141.41%	11.12%	-93.52%	-118.74%
2077	647419.15	755133.94	-107714.80	373334.85	122.16%	12.57%	-71.61%	-103.93%	719823.06	756536.73	-36713.67	1671047.76	147.01%	12.78%	-90.32%	-117.58%

年份	"全面三孩"生育意愿															
	80%								100%							
	基金财务运行状况（亿元）				变化幅度				基金财务运行状况（亿元）				变化幅度			
	收入	支出	当期结余	累计结余	收入	支出	当期结余	累计结余	收入	支出	当期结余	累计结余	收入	支出	当期结余	累计结余
2078	661548.33	787196.48	-125648.14	253878.87	126.36%	14.31%	-68.30%	-102.50%	738054.98	788837.71	-50782.72	1660771.67	152.53%	14.55%	-87.19%	-116.36%
2079	675857.42	819881.35	-144023.93	112601.31	130.46%	16.16%	-65.09%	-101.04%	756585.24	821812.87	-65227.63	1635432.63	157.99%	16.43%	-84.19%	-115.10%
2080	690449.71	852948.41	-162498.70	-51144.82	134.51%	18.06%	-62.04%	-99.56%	775528.70	855215.36	-79686.66	1594639.62	163.41%	18.38%	-81.38%	-113.82%
2081	705446.67	886278.09	-180831.42	-237775.64	138.54%	19.99%	-59.17%	-98.06%	795023.11	888957.39	-93934.28	1538222.97	168.83%	20.35%	-78.79%	-112.53%
2082	713828.78	948115.00	-234286.23	-483863.41	140.18%	25.72%	-48.73%	-96.29%	806282.43	958453.77	-152171.34	1420702.92	171.29%	27.09%	-66.70%	-110.88%
2083	722873.12	1008986.67	-286113.55	-789226.39	141.92%	31.19%	-39.16%	-94.31%	818388.00	1027009.70	-208621.70	1242383.26	173.89%	33.53%	-55.64%	-108.96%
2084	732781.01	1068646.79	-335865.78	-1153219.48	143.87%	36.35%	-30.50%	-92.16%	831579.06	1094338.86	-262750.79	1004114.05	176.74%	39.63%	-45.63%	-106.83%
2085	743619.26	1126656.27	-383037.01	-1574662.90	146.05%	41.18%	-22.75%	-89.89%	845949.96	1159962.26	-314012.31	707354.28	179.90%	45.35%	-36.67%	-104.54%
2086	755451.93	1182863.41	-427411.48	-2052126.24	148.51%	45.67%	-15.87%	-87.56%	861593.17	1223719.87	-362126.70	353858.27	183.43%	50.70%	-28.72%	-102.15%
2087	768355.21	1236720.51	-468365.30	-2583503.83	151.31%	49.80%	-9.91%	-85.18%	878609.93	1285029.39	-406419.45	-53875.21	187.37%	55.65%	-21.82%	-99.69%
2088	782298.22	1288303.79	-506005.57	-3166747.14	154.45%	53.58%	-4.78%	-82.80%	896977.25	1343950.79	-446973.55	-513369.98	191.75%	60.21%	-15.89%	-97.21%
2089	797216.29	1338230.04	-541013.74	-3800454.90	157.94%	57.08%	-0.35%	-80.44%	916634.74	1401154.50	-484519.76	-1022836.99	196.58%	64.46%	-10.75%	-94.74%
2090	813046.57	1386408.59	-573362.02	-4483162.35	161.76%	60.32%	3.47%	-78.12%	937525.11	1456562.64	-519037.53	-1580421.38	201.84%	68.44%	-6.34%	-92.29%

注：变化幅度均是与继续实行"全面二孩"政策的情况相比；当期结余为负代表基金出现当期赤字，累计结余为负代表基金出现累计赤字。

休年龄政策使得 2090 年基金累计赤字下降 92.29%，基金在 2029—2047 年和 2087—2090 年出现累计赤字。可见，同时实施"全面三孩"政策与延迟退休年龄政策产生的效果要强于单独实施"全面三孩"政策产生的效果，"全面三孩"政策与延迟退休年龄政策的组合能够改善城镇职工基本养老保险基金的财务运行状况，提高城镇职工基本养老保险基金的可持续性。

第三节　生育政策调整与延迟待遇领取年龄政策的组合对城乡居民基本养老保险基金的影响

一、生育政策调整与延迟待遇领取年龄政策的组合对城乡居民基本养老保险参保人数的影响

表 6-6 总结了"全面三孩"政策和延迟待遇领取年龄政策的组合对城乡居民基本养老保险参保人数的影响。可以看出，"全面三孩"政策和延迟待遇领取年龄政策叠加后，未来各年城乡居民基本养老保险的缴费人数有所增加且待遇领取人数有所减少。如果 20.5% 的符合"全面三孩"规定的夫妇生育三孩，与继续实行"全面二孩"政策的情况相比，"全面三孩"政策叠加延迟待遇领取年龄政策使得缴费人数增加 2.22%~33.79%，待遇领取人数减少 5.44%~26.72%。

表 6-6　城乡居民基本养老保险参保人数

（"全面三孩"生育意愿为 20.5% 与延迟待遇领取年龄）　　　　（单位：人）

年份	绝对值			变化值		
	缴费人数	领取待遇人数	抚养比	缴费人数	领取待遇人数	抚养比
2018	445718086	154786888	0.3473	0	0	0
2019	471138470	156768745	0.3327	0	0	0
2020	494491511	159531622	0.3226	0	0	0
2021	492644174	160490380	0.3258	0	0	0
2022	486283798	166627180	0.3427	0	0	0
2023	476180593	176256329	0.3701	0	0	0
2024	468788678	183641552	0.3917	0	0	0
2025	460999551	191383898	0.4151	0	0	0

年份	绝对值			变化值		
	缴费人数	领取待遇人数	抚养比	缴费人数	领取待遇人数	抚养比
2026	452533535	199046887	0.4399	0	0	0
2027	445705267	204889283	0.4597	0	0	0
2028	433730648	213473407	0.4922	0	0	0
2029	424926360	220433298	0.5188	0	0	0
2030	414704205	228438435	0.5508	0	0	0
2031	405829752	234774975	0.5785	0	0	0
2032	407269205	227077305	0.5576	8832470	−13439585	−0.0461
2033	398780172	232094041	0.5820	8989683	−13352207	−0.0477
2034	404197577	223688771	0.5534	22765710	−25787377	−0.1006
2035	396607882	227653619	0.5740	22825057	−24527744	−0.1007
2036	401091324	218872042	0.5457	34985280	−35400767	−0.1488
2037	393043338	221739269	0.5642	33595777	−32954726	−0.1444
2038	395520821	212609928	0.5375	43756327	−42945823	−0.1890
2039	386985470	213966722	0.5529	43356576	−42400679	−0.1932
2040	388785830	204568037	0.5262	53133360	−52045168	−0.2383
2041	380240403	205173893	0.5396	52966410	−51748269	−0.2454
2042	372964988	204259932	0.5477	55506547	−54153512	−0.2663
2043	365075506	203767462	0.5582	56025745	−54526863	−0.2776
2044	357128538	203228750	0.5691	56713140	−55048437	−0.2907
2045	349623171	202186280	0.5783	57962072	−56108110	−0.3073
2046	341977795	201247491	0.5885	60445769	−58377794	−0.3337
2047	333180215	201425619	0.6046	63308465	−61005113	−0.3679
2048	325751875	200193725	0.6146	66648286	−64086545	−0.4054
2049	318106065	199143096	0.6260	70677030	−67834818	−0.4530
2050	310310599	198202605	0.6387	75404318	−72256758	−0.5126
2051	301233941	198564837	0.6592	75371044	−71892152	−0.5383
2052	290730929	200388006	0.6893	73430655	−69589229	−0.5532

续表

年份	绝对值			变化值		
	缴费人数	领取待遇人数	抚养比	缴费人数	领取待遇人数	抚养比
2053	281005222	201423074	0.7168	70075191	−65838099	−0.5503
2054	270339555	203431673	0.7525	64993981	−60319184	−0.5319
2055	258685400	206446247	0.7981	59063276	−53902953	−0.5062
2056	250014533	206506731	0.8260	55265641	−49566772	−0.4889
2057	241269688	206674434	0.8566	50901787	−44647071	−0.4636
2058	231694624	207722404	0.8965	45574598	−38720833	−0.4276
2059	226439167	204548442	0.9033	43674493	−36190253	−0.4139
2060	221028750	201645435	0.9123	41636628	−33504108	−0.3985
2061	216415956	197949958	0.9147	40255772	−31475153	−0.3877
2062	212235287	193899933	0.9136	38983871	−29569001	−0.3762
2063	208142918	189658166	0.9112	37741620	−27716948	−0.3645
2064	204859808	184567694	0.9009	37767989	−27165225	−0.3662
2065	201514603	179653101	0.8915	37701777	−26553519	−0.3673
2066	198274000	174685925	0.8810	37972423	−26307297	−0.3728
2067	195329983	169418056	0.8673	38473789	−26388411	−0.3810
2068	192426451	164223601	0.8534	39209931	−26724067	−0.3928
2069	189083857	159445334	0.8433	39531159	−26678228	−0.4013
2070	185794646	154753645	0.8329	39307301	−26113309	−0.4018
2071	182312079	150317301	0.8245	39169514	−25665880	−0.4049
2072	178921776	145944489	0.8157	39064990	−25285478	−0.4086
2073	175383070	141854146	0.8088	38716376	−24692722	−0.4098
2074	171877158	137907979	0.8024	38255233	−24019812	−0.4095
2075	168985630	133548209	0.7903	38247825	−23822315	−0.4134
2076	165870148	129639509	0.7816	37839271	−23243179	−0.4125
2077	162859454	125849717	0.7728	37347697	−22595175	−0.4100
2078	159979519	122195671	0.7638	36790090	−21895419	−0.4059
2079	157254723	118601682	0.7542	36174796	−21143733	−0.4000

续表

年份	绝对值			变化值		
	缴费人数	领取待遇人数	抚养比	缴费人数	领取待遇人数	抚养比
2080	154645929	115134638	0.7445	35474184	−20311740	−0.3921
2081	151992545	111981076	0.7368	34541943	−19246337	−0.3805
2082	149515692	108899967	0.7284	33606854	−18179784	−0.3680
2083	147223782	105851972	0.7190	32698757	−17138485	−0.3549
2084	145121821	102909286	0.7091	31854844	−16162599	−0.3421
2085	143200188	100022006	0.6985	31088765	−15255951	−0.3298
2086	141447172	97185468	0.6871	30415462	−14436719	−0.3182
2087	139856488	94357120	0.6747	29846834	−13711638	−0.3077
2088	138405491	91541206	0.6614	29378274	−13078168	−0.2982
2089	137065559	88813420	0.6480	29040178	−12573723	−0.2906
2090	135816659	86121481	0.6341	28807261	−12173085	−0.2845

　　注：变化值是与继续实行"全面二孩"政策的情况相比；参保总人数=缴费人数+待遇领取人数，抚养比=待遇领取人数/缴费人数。

　　"全面三孩"政策和延迟待遇领取年龄政策的组合使得缴费人数增加且待遇领取人数减少，进而城乡居民基本养老保险系统内抚养比有所下降。当20.5%的符合"全面三孩"规定的夫妇生育三孩，2090年的系统内抚养比降至0.6341，与继续实行"全面二孩"政策的情况相比，抚养比下降了0.2845。

　　如果"全面三孩"生育意愿进一步提高，情况会如何呢？从表6-7中可以看出，如果46.7%的符合"全面三孩"规定的夫妇生育三孩，与继续实行"全面二孩"政策的情况相比，"全面三孩"政策叠加延迟待遇领取年龄政策使得缴费人数增加2.07%～45.84%，待遇领取人数减少5.44%～26.72%。如果60%的符合"全面三孩"规定的夫妇生育三孩，与继续实行"全面二孩"政策的情况相比，"全面三孩"政策叠加延迟待遇领取年龄政策使得缴费人数增加2%～56.32%，待遇领取人数减少5.44%～26.72%。如果80%的符合"全面三孩"规定的夫妇生育三孩，与继续实行"全面二孩"政策的情况相比，"全面三孩"政策叠加延迟待遇领取年龄政策使得缴费人数增加1.89%～73.23%，待遇领取人数减少5.44%～26.72%。如果所有符合"全面三孩"规定的夫妇生育三孩，与未延迟待遇领取年龄（继续实行"全面二孩"政策）的情况相比，延迟待遇领取年龄叠加"全面三孩"政策使得缴费人数增加1.79%～91.58%，待遇领取人数减少5.38%～24.75%。

表6-7　城乡居民基本养老保险参保人数（"全面三孩"生育意愿为46.7%~100%与延迟待遇领取年龄）

（单位：人）

年份	"全面三孩"生育意愿											
	46.7%			60%			80%			100%		
	缴费人数	领取待遇人数	抚养比	缴费人数	领取待遇人数	抚养比	缴费人数	领取待遇人数	抚养比	缴费人数	领取待遇人数	抚养比
2018	445718086	154786888	0.3473	445718086	154786888	0.3473	445718086	154786888	0.3473	445718086	154786888	0.3473
2019	471138470	156768745	0.3327	471138470	156768745	0.3327	471138470	156768745	0.3327	471138470	156768745	0.3327
2020	494491511	159531622	0.3226	494491511	159531622	0.3226	494491511	159531622	0.3226	494491511	159531622	0.3226
2021	492644174	160490380	0.3258	492644174	160490380	0.3258	492644174	160490380	0.3258	492644174	160490380	0.3258
2022	486283798	166627180	0.3427	486283798	166627180	0.3427	486283798	166627180	0.3427	486283798	166627180	0.3427
2023	476180593	176256329	0.3701	476180593	176256329	0.3701	476180593	176256329	0.3701	476180593	176256329	0.3701
2024	468788678	183641552	0.3917	468788678	183641552	0.3917	468788678	183641552	0.3917	468788678	183641552	0.3917
2025	460999551	191383898	0.4151	460999551	191383898	0.4151	460999551	191383898	0.4151	460999551	191383898	0.4151
2026	452533535	199046887	0.4399	452533535	199046887	0.4399	452533535	199046887	0.4399	452533535	199046887	0.4399
2027	445705267	204889283	0.4597	445705267	204889283	0.4597	445705267	204889283	0.4597	445705267	204889283	0.4597
2028	433730648	213473407	0.4922	433730648	213473407	0.4922	433730648	213473407	0.4922	433730648	213473407	0.4922
2029	424926360	220433298	0.5188	424926360	220433298	0.5188	424926360	220433298	0.5188	424926360	220433298	0.5188
2030	414704205	228438435	0.5508	414704205	228438435	0.5508	414704205	228438435	0.5508	414704205	228438435	0.5508
2031	405829752	234774975	0.5785	405829752	234774975	0.5785	405829752	234774975	0.5785	405829752	234774975	0.5785
2032	406703711	227077305	0.5583	406416644	227077305	0.5587	405984959	227077305	0.5593	405553269	227077305	0.5599

"全面三孩"生育意愿

年份	46.7% 缴费人数	领取待遇人数	抚养比	60% 缴费人数	领取待遇人数	抚养比	80% 缴费人数	领取待遇人数	抚养比	100% 缴费人数	领取待遇人数	抚养比
2033	399185517	232094041	0.5829	397883635	232094041	0.5833	397429659	232094041	0.5840	396975660	232094041	0.5847
2034	405265987	223688771	0.5520	405808306	223688771	0.5512	406623768	223688771	0.5501	407439164	223688771	0.5490
2035	399310223	227653619	0.5701	400681913	227653619	0.5682	402744466	227653619	0.5653	404806853	227653619	0.5624
2036	405383940	218872042	0.5399	407562764	218872042	0.5370	410838870	218872042	0.5327	414114592	218872042	0.5285
2037	398870812	221739269	0.5559	401828522	221739269	0.5518	406275557	221739269	0.5458	410721814	221739269	0.5399
2038	401505876	212609928	0.5295	404543159	212609928	0.5256	409109318	212609928	0.5197	413674058	212609928	0.5140
2039	393093522	213966722	0.5443	396192617	213966722	0.5401	400850937	213966722	0.5338	405506886	213966722	0.5277
2040	394992829	204568037	0.5179	398141319	204568037	0.5138	402872859	204568037	0.5078	407600759	204568037	0.5019
2041	386536530	205173893	0.5308	389729227	205173893	0.5265	394525928	205173893	0.5201	399317407	205173893	0.5138
2042	379346780	204259932	0.5385	382581732	204259932	0.5339	387440411	204259932	0.5272	392291993	204259932	0.5207
2043	371545672	203767462	0.5484	374824057	203767462	0.5436	379746242	203767462	0.5366	384659155	203767462	0.5297
2044	363698836	203228750	0.5588	367026441	203228750	0.5537	372020598	203228750	0.5463	377003030	203228750	0.5391
2045	356308717	202186280	0.5674	359693078	202186280	0.5621	364770368	202186280	0.5543	369833274	202186280	0.5467
2046	348794787	201247491	0.5770	352244026	201247491	0.5713	357416533	201247491	0.5631	362571840	201247491	0.5551
2047	340143731	201425619	0.5922	343665418	201425619	0.5861	348944421	201425619	0.5772	354203281	201425619	0.5687
2048	332873452	200193725	0.6014	336473388	200193725	0.5950	341867536	200193725	0.5856	347238513	200193725	0.5765

续表

年份	"全面三孩"生育意愿											
---	46.7%			60%			80%			100%		
	缴费人数	领取待遇人数	抚养比	缴费人数	领取待遇人数	抚养比	缴费人数	领取待遇人数	抚养比	缴费人数	领取待遇人数	抚养比
2049	325396610	199143096	0.6120	329080313	199143096	0.6052	334597882	199143096	0.5952	340089226	199143096	0.5856
2050	317780345	198202605	0.6237	321553086	198202605	0.6164	327202098	198202605	0.6057	332821944	198202605	0.5955
2051	308896656	198564837	0.6428	312765732	198564837	0.6349	318557553	198564837	0.6233	324317737	198564837	0.6123
2052	298606531	200388006	0.6711	302582739	200388006	0.6623	308534474	200388006	0.6495	314453145	200388006	0.6373
2053	289121101	201423074	0.6967	293219919	201423074	0.6869	299356837	201423074	0.6729	305461659	201423074	0.6594
2054	278736419	203431673	0.7298	282981602	203431673	0.7189	289343342	203431673	0.7031	295678662	203431673	0.6880
2055	267416237	206446247	0.7720	271839216	206446247	0.7594	278478788	206446247	0.7413	285104511	206446247	0.7241
2056	259144223	206506731	0.7969	263784057	206506731	0.7829	270767955	206506731	0.7627	277759896	206506731	0.7435
2057	250872011	206674434	0.8238	255773259	206674434	0.8080	263177494	206674434	0.7853	270622476	206674434	0.7637
2058	241829725	207722404	0.8590	247028969	207722404	0.8409	254916220	207722404	0.8149	262886122	207722404	0.7902
2059	237147727	204548442	0.8625	242670049	204548442	0.8429	251083632	204548442	0.8147	259628494	204548442	0.7879
2060	232328476	201645435	0.8679	238185297	201645435	0.8466	247145468	201645435	0.8159	256289223	201645435	0.7868
2061	228306701	197949958	0.8670	234498928	197949958	0.8441	244008268	197949958	0.8112	253754947	197949958	0.7801
2062	224708268	193899933	0.8629	231231667	193899933	0.8386	241284075	193899933	0.8036	251627873	193899933	0.7706
2063	221171729	189658166	0.8575	228011334	189658166	0.8318	238582304	189658166	0.7949	249496280	189658166	0.7602
2064	218406964	184567694	0.8451	225541040	184567694	0.8183	236594424	184567694	0.7801	248038241	184567694	0.7441

续表

"全面三孩"生育意愿

年份	46.7%			60%			80%			100%		
	缴费人数	领取待遇人数	抚养比	缴费人数	领取待遇人数	抚养比	缴费人数	领取待遇人数	抚养比	缴费人数	领取待遇人数	抚养比
2065	215535448	179653101	0.8335	222937805	179653101	0.8058	234429725	179653101	0.7663	246354069	179653101	0.7292
2066	212719091	174685925	0.8212	220360507	174685925	0.7927	232241756	174685925	0.7522	244591065	174685925	0.7142
2067	210158798	169418056	0.8061	218015371	169418056	0.7771	230245748	169418056	0.7358	242974660	169418056	0.6973
2068	207607881	164223601	0.7910	215661260	164223601	0.7615	228209888	164223601	0.7196	241283552	164223601	0.6806
2069	204591389	159445334	0.7793	212825864	159445334	0.7492	225666233	159445334	0.7066	239054635	159445334	0.6670
2070	201605857	154753645	0.7676	210008287	154753645	0.7369	223118381	154753645	0.6936	236796762	154753645	0.6535
2071	198410965	150317301	0.7576	206972016	150317301	0.7263	220036243	150317301	0.6822	234287123	150317301	0.6416
2072	195295618	145944489	0.7473	204007916	145944489	0.7154	217614021	145944489	0.6707	231823743	145944489	0.6295
2073	192023216	141854146	0.7387	200881845	141854146	0.7062	214721800	141854146	0.6606	229181598	141854146	0.6190
2074	188784177	137907979	0.7305	197789461	137907979	0.6972	211863868	137907979	0.6509	226574558	137907979	0.6087
2075	186164692	133548209	0.7174	195319889	133548209	0.6837	209634585	133548209	0.6371	224603277	133548209	0.5946
2076	183331498	129639509	0.7071	192643132	129639509	0.6730	207209831	129639509	0.6256	222450767	129639509	0.5828
2077	180616383	125849717	0.6968	190093125	125849717	0.6620	204927635	125849717	0.6141	220460306	125849717	0.5708
2078	178049261	122195671	0.6863	187702536	122195671	0.6510	202825873	122195671	0.6025	218676388	122195671	0.5588
2079	175656455	118601682	0.6752	185499275	118601682	0.6394	200935729	118601682	0.5902	217134645	118601682	0.5462
2080	173400441	115134638	0.6640	183447156	115134638	0.6276	199223767	115134638	0.5779	215805390	115134638	0.5335

续表

"全面三孩"生育意愿

年份	46.7%			60%			80%			100%		
	缴费人数	领取待遇人数	抚养比	缴费人数	领取待遇人数	抚养比	缴费人数	领取待遇人数	抚养比	缴费人数	领取待遇人数	抚养比
2081	170797843	112305428	0.6575	180899412	112470080	0.6217	196798175	112717676	0.5728	213552615	112965273	0.5290
2082	168404422	109536473	0.6504	178581642	109859585	0.6152	194639928	110345468	0.5669	211612670	110831351	0.5237
2083	166224941	106786508	0.6424	176496244	107260911	0.6077	192747194	107974298	0.5602	209978673	108687684	0.5176
2084	164260180	104125369	0.6339	174641197	104742693	0.5998	191112859	105671001	0.5529	208637290	106599309	0.5109
2085	162495285	101503258	0.6247	172998315	102255191	0.5911	189712768	103385917	0.5450	207557149	104516643	0.5036
2086	160914290	98915277	0.6147	171548779	99793386	0.5817	188522807	101113851	0.5363	206707486	102434316	0.4956
2087	159509098	96318139	0.6038	170283024	97313619	0.5715	187530366	98810581	0.5269	206071484	100307543	0.4868
2088	158253290	93717042	0.5922	169172085	94821570	0.5605	186701698	96482514	0.5168	205609308	98143457	0.4773
2089	157112783	91188565	0.5804	168178357	92394268	0.5494	185992815	94207355	0.5065	205269135	96020443	0.4678
2090	156062891	88681563	0.5682	167274167	89981147	0.5379	185370638	91935409	0.4960	205011257	93889670	0.4580

注:参保总人数=缴费人数+待遇领取人数,抚养比=待遇领取人数/缴费人数。

再看退职比的变化，从表6-7中可以看出，如果46.7%的符合"全面三孩"规定的夫妇生育三孩，"全面三孩"政策与延迟待遇领取年龄政策的叠加使得2090年的系统内抚养比降至0.5682，即1.76位缴费人口抚养1位待遇领取人口。如果60%的符合"全面三孩"规定的夫妇生育三孩，"全面三孩"政策与延迟待遇领取年龄政策的叠加使得2090年的系统内抚养比降至0.5379，即1.86位缴费人口抚养1位待遇领取人口。如果80%的符合"全面三孩"规定的夫妇生育三孩，"全面三孩"政策与延迟待遇领取年龄政策的叠加使得2090年的系统内抚养比降至0.4960，即2.02位缴费人口抚养1位待遇领取人口。如果所有符合"全面三孩"规定的夫妇生育三孩，"全面三孩"政策与延迟待遇领取年龄政策的叠加使得2090年的系统内抚养比降至0.4580，即2.18位缴费人口抚养1位待遇领取人口。可见，"全面三孩"政策与延迟待遇领取年龄政策的组合能使得缴费人口的抚养压力进一步减轻，且生育意愿越高，缓解力度越强。

二、生育政策调整与延迟待遇领取年龄政策的组合对城乡居民基本养老保险基金财务运行状况的影响

同时实施"全面三孩"政策与延迟待遇领取年龄政策使得缴费人数增加且待遇领取人数减少，进而基金收入增加且基金支出减少。从表6-8中可以看出，与继续实行"全面二孩"政策的情况相比，若"全面三孩"生育意愿为20.5%，"全面三孩"政策叠加延迟待遇领取年龄政策后，2032—2090年基金收入增加2.22%~33.79%，2032—2090年基金支出减少1.04%~20.28%，这导致基金开始出现当期赤字和累计赤字的时点推迟，城乡居民基本养老保险基金开始出现累计赤字的时点推迟至2055年，较继续实行"全面二孩"政策的情况延后了10年（=2055-2045），2090年的累计赤字为60.94万亿元，较继续实行"全面二孩"政策的情况下降了49.82%。

表6-8　城乡居民基本养老保险基金财务运行状况（"全面三孩"生育意愿为20.5%与延迟待遇领取年龄）

年份	基金财务运行状况（亿元）				变化幅度			
	收入	支出	当期结余	累计结余	收入	支出	当期结余	累计结余
2018	4370.15	2712.56	1657.59	9428.41	0.00%	0.00%	0.00%	0.00%
2019	4942.75	2939.61	2003.15	11717.35	0.00%	0.00%	0.00%	0.00%
2020	5550.89	3200.81	2350.08	14419.12	0.00%	0.00%	0.00%	0.00%
2021	5889.62	3429.35	2460.27	17301.37	0.00%	0.00%	0.00%	0.00%
2022	6191.46	3791.91	2399.55	20193.44	0.00%	0.00%	0.00%	0.00%

续表

年份	基金财务运行状况（亿元）				变化幅度			
	收入	支出	当期结余	累计结余	收入	支出	当期结余	累计结余
2023	6456.91	4271.76	2185.15	22938.05	0.00%	0.00%	0.00%	0.00%
2024	6769.86	4740.05	2029.81	25592.06	0.00%	0.00%	0.00%	0.00%
2025	7090.10	5260.98	1829.12	28106.71	0.00%	0.00%	0.00%	0.00%
2026	7377.49	5799.93	1577.56	30426.38	0.00%	0.00%	0.00%	0.00%
2027	7702.14	6328.38	1373.77	32595.15	0.00%	0.00%	0.00%	0.00%
2028	7944.92	6989.12	955.80	34389.72	0.00%	0.00%	0.00%	0.00%
2029	8250.67	7650.01	600.66	35865.14	0.00%	0.00%	0.00%	0.00%
2030	8535.32	8403.49	131.83	36896.90	0.00%	0.00%	0.00%	0.00%
2031	8812.07	9111.61	−299.54	37512.29	0.00%	0.00%	0.00%	0.00%
2032	9329.70	9297.57	32.14	38483.04	2.22%	−5.59%	−104.46%	2.05%
2033	9637.68	10025.64	−387.96	39047.45	2.31%	−5.44%	−67.18%	4.29%
2034	10305.88	10194.00	111.88	40138.31	5.97%	−10.34%	−106.81%	9.39%
2035	10668.54	10945.30	−276.75	40858.10	6.11%	−9.73%	−86.63%	15.13%
2036	11328.60	11049.24	279.36	42165.89	9.56%	−13.92%	−111.19%	24.68%
2037	11656.35	11753.69	−97.33	43120.27	9.35%	−12.94%	−96.57%	35.80%
2038	12316.32	11833.26	483.06	44693.41	12.44%	−16.80%	−114.77%	53.09%
2039	12653.06	12504.21	148.85	45963.31	12.62%	−16.54%	−103.97%	76.21%
2040	13347.52	12552.70	794.82	47927.09	15.83%	−20.28%	−118.82%	113.88%
2041	13641.58	13156.42	485.16	49622.55	16.18%	−20.14%	−110.25%	173.91%
2042	13982.69	15459.96	−1477.27	49348.92	17.48%	−10.72%	−72.72%	279.03%
2043	14302.82	16116.71	−1813.89	48723.41	18.13%	−10.89%	−69.66%	575.13%
2044	14621.10	16797.43	−2176.34	47710.74	18.88%	−11.12%	−67.03%	7448.79%
2045	14957.94	17463.28	−2505.34	46335.54	19.87%	−11.58%	−65.55%	−780.69%
2046	15216.08	18077.48	−2861.40	44561.00	21.47%	−12.45%	−64.76%	−391.23%
2047	15417.63	18817.22	−3399.59	42190.44	23.46%	−13.31%	−63.12%	−267.88%
2048	15676.84	19450.22	−3773.38	39377.49	25.72%	−14.44%	−63.23%	−208.54%
2049	15921.24	20122.07	−4200.83	36056.07	28.56%	−15.75%	−63.47%	−173.63%
2050	16152.32	20828.12	−4675.80	32164.78	32.10%	−17.22%	−63.85%	−150.69%

年份	基金财务运行状况（亿元）				变化幅度			
	收入	支出	当期结余	累计结余	收入	支出	当期结余	累计结余
2051	16228.66	21596.51	−5367.85	27466.85	33.37%	−17.07%	−61.31%	−134.65%
2052	16211.02	22557.62	−6346.60	21648.26	33.79%	−16.16%	−57.09%	−122.46%
2053	16217.12	23467.73	−7250.61	14757.60	33.22%	−14.87%	−52.90%	−112.88%
2054	16147.65	24531.31	−8383.66	6533.28	31.65%	−12.88%	−47.25%	−104.88%
2055	15992.34	25766.15	−9773.81	−3321.54	29.59%	−10.43%	−40.50%	−97.84%
2056	15919.98	26546.91	−10626.93	−14297.18	28.38%	−8.91%	−36.53%	−91.83%
2057	15824.04	27365.52	−11541.49	−26484.63	26.74%	−7.11%	−32.01%	−86.54%
2058	15651.92	28329.41	−12677.49	−40141.17	24.49%	−4.80%	−26.22%	−81.69%
2059	15755.80	28733.44	−12977.64	−54446.78	23.90%	−4.03%	−24.65%	−77.54%
2060	15840.72	29175.42	−13334.69	−69476.01	23.21%	−3.14%	−22.76%	−73.89%
2061	15897.89	29356.75	−13458.86	−85008.25	22.85%	−2.54%	−21.67%	−70.73%
2062	15980.54	29475.02	−13494.47	−100965.29	22.50%	−1.99%	−20.76%	−67.96%
2063	16064.21	29550.98	−13486.76	−117313.35	22.15%	−1.45%	−19.89%	−65.52%
2064	16206.10	29476.76	−13270.67	−133848.62	22.60%	−1.54%	−20.63%	−63.42%
2065	16340.00	29409.17	−13069.17	−150590.73	23.02%	−1.59%	−21.28%	−61.59%
2066	16398.78	29167.96	−12769.18	−167443.91	23.69%	−1.83%	−22.40%	−60.01%
2067	16478.39	28854.13	−12375.74	−184315.14	24.53%	−2.27%	−24.04%	−58.66%
2068	16558.11	28528.84	−11970.73	−201193.01	25.59%	−2.86%	−26.03%	−57.52%
2069	16595.90	28252.74	−11656.84	−218171.10	26.43%	−3.24%	−27.47%	−56.53%
2070	16633.35	27969.82	−11336.48	−235245.27	26.83%	−3.36%	−28.37%	−55.67%
2071	16648.00	27711.37	−11063.37	−252466.36	27.36%	−3.52%	−29.31%	−54.92%
2072	16665.18	27443.34	−10778.16	−269825.63	27.93%	−3.73%	−30.37%	−54.26%
2073	16662.29	27207.67	−10545.39	−287380.29	28.33%	−3.79%	−31.06%	−53.67%
2074	16655.79	26979.81	−10324.02	−305146.92	28.63%	−3.80%	−31.62%	−53.15%
2075	16703.10	26649.42	−9946.32	−322970.57	29.26%	−4.15%	−33.16%	−52.70%
2076	16723.06	26386.83	−9663.78	−340950.21	29.55%	−4.22%	−34.00%	−52.31%
2077	16747.91	26127.77	−9379.86	−359088.32	29.76%	−4.24%	−34.76%	−51.96%
2078	16780.78	25876.53	−9095.75	−377388.67	29.86%	−4.21%	−35.46%	−51.66%

年份	基金财务运行状况（亿元）				变化幅度			
	收入	支出	当期结余	累计结余	收入	支出	当期结余	累计结余
2079	16824.87	25617.77	−8792.90	−395836.11	29.88%	−4.14%	−36.14%	−51.39%
2080	16876.66	25366.27	−8489.60	−414433.85	29.77%	−3.99%	−36.71%	−51.15%
2081	16918.84	25164.91	−8246.07	−433246.92	29.41%	−3.61%	−36.74%	−50.93%
2082	16976.00	24961.96	−7985.96	−452263.71	28.99%	−3.21%	−36.76%	−50.73%
2083	17050.09	24748.57	−7698.48	−471461.24	28.55%	−2.79%	−36.87%	−50.55%
2084	17142.79	24541.77	−7398.98	−490831.72	28.12%	−2.38%	−37.08%	−50.39%
2085	17254.11	24330.27	−7076.16	−510355.58	27.73%	−2.00%	−37.48%	−50.24%
2086	17383.75	24113.09	−6729.35	−530012.05	27.39%	−1.66%	−38.11%	−50.11%
2087	17532.02	23879.57	−6347.55	−549768.59	27.13%	−1.38%	−39.10%	−50.01%
2088	17697.13	23630.26	−5933.13	−569594.27	26.95%	−1.17%	−40.48%	−49.92%
2089	17876.32	23384.64	−5508.33	−589480.16	26.88%	−1.06%	−42.29%	−49.86%
2090	18067.70	23129.37	−5061.67	−609405.37	26.92%	−1.04%	−44.60%	−49.82%

注：变化幅度均是与继续实行"全面二孩"政策的情况相比；当期结余为负代表基金出现当期赤字，累计结余为负代表基金出现累计赤字。

如果"全面三孩"的生育意愿进一步提高，情况会如何呢？从表6-9和表6-10中可以看出，与继续实行"全面二孩"政策的情况相比，若"全面三孩"生育意愿为46.7%，"全面三孩"政策叠加延迟待遇领取年龄政策使得2090年基金累计赤字下降57.74%，基金开始出现累计赤字的时点推迟至2056年；若"全面三孩"生育意愿为60%，"全面三孩"政策叠加延迟待遇领取年龄政策使得2090年基金累计赤字下降61.93%，基金开始出现累计赤字的时点推迟至2056年；若"全面三孩"生育意愿为80%，"全面三孩"政策叠加延迟待遇领取年龄政策使得2090年基金累计赤字下降68.47%，基金开始出现累计赤字的时点推迟至2057年；若所有符合"全面三孩"规定夫妇生育三孩，"全面三孩"政策叠加延迟待遇领取年龄政策使得2090年基金累计赤字下降75.28%，基金开始出现累计赤字的时点推迟至2058年。可见，同时实施"全面三孩"政策与延迟领取待遇年龄政策产生的效果要强于单独实施"全面三孩"政策产生的效果，"全面三孩"政策与延迟领取待遇年龄政策的组合能够改善城乡居民基本养老保险基金的财务运行状况，提高城乡居民基本养老保险基金的可持续性。

表 6-9 城乡居民基本养老保险基金财务运行状况（"全面三孩"生育意愿为 46.7%～60%与延迟待遇领取年龄）

年份	"全面三孩"生育意愿															
	46.7%								60%							
	基金财务运行状况（亿元）				变化幅度				基金财务运行状况（亿元）				变化幅度			
	收入	支出	当期结余	累计结余	收入	支出	当期结余	累计结余	收入	支出	当期结余	累计结余	收入	支出	当期结余	累计结余
2018	4370.15	2712.56	1657.59	9428.41	0.00%	0.00%	0.00%	0.00%	4370.15	2712.56	1657.59	9428.41	0.00%	0.00%	0.00%	0.00%
2019	4942.75	2939.61	2003.15	11717.35	0.00%	0.00%	0.00%	0.00%	4942.75	2939.61	2003.15	11717.35	0.00%	0.00%	0.00%	0.00%
2020	5550.89	3200.81	2350.08	14419.12	0.00%	0.00%	0.00%	0.00%	5550.89	3200.81	2350.08	14419.12	0.00%	0.00%	0.00%	0.00%
2021	5889.62	3429.35	2460.27	17301.37	0.00%	0.00%	0.00%	0.00%	5889.62	3429.35	2460.27	17301.37	0.00%	0.00%	0.00%	0.00%
2022	6191.46	3791.91	2399.55	20193.44	0.00%	0.00%	0.00%	0.00%	6191.46	3791.91	2399.55	20193.44	0.00%	0.00%	0.00%	0.00%
2023	6456.91	4271.76	2185.15	22938.05	0.00%	0.00%	0.00%	0.00%	6456.91	4271.76	2185.15	22938.05	0.00%	0.00%	0.00%	0.00%
2024	6769.86	4740.05	2029.81	25592.06	0.00%	0.00%	0.00%	0.00%	6769.86	4740.05	2029.81	25592.06	0.00%	0.00%	0.00%	0.00%
2025	7090.10	5260.98	1829.12	28106.71	0.00%	0.00%	0.00%	0.00%	7090.10	5260.98	1829.12	28106.71	0.00%	0.00%	0.00%	0.00%
2026	7377.49	5799.93	1577.56	30426.38	0.00%	0.00%	0.00%	0.00%	7377.49	5799.93	1577.56	30426.38	0.00%	0.00%	0.00%	0.00%
2027	7702.14	6328.38	1373.77	32595.15	0.00%	0.00%	0.00%	0.00%	7702.14	6328.38	1373.77	32595.15	0.00%	0.00%	0.00%	0.00%
2028	7944.92	6989.12	955.80	34389.72	0.00%	0.00%	0.00%	0.00%	7944.92	6989.12	955.80	34389.72	0.00%	0.00%	0.00%	0.00%
2029	8250.67	7650.01	600.66	35865.14	0.00%	0.00%	0.00%	0.00%	8250.67	7650.01	600.66	35865.14	0.00%	0.00%	0.00%	0.00%
2030	8535.32	8403.49	131.83	36896.90	0.00%	0.00%	0.00%	0.00%	8535.32	8403.49	131.83	36896.90	0.00%	0.00%	0.00%	0.00%
2031	8812.07	9111.61	-299.54	37512.29	0.00%	0.00%	0.00%	0.00%	8812.07	9111.61	-299.54	37512.29	0.00%	0.00%	0.00%	0.00%
2032	9316.75	9297.57	19.18	38469.76	2.07%	-5.59%	-102.66%	2.01%	9310.17	9297.57	12.61	38463.02	2.00%	-5.59%	-101.75%	1.99%
2033	9623.30	10025.64	-402.33	39019.11	2.15%	-5.44%	-65.96%	4.21%	9616.01	10025.64	-409.63	39004.72	2.08%	-5.44%	-65.34%	4.17%
2034	10333.12	10194.00	139.12	40137.18	6.25%	-10.34%	-108.46%	9.38%	10346.95	10194.00	152.94	40136.61	6.39%	-10.34%	-109.30%	9.38%
2035	10741.23	10945.30	-204.06	40931.45	6.83%	-9.73%	-90.14%	15.33%	10778.13	10945.30	-167.17	40968.68	7.20%	-9.73%	-91.92%	15.44%
2036	11449.84	11049.24	400.60	42365.35	10.73%	-13.92%	-116.05%	25.27%	11511.38	11049.24	462.14	42466.59	11.32%	-13.92%	-118.52%	25.57%
2037	11829.18	11753.69	75.49	43501.86	10.97%	-12.94%	-102.66%	37.00%	11916.89	11753.69	163.21	43695.54	11.79%	-12.94%	-105.75%	37.61%

续表

"全面三孩"生育意愿

年份	46.7%								60%							
	基金财务运行状况（亿元）				变化幅度				基金财务运行状况（亿元）				变化幅度			
	收入	支出	当期结余	累计结余	收入	支出	当期结余	累计结余	收入	支出	当期结余	累计结余	收入	支出	当期结余	累计结余
2038	12502.69	11833.26	669.43	45275.57	14.14%	-16.80%	-120.47%	55.08%	12597.27	11833.26	764.01	45571.04	15.00%	-16.80%	-123.37%	56.09%
2039	12852.77	12504.21	348.56	46764.73	14.39%	-16.54%	-109.30%	79.28%	12954.10	12504.21	449.89	47171.45	15.30%	-16.54%	-112.01%	80.84%
2040	13560.62	12552.70	1007.91	48966.96	17.68%	-20.28%	-123.87%	118.52%	13668.71	12552.70	1116.00	49494.64	18.62%	-20.28%	-126.43%	120.88%
2041	13867.46	13156.42	711.04	50919.95	18.11%	-20.14%	-115.02%	181.07%	13982.01	13156.42	825.58	51578.23	19.08%	-20.14%	-117.44%	184.70%
2042	14221.95	15459.96	-1238.01	50923.99	19.49%	-10.72%	-77.13%	291.12%	14343.23	15459.96	-1116.73	51723.04	20.51%	-10.72%	-79.37%	297.26%
2043	14556.31	16116.71	-1560.40	50597.68	20.22%	-10.89%	-73.90%	601.10%	14684.75	16116.71	-1431.96	51548.35	21.28%	-10.89%	-76.05%	614.27%
2044	14890.09	16797.43	-1907.35	49907.60	21.07%	-11.12%	-71.10%	7796.38%	15026.32	16797.43	-1771.11	51021.67	22.17%	-11.12%	-73.17%	7972.65%
2045	15243.97	17463.28	-2219.31	48880.49	22.17%	-11.58%	-69.49%	-818.08%	15388.76	17463.28	-2074.51	50170.84	23.33%	-11.58%	-71.48%	-837.03%
2046	15519.40	18077.48	-2558.08	47480.48	23.89%	-12.45%	-68.50%	-410.31%	15672.87	18077.48	-2404.61	48960.39	25.12%	-12.45%	-70.39%	-419.98%
2047	15739.86	18817.22	-3077.36	45513.19	26.04%	-13.31%	-66.61%	-281.10%	15902.82	18817.22	-2914.40	47197.14	27.34%	-13.31%	-68.38%	-287.80%
2048	16019.57	19450.22	-3430.65	43134.60	28.47%	-14.44%	-66.57%	-218.90%	16192.82	19450.22	-3257.41	45038.22	29.86%	-14.44%	-68.26%	-224.14%
2049	16286.14	20122.07	-3835.94	40281.13	31.51%	-15.75%	-66.64%	-182.25%	16470.51	20122.07	-3651.57	42421.32	33.00%	-15.75%	-68.25%	-186.62%
2050	16541.14	20828.12	-4286.99	36894.00	35.28%	-17.22%	-66.86%	-158.14%	16737.52	20828.12	-4090.61	39288.98	36.89%	-17.22%	-68.38%	-161.92%
2051	16641.48	21596.51	-4955.03	32737.44	36.76%	-17.07%	-64.29%	-141.30%	16849.92	21596.51	-4746.59	35405.96	38.48%	-17.07%	-65.79%	-144.67%
2052	16650.16	22557.62	-5907.46	27500.73	37.42%	-16.16%	-60.06%	-128.53%	16871.87	22557.62	-5685.75	30463.22	39.25%	-16.16%	-61.56%	-131.60%
2053	16685.50	23467.73	-6782.23	21236.47	37.07%	-14.87%	-55.95%	-118.53%	16922.05	23467.73	-6545.68	24515.47	39.01%	-14.87%	-57.48%	-121.39%
2054	16649.20	24531.31	-7882.11	13688.22	35.74%	-12.88%	-50.40%	-110.23%	16902.77	24531.31	-7628.54	17309.10	37.81%	-12.88%	-52.00%	-112.94%
2055	16532.09	25766.15	-9234.06	4565.52	33.96%	-10.43%	-43.79%	-102.97%	16805.53	25766.15	-8960.62	8557.20	36.18%	-10.43%	-45.45%	-105.56%
2056	16501.33	26546.91	-10045.58	-5617.07	33.07%	-8.91%	-40.00%	-96.79%	16796.77	26546.91	-9750.14	-1222.76	35.45%	-8.91%	-41.77%	-99.30%
2057	16453.82	27365.52	-10911.70	-16941.99	31.78%	-7.11%	-35.72%	-91.39%	16775.28	27365.52	-10590.25	-12108.34	34.36%	-7.11%	-37.62%	-93.84%

续表

年份	"全面三孩"生育意愿															
	46.7%								60%							
	基金财务运行状况（亿元）				变化幅度				基金财务运行状况（亿元）				变化幅度			
	收入	支出	当期结余	累计结余	收入	支出	当期结余	累计结余	收入	支出	当期结余	累计结余	收入	支出	当期结余	累计结余
2058	16336.59	28329.41	-11992.82	-29658.18	29.93%	-4.80%	-30.21%	-86.47%	16687.82	28329.41	-11641.59	-24343.67	32.73%	-4.80%	-32.25%	-88.90%
2059	16500.91	28733.44	-12232.53	-42937.98	29.76%	-4.03%	-28.97%	-82.28%	16885.16	28733.44	-11848.28	-37096.75	32.78%	-4.03%	-31.20%	-84.69%
2060	16650.55	29175.42	-12524.86	-56849.41	29.51%	-3.14%	-27.46%	-78.64%	17070.30	29175.42	-12105.12	-50431.92	32.77%	-3.14%	-29.89%	-81.05%
2061	16771.38	29356.75	-12585.37	-71170.65	29.60%	-2.54%	-26.75%	-75.49%	17226.26	29356.75	-12130.49	-64126.47	33.12%	-2.54%	-29.40%	-77.92%
2062	16919.71	29475.02	-12555.30	-85819.10	29.70%	-1.99%	-26.27%	-72.77%	17410.90	29475.02	-12064.12	-78095.35	33.47%	-1.99%	-29.16%	-75.22%
2063	17069.76	29550.98	-12481.21	-100757.83	29.79%	-1.45%	-25.86%	-70.39%	17597.63	29550.98	-11953.34	-92299.90	33.81%	-1.45%	-29.00%	-72.87%
2064	17277.79	29476.76	-12198.98	-115780.72	30.71%	-1.54%	-27.04%	-68.36%	17842.15	29476.76	-11634.61	-106532.88	34.98%	-1.54%	-30.41%	-70.88%
2065	17476.89	29409.17	-11932.27	-130905.82	31.57%	-1.59%	-28.13%	-66.61%	18077.12	29409.17	-11332.05	-120811.55	36.09%	-1.59%	-31.74%	-69.19%
2066	17593.50	29167.96	-11574.46	-146042.29	32.70%	-1.83%	-29.66%	-65.12%	18225.50	29167.96	-10942.46	-135047.86	37.47%	-1.83%	-33.50%	-67.75%
2067	17729.38	28854.13	-11124.76	-161096.22	33.98%	-2.27%	-31.72%	-63.87%	18392.17	28854.13	-10461.96	-149147.57	38.99%	-2.27%	-35.78%	-66.55%
2068	17864.46	28528.84	-10664.38	-176054.62	35.50%	-2.86%	-34.10%	-62.83%	18557.45	28528.84	-9971.39	-163096.93	40.76%	-2.86%	-38.39%	-65.56%
2069	17956.99	28252.74	-10295.74	-191009.12	36.80%	-3.24%	-35.94%	-61.95%	18679.73	28252.74	-9573.00	-176986.68	42.31%	-3.24%	-40.44%	-64.74%
2070	18048.85	27969.82	-9920.97	-205953.34	37.63%	-3.36%	-37.32%	-61.19%	18801.08	27969.82	-9168.74	-190809.31	43.36%	-3.36%	-42.07%	-64.05%
2071	18118.08	27711.37	-9593.29	-220935.30	38.61%	-3.52%	-38.71%	-60.55%	18899.84	27711.37	-8811.53	-204611.36	44.59%	-3.52%	-43.70%	-63.46%
2072	18190.27	27443.34	-9253.06	-235943.07	39.64%	-3.73%	-40.22%	-60.00%	19001.76	27443.34	-8441.58	-218379.26	45.87%	-3.73%	-45.47%	-62.98%
2073	18243.19	27207.67	-8964.49	-251030.24	40.50%	-3.79%	-41.40%	-59.53%	19084.80	27207.67	-8122.87	-232164.69	46.99%	-3.79%	-46.90%	-62.57%
2074	18294.17	26979.81	-8685.64	-266208.78	41.28%	-3.80%	-42.47%	-59.13%	19166.83	26979.81	-7812.99	-245977.11	48.02%	-3.80%	-48.25%	-62.23%
2075	18401.13	26649.42	-8248.29	-281318.50	42.40%	-4.15%	-44.57%	-58.80%	19306.06	26649.42	-7343.36	-259653.48	49.40%	-4.15%	-50.65%	-61.97%
2076	18483.51	26386.83	-7903.32	-296452.36	43.19%	-4.22%	-46.02%	-58.53%	19422.31	26386.83	-6964.52	-273283.45	50.47%	-4.22%	-52.43%	-61.77%
2077	18573.97	26127.77	-7553.80	-311606.31	43.90%	-4.24%	-47.46%	-58.31%	19548.53	26127.77	-6579.24	-286859.26	51.45%	-4.24%	-54.24%	-61.63%

续表

年份	"全面三孩"生育意愿															
	46.7%								60%							
	基金财务运行状况（亿元）				变化幅度				基金财务运行状况（亿元）				变化幅度			
	收入	支出	当期结余	累计结余	收入	支出	当期结余	累计结余	收入	支出	当期结余	累计结余	收入	支出	当期结余	累计结余
2078	18676.18	25876.53	-7200.35	-326776.84	44.53%	-4.21%	-48.91%	-58.14%	19688.74	25876.53	-6187.79	-300373.23	52.37%	-4.21%	-56.09%	-61.52%
2079	18793.69	25617.77	-6824.08	-341940.93	45.07%	-4.14%	-50.44%	-58.01%	19846.79	25617.77	-5770.98	-313797.81	53.20%	-4.14%	-58.09%	-61.46%
2080	18923.36	25366.27	-6442.90	-357093.44	45.50%	-3.99%	-51.97%	-57.91%	20019.77	25366.27	-5346.50	-327122.92	53.94%	-3.99%	-60.14%	-61.44%
2081	19012.13	25237.80	-6225.67	-372402.09	45.42%	-3.33%	-52.24%	-57.82%	20136.57	25274.80	-5138.23	-340567.68	54.02%	-3.19%	-60.58%	-61.43%
2082	19120.62	25107.86	-5987.24	-387849.06	45.29%	-2.64%	-52.59%	-57.75%	20276.14	25181.92	-4905.78	-354110.30	54.07%	-2.35%	-61.15%	-61.43%
2083	19250.62	24967.06	-5716.44	-403404.64	45.14%	-1.93%	-53.13%	-57.69%	20440.15	25077.98	-4637.83	-367716.83	54.11%	-1.49%	-61.97%	-61.43%
2084	19403.55	24831.78	-5428.23	-419053.69	45.02%	-1.23%	-53.84%	-57.64%	20629.82	24979.00	-4349.17	-381367.65	54.19%	-0.64%	-63.02%	-61.45%
2085	19578.97	24690.59	-5111.62	-434769.44	44.94%	-0.54%	-54.83%	-57.61%	20844.47	24873.49	-4029.02	-395031.59	54.31%	0.19%	-64.40%	-61.48%
2086	19776.24	24542.28	-4766.04	-450523.87	44.93%	0.09%	-56.17%	-57.60%	21083.21	24760.16	-3676.94	-408676.25	54.50%	0.98%	-66.18%	-61.53%
2087	19995.62	24375.86	-4380.24	-466276.71	45.00%	0.67%	-57.98%	-57.60%	21346.21	24627.79	-3281.58	-422256.78	54.79%	1.71%	-68.52%	-61.60%
2088	20234.96	24191.93	-3956.97	-481989.53	45.15%	1.18%	-60.31%	-57.62%	21631.08	24477.05	-2845.97	-435730.32	55.17%	2.37%	-71.45%	-61.69%
2089	20490.91	24010.02	-3519.11	-497646.36	45.44%	1.59%	-63.13%	-57.67%	21934.10	24327.48	-2393.38	-449076.79	55.68%	2.93%	-74.93%	-61.80%
2090	20761.06	23816.92	-3055.86	-513219.78	45.84%	1.91%	-66.55%	-57.74%	22252.50	24165.95	-1913.45	-462265.00	56.32%	3.40%	-79.06%	-61.93%

注：变化幅度均是与继续实行"全面二孩"政策的情况相比；当期结余为负代表基金出现当期赤字，累计结余为负代表基金出现累计赤字。

表 6-10 城乡居民基本养老保险基金财务运行状况("全面三孩"生育意愿为 80%~100%与延迟待遇领取年龄)

年份	基金财务运行状况(亿元) [80%] 收入	支出	当期结余	累计结余	变化幅度 [80%] 收入	支出	当期结余	累计结余	基金财务运行状况(亿元) [100%] 收入	支出	当期结余	累计结余	变化幅度 [100%] 收入	支出	当期结余	累计结余
2018	4370.15	2712.56	1657.59	9428.41	0.00%	0.00%	0.00%	0.00%	4370.15	2712.56	1657.59	9428.41	0.00%	0.00%	0.00%	0.00%
2019	4942.75	2939.61	2003.15	11717.35	0.00%	0.00%	0.00%	0.00%	4942.75	2939.61	2003.15	11717.35	0.00%	0.00%	0.00%	0.00%
2020	5550.89	3200.81	2350.08	14419.12	0.00%	0.00%	0.00%	0.00%	5550.89	3200.81	2350.08	14419.12	0.00%	0.00%	0.00%	0.00%
2021	5889.62	3429.35	2460.27	17301.37	0.00%	0.00%	0.00%	0.00%	5889.62	3429.35	2460.27	17301.37	0.00%	0.00%	0.00%	0.00%
2022	6191.46	3791.91	2399.55	20193.44	0.00%	0.00%	0.00%	0.00%	6191.46	3791.91	2399.55	20193.44	0.00%	0.00%	0.00%	0.00%
2023	6456.91	4271.76	2185.15	22938.05	0.00%	0.00%	0.00%	0.00%	6456.91	4271.76	2185.15	22938.05	0.00%	0.00%	0.00%	0.00%
2024	6769.86	4740.05	2029.81	25592.06	0.00%	0.00%	0.00%	0.00%	6769.86	4740.05	2029.81	25592.06	0.00%	0.00%	0.00%	0.00%
2025	7090.10	5260.98	1829.12	28106.71	0.00%	0.00%	0.00%	0.00%	7090.10	5260.98	1829.12	28106.71	0.00%	0.00%	0.00%	0.00%
2026	7377.49	5799.93	1577.56	30426.38	0.00%	0.00%	0.00%	0.00%	7377.49	5799.93	1577.56	30426.38	0.00%	0.00%	0.00%	0.00%
2027	7702.14	6328.38	1373.77	32595.15	0.00%	0.00%	0.00%	0.00%	7702.14	6328.38	1373.77	32595.15	0.00%	0.00%	0.00%	0.00%
2028	7944.92	6989.12	955.80	34389.72	0.00%	0.00%	0.00%	0.00%	7944.92	6989.12	955.80	34389.72	0.00%	0.00%	0.00%	0.00%
2029	8250.67	7650.01	600.66	35865.14	0.00%	0.00%	0.00%	0.00%	8250.67	7650.01	600.66	35865.14	0.00%	0.00%	0.00%	0.00%
2030	8535.32	8403.49	131.83	36896.90	0.00%	0.00%	0.00%	0.00%	8535.32	8403.49	131.83	36896.90	0.00%	0.00%	0.00%	0.00%
2031	8812.07	9111.61	-299.54	37512.29	0.00%	0.00%	0.00%	0.00%	8812.07	9111.61	-299.54	37512.29	0.00%	0.00%	0.00%	0.00%
2032	9300.29	9297.57	2.72	38452.88	1.89%	-5.59%	-100.38%	1.97%	9290.40	9297.57	-7.17	38442.75	1.79%	-5.59%	-99.00%	1.94%
2033	9605.04	10025.64	-420.60	38983.09	1.96%	-5.44%	-64.42%	4.11%	9594.07	10025.64	-431.57	38961.45	1.84%	-5.44%	-63.49%	4.06%
2034	10367.74	10194.00	173.74	40135.75	6.60%	-10.34%	-110.57%	9.38%	10388.53	10194.00	194.53	40134.88	6.82%	-10.34%	-111.83%	9.38%
2035	10833.61	10945.30	-111.68	41024.66	7.75%	-9.73%	-94.60%	15.60%	10889.09	10945.30	-56.21	41080.64	8.30%	-9.73%	-97.28%	15.75%
2036	11603.91	11049.24	554.67	42618.82	12.22%	-13.92%	-122.22%	26.02%	11696.44	11049.24	647.19	42771.03	13.11%	-13.92%	-125.93%	26.47%
2037	12048.78	11753.69	295.09	43986.76	13.03%	-12.94%	-110.39%	38.53%	12180.64	11753.69	426.95	44277.93	14.26%	-12.94%	-115.03%	39.45%

续表

"全面三孩"生育意愿

年份	80% 基金财务运行状况(亿元) 收入	支出	当期结余	累计结余	变化幅度 收入	支出	当期结余	累计结余	100% 基金财务运行状况(亿元) 收入	支出	当期结余	累计结余	变化幅度 收入	支出	当期结余	累计结余
2038	12739.46	11833.26	906.20	46015.28	16.30%	-16.80%	-127.71%	57.61%	12881.60	11833.26	1048.34	46459.43	17.60%	-16.80%	-132.06%	59.14%
2039	13106.41	12504.21	602.20	47782.91	16.65%	-16.54%	-116.07%	83.19%	13258.64	12504.21	754.43	48394.20	18.01%	-16.54%	-120.14%	85.53%
2040	13831.15	12552.70	1278.44	50287.89	20.03%	-20.28%	-130.27%	124.42%	13993.46	12552.70	1440.76	51080.84	21.44%	-20.28%	-134.12%	127.96%
2041	14154.09	13156.42	997.67	52567.70	20.55%	-20.14%	-121.08%	190.16%	14325.99	13156.42	1169.57	53556.67	22.01%	-20.14%	-124.71%	195.62%
2042	14525.39	15459.96	-934.57	52923.95	22.04%	-10.72%	-82.74%	306.49%	14707.28	15459.96	-752.69	54124.08	23.57%	-10.72%	-86.10%	315.70%
2043	14877.59	16116.71	-1239.12	52976.95	22.88%	-10.89%	-79.28%	634.07%	15070.07	16116.71	-1046.64	54404.37	24.47%	-10.89%	-82.49%	653.85%
2044	15230.79	16797.43	-1566.65	52695.56	23.84%	-11.12%	-76.26%	8237.49%	15434.77	16797.43	-1362.66	54367.75	25.49%	-11.12%	-79.35%	8502.06%
2045	15605.99	17463.28	-1857.29	52109.23	25.07%	-11.58%	-74.46%	-865.51%	15822.59	17463.28	-1640.69	54045.24	26.80%	-11.58%	-77.44%	-893.95%
2046	15903.02	18077.48	-2174.46	51183.14	26.95%	-12.45%	-73.22%	-434.51%	16132.40	18077.48	-1945.08	53402.67	28.79%	-12.45%	-76.05%	-449.01%
2047	16147.10	18817.22	-2670.12	49725.84	29.30%	-13.31%	-71.03%	-297.87%	16390.45	18817.22	-2426.77	52250.30	31.25%	-13.31%	-73.67%	-307.91%
2048	16452.41	19450.22	-2997.81	47896.23	31.94%	-14.44%	-70.79%	-232.02%	16710.89	19450.22	-2739.33	50748.74	34.02%	-14.44%	-73.31%	-239.89%
2049	16746.66	20122.07	-3375.41	45633.84	35.23%	-15.75%	-70.65%	-193.18%	17021.50	20122.07	-3100.57	48839.37	37.45%	-15.75%	-73.04%	-199.73%
2050	17031.56	20828.12	-3796.56	42883.21	39.29%	-17.22%	-70.65%	-167.58%	17324.09	20828.12	-3504.04	46468.72	41.68%	-17.22%	-72.91%	-173.23%
2051	17161.95	21596.51	-4434.56	39409.87	41.04%	-17.07%	-68.04%	-149.72%	17472.27	21596.51	-4124.23	43403.09	43.59%	-17.07%	-70.27%	-154.76%
2052	17203.74	22557.62	-5353.88	34907.36	41.99%	-16.16%	-63.80%	-136.21%	17533.76	22557.62	-5023.86	39338.72	44.71%	-16.16%	-66.03%	-140.81%
2053	17276.21	23467.73	-6191.51	29433.77	41.92%	-14.87%	-59.78%	-125.69%	17628.53	23467.73	-5839.20	34337.00	44.82%	-14.87%	-62.07%	-129.96%
2054	17282.77	24531.31	-7248.55	22739.85	40.91%	-12.88%	-54.39%	-117.00%	17661.18	24531.31	-6870.13	28153.55	43.99%	-12.88%	-56.77%	-121.05%
2055	17216.00	25766.15	-8550.15	14544.44	39.50%	-10.43%	-47.95%	-109.45%	17625.61	25766.15	-8140.54	20513.33	42.82%	-10.43%	-50.44%	-113.33%
2056	17241.48	26546.91	-9305.43	5369.99	39.03%	-8.91%	-44.42%	-103.07%	17686.70	26546.91	-8860.21	11944.45	42.62%	-8.91%	-47.08%	-106.83%
2057	17260.89	27365.52	-10104.63	-4853.01	38.25%	-7.11%	-40.48%	-97.53%	17749.19	27365.52	-9616.34	2386.32	42.16%	-7.11%	-43.35%	-101.21%

续表

"全面三孩"生育意愿

年份	80%								100%							
	基金财务运行状况（亿元）				变化幅度				基金财务运行状况（亿元）				变化幅度			
	收入	支出	当期结余	累计结余	收入	支出	当期结余	累计结余	收入	支出	当期结余	累计结余	收入	支出	当期结余	累计结余
2058	17220.64	28329.41	-11108.77	-16360.82	36.96%	-4.80%	-35.35%	-92.54%	17759.04	28329.41	-10570.37	-8388.66	41.25%	-4.80%	-38.48%	-96.17%
2059	17470.58	28733.44	-11262.86	-28314.27	37.38%	-4.03%	-34.60%	-88.32%	18065.14	28733.44	-10668.30	-19533.38	42.06%	-4.03%	-38.06%	-91.94%
2060	17712.46	29175.42	-11462.96	-40771.66	37.77%	-3.14%	-33.61%	-84.68%	18367.78	29175.42	-10807.64	-31099.55	42.87%	-3.14%	-37.40%	-88.31%
2061	17924.81	29356.75	-11431.94	-53508.69	38.51%	-2.54%	-33.47%	-81.57%	18640.80	29356.75	-10715.95	-42860.88	44.05%	-2.54%	-37.63%	-85.24%
2062	18167.81	29475.02	-11307.21	-66436.29	39.27%	-1.99%	-33.60%	-78.92%	18946.66	29475.02	-10528.36	-54723.97	45.24%	-1.99%	-38.18%	-82.63%
2063	18413.49	29550.98	-11137.49	-79513.12	40.01%	-1.45%	-33.84%	-76.63%	19255.81	29550.98	-10295.16	-66644.61	46.42%	-1.45%	38.84%	-80.41%
2064	18716.57	29476.76	-10760.20	-92530.15	41.60%	-1.54%	-35.64%	-74.71%	19621.87	29476.76	-9854.90	-78411.99	48.44%	-1.54%	-41.06%	-78.57%
2065	19008.95	29409.17	-10400.21	-105503.62	43.11%	-1.59%	-37.36%	-73.09%	19975.85	29409.17	-9433.32	-90041.44	50.39%	-1.59%	-43.18%	-77.03%
2066	19208.17	29167.96	-9959.79	-118350.00	44.88%	-1.83%	-39.47%	-71.74%	20229.55	29167.96	-8938.41	-101454.34	52.58%	-1.83%	-45.68%	-75.77%
2067	19423.95	28854.13	-9430.19	-130974.69	46.79%	-2.27%	-42.12%	-70.63%	20497.78	28854.13	-8356.35	-112555.96	54.90%	-2.27%	-48.71%	-74.76%
2068	19637.24	28528.84	-8891.59	-143362.94	48.95%	-2.86%	-45.06%	-69.73%	20762.22	28528.84	-7766.62	-123330.64	57.48%	-2.86%	-52.01%	-73.96%
2069	19806.73	28252.74	-8446.00	-155604.17	50.89%	-3.24%	-47.45%	-69.00%	20981.83	28252.74	-7270.90	-133866.59	59.85%	-3.24%	-54.76%	-73.33%
2070	19974.77	27969.82	-7995.06	-167689.20	52.31%	-3.36%	-49.48%	-68.40%	21199.33	27969.82	-6770.49	-144153.01	61.65%	-3.36%	-57.22%	-72.84%
2071	20120.21	27711.37	-7591.16	-179662.37	53.93%	-3.52%	-51.50%	-67.92%	21394.15	27711.37	-6317.22	-154231.98	63.67%	-3.52%	-59.64%	-72.46%
2072	20269.06	27443.34	-7174.27	-191507.56	55.60%	-3.73%	-53.65%	-67.53%	21592.59	27443.34	-5850.75	-164084.80	65.76%	-3.73%	-62.20%	-72.18%
2073	20399.67	27207.67	-6808.01	-203273.46	57.11%	-3.79%	-55.49%	-67.23%	21773.42	27207.67	-5434.25	-173757.03	67.69%	-3.79%	-64.47%	-71.99%
2074	20530.71	26979.81	-6449.10	-214965.62	58.55%	-3.80%	-57.28%	-66.99%	21956.25	26979.81	-5023.56	-183250.10	69.56%	-3.80%	-66.73%	-71.86%
2075	20720.98	26649.42	-5928.45	-226416.42	60.35%	-4.15%	-60.16%	-66.84%	22200.53	26649.42	-4448.89	-192391.47	71.80%	-4.15%	-70.10%	-71.82%
2076	20890.93	26386.83	-5495.90	-237710.13	61.84%	-4.22%	-62.46%	-66.75%	22427.53	26386.83	-3959.31	-201259.55	73.75%	-4.22%	-72.96%	-71.85%
2077	21074.06	26127.77	-5053.71	-248832.94	63.27%	-4.24%	-64.85%	-66.71%	22671.38	26127.77	-3456.38	-209833.83	75.65%	-4.24%	-75.96%	-71.93%

续表

年份	"全面三孩"生育意愿 80%								"全面三孩"生育意愿 100%							
	基金财务运行状况(亿元)				变化幅度				基金财务运行状况(亿元)				变化幅度			
	收入	支出	当期结余	累计结余	收入	支出	当期结余	累计结余	收入	支出	当期结余	累计结余	收入	支出	当期结余	累计结余
2078	21275.08	25876.53	-4601.45	-259770.25	64.65%	-4.21%	-67.35%	-66.72%	22937.69	25876.53	-2938.84	-218091.99	77.51%	-4.21%	-79.15%	-72.06%
2079	21498.35	25617.77	-4119.42	-270486.91	65.95%	-4.14%	-70.08%	-66.78%	23231.49	25617.77	-2386.28	-225990.22	79.33%	-4.14%	-82.67%	-72.25%
2080	21741.49	25366.27	-3624.78	-280964.48	67.17%	-3.99%	-72.98%	-66.88%	23551.06	25366.27	-1815.21	-233500.56	81.09%	-3.99%	-86.47%	-72.48%
2081	21906.32	25330.44	-3424.13	-291498.32	67.56%	-2.98%	-73.73%	-66.99%	23771.31	25386.08	-1614.77	-240993.22	81.82%	-2.77%	-87.61%	-72.71%
2082	22099.40	25293.30	-3193.90	-302059.53	67.93%	-1.92%	-74.71%	-67.10%	24026.48	25404.67	-1378.19	-248430.69	82.57%	-1.49%	-89.09%	-72.94%
2083	22322.19	25244.77	-2922.59	-312606.67	68.30%	-0.84%	-76.03%	-67.21%	24317.77	25411.57	-1093.79	-255762.60	83.35%	-0.18%	-91.03%	-73.17%
2084	22575.57	25200.38	-2624.81	-323112.26	68.73%	0.24%	-77.68%	-67.34%	24645.68	25421.76	-776.09	-262952.15	84.20%	1.12%	-93.40%	-73.42%
2085	22858.39	25148.54	-2290.16	-333537.48	69.22%	1.30%	-79.76%	-67.48%	25008.44	25423.59	-415.15	-269951.48	85.13%	2.41%	-96.33%	-73.68%
2086	23169.31	25087.78	-1918.47	-343842.35	69.79%	2.32%	-82.36%	-67.64%	25404.19	25415.41	-11.22	-276711.76	86.17%	3.65%	-99.90%	-73.96%
2087	23508.28	25006.63	-1498.35	-353974.22	70.47%	3.28%	-85.62%	-67.81%	25832.55	25385.48	447.07	-283171.31	87.32%	4.84%	-104.29%	-74.25%
2088	23872.49	24905.80	-1033.31	-363882.72	71.24%	4.17%	-89.63%	-68.01%	26290.10	25334.56	955.55	-289271.16	88.59%	5.96%	-109.59%	-74.57%
2089	24257.49	24804.87	-547.38	-373540.85	72.18%	4.95%	-94.27%	-68.23%	26771.54	25282.26	1489.28	-294976.42	90.02%	6.97%	-115.60%	-74.91%
2090	24659.87	24690.80	-30.93	-382911.07	73.23%	5.64%	-99.66%	-68.47%	27272.66	25215.65	2057.02	-300242.39	91.58%	7.89%	-122.52%	-75.28%

注:变化幅度均是与继续实行"全面二孩"政策的情况相比;当期结余为负代表基金出现当期赤字,累计结余为负代表基金出现累计赤字。

第四节　小　　结

在第五章的分析中，本书发现虽然"全面三孩"政策能改善社会养老保险基金的财务运行状况，但是对社会养老保险基金出现当期赤字和累计赤字的时点影响较小。如果进一步引入延迟退休年龄政策，情况会如何呢？模拟分析发现（表6-11）：第一，在同时实施"全面三孩"政策与延迟退休年龄政策的情况下，当20.5%的符合"全面三孩"规定的夫妇生育三孩，城镇职工基本养老保险基金在2029—2050年和2058—2090年出现累计赤字，2090年基金累计赤字降至1240.20万亿元，与继续实行"全面二孩"政策的情况相比，降幅达39.46%；如果"全面三孩"生育意愿达到100%，基金在2029—2047年和2087—2090年出现累计赤字，2090年基金累计赤字降至158.04万亿元，降幅达92.29%。第二，在同时实施"全面三孩"政策与延迟待遇领取年龄政策的情况下，当20.5%的符合"全面三孩"规定的夫妇生育三孩，城乡居民基本养老保险基金开始出现累计赤字的时点推迟至2055年，2090年基金累计赤字降至60.94万亿元，与继续实行"全面二孩"政策的情况相比，降幅达49.82%；如果"全面三孩"生育意愿达到100%，基金开始出现累计赤字的时点推迟至2058年，2090年基金累计赤字降至30.02万亿元，降幅达75.28%。可见，"全面三孩"政策与延迟退休年龄政策的组合有助于进一步改善社会养老保险基金的财务运行状况，推迟社会养老保险基金出现当期赤字和累计赤字的时点，并进一步提高社会养老保险基金的可持续性。

表6-11　"全面三孩"政策与延迟退休年龄政策组合对社会养老保险基金财务运行状况的影响

险种	模拟情形	当期赤字时点	累计赤字时点	2090年累计赤字(亿元)	变化幅度
城镇职工基本养老保险	继续实行"全面二孩"政策	2018—2090年	2027—2090年	20487133.06	—
	20.5%的符合"全面三孩"规定的夫妇生育三孩与延迟退休年龄	2018—2041年，2055—2090年	2029—2050年，2058—2090年	12402007.37	−39.46%
	46.7%的符合"全面三孩"规定的夫妇生育三孩与延迟退休年龄	2018—2041年，2056—2090年	2029—2049年，2066—2090年	9046634.04	−55.84%
	60%的符合"全面三孩"规定的夫妇生育三孩与延迟退休年龄	2018—2041年，2058—2090年	2029—2048年，2071—2090年	7264245.38	−64.54%

续表

险种	模拟情形	当期赤字时点	累计赤字时点	2090年累计赤字(亿元)	变化幅度
城镇职工基本养老保险	80%的符合"全面三孩"规定的夫妇生育三孩与延迟退休年龄	2018—2041年，2065—2090年	2029—2047年，2080—2090年	4483162.35	−78.12%
	100%的符合"全面三孩"规定的夫妇生育三孩与延迟退休年龄	2018—2040年，2074—2090年	2029—2047年，2087—2090年	1580421.38	−92.29%
城乡居民基本养老保险	继续实行"全面二孩"政策	2031—2090年	2045—2090年	1214367.00	—
	20.5%的符合"全面三孩"规定的夫妇生育三孩与延迟待遇领取年龄	2031年，2033年，2035年，2037年，2042—2090年	2055—2090年	609405.37	−49.82%
	46.7%的符合"全面三孩"规定的夫妇生育三孩与延迟待遇领取年龄	2031年，2033年，2035年，2042—2090年	2056—2090年	513219.78	−57.74%
	60%的符合"全面三孩"规定的夫妇生育三孩与延迟待遇领取年龄	2031年，2033年，2035年，2042—2090年	2056—2090年	462265.00	−61.93%
	80%的符合"全面三孩"规定的夫妇生育三孩与延迟待遇领取年龄	2031年，2033年，2035年，2042—2090年	2057—2090年	382911.07	−68.47%
	100%的符合"全面三孩"规定的夫妇生育三孩与延迟待遇领取年龄	2031—2033年，2035年，2042—2086年	2058—2090年	300242.39	−75.28%

第七章 敏感性分析

为了检验本书的主要结论是否会受到主要参数的影响而发生较大的变化或冲击，对主要参数（人均 GDP 增长率、基金保值增值率、养老保险个人账户记账利率）进行了敏感性分析，以检验主要结论的可信度。其中养老保险个人账户记账利率的敏感性分析仅针对城镇职工基本养老保险基金，而不针对城乡居民基本养老保险基金。

第一节 人均 GDP 增长率的敏感性分析

城镇职工人均缴费基数增长率和城乡居民人均纯收入增长率均参照人均 GDP 增长率的情况进行设定，因此本书首先对人均 GDP 增长率进行敏感性分析。

假定其他参数设定不变，设定人均 GDP 增长率比基准假设高 1%，即 2018—2020 年为 7.5%，以后每 5 年下降 0.5%，直至达到 2%，重新模拟社会养老保险基金的财务运行状况。从表 7-1 中可以看出，本书的主要结论未发生变化：第一，在继续实行"全面二孩"政策的情况下，城镇职工基本养老保险基金不具备可持续性；第二，虽然"全面三孩"政策对城镇职工基本养老保险基金开始出现当期赤字和累计赤字的时点影响较小，但是能改善城镇职工基本养老保险基金的财务运行状况，降低基金的累计赤字，且生育意愿越高，改善力度越强；第三，同时实施"全面三孩"政策和延迟退休年龄政策不仅能改善城镇职工基本养老保险基金的财务运行状况，还能推迟基金开始出现累计赤字的时点。

表 7-1　城镇职工基本养老保险基金财务运行状况（人均 GDP 增长率敏感性分析）

模拟情形	当期赤字时点	累计赤字时点	2090 年累计赤字（亿元）	变化幅度
继续实行"全面二孩"政策	2018—2090 年	2027—2090 年	23864830.54	—
20.5% 的符合"全面三孩"规定的夫妇生育三孩	2018—2090 年	2027—2090 年	21486105.21	−9.97%

续表

模拟情形	当期赤字时点	累计赤字时点	2090 年累计赤字（亿元）	变化幅度
46.7%的符合"全面三孩"规定的夫妇生育三孩	2018—2090 年	2027—2090 年	18210990.92	−23.69%
60%的符合"全面三孩"规定的夫妇生育三孩	2018—2090 年	2027—2090 年	16446986.59	−31.08%
80%的符合"全面三孩"规定的夫妇生育三孩	2018—2090 年	2027—2090 年	13665050.76	−42.74%
100%的符合"全面三孩"规定的夫妇生育三孩	2018—2090 年	2027—2090 年	10727058.23	−55.05%
20.5%的符合"全面三孩"规定的夫妇生育三孩与延迟退休年龄	2018—2041 年，2055—2090 年	2028—2049 年，2062—2090 年	13410431.66	−43.81%
46.7%的符合"全面三孩"规定的夫妇生育三孩与延迟退休年龄	2018—2041 年，2058—2090 年	2028—2048 年，2071—2090 年	9151690.59	−61.65%
60%的符合"全面三孩"规定的夫妇生育三孩与延迟退休年龄	2018—2041 年，2063—2090 年	2028—2047 年，2077—2090 年	6888049.53	−71.14%
80%的符合"全面三孩"规定的夫妇生育三孩与延迟退休年龄	2018—2040 年，2071—2090 年	2028—2047 年，2085—2090 年	3354381.33	−85.94%
100%的符合"全面三孩"规定的夫妇生育三孩与延迟退休年龄	2018—2039 年，2078—2090 年	2028—2046 年	−335822.85	−101.41%

注：变化幅度均是与继续实行"全面二孩"政策的情况相比；累计赤字为负代表累计结余为正。

按照新的参数假定，表 7-2 重新模拟了城乡居民基本养老保险基金的财务运行状况，本书的主要结论同样未发生变化：第一，在继续实行"全面二孩"政策的情况下，城乡居民基本养老保险基金不具备可持续性；第二，虽然"全面三孩"政策对城乡居民基本养老保险基金开始出现当期赤字和累计赤字的时点影响较小，但是能改善城乡居民基本养老保险基金的财务运行状况，降低基金的累计赤字，且生育意愿越高，改善力度越强；第三，同时实施"全面三孩"政策和延迟退休年龄政策不仅能改善城乡居民基本养老保险基金的财务运行状况，还能推迟基金开始出现累计赤字的时点。

表 7-2　城乡居民基本养老保险基金财务运行状况（人均 GDP 增长率敏感性分析）

模拟情形	当期赤字时点	累计赤字时点	2090 年累计赤字（亿元）	变化幅度
继续实行"全面二孩"政策	2031—2090 年	2044—2090 年	1228491.63	—
20.5%的符合"全面三孩"规定的夫妇生育三孩	2031—2090 年	2044—2090 年	1190576.25	-3.09%
46.7%的符合"全面三孩"规定的夫妇生育三孩	2031—2090 年	2044—2090 年	870757.05	-29.12%
60%的符合"全面三孩"规定的夫妇生育三孩	2031—2090 年	2044—2090 年	830388.92	-32.41%
80%的符合"全面三孩"规定的夫妇生育三孩	2031—2090 年	2044—2090 年	767183.96	-37.55%
100%的符合"全面三孩"规定的夫妇生育三孩	2031—2090 年	2044—2090 年	700940.05	-42.94%
20.5%的符合"全面三孩"规定的夫妇生育三孩与延迟退休年龄	2042—2090 年	2053—2090 年	554786.25	-54.84%
46.7%的符合"全面三孩"规定的夫妇生育三孩与延迟退休年龄	2042—2090 年	2054—2090 年	463796.63	-62.25%
60%的符合"全面三孩"规定的夫妇生育三孩与延迟退休年龄	2042—2090 年	2055—2090 年	420323.37	-65.79%
80%的符合"全面三孩"规定的夫妇生育三孩与延迟退休年龄	2042—2090 年	2055—2090 年	352449.05	-71.31%
100%的符合"全面三孩"规定的夫妇生育三孩与延迟退休年龄	2042—2090 年	2056—2090 年	281535.77	-77.08%

注：变化幅度均是与继续实行"全面二孩"政策的情况相比。

第二节　基金保值增值率的敏感性分析

基金保值增值率的设定参照的是银行 1 年期存款利率的情况，会影响社会养老保险和社会医疗保险基金的累计结余，因此本书对基金保值增值率进行敏感性分析。假定其他参数设定不变，基金保值增值率比基准假设高 1%，即基金保值增值率为 3.5%，本书重新模拟了社会保险基金的财务运行状况。从表 7-3 中可以看出城镇职工基本养老保险基金的财务运行状况，本书的主要结论仍未发生变化，此处不再赘述，同对表 7-1 的论述。

表 7-3 城镇职工基本养老保险基金财务运行状况 (基金保值增值率敏感性分析)

模拟情形	当期赤字时点	累计赤字时点	2090 年累计赤字（亿元）	变化幅度
继续实行"全面二孩"政策	2018—2090 年	2028—2090 年	25770223.59	—
20.5% 的符合"全面三孩"规定的夫妇生育三孩	2018—2090 年	2028—2090 年	23378874.61	−9.28%
46.7% 的符合"全面三孩"规定的夫妇生育三孩	2018—2090 年	2028—2090 年	20121016.39	−21.92%
60% 的符合"全面三孩"规定的夫妇生育三孩	2018—2090 年	2028—2090 年	18380216.96	−28.68%
80% 的符合"全面三孩"规定的夫妇生育三孩	2018—2090 年	2028—2090 年	15651624.79	−39.26%
100% 的符合"全面三孩"规定的夫妇生育三孩	2018—2090 年	2028—2090 年	12789283.89	−50.37%
20.5% 的符合"全面三孩"规定的夫妇生育三孩与延迟退休年龄	2018—2041 年，2055—2090 年	2029—2051 年，2057—2090 年	14054061.21	−45.46%
46.7% 的符合"全面三孩"规定的夫妇生育三孩与延迟退休年龄	2018—2041 年，2056—2090 年	2029—2049 年，2066—2090 年	9944911.91	−61.41%
60% 的符合"全面三孩"规定的夫妇生育三孩与延迟退休年龄	2018—2041 年，2058—2090 年	2029—2048 年，2072—2090 年	7771718.38	−69.84%
80% 的符合"全面三孩"规定的夫妇生育三孩与延迟退休年龄	2018—2041 年，2065—2090 年	2029—2048 年，2081—2090 年	4392592.43	−82.95%
100% 的符合"全面三孩"规定的夫妇生育三孩与延迟退休年龄	2018—2040 年，2074—2090 年	2029—2047 年，2089—2090 年	879336.83	−96.59%

注：变化幅度均是与继续实行"全面二孩"政策的情况相比。

按照新的参数假定，表 7-4 重新模拟了城乡居民基本养老保险基金的财务运行状况，本书的主要结论同样未发生变化，此处不再赘述，同对表 7-2 的论述。

表 7-4　城乡居民基本养老保险基金财务运行状况（基金保值增值率敏感性分析）

模拟情形	当期赤字时点	累计赤字时点	2090 年累计赤字（亿元）	变化幅度
继续实行"全面二孩"政策	2031—2090 年	2046—2090 年	1543325.73	—
20.5%的符合"全面三孩"规定的夫妇生育三孩	2031—2090 年	2046—2090 年	1442381.14	−6.54%
46.7%的符合"全面三孩"规定的夫妇生育三孩	2031—2090 年	2047—2090 年	1329476.46 年	−13.86%
60%的符合"全面三孩"规定的夫妇生育三孩	2031—2090 年	2047—2090 年	1269757.28	−17.73%
80%的符合"全面三孩"规定的夫妇生育三孩	2031—2090 年	2047—2090 年	1176871.81	−23.74%
100%的符合"全面三孩"规定的夫妇生育三孩	2031—2090 年	2047—2090 年	1080248.25	−30.01%
20.5%的符合"全面三孩"规定的夫妇生育三孩与延迟退休年龄	2042—2090 年	2057—2090 年	701389.50	−54.55%
46.7%的符合"全面三孩"规定的夫妇生育三孩与延迟退休年龄	2042—2090 年	2058—2090 年	581482.54	−62.32%
60%的符合"全面三孩"规定的夫妇生育三孩与延迟退休年龄	2042—2090 年	2058—2090 年	518208.76	−66.42%
80%的符合"全面三孩"规定的夫妇生育三孩与延迟退休年龄	2042—2090 年	2059—2090 年	419978.04	−72.79%
100%的符合"全面三孩"规定的夫妇生育三孩与延迟退休年龄	2042—2090 年	2060—2090 年	318009.23	−79.39%

注：变化幅度均是与继续实行"全面二孩"政策的情况相比。

第三节　养老保险个人账户记账利率的敏感性分析

假定其他参数设定不变，设定城镇职工基本养老保险个人账户记账利率为 2.5%，本书重新模拟了城镇职工基本养老保险基金的财务运行状况。从表 7-5 中可以看出，本书的主要结论没有发生变化，此处不再赘述，详见对表 7-1 的论述。

表 7-5 城镇职工基本养老保险基金财务运行状况(个人账户记账利率敏感性分析)

模拟情形	当期赤字时点	累计赤字时点	2090 年累计赤字(亿元)	变化幅度
继续实行"全面二孩"政策	2018—2090 年	2028—2090 年	15025764.00	—
20.5%的符合"全面三孩"规定的夫妇生育三孩	2018—2090 年	2028—2090 年	13005850.16	-13.44%
46.7%的符合"全面三孩"规定的夫妇生育三孩	2018—2090 年	2028—2090 年	10241514.60	-31.84%
60%的符合"全面三孩"规定的夫妇生育三孩	2018—2090 年	2028—2090 年	8759334.88	-41.70%
80%的符合"全面三孩"规定的夫妇生育三孩	2018—2090 年	2028—2090 年	6429919.92	-57.21%
100%的符合"全面三孩"规定的夫妇生育三孩	2018—2090 年	2028—2090 年	3979118.54	-73.52%
20.5%的符合"全面三孩"规定的夫妇生育三孩与延迟退休年龄	2018—2039 年,2063—2090 年	2029—2046 年,2078—2090 年	4033708.57	-73.15%
46.7%的符合"全面三孩"规定的夫妇生育三孩与延迟退休年龄	2018—2039 年,2072—2090 年	2029—2045 年,2089—2090 年	521717.48	-96.53%
60%的符合"全面三孩"规定的夫妇生育三孩与延迟退休年龄	2018—2039 年,2077—2090 年	2029—2045 年	-1340221.78	-108.92%
80%的符合"全面三孩"规定的夫妇生育三孩与延迟退休年龄	2018—2039 年,2082—2090 年	2029—2045 年	-4240988.29	-128.22%
100%的符合"全面三孩"规定的夫妇生育三孩与延迟退休年龄	2018—2039 年,2085—2090 年	2029—2044 年	-7263483.05	-148.34%

注:变化幅度均是与继续实行"全面二孩"政策的情况相比;累计赤字为负代表累计结余为正。

第四节 小 结

通过对相关参数的敏感性分析发现,即便改变了相关参数的设定,本书的主要结论仍未发生变化,主要结论具备可信度。第一,社会养老保险基金的收入和支出均与人均 GDP 增长率相关,社会养老保险基金收入减去基金支出并不会受到人均 GDP 增长率的影响,所以人均 GDP 增长率设定的变化并不会对本书的主要结论产生影响。第二，当其他参数和假设不变，如果基金的保值增值率由原假设的 2.5% 提高至 3.5%，本书的主要结论没有发生变化，这是因为基金的保值增值率只会对基金的累计结余产生影响，且影响并不大①。第三，当其他参数假设不变，如果城镇职工基本养老保险个人账户的记账利率调整为 2.5%，本书的主要结论仍未发生变化，相关的计算数值也未发生太大的变化，这是因为城镇职工基本养老保险个人账户记账利率的变化只会影响参保在职职工的个人账户储存额，也就是对未来个人账户养老金支出产生影响。可见，本书的结论具备可信度，"全面三孩"政策可以改善社会养老保险基金的财务运行状况，提高社会养老保险基金的可持续性，引入延迟退休年龄政策后能进一步提高社会养老保险基金的可持续性。

---

① 　一般来说，基金存放于银行的保值增值率小于基金入市后的保值增值率，近年来最高也才达到 3.5%。

启

示

篇

第八章 结论与对策建议

第一节 结　　论

现阶段，我国人口老龄化程度呈现不断上升的趋势，截至 2021 年底，我国 65 岁及以上人口占总人口的比重上升至 14.2%，分别比 2000 年和 2010 年高 7.24% 和 5.33%。人口老龄化程度不断上升导致社会保险基金可持续性受到冲击。以城镇职工基本养老保险基金为例，自 2014 年开始，基金当期征缴收入小于基金支出。再以城乡居民基本医疗保险基金为例，虽然历年城镇职工基本医疗保险基金收入大于基金支出，但是 2012—2020 年城乡居民基本养老保险基金支出的年平均增长速度（14.32%）已快于基金收入的年平均增长速度（12.97%）。

为缓解人口老龄化程度并进一步提高社会保险基金可持续性，我国开始逐步调整生育政策，曾先后出台"一孩半"政策、"双独二孩"政策、"单独二孩"政策，于 2016 年 1 月 1 日实施宽松的生育政策，即"全面二孩"政策，2021 年实施更为宽松的生育政策，即"全面三孩"政策。那么，生育政策调整对社会保险基金财务运行状况的影响程度如何？生育政策调整能否提高社会保险基金可持续性？本书以社会养老保险基金为例，通过建立社会保险基金精算模型，分析生育政策调整对我国社会保险基金财务运行状况可持续性的影响，并根据模拟结果，提出相应的对策建议。

本书得出的结论主要如下。

第一，"全面三孩"政策可以缓解人口老龄化程度。实施"全面三孩"政策使得新生人口增加，从而人口老龄化程度降低，具体如下：如果继续实行"全面二孩"政策，我国的人口老龄化程度会一直呈现上升趋势，60 岁及以上人口占总人口的比重从 2018 年的 18.35% 上升至 2090 年的 44.16%，65 岁及以上人口占总人口的比重从 2018 年的 12.39% 上升至 2090 年的 37.05%。当 20.5% 的符合"全面三孩"规定的夫妇生育三孩，2090 年 60 岁及以上人口和 65 岁及以上人口占总人口的比重分别降至 39.63% 和 32.82%；如果 46.7% 的符合"全面三孩"规定的夫妇生育三孩，2090 年 60 岁及以上人口和 65 岁及以上人口占总人口的比重分别降至 34.67% 和 28.29%；进一步，如果"全面三孩"生育意愿提高至 100%，2090 年 60 岁及以上人口和 65 岁及以上人口占总人口的比重降至 26.84% 和 21.37%。可见，随着"全面三孩"生育意愿的提高，人口老龄化程度不断降低。

第二，"全面三孩"政策可以改善社会养老保险系统内抚养比。人口老龄化程度的缓解使得社会养老保险系统内抚养比得以降低，具体如下：如果继续实行"全面二孩"政策，2090 年城镇职工基本养老保险系统内抚养比（＝参保退休职工人数/参保退休职工人数）为 1.1608，即至 2090 年 1 位参保在职职工需抚养 1.16 位参保退休职工，而 2090 年城乡居民基本养老保险系统内抚养比（＝待遇领取人数/缴费人数）为 0.9186，即至 2090 年 1.09 位缴费人口需抚养 1 位待遇领取人口。当 20.5% 的符合"全面三孩"规定的夫妇生育三孩，2090 年城镇职工基本养老保险和城乡居民基本养老保险系统内抚养比分别降至 1.0035 和 0.8436。如果 46.7% 的符合"全面三孩"规定的夫妇生育三孩，2090 年城镇职工基本养老保险和城乡居民基本养老保险系统内抚养比分别降至 0.8531 和 0.7545。如果"全面三孩"生育意愿提高至 100%，2090 年城镇职工基本养老保险和城乡居民基本养老保险系统内抚养比分别降至 0.6495 和 0.6058。可见，"全面三孩"政策可以缓解参保在职职工（缴费人口）的抚养压力，随着"全面三孩"生育意愿的提高，对社会养老保险系统内抚养比的缓解力度越强。

第三，"全面三孩"政策可以改善社会养老保险基金财务运行状况。当"全面三孩"政策的新增人口成为参保在职职工，社会养老保险基金收入增加且基金支出不变，基金财务运行状况得以改善；当新增人口成为参保退休职工，社会养老保险基金收入和基金支出均增加，但基金收入的增幅快于基金支出的增幅，基金财务运行状况仍得以改善，具体如下：如果继续实行"全面二孩"政策，城镇职工基本养老保险基金和城乡居民基本养老保险基金分别于 2027 年和 2045 年开始出现累计赤字，至 2090 年累计赤字分别为 2048.71 万亿元和 121.44 万亿元。当 20.5% 的符合"全面三孩"规定的夫妇生育三孩，城镇职工基本养老保险基金和城乡居民基本养老保险基金开始出现累计赤字的时点没有发生变化，但 2090 年累计赤字分别降至 1860.83 万亿元和 114.69 万亿元，与继续实行"全面二孩"政策的情况相比，降幅分别为 9.17% 和 5.55%。如果 46.7% 的符合"全面三孩"规定的夫妇生育三孩，城镇职工基本养老保险基金和城乡居民基本养老保险基金开始出现累计赤字的时点仍未发生变化，但 2090 年累计赤字分别降至 1602.44 万亿元和 105.72 万亿元，与继续实行"全面二孩"政策的情况相比，降幅分别为 21.78% 和 12.94%。如果"全面三孩"生育意愿达到 100%，城镇职工基本养老保险基金开始出现累计赤字的时点同样未发生变化，城乡居民基本养老保险基金开始出现累计赤字的时点推迟 1 年，但 2090 年累计赤字分别降至 1012.95 万亿元和 85.72 万亿元，与继续实行"全面二孩"政策的情况相比，降幅分别为

50.56%和29.41%。可见,"全面三孩"政策对社会养老保险基金开始出现累计赤字时点的影响较小,这是因为"全面三孩"政策要待新生人口参加社会养老保险才能产生效果。然而,"全面三孩"政策可以改善社会养老保险基金的财务运行状况、减少基金的累计赤字。不仅如此,随着"全面三孩"生育意愿的提高,社会养老保险基金累计赤字的减少幅度逐渐增大。

第四,"全面三孩"政策与延迟退休年龄(延迟待遇领取年龄)政策的组合能进一步提高社会养老保险基金的可持续性。延迟退休年龄政策可以推迟社会养老保险基金开始出现累计赤字的时点,从而有助于"全面三孩"政策进一步对社会养老保险基金产生影响,具体如下:同时实施"全面三孩"政策和延迟退休年龄政策后,当20.5%的符合"全面三孩"规定的夫妇生育三孩,城镇职工基本养老保险基金在2029—2050年和2058—2090年出现累计赤字,城乡居民基本养老保险基金开始出现累计赤字的时点推迟至2055年,2090年累计赤字分别降至1240.2万亿元和60.94万亿元,与继续实行"全面二孩"政策的情况相比,降幅分别为39.46%和49.82%。如果46.7%的符合"全面三孩"规定的夫妇生育三孩,城镇职工基本养老保险基金在2029—2049年和2066—2090年出现累计赤字,城乡居民基本养老保险基金开始出现累计赤字的时点推迟至2056年,2090年累计赤字分别降至904.66万亿元和51.32万亿元,与继续实行"全面二孩"政策的情况相比,降幅分别为55.84%和57.74%。如果"全面二孩"生育意愿达到100%,城镇职工基本养老保险基金在2029—2047年和2087—2090年出现累计赤字,城乡居民基本养老保险基金开始出现累计赤字的时点推迟至2058年,2090年累计赤字分别降至158.04万亿元和30.02万亿元,与继续实行"全面二孩"政策的情况相比,降幅分别高达92.29%和75.28%。可见,"全面三孩"政策与延迟退休年龄政策的组合不仅能改善社会养老保险基金的财务运行状况,还能推迟社会养老保险基金出现累计赤字的时点,进一步提高社会养老保险基金的可持续性。

综上所述,"全面三孩"政策能改善社会养老保险基金的财务运行状况,降低社会养老保险基金的累计赤字;如果"全面三孩"政策与延迟退休年龄政策一起实施,社会养老保险基金的可持续性能进一步得到提高。上述结论均通过敏感性测试。

第二节 对 策 建 议

一、关于鼓励生育方面的对策建议

人口老龄化程度加深与生育水平偏低已成为我国的基本国情,在此背景下,2022年1月1日"全面三孩"政策正式实施,这标志着我国生育政策调整迈向新的台阶。通过前文的分析和检验可知，"全面三孩"政策能起到改善社会养老保险基金和社会医疗保险基金财务运行状况的作用，并且随着"全面三孩"生育意愿的提高，其对社会养老保险基金和社会医疗保险基金可持续性的影响逐步增大。因此，应当采取积极的政策鼓励生育，实施提高生育意愿的措施，引导更多符合条件的夫妇生育三孩，这样可以进一步促进我国社会养老保险基金的可持续发展。

纵观生育政策的演变历史，我国在高生育率时期实施过节育政策，在生育率持续走低后，又转而稳定生育水平，到最后逐渐鼓励生育。日本、韩国、新加坡、英国等国的人口政策也有过类似经历。因此，这些国家在鼓励生育方面的经验对我国具有特别的参考意义。

（一）出台专门法律法规，营造鼓励生育的良好氛围

日本从国家战略高度，通过立法规定促进生育率提高。早期为解决妇女就业与养育子女之间的矛盾，日本出台并修订了《育儿休业法》①，其中规定养育不满 1 岁的婴儿，男女职工均可提出休假，企业不能拒绝或以此为由解雇职工。政府向已执行《育儿休业法》的企业发放"育儿休业"奖金，以示鼓励更多企业参与进来。随后出台了《少子化社会对策基本法》和《少子化对策大纲》②，作为应对少子化与高龄化的法律法规保障。

新加坡政府则通过制订"工作与生活和谐计划"（Work-Life Works），将生育保护期延长到孕妇的整个怀孕期，并延长育儿事假时限等以鼓励女性生育。

目前，我国对《人口与计划生育法》进行了修订，确定了"全面三孩"政策的法律地位，但我国尚未从国家层面出台鼓励生育的法律法规，未能在全国层面营造鼓励生育的气氛，导致现行的三孩生育意愿并不高。因此，若能从全国层面立法对女性进行关怀，树立保障女性生育权利的权威，才能为让人们有敢生的底气，在全社会营造鼓励生育三孩的良好氛围。

（二）实施经济激励措施，发挥社会力量

为鼓励生育，日本、韩国、新加坡、英国等国实施了各种形式的经济激励与保障措施。日本 2012 年新颁布的儿童补贴政策有家庭收入限制，根据孩次与儿童年龄进行差异

---

① 　日本《育儿休业法》以提供育儿支援、帮助员工兼顾家庭和工作为主要内容。

② 　2003 年 7 月由国会决议制定了《少子化社会对策基本法》，同年 9 月实施。为解决少子化问题，日本在 2004 年 6 月依据《少子化社会对策基本法》制定了首部《少子化对策大纲》，此后每五年修改一次。2015 年 3 月进行了第二次修改，大纲明确提出把妻子生产后男性休陪产假的比例提高到80%，并首次提出减轻 3 个子女以上的多子女家庭负担、为年轻人结婚提供支援等具体措施。

化补贴：3 岁以下的儿童，每人每月发放 1.5 万日元补贴；3 岁以上至小学期间的儿童，第一和第二个孩子每人每月发放 1 万日元，从第三个孩子开始在原有基础上每月增加 0.5 万日元发放，为每月 1.5 万日元；初中学生每人每月可获得 1 万日元补贴。

在英国，为鼓励妇女生育孩子，生完孩子的母亲有 39 周的带薪假期，其中前 6 周有不低于个人原来工资收入 90% 的补贴，如果按照个人以前工资 90% 补贴低于全国平均水平津贴，那么按照全国的平均数给予补贴；后面 33 周的收入为个人原工资的 10.3% 加上全国平均补贴，并且在这段假期结束后，如果母亲还不想回到原来的岗位上班，那么可以再额外申请停薪留职休假 13 周，且并不会因此丢工作。英国除了妇女有带薪母育假之外，孩子父亲也有 2 周享受全国平均津贴的带薪父育假。

在德国，除开父母双方都享受带薪育儿假①之外，父母还均可以申请 156 周的无薪育儿假，且无薪育儿假由夫妇在三年内共享完。在带薪育儿假期间，父母的育儿假津贴均为原来个人工资的 65%，且最高均不能超过每月 1800 欧元。

新加坡则开展"婴儿花红计划"（Baby Bonus）直接对生育孩子的家庭予以现金奖励，补贴随孩次提高而增加②。同时，当局将为新生儿提供一定金额公积金保健储蓄户头，作为孩子医疗费用的补充。而在女性关怀方面，新加坡政府对在职母亲进行税收减免。

韩国规定，在保留职位的基础上，孩子母亲可在子女不满 6 岁时，有 1 年时间在家养育孩子，期间每月可领取 40 万~50 万韩元的底薪③，并且韩国对收入 450 万韩元以下的家庭实行免费育儿政策。在住房方面，新加坡建屋发展局通过育儿优先配屋计划、育儿短期住屋计划对有子女的购房夫妇实行政策倾斜，如预留一定比例的组屋给已育有孩子的首次购屋夫妇，在组屋落成期间，对首次购屋夫妇以优惠的租金比例租住组屋单位等。对于低收入夫妇，韩国选择为符合条件的新婚夫妇提供保障住房。在保育方面，韩国的幼儿园和保育园绝大部分为公立，且费用根据家庭经济情况而定，与国内的入托难形成鲜明对比。

德国还有家庭津贴制度，采取的是现金津贴与税收优惠相结合模式，即德国所有的孩子可以领取津贴直到 18 岁，并且接受教育的延续至 25 岁或者在 21 岁之前登记成为失业人口津贴则会继续发放，由于德国普遍津贴大多数为儿童福利津贴，基本通过税收减免的方式实施。除此之外，德国政府每月还会提供额外的 140 欧元补贴给低收入家庭，时间最

---

① 在德国，单身父母亲均有 14 周带薪假，非单身父母亲均有 12 周带薪假。

② 第一和第二个孩子可获得 6000 元奖励，第三和第四个孩子则可获得 8000 元，比之前增加 2000 元。

③ 看世界各国如何鼓励生育——俄罗斯 3~4.5 年长产假等鼓励生育政策收效显著［EB/OL］. http://health.people.com.cn/n1/2016/0302/c398004-28164804.html.

长可以持续发放 36 个月。

结合日本、韩国、新加坡、英国等国的经验，从经济激励的角度来看，可采取如下措施：①以月为单位发放育儿补贴(生育津贴)，根据孩次对生养子女的家庭进行梯度奖励；②实行带薪或低薪育儿假，在育儿假期间，给予部分或全额工资，甚至可以延长育儿假，给予停薪留职；③对生育三孩的家庭，给予购房优惠或住房补贴；④对生育三孩的家庭，给予医疗补助与税收减免；⑤鼓励社会或者政府采用 PPP(Public-Private-Partnership，公私合作)方式举办育托机构，如托儿所，减轻家庭的育儿负担；⑥以社区为单位开展妇幼保健。以上措施可以多方出力，全方位降低生养孩子的成本，缓解生养二孩和三孩的压力，以期拉升"全面三孩"生育意愿。

(三)转变"独生子女"观念，强调"生育三孩"的积极意义

我国"独生子女"计划生育政策实行已有 30 多年，少生优生的思想观念已在独生子女这一代形成，就算放开三孩，很多人也不愿意再要第三个孩子，因此政府应该转变宣传口号，强调合理生育，说明"生育三孩"的积极意义，如能提高社会保险基金的可持续性、优化人口结构、降低人口老龄化程度、促进经济增长，让人们的思想观念得到转变。

不仅如此，一直以来我国每年存在一定的非法人流现象，要稳定我国人口数量，改善我国人口结构，可以控制非法人流数量，加大对私立非法人流诊所的监管。

二、关于提高社会养老保险基金可持续性方面的对策建议

(一)尽快实行弹性延迟退休年龄政策

人口年龄结构的变化直接影响着劳动资源供给，人口预期寿命提高会进一步加剧人口老龄化，老年抚养比增长变快。就退休个体而言，若退休年龄规定不变，预期寿命越长则领取养老金期限越长，整体来看，社会养老保险基金支付压力也越大。因此，应该尽快延迟退休年龄。首先，现行科技与医疗卫生事业的进步与发展提高了我国人口的预期寿命，2015 年我国人均预期寿命已经达到 76.34 岁，而目前我国仍执行的是 1951 年《劳动保险条例》、1955 年《关于国家机关工作人员退休暂行办法》中的法定退休年龄，即女工人 50 岁退休、女职工 55 岁退休、男职工 60 岁退休，人均预期寿命远高于现行退休年龄，具备实施延迟退休的空间。其次，随着平均受教育年限的提高，人力资本存量回收期相应延长，通过延迟退休，可以进一步开发老年劳动力，还能提高整个社会的人力资本利用率。

然而，延迟退休并不符合当前在职职工预期(阳义南，才国伟，2012①)，缺乏相应的激励机制。因此，应在充分尊重个人意愿的基础上，实施弹性延迟退休，并给予适当的制度激励，如在计发基础养老金时，对超过原有法定退休年龄的工作时段予以更高比例的退休待遇。

(二)提高基金统筹层次，建立多元筹资机制

社会养老保险基金是老百姓的养命钱，"稳"字当头，安全性自然成为社会养老保险基金管理的首要原则。同时，基金投资以实现基金可持续发展为目标，保值增值尤为重要。而我国仍未实现社会养老保险基金全国统筹，地区间差异大，难以发挥社会养老保险基金投资的规模效应，提高统筹层次，实现基金由市到省到全国范围的统筹仍然是需要解决问题。本书预测结果显示，2027年城镇职工基本养老保险基金累计结余消耗完毕，进入累计赤字阶段，支付压力逐步增大，而保民生、惠民生的社会保障工作是政府的一项职责，是社会养老保险基金运行的"责任兜底人"，政府财政补贴为社会养老保险基金提供一定资金支持，成为基金收入的直接来源，进而充实基金。因此，考虑增加财政收入，强化政府财政责任，加大财政对基本养老保险基金的支出力度。同时，可采取发行彩票和债券等方式充实基金。

(三)建立多层次养老保险体系

根据世界银行报告，一个完善的养老保险体系需要包括社会养老保险制度、企业补充养老保险制度(企业年金或职业年金制度)和个人储蓄三个层次②。然而，我国的养老保险体系过于单一，表现为过度依赖社会养老保险，而企业补充养老保险和个人储蓄计划的建立模式和发展水平明显滞后。缺乏后两个层次的补充和辅助作用，进一步加重了社会养老保险的负担。因此，建立多层次的养老保险体系，加快发展企业补充养老保险和个人储蓄计划是有效缓解社会养老保险基金支付压力的措施之一。

---

① 阳义南，才国伟. 推迟退休年龄和延迟领取基本养老金年龄可行吗——来自广东省在职职工预期退休年龄的经验证据[J]. 财贸经济，2012(10)：111-122.
② 这是世界银行提出的养老保险"三支柱"模型，如果为"五支柱"模型(仍是由世界银行提出的)，则分别为享老金(人人都能享受的最基础的养老金)、社会养老保险、企业补充养老保险、个人储蓄和家庭成员间的养老互助。即使在"五支柱"模型下，我国的养老保险体系仍是过度依赖社会养老保险。

附

录

附表 1　全国人口生命表

年龄(x) （岁）	生存人数(l_x) （人）	死亡概率(q_x)	死亡人数(d_x) （人）	生存人年数(L_x) （人年数）	累计生存人年数(T_x) （人年数）	平均余命(e_x) （岁）
0	100000	0.00381579	382	99809	7762185	77.77
1	99618	0.00111257	111	99563	7662376	76.96
2	99508	0.00062731	62	99476	7562813	76.03
3	99445	0.00045164	45	99423	7463337	75.07
4	99400	0.00036980	37	99382	7363914	74.10
5	99363	0.00033320	33	99347	7264532	73.12
6	99330	0.00031844	32	99315	7165185	72.15
7	99299	0.00028495	28	99285	7065871	71.17
8	99270	0.00028305	28	99256	6966586	70.19
9	99242	0.00028193	28	99228	6867329	69.21
10	99214	0.00030472	30	99199	6768101	68.23
11	99184	0.00029258	29	99170	6668902	67.25
12	99155	0.00030092	30	99140	6569732	66.27
13	99125	0.00029405	29	99111	6470592	65.29
14	99096	0.00030383	30	99081	6371481	64.31
15	99066	0.00034411	34	99049	6272400	63.33
16	99032	0.00035021	35	99015	6173351	62.35
17	98997	0.00039012	39	98978	6074337	61.37
18	98959	0.00041282	41	98938	5975359	60.39
19	98918	0.00042626	42	98897	5876420	59.42
20	98876	0.00046613	46	98853	5777524	58.45

年龄(x)（岁）	生存人数(l_x)（人）	死亡概率(q_x)	死亡人数(d_x)（人）	生存人年数(L_x)（人年数）	累计生存人年数(T_x)（人年数）	平均余命(e_x)（岁）
21	98830	0.00047223	47	98806	5678671	57.47
22	98783	0.00049688	49	98758	5579865	56.50
23	98734	0.00053700	53	98707	5481107	55.53
24	98681	0.00056286	56	98653	5382399	54.56
25	98625	0.00058285	57	98596	5283746	53.59
26	98568	0.00057257	56	98540	5185150	52.62
27	98511	0.00059402	59	98482	5086610	51.65
28	98453	0.00061123	60	98423	4988128	50.68
29	98393	0.00068122	67	98359	4889706	49.71
30	98326	0.00069881	69	98291	4791347	48.75
31	98257	0.00076969	76	98219	4693055	47.78
32	98181	0.00080618	79	98142	4594836	46.82
33	98102	0.00082841	81	98061	4496695	45.86
34	98021	0.00094364	92	97975	4398633	44.90
35	97928	0.00102710	101	97878	4300659	43.94
36	97828	0.00106391	104	97776	4202781	42.98
37	97724	0.00113506	111	97668	4105005	42.03
38	97613	0.00120554	118	97554	4007337	41.08
39	97495	0.00134123	131	97430	3909783	40.13
40	97364	0.00150993	147	97291	3812353	39.19
41	97217	0.00155297	151	97142	3715062	38.24
42	97066	0.00182129	177	96978	3617920	37.31
43	96890	0.00188788	183	96798	3520943	36.37
44	96707	0.00206509	200	96607	3424144	35.44
45	96507	0.00231402	223	96395	3327538	34.52
46	96284	0.00235973	227	96170	3231142	33.60
47	96056	0.00253653	244	95935	3134972	32.68

续表

年龄（x） （岁）	生存人数（l_x） （人）	死亡概率（q_x）	死亡人数（d_x） （人）	生存人年数（L_x） （人年数）	累计生存人年数（T_x） （人年数）	平均余命（e_x） （岁）
48	95813	0.00311175	298	95664	3039038	31.77
49	95515	0.00328141	313	95358	2943374	30.87
50	95201	0.00363893	346	95028	2848016	29.97
51	94855	0.00375493	356	94677	2752988	29.08
52	94499	0.00397856	376	94311	2658312	28.19
53	94123	0.00441251	415	93915	2564001	27.30
54	93707	0.00498365	467	93474	2470086	26.43
55	93240	0.00517890	483	92999	2376613	25.56
56	92757	0.00563633	523	92496	2283614	24.69
57	92235	0.00609442	562	91954	2191118	23.83
58	91672	0.00680733	624	91360	2099164	22.98
59	91048	0.00766626	698	90699	2007804	22.14
60	90350	0.00854191	772	89965	1917104	21.31
61	89579	0.00937697	840	89159	1827140	20.49
62	88739	0.01038164	921	88278	1737981	19.69
63	87817	0.01112103	977	87329	1649703	18.89
64	86841	0.01301116	1130	86276	1562374	18.11
65	85711	0.01421140	1218	85102	1476098	17.35
66	84493	0.01473727	1245	83870	1390996	16.59
67	83248	0.01722936	1434	82530	1307126	15.84
68	81813	0.01864391	1525	81051	1224596	15.11
69	80288	0.02191405	1759	79408	1143545	14.40
70	78529	0.02556840	2008	77525	1064137	13.73
71	76521	0.02672843	2045	75498	986612	13.07
72	74475	0.03094151	2304	73323	911114	12.43
73	72171	0.03359099	2424	70959	837791	11.81
74	69747	0.03744482	2612	68441	766832	11.20

年龄(x)（岁）	生存人数(l_x)（人）	死亡概率(q_x)	死亡人数(d_x)（人）	生存人年数(L_x)（人年数）	累计生存人年数(T_x)（人年数）	平均余命(e_x)（岁）
75	67135	0.04151115	2787	65742	698391	10.62
76	64348	0.04219070	2715	62991	632649	10.04
77	61633	0.05096848	3141	60063	569658	9.48
78	58492	0.05620055	3287	56848	509596	8.96
79	55205	0.06212135	3429	53490	452747	8.46
80	51775	0.07428095	3846	49852	399257	8.01
81	47929	0.07790653	3734	46062	349405	7.59
82	44195	0.08580868	3792	42299	303342	7.17
83	40403	0.09351841	3778	38514	261043	6.78
84	36625	0.10363101	3795	34727	222529	6.41
85	32829	0.11099979	3644	31007	187802	6.06
86	29185	0.11887906	3470	27450	156795	5.71
87	25716	0.13006570	3345	24043	129345	5.38
88	22371	0.14417730	3225	20758	105302	5.07
89	19146	0.15687330	3003	17644	84543	4.79
90	16142	0.17651567	2849	14717	66900	4.55
91	13293	0.18523549	2462	12062	52182	4.33
92	10830	0.20210546	2189	9736	40121	4.12
93	8642	0.20734920	1792	7746	30385	3.92
94	6850	0.20890652	1431	6134	22639	3.69
95	5419	0.22000843	1192	4823	16505	3.42
96	4227	0.22099338	934	3760	11682	3.11
97	3293	0.20484013	674	2955	7922	2.68
98	2618	0.19812706	519	2359	4967	2.11
99	2099	0.25765288	541	1829	2608	1.43
100	1558	1.00000000	1558	779	779	1.00

注:人年数为人数和年数两个单位相乘。

附表 2　全国男性人口生命表

年龄(x) （岁）	生存人数(l_x) （人）	死亡概率(q_x)	死亡人数(d_x) （人）	生存人年数(L_x) （人年数）	累计生存人年数(T_x) （人年数）	平均余命(e_x) （岁）
0	100000	0.00372995	373	99814	7534620	75.49
1	99627	0.00115979	116	99569	7434807	74.67
2	99511	0.00067331	67	99478	7335237	73.74
3	99444	0.00050114	50	99420	7235759	72.78
4	99395	0.00041559	41	99374	7136340	71.81
5	99353	0.00037058	37	99335	7036966	70.84
6	99316	0.00037125	37	99298	6937631	69.87
7	99280	0.00034654	34	99262	6838333	68.89
8	99245	0.00034276	34	99228	6739071	67.91
9	99211	0.00034918	35	99194	6639842	66.94
10	99177	0.00036859	37	99158	6540648	65.96
11	99140	0.00035092	35	99123	6441490	64.99
12	99105	0.00037128	37	99087	6342368	64.01
13	99068	0.00036210	36	99050	6243281	63.03
14	99033	0.00038712	38	99013	6144230	62.05
15	98994	0.00044676	44	98972	6045217	61.08
16	98950	0.00046287	46	98927	5946245	60.11
17	98904	0.00051985	51	98878	5847318	59.14
18	98853	0.00055413	55	98825	5748439	58.17
19	98798	0.00059399	59	98769	5649614	57.20
20	98739	0.00065093	64	98707	5550845	56.24

年龄(x)（岁）	生存人数(l_x)（人）	死亡概率(q_x)	死亡人数(d_x)（人）	生存人年数(L_x)（人年数）	累计生存人年数(T_x)（人年数）	平均余命(e_x)（岁）
21	98675	0.00065848	65	98643	5452138	55.27
22	98610	0.00068924	68	98576	5353495	54.31
23	98542	0.00074952	74	98505	5254919	53.35
24	98468	0.00078848	78	98429	5156414	52.39
25	98391	0.00081631	80	98350	5057985	51.43
26	98310	0.00079819	78	98271	4959634	50.47
27	98232	0.00081372	80	98192	4861363	49.51
28	98152	0.00085586	84	98110	4763172	48.55
29	98068	0.00094303	92	98022	4665062	47.59
30	97975	0.00094786	93	97929	4567040	46.64
31	97883	0.00105392	103	97831	4469111	45.68
32	97779	0.00111414	109	97725	4371280	44.73
33	97670	0.00114596	112	97614	4273555	43.78
34	97558	0.00127512	124	97496	4175941	42.83
35	97434	0.00141933	138	97365	4078445	41.89
36	97296	0.00145258	141	97225	3981080	40.95
37	97154	0.00154935	151	97079	3883854	40.01
38	97004	0.00163854	159	96924	3786775	39.07
39	96845	0.00183793	178	96756	3689851	38.14
40	96667	0.00203574	197	96569	3593095	37.21
41	96470	0.00210136	203	96369	3496526	36.28
42	96267	0.00246735	238	96149	3400157	35.36
43	96030	0.00256853	247	95907	3304009	34.45
44	95783	0.00277326	266	95651	3208102	33.54
45	95518	0.00310416	297	95369	3112451	32.64
46	95221	0.00317871	303	95070	3017082	31.74
47	94919	0.00338546	321	94758	2922012	30.84

续表

年龄(x)（岁）	生存人数(l_x)（人）	死亡概率(q_x)	死亡人数(d_x)（人）	生存人年数(L_x)（人年数）	累计生存人年数(T_x)（人年数）	平均余命(e_x)（岁）
48	94597	0.00418845	396	94399	2827254	29.95
49	94201	0.00441545	416	93993	2732855	29.08
50	93785	0.00479610	450	93560	2638862	28.20
51	93335	0.00491541	459	93106	2545302	27.34
52	92876	0.00523426	486	92633	2452196	26.47
53	92390	0.00580182	536	92122	2359563	25.61
54	91854	0.00651111	598	91555	2267441	24.77
55	91256	0.00675598	617	90948	2175886	23.92
56	90640	0.00735744	667	90306	2084938	23.09
57	89973	0.00792172	713	89616	1994631	22.26
58	89260	0.00886468	791	88864	1905015	21.44
59	88469	0.00989372	875	88031	1816151	20.63
60	87593	0.01086603	952	87118	1728119	19.84
61	86642	0.01195521	1036	86124	1641002	19.05
62	85606	0.01310253	1122	85045	1554878	18.28
63	84484	0.01398920	1182	83893	1469833	17.52
64	83302	0.01633864	1361	82622	1385940	16.77
65	81941	0.01765614	1447	81218	1303318	16.05
66	80495	0.01830297	1473	79758	1222100	15.32
67	79021	0.02128059	1682	78180	1142342	14.61
68	77340	0.02301515	1780	76450	1064162	13.92
69	75560	0.02689360	2032	74544	987712	13.25
70	73528	0.03127642	2300	72378	913168	12.62
71	71228	0.03229161	2300	70078	840791	12.00
72	68928	0.03730097	2571	67642	770713	11.39
73	66357	0.04046869	2685	65014	703070	10.81
74	63671	0.04534525	2887	62228	638056	10.25

年龄(x) （岁）	生存人数(l_x) （人）	死亡概率(q_x)	死亡人数(d_x) （人）	生存人年数(L_x) （人年数）	累计生存人年数(T_x) （人年数）	平均余命(e_x) （岁）
75	60784	0.05049413	3069	59250	575829	9.72
76	57715	0.05053730	2917	56257	516579	9.18
77	54798	0.06101413	3343	53126	460322	8.66
78	51455	0.06692974	3444	49733	407196	8.19
79	48011	0.07319639	3514	46254	357463	7.73
80	44497	0.08727078	3883	42555	311209	7.31
81	40613	0.09117106	3703	38762	268654	6.93
82	36911	0.09969988	3680	35071	229892	6.56
83	33231	0.10835525	3601	31430	194822	6.20
84	29630	0.12034095	3566	27847	163391	5.87
85	26064	0.12918826	3367	24381	135544	5.56
86	22697	0.13855081	3145	21125	111164	5.26
87	19552	0.14945956	2922	18091	90039	4.98
88	16630	0.16393778	2726	15267	71948	4.71
89	13904	0.18052483	2510	12649	56681	4.48
90	11394	0.20225969	2305	10242	44032	4.30
91	9089	0.20656358	1878	8151	33791	4.15
92	7212	0.22385912	1614	6405	25640	4.00
93	5597	0.22269730	1247	4974	19235	3.87
94	4351	0.22190615	965	3868	14261	3.69
95	3385	0.22536193	763	3004	10393	3.46
96	2622	0.22099570	580	2333	7389	3.17
97	2043	0.18772744	384	1851	5057	2.73
98	1659	0.17942397	298	1511	3206	2.12
99	1362	0.25510570	347	1188	1695	1.43
100	1014	1.00000000	1014	507	507	1.00

注：人年数为人数和年数两个单位相乘。

附表3 全国女性人口生命表

年龄(x) （岁）	生存人数(l_x) （人）	死亡概率(q_x)	死亡人数(d_x) （人）	生存人年数(L_x) （人年数）	累计生存人年数(T_x) （人年数）	平均余命(e_x) （岁）
0	100000	0.00391822	392	99804	8012254	80.28
1	99608	0.00105569	105	99556	7912450	79.48
2	99503	0.00057265	57	99475	7812894	78.54
3	99446	0.00039300	39	99427	7713420	77.58
4	99407	0.00031563	31	99391	7613993	76.61
5	99376	0.00028893	29	99361	7514602	75.63
6	99347	0.00025550	25	99334	7415241	74.65
7	99321	0.00021184	21	99311	7315906	73.67
8	99300	0.00021212	21	99290	7216595	72.68
9	99279	0.00020231	20	99269	7117306	71.70
10	99259	0.00022955	23	99248	7018036	70.71
11	99237	0.00022433	22	99225	6918788	69.73
12	99214	0.00021931	22	99203	6819563	68.74
13	99192	0.00021587	21	99182	6720360	67.76
14	99171	0.00020959	21	99161	6621178	66.77
15	99150	0.00023084	23	99139	6522017	65.79
16	99127	0.00022878	23	99116	6422878	64.80
17	99105	0.00025067	25	99092	6323762	63.82
18	99080	0.00026165	26	99067	6224670	62.83
19	99054	0.00025186	25	99041	6125603	61.85
20	99029	0.00027810	28	99015	6026561	60.86

年龄(x) （岁）	生存人数(l_x) （人）	死亡概率(q_x)	死亡人数(d_x) （人）	生存人年数(L_x) （人年数）	累计生存人年数(T_x) （人年数）	平均余命(e_x) （岁）
21	99001	0.00028446	28	98987	5927546	59.88
22	98973	0.00030319	30	98958	5828559	58.90
23	98943	0.00032519	32	98927	5729600	57.92
24	98911	0.00033812	33	98894	5630673	56.94
25	98878	0.00034852	34	98860	5531779	55.96
26	98843	0.00034517	34	98826	5432918	54.97
27	98809	0.00037002	37	98791	5334092	53.99
28	98773	0.00036040	36	98755	5235301	53.01
29	98737	0.00041307	41	98717	5136547	52.03
30	98696	0.00043923	43	98674	5037830	51.06
31	98653	0.00047539	47	98629	4939156	50.08
32	98606	0.00048556	48	98582	4840526	49.10
33	98558	0.00049597	49	98534	4741944	48.13
34	98509	0.00059806	59	98480	4643411	47.15
35	98450	0.00061867	61	98420	4544931	46.18
36	98389	0.00065764	65	98357	4446511	45.21
37	98325	0.00069967	69	98290	4348154	44.24
38	98256	0.00074887	74	98219	4249864	43.27
39	98182	0.00082076	81	98142	4151645	42.30
40	98102	0.00096169	94	98054	4053503	41.34
41	98007	0.00098213	96	97959	3955448	40.38
42	97911	0.00115242	113	97855	3857489	39.42
43	97798	0.00118285	116	97740	3759635	38.47
44	97683	0.00132397	129	97618	3661894	37.51
45	97553	0.00149153	146	97480	3564276	36.56
46	97408	0.00150711	147	97334	3466796	35.62
47	97261	0.00164162	160	97181	3369462	34.67

续表

年龄（x） （岁）	生存人数（l_x） （人）	死亡概率（q_x）	死亡人数（d_x） （人）	生存人年数（L_x） （人年数）	累计生存人年数（T_x） （人年数）	平均余命（e_x） （岁）
48	97101	0.00201143	195	97004	3272280	33.73
49	96906	0.00212768	206	96803	3175277	32.80
50	96700	0.00240933	233	96583	3078474	31.87
51	96467	0.00251917	243	96345	2981891	30.95
52	96224	0.00264119	254	96097	2885546	30.03
53	95970	0.00296771	285	95827	2789449	29.11
54	95685	0.00340720	326	95522	2693622	28.20
55	95359	0.00354242	338	95190	2598100	27.29
56	95021	0.00387582	368	94837	2502910	26.39
57	94653	0.00423046	400	94452	2408073	25.50
58	94252	0.00473061	446	94029	2313621	24.61
59	93806	0.00539740	506	93553	2219591	23.73
60	93300	0.00608451	568	93016	2126038	22.86
61	92732	0.00670400	622	92422	2033022	22.00
62	92111	0.00755239	696	91763	1940600	21.15
63	91415	0.00815843	746	91042	1848837	20.31
64	90669	0.00963783	874	90232	1757795	19.48
65	89795	0.01067466	959	89316	1667563	18.67
66	88837	0.01106706	983	88345	1578247	17.86
67	87854	0.01306508	1148	87280	1489901	17.07
68	86706	0.01419845	1231	86090	1402622	16.29
69	85475	0.01681787	1438	84756	1316531	15.53
70	84037	0.01982829	1666	83204	1231775	14.80
71	82371	0.02114614	1742	81500	1148571	14.09
72	80629	0.02456303	1980	79639	1067071	13.40
73	78649	0.02690023	2116	77591	987432	12.73
74	76533	0.03004051	2299	75383	909841	12.07

续表

年龄(x)（岁）	生存人数(l_x)（人）	死亡概率(q_x)	死亡人数(d_x)（人）	生存人年数(L_x)（人年数）	累计生存人年数(T_x)（人年数）	平均余命(e_x)（岁）
75	74234	0.03330606	2472	72998	834458	11.43
76	71761	0.03451242	2477	70523	761460	10.80
77	69285	0.04198607	2909	67830	690937	10.19
78	66376	0.04671628	3101	64825	623107	9.61
79	63275	0.05247114	3320	61615	558281	9.06
80	59955	0.06340022	3801	58054	496666	8.56
81	56154	0.06725249	3776	54265	438612	8.08
82	52377	0.07493105	3925	50415	384347	7.62
83	48453	0.08228660	3987	46459	333932	7.19
84	44466	0.09165999	4076	42428	287473	6.78
85	40390	0.09858075	3982	38399	245045	6.38
86	36408	0.10623164	3868	34474	206646	5.99
87	32540	0.11793422	3838	30622	172171	5.62
88	28703	0.13221690	3795	26805	141550	5.28
89	24908	0.14338791	3571	23122	114744	4.96
90	21336	0.16255431	3468	19602	91622	4.67
91	17868	0.17437311	3116	16310	72020	4.42
92	14752	0.19152367	2825	13340	55710	4.18
93	11927	0.20013060	2387	10733	42370	3.95
94	9540	0.20298891	1937	8572	31637	3.69
95	7603	0.21754741	1654	6776	23065	3.40
96	5949	0.22099230	1315	5292	16289	3.08
97	4635	0.21319301	988	4141	10997	2.66
98	3647	0.20733766	756	3268	6856	2.10
99	2890	0.25876757	748	2516	3588	1.43
100	2143	0.43634349	935	1071	1071	1.00

注：人年数为人数和年数两个单位相乘。

附表4 城镇人口生命表

年龄(x)（岁）	生存人数(l_x)（人）	死亡概率(q_x)	死亡人数(d_x)（人）	生存人年数(L_x)（人年数）	累计生存人年数(T_x)（人年数）	平均余命(e_x)（岁）
0	100000	0.00250834	251	99875	8041592	80.52
1	99749	0.00069402	69	99715	7941718	79.64
2	99680	0.00035153	35	99662	7842003	78.69
3	99645	0.00025843	26	99632	7742341	77.71
4	99619	0.00021136	21	99609	7642709	76.73
5	99598	0.00019103	19	99589	7543100	75.74
6	99579	0.00017884	18	99570	7443512	74.76
7	99561	0.00016476	16	99553	7343942	73.77
8	99545	0.00016693	17	99537	7244388	72.78
9	99528	0.00016301	16	99520	7144852	71.79
10	99512	0.00017109	17	99503	7045332	70.80
11	99495	0.00017367	17	99486	6945828	69.82
12	99478	0.00018263	18	99469	6846342	68.83
13	99460	0.00017114	17	99451	6746873	67.84
14	99443	0.00018195	18	99433	6647422	66.85
15	99424	0.00018376	18	99415	6547989	65.87
16	99406	0.00017026	17	99398	6448574	64.88
17	99389	0.00019217	19	99380	6349176	63.89
18	99370	0.00020773	21	99360	6249796	62.90
19	99349	0.00019980	20	99340	6150436	61.91
20	99330	0.00022459	22	99318	6051097	60.93

年龄(x) （岁）	生存人数(l_x) （人）	死亡概率(q_x)	死亡人数(d_x) （人）	生存人年数(L_x) （人年数）	累计生存人年数(T_x) （人年数）	平均余命(e_x) （岁）
21	99307	0.00023621	23	99296	5951778	59.94
22	99284	0.00025911	26	99271	5852483	58.95
23	99258	0.00029085	29	99244	5753212	57.97
24	99229	0.00030577	30	99214	5653968	56.99
25	99199	0.00029987	30	99184	5554754	56.00
26	99169	0.00030846	31	99154	5455570	55.02
27	99139	0.00032143	32	99123	5356416	54.04
28	99107	0.00032270	32	99091	5257293	53.06
29	99075	0.00036450	36	99057	5158203	52.07
30	99039	0.00036063	36	99021	5059146	51.09
31	99003	0.00040865	40	98983	4960125	50.11
32	98962	0.00044968	45	98940	4861142	49.13
33	98918	0.00046357	46	98895	4762202	48.15
34	98872	0.00052045	51	98846	4663307	47.18
35	98821	0.00057425	57	98792	4564461	46.20
36	98764	0.00060521	60	98734	4465668	45.23
37	98704	0.00066958	66	98671	4366934	44.26
38	98638	0.00073298	72	98602	4268263	43.29
39	98566	0.00081893	81	98525	4169662	42.32
40	98485	0.00093132	92	98439	4071136	41.36
41	98393	0.00097865	96	98345	3972697	40.40
42	98297	0.00117350	115	98239	3874352	39.44
43	98182	0.00125488	123	98120	3776112	38.48
44	98058	0.00135305	133	97992	3677992	37.53
45	97926	0.00157121	154	97849	3580000	36.59
46	97772	0.00164078	160	97692	3482151	35.64
47	97611	0.00180802	176	97523	3384460	34.70

年龄(x)（岁）	生存人数(l_x)（人）	死亡概率(q_x)	死亡人数(d_x)（人）	生存人年数(L_x)（人年数）	累计生存人年数(T_x)（人年数）	平均余命(e_x)（岁）
48	97435	0.00227203	221	97324	3286937	33.77
49	97214	0.00240346	234	97097	3189612	32.85
50	96980	0.00267506	259	96850	3092515	31.93
51	96721	0.00279650	270	96585	2995665	31.02
52	96450	0.00296019	286	96307	2899080	30.10
53	96165	0.00331821	319	96005	2802773	29.19
54	95845	0.00367210	352	95669	2706768	28.29
55	95494	0.00385866	368	95309	2611098	27.40
56	95125	0.00421487	401	94925	2515789	26.50
57	94724	0.00463237	439	94505	2420864	25.62
58	94285	0.00518428	489	94041	2326360	24.74
59	93796	0.00579912	544	93525	2232319	23.87
60	93253	0.00636402	593	92956	2138794	23.01
61	92659	0.00705000	653	92332	2045838	22.16
62	92006	0.00789512	726	91643	1953506	21.32
63	91279	0.00851416	777	90891	1861863	20.48
64	90502	0.00993413	899	90053	1770972	19.67
65	89603	0.01100608	986	89110	1680919	18.86
66	88617	0.01132625	1004	88115	1591809	18.07
67	87613	0.01320080	1157	87035	1503694	17.28
68	86457	0.01446051	1250	85832	1416659	16.51
69	85207	0.01687080	1438	84488	1330827	15.75
70	83769	0.01962146	1644	82947	1246340	15.03
71	82125	0.02064548	1696	81278	1163392	14.31
72	80430	0.02401675	1932	79464	1082115	13.62
73	78498	0.02645008	2076	77460	1002651	12.94
74	76422	0.02961535	2263	75290	925191	12.29

年龄(x)（岁）	生存人数(l_x)（人）	死亡概率(q_x)	死亡人数(d_x)（人）	生存人年数(L_x)（人年数）	累计生存人年数(T_x)（人年数）	平均余命(e_x)（岁）
75	74159	0.03326581	2467	72925	849900	11.65
76	71692	0.03465091	2484	70450	776975	11.03
77	69208	0.04178721	2892	67762	706525	10.43
78	66316	0.04657476	3089	64771	638764	9.86
79	63227	0.05105365	3228	61613	573993	9.32
80	59999	0.06094522	3657	58171	512380	8.81
81	56342	0.06494757	3659	54513	454209	8.33
82	52683	0.07141501	3762	50802	399696	7.87
83	48921	0.07934835	3882	46980	348895	7.43
84	45039	0.08823829	3974	43052	301915	7.01
85	41065	0.09574863	3932	39099	258863	6.62
86	37133	0.10318700	3832	35217	219764	6.24
87	33301	0.11375386	3788	31407	184547	5.88
88	29513	0.12695132	3747	27640	153140	5.54
89	25766	0.13689555	3527	24003	125500	5.23
90	22239	0.15622175	3474	20502	101498	4.95
91	18765	0.16343531	3067	17231	80996	4.70
92	15698	0.17918222	2813	14292	63764	4.46
93	12885	0.18322722	2361	11705	49473	4.23
94	10524	0.18512730	1948	9550	37768	3.95
95	8576	0.19373751	1661	7745	28218	3.64
96	6914	0.19487831	1347	6241	20473	3.28
97	5567	0.17229168	959	5087	14232	2.80
98	4608	0.16460248	758	4229	9145	2.16
99	3849	0.22289881	858	3420	4916	1.44
100	2991	1.00000000	2991	1496	1496	1.00

注：人年数为人数和年数两个单位相乘。

附表5 城镇男性人口生命表

年龄(x) （岁）	生存人数(l_x) （人）	死亡概率(q_x)	死亡人数(d_x) （人）	生存人年数(L_x) （人年数）	累计生存人年数(T_x) （人年数）	平均余命(e_x) （岁）
0	100000	0.00250099	250	99875	7838443	78.48
1	99750	0.00072037	72	99714	7738568	77.61
2	99678	0.00036766	37	99660	7638854	76.65
3	99641	0.00028474	28	99627	7539195	75.67
4	99613	0.00023264	23	99601	7439568	74.69
5	99590	0.00021645	22	99579	7339966	73.71
6	99568	0.00020455	20	99558	7240387	72.73
7	99548	0.00019639	20	99538	7140829	71.74
8	99528	0.00019902	20	99518	7041291	70.75
9	99509	0.00019801	20	99499	6941772	69.77
10	99489	0.00020527	20	99479	6842274	68.78
11	99468	0.00020809	21	99458	6742795	67.80
12	99448	0.00022354	22	99437	6643337	66.81
13	99426	0.00021461	21	99415	6543900	65.82
14	99404	0.00022980	23	99393	6444485	64.84
15	99381	0.00023829	24	99369	6345093	63.85
16	99358	0.00022084	22	99347	6245723	62.87
17	99336	0.00025150	25	99323	6146376	61.88
18	99311	0.00027471	27	99297	6047053	60.90
19	99283	0.00027583	27	99270	5947756	59.92
20	99256	0.00031348	31	99241	5848486	58.93

年龄(x)（岁）	生存人数(l_x)（人）	死亡概率(q_x)	死亡人数(d_x)（人）	生存人年数(L_x)（人年数）	累计生存人年数(T_x)（人年数）	平均余命(e_x)（岁）
21	99225	0.00032263	32	99209	5749246	57.95
22	99193	0.00034783	35	99176	5650037	56.97
23	99158	0.00039749	39	99139	5550861	55.99
24	99119	0.00042180	42	99098	5451723	55.01
25	99077	0.00041868	41	99056	5352624	54.04
26	99036	0.00042591	42	99015	5253568	53.06
27	98994	0.00043551	43	98972	5154553	52.08
28	98950	0.00043797	43	98929	5055581	51.10
29	98907	0.00049865	49	98882	4956653	50.13
30	98858	0.00048726	48	98834	4857770	49.15
31	98810	0.00055704	55	98782	4758936	48.18
32	98755	0.00061993	61	98724	4660154	47.20
33	98693	0.00064130	63	98662	4561430	46.23
34	98630	0.00070262	69	98595	4462769	45.26
35	98561	0.00079418	78	98522	4364173	44.30
36	98482	0.00082293	81	98442	4265652	43.33
37	98401	0.00091089	90	98357	4167210	42.37
38	98312	0.00099244	98	98263	4068853	41.41
39	98214	0.00112158	110	98159	3970590	40.45
40	98104	0.00124599	122	98043	3872431	39.50
41	97982	0.00132424	130	97917	3774388	38.55
42	97852	0.00158016	155	97775	3676471	37.60
43	97697	0.00170409	166	97614	3578696	36.66
44	97531	0.00181106	177	97443	3481082	35.72
45	97354	0.00209072	204	97253	3383639	34.79
46	97151	0.00220677	214	97044	3286387	33.87
47	96936	0.00240779	233	96820	3189343	32.94

年龄(x) （岁）	生存人数(l_x) （人）	死亡概率(q_x)	死亡人数(d_x) （人）	生存人年数(L_x) （人年数）	累计生存人年数(T_x) （人年数）	平均余命(e_x) （岁）
48	96703	0.00305169	295	96555	3092524	32.03
49	96408	0.00325652	314	96251	2995968	31.13
50	96094	0.00357635	344	95922	2899717	30.23
51	95750	0.00369833	354	95573	2803795	29.34
52	95396	0.00395763	378	95207	2708222	28.45
53	95019	0.00444550	422	94807	2613014	27.56
54	94596	0.00486930	461	94366	2518207	26.69
55	94136	0.00513458	483	93894	2423841	25.81
56	93652	0.00561812	526	93389	2329947	24.95
57	93126	0.00615850	574	92839	2236558	24.09
58	92553	0.00691361	640	92233	2143719	23.24
59	91913	0.00768763	707	91559	2051486	22.41
60	91206	0.00827726	755	90829	1959926	21.58
61	90451	0.00922960	835	90034	1869098	20.76
62	89616	0.01023718	917	89158	1779064	19.95
63	88699	0.01092979	969	88214	1689906	19.16
64	87729	0.01274685	1118	87170	1601692	18.37
65	86611	0.01399736	1212	86005	1514522	17.61
66	85399	0.01444018	1233	84782	1428517	16.85
67	84166	0.01672427	1408	83462	1343735	16.10
68	82758	0.01828154	1513	82002	1260273	15.37
69	81245	0.02120431	1723	80384	1178271	14.66
70	79522	0.02446160	1945	78550	1097887	13.98
71	77577	0.02544647	1974	76590	1019337	13.31
72	75603	0.02943287	2225	74490	942747	12.66
73	73378	0.03230588	2371	72193	868257	12.03
74	71007	0.03615936	2568	69724	796064	11.42

年龄(x) (岁)	生存人数(l_x) (人)	死亡概率(q_x)	死亡人数(d_x) (人)	生存人年数(L_x) (人年数)	累计生存人年数(T_x) (人年数)	平均余命(e_x) (岁)
75	68440	0.04090546	2800	67040	726341	10.83
76	65640	0.04163936	2733	64274	659301	10.26
77	62907	0.05015172	3155	61330	595027	9.70
78	59752	0.05514477	3295	58105	533698	9.19
79	56457	0.05953907	3361	54776	475593	8.68
80	53096	0.07089680	3764	51214	420817	8.22
81	49331	0.07510444	3705	47479	369603	7.78
82	45626	0.08197901	3740	43756	322124	7.36
83	41886	0.09051315	3791	39990	278368	6.96
84	38095	0.10078799	3839	36175	238378	6.59
85	34255	0.10947951	3750	32380	202203	6.24
86	30505	0.11743714	3582	28714	169823	5.91
87	26923	0.12823391	3452	25196	141109	5.60
88	23470	0.14077161	3304	21818	115912	5.31
89	20166	0.15369477	3099	18617	94094	5.05
90	17067	0.17282426	2950	15592	75478	4.84
91	14117	0.17587170	2483	12876	59886	4.65
92	11634	0.19219589	2236	10516	47010	4.47
93	9398	0.18593147	1747	8525	36494	4.28
94	7651	0.19146167	1465	6918	27969	4.04
95	6186	0.18983792	1174	5599	21050	3.76
96	5012	0.18557833	930	4547	15452	3.40
97	4082	0.14962615	611	3776	10905	2.89
98	3471	0.13272868	461	3241	7129	2.20
99	3010	0.20837104	627	2697	3888	1.44
100	2383	0.45871345	1093	1191	1191	1.00

注:人年数为人数和年数两个单位相乘。

附表6 城镇女性人口生命表

年龄(x)（岁）	生存人数(l_x)（人）	死亡概率(q_x)	死亡人数(d_x)（人）	生存人年数(L_x)（人年数）	累计生存人年数(T_x)（人年数）	平均余命(e_x)（岁）
0	100000	0.00251702	252	99874	8260052	82.70
1	99748	0.00066258	66	99715	8160178	81.83
2	99682	0.00033253	33	99666	8060463	80.88
3	99649	0.00022741	23	99638	7960797	79.90
4	99626	0.00018625	19	99617	7861160	78.91
5	99608	0.00016100	16	99600	7761542	77.93
6	99592	0.00014816	15	99584	7661943	76.94
7	99577	0.00012726	13	99571	7562358	75.95
8	99564	0.00012883	13	99558	7462787	74.96
9	99552	0.00012150	12	99546	7363229	73.97
10	99539	0.00013070	13	99533	7263684	72.98
11	99526	0.00013318	13	99520	7164151	71.99
12	99513	0.00013490	13	99506	7064631	71.00
13	99500	0.00012106	12	99494	6965125	70.01
14	99488	0.00012817	13	99481	6865631	69.01
15	99475	0.00012477	12	99469	6766150	68.02
16	99463	0.00011703	12	99457	6666681	67.03
17	99451	0.00012971	13	99444	6567224	66.04
18	99438	0.00013691	14	99431	6467780	65.05
19	99424	0.00012104	12	99418	6368348	64.06
20	99412	0.00013287	13	99406	6268930	63.06

年龄(x)（岁）	生存人数(l_x)（人）	死亡概率(q_x)	死亡人数(d_x)（人）	生存人年数(L_x)（人年数）	累计生存人年数(T_x)（人年数）	平均余命(e_x)（岁）
21	99399	0.00014674	15	99392	6169524	62.07
22	99385	0.00016729	17	99376	6070132	61.08
23	99368	0.00018220	18	99359	5970756	60.09
24	99350	0.00018833	19	99340	5871397	59.10
25	99331	0.00017970	18	99322	5772057	58.11
26	99313	0.00019036	19	99304	5672735	57.13
27	99294	0.00020642	20	99284	5573431	56.14
28	99274	0.00020634	20	99264	5474147	55.15
29	99253	0.00022832	23	99242	5374883	54.16
30	99231	0.00022980	23	99219	5275641	53.17
31	99208	0.00025648	25	99195	5176422	52.18
32	99182	0.00027438	27	99169	5077226	51.20
33	99155	0.00027898	28	99141	4978058	50.21
34	99128	0.00033149	33	99111	4878916	49.23
35	99095	0.00034517	34	99078	4779805	48.24
36	99061	0.00037715	37	99042	4680727	47.26
37	99023	0.00041409	41	99003	4581685	46.28
38	98982	0.00045668	45	98960	4482683	45.30
39	98937	0.00049744	49	98912	4383723	44.32
40	98888	0.00059705	59	98858	4284811	43.34
41	98829	0.00061221	61	98798	4185952	42.37
42	98768	0.00074167	73	98732	4087154	41.40
43	98695	0.00077858	77	98657	3988422	40.43
44	98618	0.00086305	85	98576	3889766	39.46
45	98533	0.00101322	100	98483	3791190	38.50
46	98433	0.00103523	102	98382	3692707	37.53
47	98331	0.00115927	114	98274	3594325	36.57

年龄(x) （岁）	生存人数(l_x) （人）	死亡概率(q_x)	死亡人数(d_x) （人）	生存人年数(L_x) （人年数）	累计生存人年数(T_x) （人年数）	平均余命(e_x) （岁）
48	98217	0.00144369	142	98146	3496051	35.62
49	98075	0.00150682	148	98002	3397904	34.67
50	97928	0.00170468	167	97844	3299903	33.73
51	97761	0.00182771	179	97671	3202058	32.78
52	97582	0.00190038	185	97489	3104387	31.84
53	97397	0.00215102	210	97292	3006898	30.91
54	97187	0.00244520	238	97068	2909606	29.97
55	96950	0.00255567	248	96826	2812537	29.05
56	96702	0.00280455	271	96566	2715712	28.12
57	96431	0.00310730	300	96281	2619146	27.20
58	96131	0.00347269	334	95964	2522865	26.29
59	95797	0.00390720	374	95610	2426901	25.38
60	95423	0.00439782	420	95213	2331291	24.49
61	95003	0.00487425	463	94772	2236078	23.59
62	94540	0.00553705	523	94278	2141307	22.71
63	94017	0.00607234	571	93731	2047028	21.84
64	93446	0.00713750	667	93112	1953297	20.98
65	92779	0.00804642	747	92405	1860185	20.13
66	92032	0.00824526	759	91653	1767780	19.29
67	91273	0.00973552	889	90829	1676127	18.45
68	90385	0.01074458	971	89899	1585298	17.63
69	89414	0.01259260	1126	88851	1495399	16.83
70	88288	0.01495211	1320	87628	1406548	16.05
71	86968	0.01603006	1394	86271	1318920	15.29
72	85573	0.01872999	1603	84772	1232650	14.54
73	83971	0.02082837	1749	83096	1147878	13.81
74	82222	0.02355677	1937	81253	1064782	13.10

年龄(x)（岁）	生存人数(l_x)（人）	死亡概率(q_x)	死亡人数(d_x)（人）	生存人年数(L_x)（人年数）	累计生存人年数(T_x)（人年数）	平均余命(e_x)（岁）
75	80285	0.02631602	2113	79228	983528	12.41
76	78172	0.02809912	2197	77074	904300	11.73
77	75975	0.03407280	2589	74681	827226	11.08
78	73387	0.03851278	2826	71974	752545	10.46
79	70560	0.04306443	3039	69041	680572	9.86
80	67522	0.05193070	3506	65769	611530	9.30
81	64015	0.05616927	3596	62218	545762	8.77
82	60420	0.06248295	3775	58532	483544	8.26
83	56644	0.07015522	3974	54658	425012	7.78
84	52671	0.07846575	4133	50604	370355	7.32
85	48538	0.08564519	4157	46459	319751	6.88
86	44381	0.09326100	4139	42311	273291	6.46
87	40242	0.10394954	4183	38150	230980	6.05
88	36059	0.11783999	4249	33934	192830	5.68
89	31809	0.12654661	4025	29797	158896	5.33
90	27784	0.14631237	4065	25752	129099	5.01
91	23719	0.15648082	3712	21863	103348	4.73
92	20007	0.17222581	3446	18284	81485	4.46
93	16562	0.18181974	3011	15056	63200	4.20
94	13550	0.18191227	2465	12318	48144	3.91
95	11085	0.19574112	2170	10000	35826	3.58
96	8916	0.19967526	1780	8025	25826	3.22
97	7135	0.18472249	1318	6476	17800	2.75
98	5817	0.18262556	1062	5286	11324	2.14
99	4755	0.23012835	1094	4208	6038	1.43
100	3661	0.42968204	1573	1830	1830	1.00

注：人年数为人数和年数两个单位相乘。

附表 7　农村人口生命表

年龄(x)（岁）	生存人数(l_x)（人）	死亡概率(q_x)	死亡人数(d_x)（人）	生存人年数(L_x)（人年数）	累计生存人年数(T_x)（人年数）	平均余命(e_x)（岁）
0	100000	0.00469389	469	99765	7544553	75.62
1	99531	0.00140380	140	99461	7444787	74.85
2	99391	0.00082712	82	99350	7345327	73.93
3	99309	0.00058759	58	99280	7245977	72.99
4	99250	0.00048275	48	99226	7146697	72.02
5	99202	0.00044080	44	99181	7047471	71.06
6	99159	0.00041942	42	99138	6948290	70.09
7	99117	0.00037847	38	99098	6849153	69.11
8	99080	0.00037366	37	99061	6750054	68.14
9	99043	0.00037848	37	99024	6650993	67.17
10	99005	0.00041058	41	98985	6551969	66.19
11	98964	0.00038427	38	98945	6452985	65.22
12	98926	0.00039108	39	98907	6354039	64.24
13	98888	0.00038731	38	98869	6255132	63.27
14	98849	0.00040358	40	98829	6156264	62.29
15	98810	0.00051081	50	98784	6057434	61.32
16	98759	0.00057240	57	98731	5958650	60.35
17	98703	0.00063854	63	98671	5859919	59.39
18	98639	0.00066267	65	98607	5761248	58.43
19	98574	0.00071357	70	98539	5662641	57.47
20	98504	0.00077750	77	98465	5564102	56.51

年龄(x)（岁）	生存人数(l_x)（人）	死亡概率(q_x)	死亡人数(d_x)（人）	生存人年数(L_x)（人年数）	累计生存人年数(T_x)（人年数）	平均余命(e_x)（岁）
21	98427	0.00077697	76	98389	5465637	55.55
22	98351	0.00078991	78	98312	5367248	54.59
23	98273	0.00083911	82	98232	5268936	53.64
24	98191	0.00088019	86	98147	5170704	52.68
25	98104	0.00093678	92	98058	5072557	51.73
26	98012	0.00092180	90	97967	4974499	50.78
27	97922	0.00097544	96	97874	4876531	49.82
28	97826	0.00101392	99	97777	4778657	48.87
29	97727	0.00110320	108	97673	4680881	47.92
30	97619	0.00116426	114	97563	4583207	46.98
31	97506	0.00127278	124	97444	4485645	46.03
32	97382	0.00129574	126	97319	4388201	45.09
33	97255	0.00131752	128	97191	4290883	44.15
34	97127	0.00150032	146	97054	4193691	43.21
35	96982	0.00160006	155	96904	4096637	42.28
36	96826	0.00163148	158	96747	3999733	41.34
37	96668	0.00170230	165	96586	3902985	40.41
38	96504	0.00176585	170	96419	3806399	39.48
39	96333	0.00194499	187	96240	3709980	38.55
40	96146	0.00215528	207	96042	3613741	37.63
41	95939	0.00217608	209	95834	3517698	36.71
42	95730	0.00247436	237	95612	3421864	35.79
43	95493	0.00249226	238	95374	3326252	34.88
44	95255	0.00276184	263	95124	3230878	33.97
45	94992	0.00306835	291	94846	3135754	33.06
46	94701	0.00313114	297	94552	3040908	32.16
47	94404	0.00328557	310	94249	2946355	31.26

年龄(x)（岁）	生存人数(l_x)（人）	死亡概率(q_x)	死亡人数(d_x)（人）	生存人年数(L_x)（人年数）	累计生存人年数(T_x)（人年数）	平均余命(e_x)（岁）
48	94094	0.00393560	370	93909	2852106	30.37
49	93724	0.00424443	398	93525	2758197	29.49
50	93326	0.00467956	437	93108	2664673	28.62
51	92889	0.00472542	439	92670	2571565	27.75
52	92450	0.00496320	459	92221	2478895	26.88
53	91991	0.00542128	499	91742	2386675	26.02
54	91493	0.00618139	566	91210	2294933	25.16
55	90927	0.00634894	577	90638	2203723	24.31
56	90350	0.00686169	620	90040	2113084	23.47
57	89730	0.00729871	655	89402	2023044	22.63
58	89075	0.00813567	725	88713	1933642	21.80
59	88350	0.00920649	813	87944	1844929	20.98
60	87537	0.01032200	904	87085	1756986	20.18
61	86633	0.01120869	971	86148	1669901	19.38
62	85662	0.01232919	1056	85134	1583753	18.60
63	84606	0.01317378	1115	84049	1498619	17.83
64	83492	0.01538545	1285	82849	1414570	17.07
65	82207	0.01664817	1369	81523	1331721	16.34
66	80838	0.01728822	1398	80140	1250198	15.60
67	79441	0.02036389	1618	78632	1170058	14.88
68	77823	0.02191642	1706	76970	1091426	14.18
69	76118	0.02595049	1975	75130	1014456	13.50
70	74142	0.03043368	2256	73014	939326	12.87
71	71886	0.03165321	2275	70748	866312	12.25
72	69610	0.03649683	2541	68340	795564	11.64
73	67070	0.03931355	2637	65751	727224	11.06
74	64433	0.04371927	2817	63025	661473	10.50

年龄(x) （岁）	生存人数(l_x) （人）	死亡概率(q_x)	死亡人数(d_x) （人）	生存人年数(L_x) （人年数）	累计生存人年数(T_x) （人年数）	平均余命(e_x) （岁）
75	61616	0.04808282	2963	60135	598448	9.95
76	58653	0.04815438	2824	57241	538313	9.40
77	55829	0.05811113	3244	54207	481072	8.87
78	52585	0.06359183	3344	50913	426865	8.38
79	49241	0.07054296	3474	47504	375952	7.91
80	45767	0.08452180	3868	43833	328449	7.49
81	41899	0.08756657	3669	40064	284616	7.10
82	38230	0.09643448	3687	36387	244551	6.72
83	34543	0.10395282	3591	32748	208165	6.36
84	30952	0.11497624	3559	29173	175417	6.01
85	27394	0.12205174	3343	25722	146244	5.69
86	24050	0.13021577	3132	22484	120522	5.36
87	20918	0.14206563	2972	19433	98038	5.05
88	17947	0.15705215	2819	16537	78605	4.75
89	15128	0.17162808	2596	13830	62068	4.49
90	12532	0.19144200	2399	11332	48238	4.26
91	10133	0.20215017	2048	9108	36906	4.05
92	8084	0.22003826	1779	7195	27797	3.86
93	6305	0.22685287	1430	5590	20602	3.69
94	4875	0.22846195	1114	4318	15012	3.48
95	3761	0.24252410	912	3305	10694	3.24
96	2849	0.24413394	696	2501	7389	2.95
97	2154	0.23543373	507	1900	4888	2.57
98	1647	0.23119975	381	1456	2988	2.05
99	1266	0.29019994	367	1082	1531	1.42
100	898	0.46716926	420	449	449	1.00

注：人年数为人数和年数两个单位相乘。

附表8 农村男性人口生命表

年龄(x) （岁）	生存人数(l_x) （人）	死亡概率(q_x)	死亡人数(d_x) （人）	生存人年数(L_x) （人年数）	累计生存人年数(T_x) （人年数）	平均余命(e_x) （岁）
0	100000	0.00454807	455	99773	7294181	73.11
1	99545	0.00146329	146	99472	7194409	72.33
2	99400	0.00089326	89	99355	7094936	71.41
3	99311	0.00065281	65	99278	6995581	70.46
4	99246	0.00054576	54	99219	6896303	69.51
5	99192	0.00048700	48	99168	6797084	68.54
6	99143	0.00049192	49	99119	6697917	67.57
7	99095	0.00046326	46	99072	6598797	66.61
8	99049	0.00045484	45	99026	6499726	65.64
9	99004	0.00047203	47	98980	6400700	64.67
10	98957	0.00049837	49	98932	6301719	63.70
11	98908	0.00046157	46	98885	6202787	62.73
12	98862	0.00048443	48	98838	6103902	61.76
13	98814	0.00047427	47	98791	6005064	60.79
14	98767	0.00051512	51	98742	5906273	59.82
15	98716	0.00065934	65	98684	5807531	58.85
16	98651	0.00075405	74	98614	5708848	57.89
17	98577	0.00084903	84	98535	5610234	56.94
18	98493	0.00089027	88	98449	5511698	55.99
19	98406	0.00099591	98	98357	5413249	55.04
20	98308	0.00109292	107	98254	5314893	54.09

续表

年龄(x)（岁）	生存人数(l_x)（人）	死亡概率(q_x)	死亡人数(d_x)（人）	生存人年数(L_x)（人年数）	累计生存人年数(T_x)（人年数）	平均余命(e_x)（岁）
21	98200	0.00110554	109	98146	5216639	53.15
22	98092	0.00112309	110	98036	5118493	52.21
23	97981	0.00119233	117	97923	5020457	51.27
24	97865	0.00124927	122	97803	4922534	50.33
25	97742	0.00131787	129	97678	4824730	49.39
26	97613	0.00128922	126	97551	4727052	48.46
27	97488	0.00133596	130	97422	4629502	47.52
28	97357	0.00142842	139	97288	4532079	46.58
29	97218	0.00152907	149	97144	4434792	45.65
30	97070	0.00157532	153	96993	4337648	44.72
31	96917	0.00173842	168	96832	4240654	43.79
32	96748	0.00178415	173	96662	4143822	42.87
33	96576	0.00181643	175	96488	4047160	41.94
34	96400	0.00202392	195	96303	3950672	41.02
35	96205	0.00221047	213	96099	3854369	40.11
36	95992	0.00223360	214	95885	3758271	39.20
37	95778	0.00233371	224	95666	3662385	38.28
38	95555	0.00241253	231	95439	3566719	37.37
39	95324	0.00267796	255	95196	3471280	36.46
40	95069	0.00293381	279	94929	3376084	35.56
41	94790	0.00296060	281	94649	3281154	34.67
42	94509	0.00338440	320	94349	3186505	33.77
43	94189	0.00341259	321	94029	3092156	32.89
44	93868	0.00373506	351	93693	2998127	32.00
45	93517	0.00416562	390	93322	2904434	31.12
46	93128	0.00425091	396	92930	2811112	30.25
47	92732	0.00441660	410	92527	2718182	29.38

续表

年龄 (x) （岁）	生存人数 (l_x) （人）	死亡概率 (q_x)	死亡人数 (d_x) （人）	生存人年数 (L_x) （人年数）	累计生存人年数 (T_x) （人年数）	平均余命 (e_x) （岁）
48	92322	0.00534701	494	92075	2625655	28.52
49	91829	0.00573051	526	91566	2533580	27.67
50	91302	0.00613059	560	91023	2442014	26.83
51	90743	0.00615835	559	90463	2350992	25.99
52	90184	0.00646584	583	89892	2260528	25.15
53	89601	0.00704699	631	89285	2170636	24.31
54	88969	0.00800052	712	88613	2081351	23.49
55	88258	0.00817181	721	87897	1992738	22.67
56	87536	0.00883270	773	87150	1904841	21.86
57	86763	0.00934736	811	86358	1817691	21.05
58	85952	0.01043326	897	85504	1731333	20.25
59	85055	0.01168641	994	84558	1645830	19.46
60	84061	0.01292936	1087	83518	1561271	18.69
61	82974	0.01403049	1164	82392	1477753	17.94
62	81810	0.01528431	1250	81185	1395361	17.19
63	80560	0.01635287	1317	79901	1314176	16.45
64	79243	0.01906312	1511	78487	1234275	15.73
65	77732	0.02034948	1582	76941	1155787	15.02
66	76150	0.02109486	1606	75347	1078846	14.32
67	74544	0.02469073	1841	73623	1003499	13.63
68	72703	0.02657423	1932	71737	929876	12.96
69	70771	0.03130330	2215	69663	858139	12.32
70	68556	0.03664536	2512	67300	788475	11.72
71	66044	0.03762266	2485	64801	721176	11.13
72	63559	0.04346050	2762	62178	656375	10.56
73	60797	0.04693152	2853	59370	594197	10.01
74	57943	0.05262350	3049	56419	534827	9.48

年龄(x)（岁）	生存人数(l_x)（人）	死亡概率(q_x)	死亡人数(d_x)（人）	生存人年数(L_x)（人年数）	累计生存人年数(T_x)（人年数）	平均余命(e_x)（岁）
75	54894	0.05810734	3190	53299	478408	8.98
76	51704	0.05770058	2983	50213	425109	8.47
77	48721	0.06971356	3397	47023	374897	7.97
78	45324	0.07652200	3468	43590	327874	7.52
79	41856	0.08437232	3531	40090	284284	7.09
80	38325	0.10082673	3864	36393	244193	6.71
81	34460	0.10402707	3585	32668	207801	6.36
82	30876	0.11379712	3514	29119	175133	6.01
83	27362	0.12263098	3355	25684	146014	5.68
84	24007	0.13602228	3265	22374	120329	5.38
85	20741	0.14460937	2999	19242	97955	5.09
86	17742	0.15514382	2753	16366	78714	4.81
87	14989	0.16645635	2495	13742	62348	4.54
88	12494	0.18294740	2286	11351	48607	4.28
89	10208	0.20212081	2063	9177	37255	4.06
90	8145	0.22639127	1844	7223	28078	3.89
91	6301	0.23317139	1469	5567	20855	3.75
92	4832	0.25162559	1216	4224	15289	3.62
93	3616	0.25642034	927	3152	11065	3.51
94	2689	0.25065552	674	2352	7912	3.36
95	2015	0.26051726	525	1752	5561	3.17
96	1490	0.25727355	383	1298	3808	2.93
97	1107	0.22953635	254	980	2510	2.56
98	853	0.23504611	200	752	1530	2.03
99	652	0.30736150	200	552	778	1.41
100	452	0.54936144	248	226	226	1.00

注：人年数为人数和年数两个单位相乘。

附表9 农村女性人口生命表

年龄(x) （岁）	生存人数(l_x) （人）	死亡概率(q_x)	死亡人数(d_x) （人）	生存人年数(L_x) （人年数）	累计生存人年数(T_x) （人年数）	平均余命(e_x) （岁）
0	100000	0.00486928	487	99757	7824222	78.43
1	99513	0.00133165	133	99447	7724465	77.67
2	99381	0.00074805	74	99343	7625018	76.75
3	99306	0.00051005	51	99281	7525675	75.80
4	99256	0.00040809	41	99235	7426394	74.84
5	99215	0.00038597	38	99196	7327159	73.87
6	99177	0.00033307	33	99160	7227963	72.89
7	99144	0.00027773	28	99130	7128803	71.91
8	99116	0.00027715	27	99102	7029673	70.93
9	99089	0.00026782	27	99075	6930570	69.95
10	99062	0.00030755	30	99047	6831495	68.97
11	99032	0.00029424	29	99017	6732448	67.99
12	99003	0.00028330	28	98989	6633431	67.01
13	98975	0.00028762	28	98960	6534442	66.03
14	98946	0.00027667	27	98932	6435482	65.05
15	98919	0.00034347	34	98902	6336549	64.07
16	98885	0.00037068	37	98866	6237648	63.09
17	98848	0.00040623	40	98828	6138781	62.12
18	98808	0.00041567	41	98787	6039953	61.14
19	98767	0.00041856	41	98746	5941166	60.17
20	98725	0.00046230	46	98703	5842420	59.19

年龄(x)（岁）	生存人数(l_x)（人）	死亡概率(q_x)	死亡人数(d_x)（人）	生存人年数(L_x)（人年数）	累计生存人年数(T_x)（人年数）	平均余命(e_x)（岁）
21	98680	0.00045691	45	98657	5743717	58.22
22	98635	0.00046561	46	98612	5645060	57.25
23	98589	0.00049645	49	98564	5546448	56.27
24	98540	0.00051975	51	98514	5447884	55.30
25	98489	0.00055786	55	98461	5349369	54.33
26	98434	0.00055041	54	98407	5250908	53.36
27	98380	0.00060207	59	98350	5152502	52.39
28	98320	0.00057955	57	98292	5054152	51.42
29	98263	0.00066182	65	98231	4955860	50.45
30	98198	0.00073057	72	98162	4857629	49.49
31	98127	0.00078407	77	98088	4759467	48.52
32	98050	0.00077946	76	98011	4661378	47.56
33	97973	0.00078965	77	97935	4563367	46.60
34	97896	0.00095082	93	97849	4465432	45.64
35	97803	0.00096462	94	97756	4367583	44.68
36	97708	0.00100385	98	97659	4269828	43.72
37	97610	0.00104475	102	97559	4172168	42.77
38	97508	0.00109160	106	97455	4074609	41.81
39	97402	0.00118893	116	97344	3977154	40.86
40	97286	0.00136028	132	97220	3879810	39.91
41	97154	0.00137567	134	97087	3782590	38.96
42	97020	0.00155593	151	96945	3685503	38.02
43	96869	0.00155998	151	96794	3588558	37.07
44	96718	0.00176505	171	96633	3491765	36.13
45	96547	0.00196187	189	96453	3395132	35.20
46	96358	0.00199902	193	96262	3298679	34.27
47	96165	0.00212445	204	96063	3202418	33.34

年龄 (x)（岁）	生存人数 (l_x)（人）	死亡概率 (q_x)	死亡人数 (d_x)（人）	生存人年数 (L_x)（人年数）	累计生存人年数 (T_x)（人年数）	平均余命 (e_x)（岁）
48	95961	0.00254718	244	95839	3106354	32.41
49	95717	0.00278564	267	95583	3010516	31.50
50	95450	0.00315945	302	95299	2914932	30.59
51	95148	0.00321299	306	94996	2819633	29.68
52	94843	0.00335919	319	94683	2724638	28.78
53	94524	0.00372381	352	94348	2629954	27.88
54	94172	0.00429178	404	93970	2535606	26.98
55	93768	0.00443044	415	93560	2441636	26.10
56	93352	0.00481473	449	93128	2348076	25.21
57	92903	0.00517327	481	92663	2254948	24.34
58	92422	0.00577878	534	92155	2162286	23.46
59	91888	0.00664562	611	91583	2070130	22.60
60	91278	0.00750022	685	90935	1978547	21.76
61	90593	0.00819469	742	90222	1887612	20.92
62	89851	0.00917776	825	89438	1797390	20.10
63	89026	0.00983361	875	88588	1707952	19.28
64	88151	0.01160081	1023	87639	1619363	18.48
65	87128	0.01273958	1110	86573	1531724	17.69
66	86018	0.01325244	1140	85448	1445151	16.91
67	84878	0.01576073	1338	84209	1359703	16.15
68	83540	0.01701082	1421	82830	1275494	15.40
69	82119	0.02031213	1668	81285	1192664	14.67
70	80451	0.02397120	1929	79487	1111379	13.98
71	78523	0.02545182	1999	77523	1031892	13.31
72	76524	0.02935849	2247	75401	954368	12.66
73	74278	0.03182361	2364	73096	878968	12.02
74	71914	0.03529209	2538	70645	805872	11.41

年龄(x)（岁）	生存人数(l_x)（人）	死亡概率(q_x)	死亡人数(d_x)（人）	生存人年数(L_x)（人年数）	累计生存人年数(T_x)（人年数）	平均余命(e_x)（岁）
75	69376	0.03889669	2698	68027	735227	10.81
76	66677	0.03950321	2634	65360	667201	10.21
77	64043	0.04798395	3073	62507	601840	9.63
78	60970	0.05269695	3213	59364	539334	9.09
79	57757	0.05918548	3418	56048	479970	8.56
80	54339	0.07166561	3894	52392	423922	8.09
81	50445	0.07505313	3786	48552	371530	7.65
82	46659	0.08359316	3900	44708	322978	7.22
83	42758	0.09066983	3877	40820	278270	6.82
84	38881	0.10080800	3920	36922	237450	6.43
85	34962	0.10747154	3757	33083	200528	6.06
86	31204	0.11510342	3592	29409	167445	5.69
87	27613	0.12768533	3526	25850	138037	5.34
88	24087	0.14236573	3429	22372	112187	5.01
89	20658	0.15522508	3207	19055	89814	4.71
90	17451	0.17380956	3033	15935	70760	4.44
91	14418	0.18748569	2703	13066	54825	4.20
92	11715	0.20579699	2411	10509	41759	3.97
93	9304	0.21407563	1992	8308	31249	3.76
94	7312	0.21925561	1603	6511	22941	3.52
95	5709	0.23503316	1342	5038	16431	3.26
96	4367	0.23865236	1042	3846	11393	2.96
97	3325	0.23800224	791	2929	7546	2.58
98	2534	0.22955798	582	2243	4617	2.06
99	1952	0.28358209	554	1675	2374	1.42
100	1398	0.44122352	617	699	699	1.00

注：人年数为人数和年数两个单位相乘。

附表 10 北京人口死亡率

年龄段	城镇人口		农村人口	
	男性	女性	男性	女性
0	0.001122378	0.001149694	0.002564384	0.001900462
1~4	0.000925365	0.000669547	0.001947799	0.00108407
5~9	0.000503516	0.000399433	0.000656151	0.000577467
10~14	0.000706582	0.000431746	0.002271849	0.000993591
15~19	0.000904011	0.000369465	0.002260451	0.001500416
20~24	0.000837891	0.000274832	0.002755868	0.001125344
25~29	0.000908428	0.000431953	0.002644458	0.001792021
30~34	0.001181672	0.000559309	0.004027386	0.002003765
35~39	0.002292216	0.001422256	0.007493189	0.003165171
40~44	0.004710154	0.002123535	0.009934705	0.005430388
45~49	0.009035634	0.003836297	0.015030308	0.008625752
50~54	0.016044542	0.006716323	0.025025207	0.012685785
55~59	0.021735027	0.010702143	0.037254762	0.021641489
60~64	0.035180258	0.018133641	0.060771228	0.040041629
65~69	0.060424436	0.034413981	0.103766689	0.068951106
70~74	0.106578228	0.070740685	0.18835799	0.140703998
75~79	0.177746186	0.122838584	0.296092415	0.238481226
80~84	0.28547973	0.227336343	0.422262196	0.361531955
85~89	0.421366744	0.351865918	0.63163217	0.555615188
90~94	0.616831244	0.519848358	0.833735497	0.748030174
95~99	0.733985887	0.708416044	0.918924623	0.759853333
100	1.0000000	1.0000000	1.0000000	1.0000000

附表 11　天津人口死亡率

年龄段	城镇人口		农村人口	
	男性	女性	男性	女性
0	0.001730983	0.001033928	0.00197712	0.001468668
1~4	0.000584791	0.000261446	0.001176134	0.001083786
5~9	0.000280727	0.000474421	0.001431701	0.000929887
10~14	0.000746983	0.000450826	0.002438255	0.001100762
15~19	0.00100497	0.000424522	0.003775809	0.001810348
20~24	0.000693938	0.000414336	0.004274123	0.001322706
25~29	0.000827575	0.000625371	0.005263631	0.001442319
30~34	0.00126316	0.000819439	0.004146415	0.002674674
35~39	0.003550415	0.003082639	0.007232839	0.002982208
40~44	0.0058595	0.003532467	0.009560221	0.005548009
45~49	0.009049737	0.004981344	0.014235691	0.007976439
50~54	0.014597597	0.007731728	0.023031829	0.014263821
55~59	0.0201423	0.010729298	0.033270851	0.020428722
60~64	0.034921729	0.022477107	0.054296285	0.037881987
65~69	0.060296334	0.042527436	0.094507583	0.079570013
70~74	0.109834662	0.086324478	0.172547585	0.149501989
75~79	0.175337378	0.142362991	0.292118631	0.240817235
80~84	0.269600249	0.221672859	0.436508237	0.378849395
85~89	0.363374096	0.332573282	0.614858373	0.527534948
90~94	0.459691648	0.457014383	0.727157205	0.713666955
95~99	0.406277413	0.488671757	0.845095535	0.773523006
100	1.000000000	1.000000000	1.000000000	1.000000000

附表 12　河北人口死亡率

年龄段	城镇人口		农村人口	
	男性	女性	男性	女性
0	0.002372754	0.002255693	0.003149856	0.002255693
1~4	0.001153416	0.001029031	0.001925819	0.001029031
5~9	0.000792462	0.000530024	0.001812605	0.000530024
10~14	0.001136389	0.000611757	0.00191134	0.000611757
15~19	0.001659786	0.000744581	0.005084866	0.000744581
20~24	0.002481154	0.000803456	0.005452342	0.000803456
25~29	0.002939715	0.001127416	0.006058125	0.001127416
30~34	0.00338568	0.001504536	0.007201416	0.001504536
35~39	0.005435296	0.002289162	0.010713692	0.002289162
40~44	0.008327598	0.003837862	0.014296181	0.003837862
45~49	0.013246694	0.006363148	0.020415853	0.006363148
50~54	0.022809148	0.011515475	0.032633526	0.011515475
55~59	0.034921595	0.018338355	0.048737351	0.018338355
60~64	0.05605152	0.033167207	0.077810659	0.033167207
65~69	0.095419301	0.057848216	0.126986941	0.057848216
70~74	0.160981767	0.113745628	0.228472092	0.113745628
75~79	0.250193988	0.194461419	0.334251256	0.194461419
80~84	0.372047561	0.316403888	0.480380422	0.316403888
85~89	0.489611402	0.441782893	0.607193502	0.441782893
90~94	0.63094927	0.587433176	0.749083601	0.587433176
95~99	0.693103208	0.710104126	0.824899381	0.710104126
100	1.000000000	1.000000000	1.000000000	1.000000000

附表 13　山西人口死亡率

年龄段	城镇人口		农村人口	
	男性	女性	男性	女性
0	0.003058785	0.003610829	0.005103108	0.005268426
1~4	0.001239716	0.000969665	0.002232818	0.002017329
5~9	0.000647411	0.000517614	0.002035426	0.00106875
10~14	0.000910767	0.000506437	0.001813473	0.001178557
15~19	0.001200864	0.000484453	0.003945882	0.001545489
20~24	0.001805372	0.000689908	0.005328846	0.001668033
25~29	0.002351608	0.000939653	0.005732784	0.001959279
30~34	0.00342561	0.001191839	0.007826208	0.003227136
35~39	0.004831357	0.00182338	0.010217191	0.004501394
40~44	0.007783167	0.003457025	0.013385975	0.006864679
45~49	0.012093782	0.00591271	0.018374262	0.010038393
50~54	0.020109256	0.01138082	0.029922734	0.017031631
55~59	0.03283385	0.018316431	0.044814611	0.028379894
60~64	0.056515585	0.035137195	0.073907431	0.04882366
65~69	0.101958559	0.062924389	0.119208213	0.082637647
70~74	0.166069947	0.110501361	0.210473059	0.155888838
75~79	0.251887243	0.176241976	0.305922132	0.234119362
80~84	0.373347956	0.301465679	0.447208911	0.364925941
85~89	0.47682561	0.403441508	0.566546472	0.48552202
90~94	0.570773428	0.521329814	0.700197257	0.625690805
95~99	0.705280985	0.669086435	0.655827585	0.665674593
100	1.000000000	1.000000000	1.000000000	1.000000000

附表 14 内蒙古人口死亡率

年龄段	城镇人口		农村人口	
	男性	女性	男性	女性
0	0.00404497	0.002670058	0.005625834	0.004772297
1~4	0.001186946	0.000893325	0.002638905	0.002032856
5~9	0.0006635	0.000638306	0.001454933	0.001114966
10~14	0.000827873	0.00045395	0.001847388	0.001142195
15~19	0.001008757	0.000590432	0.004377605	0.00184757
20~24	0.001993254	0.000741542	0.005276496	0.002128185
25~29	0.002336693	0.001028334	0.007170265	0.002669882
30~34	0.003225312	0.001299774	0.008351984	0.003122987
35~39	0.005186084	0.00198997	0.011901426	0.004389706
40~44	0.008073281	0.003071415	0.01603778	0.006328123
45~49	0.012912911	0.005046626	0.022597289	0.010313067
50~54	0.020000424	0.008820126	0.033692234	0.017000384
55~59	0.029362578	0.014593923	0.04739238	0.026635279
60~64	0.046566278	0.02597107	0.074718555	0.046745265
65~69	0.079421853	0.04791888	0.123478864	0.084689492
70~74	0.129422298	0.083392399	0.2013562	0.156030054
75~79	0.186310592	0.12718008	0.289998163	0.23740999
80~84	0.260214605	0.205582305	0.421436386	0.367772903
85~89	0.331256992	0.292265205	0.543848642	0.489978537
90~94	0.410331417	0.395666409	0.696953694	0.634978485
95~99	0.28074141	0.373636928	0.717973562	0.66584821
100	1.000000000	1.000000000	1.000000000	1.000000000

附表 15　辽宁人口死亡率

年龄段	城镇人口		农村人口	
	男性	女性	男性	女性
0	0.003142766	0.00233107	0.002984979	0.002367176
1~4	0.001095728	0.000864043	0.002266314	0.00166121
5~9	0.000659678	0.000467633	0.001900627	0.001177457
10~14	0.000867225	0.000680671	0.002297632	0.0010083
15~19	0.001435902	0.000695978	0.004508022	0.001891477
20~24	0.001962576	0.000808236	0.005287057	0.001794773
25~29	0.002448096	0.001119618	0.006051729	0.002687779
30~34	0.003321685	0.001457389	0.007641696	0.003200465
35~39	0.005717464	0.002322362	0.01206974	0.004667872
40~44	0.0107154	0.003880229	0.016680304	0.006865466
45~49	0.017132269	0.006808853	0.023426622	0.010468054
50~54	0.025813436	0.011085908	0.035230922	0.017508964
55~59	0.034594944	0.015805256	0.046241511	0.026163831
60~64	0.050606125	0.027694055	0.067751783	0.043504093
65~69	0.083783246	0.050936669	0.108271862	0.080208316
70~74	0.136542865	0.095611826	0.182752767	0.148217739
75~79	0.214295085	0.160731194	0.280549655	0.241162509
80~84	0.306141776	0.261834873	0.418303048	0.364171082
85~89	0.443356965	0.391243093	0.533489791	0.500943719
90~94	0.594897114	0.54750546	0.715482605	0.654312656
95~99	0.666812716	0.661591848	0.825373191	0.786833931
100	1.000000000	1.000000000	1.000000000	1.000000000

附表 16　吉林人口死亡率

年龄段	城镇人口		农村人口	
	男性	女性	男性	女性
0	0.001441691	0.000936823	0.001967129	0.001846387
1~4	0.000854359	0.000793345	0.001586051	0.001372005
5~9	0.000451508	0.000395649	0.001095763	0.00082558
10~14	0.000773891	0.000430206	0.001441935	0.000852069
15~19	0.001088146	0.000609945	0.003355425	0.001753672
20~24	0.001486621	0.000723508	0.004022885	0.001850315
25~29	0.002058383	0.001012125	0.004997227	0.0022035
30~34	0.002773876	0.001201618	0.006089671	0.002561652
35~39	0.005032944	0.001964811	0.009260714	0.004351516
40~44	0.008036254	0.003626566	0.013464929	0.006482308
45~49	0.013935966	0.006041091	0.020576883	0.009838377
50~54	0.021778017	0.010962875	0.031406412	0.017366673
55~59	0.03233303	0.016340038	0.045700818	0.028794932
60~64	0.047431517	0.028255679	0.071654181	0.051398451
65~69	0.078829582	0.052253528	0.115378915	0.091116497
70~74	0.125893493	0.092999631	0.182847601	0.152486026
75~79	0.189007256	0.14648812	0.261530851	0.218080324
80~84	0.257100527	0.221949924	0.366286164	0.311199409
85~89	0.31897723	0.307076949	0.455733872	0.398286406
90~94	0.402995746	0.381591828	0.543742822	0.504532853
95~99	0.391416525	0.384737196	0.554686796	0.537723233
100	1.000000000	1.000000000	1.000000000	1.000000000

附表 17　黑龙江人口死亡率

年龄段	城镇人口		农村人口	
	男性	女性	男性	女性
0	0.001452677	0.001049947	0.001983387	0.001517497
1~4	0.000823413	0.000694276	0.001603509	0.001302618
5~9	0.000600314	0.000602842	0.000967746	0.000826905
10~14	0.000830984	0.000558541	0.001579398	0.000823671
15~19	0.001120868	0.000638708	0.003416585	0.001331738
20~24	0.001704265	0.000806355	0.004175567	0.001717374
25~29	0.002299099	0.001110149	0.004585573	0.001952725
30~34	0.003146535	0.001385354	0.006135301	0.002543841
35~39	0.006071159	0.002117478	0.008970202	0.003658469
40~44	0.009705902	0.004161426	0.013934964	0.00626561
45~49	0.015733816	0.006841826	0.021063286	0.008916827
50~54	0.024811783	0.011701009	0.032250622	0.017405539
55~59	0.034576742	0.018376376	0.04647859	0.02770771
60~64	0.056072923	0.033148611	0.075291975	0.049975073
65~69	0.097559612	0.060876313	0.122478546	0.089574656
70~74	0.155519507	0.102632203	0.194690298	0.149939007
75~79	0.215588658	0.154849126	0.270690672	0.213740386
80~84	0.284895243	0.231226445	0.370023437	0.298676529
85~89	0.355828758	0.295900653	0.455701277	0.367970534
90~94	0.400739628	0.380493445	0.518095121	0.430910389
95~99	0.376935718	0.371344997	0.445535215	0.427837709
100	1.000000000	1.000000000	1.000000000	1.000000000

附表 18 上海人口死亡率

年龄段	城镇人口		农村人口	
	男性	女性	男性	女性
0	0.003816591	0.002765816	0.00264182	0.00142405
1~4	0.001724712	0.001421145	0.00179578	0.00058186
5~9	0.000973912	0.00061345	0.000662743	0.000632131
10~14	0.000851566	0.000783195	0.001488637	0.000946647
15~19	0.001096384	0.000671937	0.001378339	0.000564189
20~24	0.001106118	0.000502586	0.000911238	0.000432911
25~29	0.001180107	0.000625827	0.001316623	0.00064006
30~34	0.001433401	0.000798482	0.001769028	0.00170381
35~39	0.002204201	0.001350996	0.002949008	0.002199996
40~44	0.003668746	0.002016213	0.004973342	0.003330612
45~49	0.008012212	0.004609642	0.010871199	0.005770014
50~54	0.016172382	0.007943522	0.017849828	0.012078025
55~59	0.021929996	0.010581999	0.026594442	0.01512787
60~64	0.03407412	0.016848637	0.041100074	0.022141689
65~69	0.056301743	0.031214309	0.071411479	0.03911418
70~74	0.107491028	0.064124296	0.133784168	0.073474256
75~79	0.183599089	0.124819332	0.208905573	0.13336154
80~84	0.315322093	0.226979371	0.369501692	0.261146728
85~89	0.461643994	0.39358066	0.542068173	0.443375719
90~94	0.637360091	0.582837367	0.722314801	0.627126986
95~99	0.755852389	0.762130067	0.822211591	0.859375291
100	1.000000000	1.000000000	1.000000000	1.000000000

附表 19 江苏人口死亡率

年龄段	城镇人口		农村人口	
	男性	女性	男性	女性
0	0.002281433	0.001989487	0.002384838	0.002078418
1~4	0.001309106	0.001151927	0.002723317	0.001768049
5~9	0.000825918	0.00048903	0.001773654	0.001033379
10~14	0.000973678	0.000747369	0.002200735	0.00116021
15~19	0.00111157	0.000611767	0.002959277	0.001558174
20~24	0.001237046	0.000632831	0.003990479	0.001592013
25~29	0.001722878	0.000836251	0.004939561	0.002183019
30~34	0.002305528	0.001355596	0.006892048	0.002768823
35~39	0.004019946	0.002093834	0.00969491	0.004444872
40~44	0.006493972	0.003496415	0.013819945	0.006488132
45~49	0.009845401	0.005308816	0.018343016	0.009084158
50~54	0.019273485	0.009808981	0.03146741	0.015866114
55~59	0.027867666	0.014307173	0.041027085	0.021510425
60~64	0.044471354	0.024186562	0.061744175	0.034798839
65~69	0.076539796	0.044488094	0.098347768	0.059566856
70~74	0.130168135	0.08547593	0.164598607	0.111094231
75~79	0.215143535	0.150711526	0.257049754	0.180615285
80~84	0.340607061	0.268471443	0.405219436	0.309185076
85~89	0.497509629	0.422021071	0.559390912	0.46630696
90~94	0.642499597	0.59408923	0.721638441	0.644629843
95~99	0.634633379	0.675472771	0.772504167	0.758667195
100	1.000000000	1.000000000	1.000000000	1.000000000

附表 20　浙江人口死亡率

年龄段	城镇人口		农村人口	
	男性	女性	男性	女性
0	0.004134142	0.003728338	0.004493819	0.004295978
1~4	0.00280419	0.002109424	0.003356811	0.002783208
5~9	0.001250683	0.000879525	0.001968215	0.001546967
10~14	0.001080951	0.000574373	0.00188917	0.001140904
15~19	0.001408407	0.000644274	0.003788165	0.001677812
20~24	0.001891383	0.000714289	0.003648693	0.001813143
25~29	0.001954695	0.00082435	0.004353571	0.002284329
30~34	0.002635927	0.001089724	0.006179112	0.003247441
35~39	0.003454738	0.001476912	0.008820041	0.004178628
40~44	0.005314543	0.002563647	0.012830177	0.0062542
45~49	0.008377174	0.004154172	0.018120368	0.008780259
50~54	0.017032693	0.007792356	0.031133666	0.014806022
55~59	0.024725699	0.01185285	0.040256314	0.019657074
60~64	0.037732075	0.019605461	0.0586466	0.031259475
65~69	0.062340107	0.034961031	0.095372511	0.052080788
70~74	0.114140245	0.069449112	0.156316252	0.102501842
75~79	0.185843625	0.128822717	0.239620887	0.174868231
80~84	0.315608926	0.25367085	0.388175163	0.314020423
85~89	0.470804183	0.421187533	0.563142554	0.487118776
90~94	0.65036287	0.610102001	0.744089149	0.698897541
95~99	0.737131779	0.730826318	0.850894811	0.85242357
100	1.000000000	1.000000000	1.000000000	1.000000000

附表 21 安徽人口死亡率

年龄段	城镇人口		农村人口	
	男性	女性	男性	女性
0	0.004177988	0.004306612	0.005071859	0.005183401
1~4	0.001333925	0.00103318	0.002701887	0.001806527
5~9	0.000914655	0.000578949	0.001793223	0.001113098
10~14	0.001083468	0.000589285	0.002157628	0.001160099
15~19	0.001264272	0.000666748	0.00371797	0.001783167
20~24	0.001542162	0.000773785	0.005772508	0.002211494
25~29	0.002317788	0.001047951	0.006513927	0.002518361
30~34	0.003381792	0.001550942	0.008470067	0.003924936
35~39	0.004859633	0.002397223	0.010854047	0.005027099
40~44	0.006981731	0.003511803	0.014729051	0.007064379
45~49	0.010641177	0.005440489	0.018094092	0.009150635
50~54	0.01777235	0.010097028	0.03259409	0.017700084
55~59	0.026199603	0.014319206	0.040829944	0.022932525
60~64	0.044386217	0.023055719	0.064561023	0.035846359
65~69	0.073237589	0.040612048	0.104618906	0.062612201
70~74	0.135265406	0.082146157	0.182038272	0.121091829
75~79	0.209401455	0.142026921	0.271516311	0.192472506
80~84	0.319707229	0.259403873	0.4138967	0.324050842
85~89	0.418503471	0.363138635	0.51231548	0.422591316
90~94	0.517166562	0.47729397	0.647659648	0.55027791
95~99	0.513859506	0.500666771	0.667246371	0.615305055
100	1.000000000	1.000000000	1.000000000	1.000000000

附表 22　福建人口死亡率

年龄段	城镇人口		农村人口	
	男性	女性	男性	女性
0	0.002506754	0.002452102	0.004236227	0.004980414
1~4	0.0010433	0.000939038	0.002551582	0.002082047
5~9	0.000731921	0.000517244	0.001627089	0.001389167
10~14	0.000884872	0.000645206	0.002389539	0.001350498
15~19	0.001443184	0.000579591	0.00477715	0.002112915
20~24	0.001286092	0.000603147	0.006030688	0.002458872
25~29	0.001893462	0.00095356	0.006962752	0.003027573
30~34	0.002457288	0.001423073	0.008618734	0.003935918
35~39	0.003777458	0.001852424	0.011539719	0.005404355
40~44	0.006078721	0.002897952	0.016131865	0.007016698
45~49	0.010676353	0.004892889	0.021385052	0.009540061
50~54	0.021083436	0.008720015	0.03526941	0.016031844
55~59	0.030510288	0.013050596	0.046096474	0.021491576
60~64	0.04752373	0.021544443	0.069786602	0.036150364
65~69	0.075061278	0.040929512	0.108892552	0.063000019
70~74	0.132887574	0.079962424	0.176563147	0.11375022
75~79	0.208379618	0.137739469	0.268736957	0.187602872
80~84	0.314315619	0.256085704	0.399658039	0.312209189
85~89	0.439449687	0.38914587	0.522963491	0.458949966
90~94	0.594449406	0.573833101	0.690880005	0.634675033
95~99	0.586095802	0.65405441	0.794754856	0.756215328
100	1.000000000	1.000000000	1.000000000	1.000000000

附表 23 江西人口死亡率

年龄段	城镇人口		农村人口	
	男性	女性	男性	女性
0	0.004102235	0.005564439	0.003788187	0.004365181
1～4	0.002048169	0.002246141	0.003860554	0.003460943
5～9	0.001359323	0.000827956	0.002758351	0.001567542
10～14	0.00131988	0.000669276	0.002708055	0.001474995
15～19	0.001406598	0.000766159	0.003343871	0.001842262
20～24	0.001757739	0.000952175	0.004074599	0.001944218
25～29	0.002760701	0.001213427	0.00565433	0.002356329
30～34	0.004143083	0.00164628	0.007962368	0.003652638
35～39	0.005595362	0.002316167	0.010772435	0.005041485
40～44	0.008333234	0.004137478	0.016465604	0.007340414
45～49	0.012291564	0.006220414	0.02210594	0.009729895
50～54	0.02127888	0.010529302	0.033607957	0.015810282
55～59	0.031735312	0.01633367	0.045069474	0.023329745
60～64	0.05405429	0.028299921	0.074184278	0.039823506
65～69	0.095197159	0.056251401	0.119204414	0.070592694
70～74	0.16715211	0.10587075	0.202929616	0.129771801
75～79	0.255930281	0.168491352	0.291724058	0.205596643
80～84	0.36428983	0.279333095	0.434935942	0.32756222
85～89	0.488867297	0.38059509	0.539038053	0.44600123
90～94	0.58289745	0.497318251	0.675204409	0.580745241
95～99	0.532031167	0.547139361	0.689807502	0.633117685
100	1.000000000	1.000000000	1.000000000	1.000000000

附表 24 山东人口死亡率

年龄段	城镇人口		农村人口	
	男性	女性	男性	女性
0	0.001619683	0.00167363	0.00238718	0.002419986
1~4	0.001145035	0.000821767	0.00144489	0.001291984
5~9	0.000697707	0.000548983	0.001305355	0.000847591
10~14	0.001166194	0.00058026	0.001847187	0.000946259
15~19	0.001263989	0.000570771	0.003477319	0.001752715
20~24	0.001943769	0.000880402	0.004793205	0.001862494
25~29	0.002281584	0.000989629	0.005617215	0.002225944
30~34	0.003156975	0.001397216	0.006909593	0.003376759
35~39	0.004955938	0.00226328	0.009912934	0.004588834
40~44	0.007567778	0.003669916	0.012919875	0.006119726
45~49	0.012762716	0.005881056	0.018763841	0.008821059
50~54	0.022333445	0.010696203	0.032457104	0.016278379
55~59	0.032768849	0.016642241	0.042842082	0.02231711
60~64	0.050801998	0.027075205	0.068097239	0.038192589
65~69	0.084453988	0.049089885	0.108626394	0.066738414
70~74	0.140848535	0.093337689	0.190313465	0.131210094
75~79	0.225286818	0.159655232	0.280463919	0.200955492
80~84	0.333095795	0.270379234	0.412846373	0.315267029
85~89	0.481101601	0.405125199	0.565710371	0.449502195
90~94	0.595668671	0.554365257	0.714327901	0.60682535
95~99	0.60325768	0.637794322	0.816830384	0.734799684
100	1.000000000	1.000000000	1.000000000	1.000000000

附表 25 河南人口死亡率

年龄段	城镇人口		农村人口	
	男性	女性	男性	女性
0	0.001420131	0.001486616	0.001044868	0.000979288
1~4	0.001118302	0.001071071	0.0015843	0.001203648
5~9	0.000768049	0.000562912	0.001467894	0.000781607
10~14	0.000934568	0.000524721	0.001836595	0.000731274
15~19	0.00112198	0.000477909	0.00308341	0.001184534
20~24	0.001831772	0.000760548	0.004145513	0.001521052
25~29	0.002460122	0.001061847	0.005825569	0.001908103
30~34	0.003181714	0.001329255	0.008100522	0.003061823
35~39	0.005416955	0.002124198	0.011063537	0.004712752
40~44	0.008623025	0.003489071	0.014971112	0.006632104
45~49	0.013382232	0.00607419	0.020742546	0.009875139
50~54	0.022918282	0.012283086	0.033503455	0.018586003
55~59	0.034351257	0.018229703	0.044900885	0.026044143
60~64	0.056258607	0.032324787	0.072817024	0.044229282
65~69	0.092030251	0.054375942	0.117601582	0.073052342
70~74	0.153777922	0.100417432	0.204689231	0.141026828
75~79	0.229499707	0.156745649	0.289117608	0.196098938
80~84	0.33175898	0.258863904	0.411929487	0.298976374
85~89	0.444401547	0.34887974	0.506227376	0.371575786
90~94	0.541217424	0.452645451	0.603524613	0.473774717
95~99	0.520191943	0.502986869	0.617326376	0.509075022
100	1.000000000	1.000000000	1.000000000	1.000000000

附表 26   湖北人口死亡率

年龄段	城镇人口		农村人口	
	男性	女性	男性	女性
0	0.002108906	0.002150812	0.004431271	0.004593632
1~4	0.001278984	0.001313739	0.003192684	0.002502354
5~9	0.000831313	0.000598026	0.001959828	0.00125631
10~14	0.00100849	0.000545423	0.002590604	0.001363378
15~19	0.000998279	0.00048123	0.003519839	0.001737017
20~24	0.001338114	0.000737764	0.004816491	0.002083109
25~29	0.002137743	0.000913902	0.005656017	0.002596378
30~34	0.002675633	0.001150529	0.00740143	0.003918763
35~39	0.00392697	0.001933684	0.011461305	0.005725102
40~44	0.006212314	0.003258267	0.014172624	0.007443057
45~49	0.010058114	0.005141038	0.019005902	0.010372571
50~54	0.018735966	0.009547189	0.031320622	0.018137896
55~59	0.025741608	0.013230281	0.042245707	0.025330553
60~64	0.043032657	0.022539811	0.069511046	0.042627313
65~69	0.072051886	0.041675963	0.11139685	0.072530176
70~74	0.129803217	0.082931948	0.19316321	0.134268103
75~79	0.199809674	0.14262927	0.283475564	0.205374868
80~84	0.292436915	0.245533333	0.41237825	0.338766559
85~89	0.399093424	0.348476913	0.530898766	0.455057433
90~94	0.456150493	0.455884155	0.631555015	0.580264618
95~99	0.309591311	0.443167937	0.549678682	0.650547302
100	1.000000000	1.000000000	1.000000000	1.000000000

附表 27　湖南人口死亡率

年龄段	城镇人口		农村人口	
	男性	女性	男性	女性
0	0.001830066	0.001787719	0.002960599	0.003038305
1~4	0.002061254	0.001843241	0.003970192	0.003199859
5~9	0.001332128	0.000618864	0.002419494	0.001487659
10~14	0.001143596	0.000603005	0.002434215	0.001391256
15~19	0.001266865	0.000577287	0.003661526	0.001809061
20~24	0.002145654	0.001112732	0.004181377	0.001933783
25~29	0.00293653	0.001214622	0.005128264	0.00239612
30~34	0.003680451	0.00151603	0.00717875	0.003904423
35~39	0.004628334	0.002354656	0.010623081	0.005594582
40~44	0.007244515	0.003868612	0.014809807	0.007785808
45~49	0.011028285	0.005654531	0.019923351	0.010566746
50~54	0.021081676	0.011572691	0.033683939	0.019585204
55~59	0.029994636	0.01625636	0.043149576	0.025677564
60~64	0.046403134	0.027245801	0.063818158	0.040039738
65~69	0.079085359	0.050462027	0.103487503	0.069357461
70~74	0.129596501	0.087467863	0.169406085	0.120664414
75~79	0.204353944	0.146350392	0.257167188	0.190338914
80~84	0.290890874	0.237447354	0.371387902	0.294967981
85~89	0.412823396	0.335998426	0.504533969	0.413542725
90~94	0.498506104	0.451875062	0.637702278	0.55463961
95~99	0.426577684	0.478857944	0.681318719	0.639952042
100	1.000000000	1.000000000	1.000000000	1.000000000

附表 28 广东人口死亡率

年龄段	城镇人口		农村人口	
	男性	女性	男性	女性
0	0.003020313	0.003237917	0.002765648	0.003056319
1~4	0.001634844	0.001508648	0.002217999	0.002020096
5~9	0.000880269	0.000632678	0.001706055	0.0009836
10~14	0.000967257	0.000629436	0.00200264	0.000966358
15~19	0.001426745	0.000782484	0.003054685	0.00135272
20~24	0.001459719	0.000714797	0.004034852	0.001775082
25~29	0.001644545	0.000845626	0.005301879	0.00221949
30~34	0.002264394	0.001111598	0.007273434	0.003377969
35~39	0.00369405	0.001870638	0.011026601	0.004903695
40~44	0.005950638	0.003031455	0.015791606	0.006622714
45~49	0.010464281	0.005377886	0.021233182	0.009774386
50~54	0.020716493	0.010225266	0.035366911	0.01630245
55~59	0.030684077	0.014565309	0.047980321	0.022540737
60~64	0.048317591	0.024953976	0.074416215	0.038521885
65~69	0.081146738	0.043076973	0.118732022	0.064433755
70~74	0.136760996	0.081562039	0.193053455	0.117116257
75~79	0.219313716	0.143864426	0.27985208	0.180347723
80~84	0.331657592	0.251132988	0.398800839	0.293578662
85~89	0.442840459	0.381134442	0.51373482	0.4140069
90~94	0.539675657	0.525236818	0.644366331	0.571784269
95~99	0.46749034	0.596978855	0.690987232	0.669563868
100	1.000000000	1.000000000	1.000000000	1.000000000

附表 29 广西人口死亡率

年龄段	城镇人口		农村人口	
	男性	女性	男性	女性
0	0.00242696	0.002417061	0.004535132	0.004817578
1~4	0.001444508	0.001288166	0.003257112	0.002705514
5~9	0.001178546	0.000649081	0.002441869	0.001495048
10~14	0.000960013	0.000571623	0.002089405	0.001382549
15~19	0.001350102	0.000551345	0.004411702	0.001719774
20~24	0.001952053	0.000694788	0.006545861	0.002194194
25~29	0.002500109	0.000956153	0.007652124	0.002548407
30~34	0.00394346	0.001320387	0.011654283	0.003641998
35~39	0.005628319	0.002043041	0.016222331	0.005473131
40~44	0.008953743	0.003729869	0.021284818	0.008007802
45~49	0.013451483	0.005187918	0.027284777	0.010312092
50~54	0.021559414	0.009571751	0.040670248	0.016198146
55~59	0.032854841	0.013886816	0.05126942	0.022979097
60~64	0.051175435	0.021951105	0.07605743	0.037427435
65~69	0.083382137	0.038953323	0.114536181	0.060811593
70~74	0.127155851	0.071651868	0.177128617	0.10828147
75~79	0.194988293	0.121319033	0.254913913	0.162759739
80~84	0.277282589	0.199818229	0.360358888	0.258119451
85~89	0.39183616	0.298126181	0.478411686	0.358971749
90~94	0.481180908	0.388775915	0.565703721	0.460271065
95~99	0.472798863	0.462557237	0.624135207	0.544666056
100	1.000000000	1.000000000	1.000000000	1.000000000

附表 30　海南人口死亡率

年龄段	城镇人口		农村人口	
	男性	女性	男性	女性
0	0.003848094	0.00433969	0.006600505	0.009259343
1~4	0.002132548	0.001850465	0.003787389	0.002604386
5~9	0.000908338	0.000688211	0.002293325	0.001125129
10~14	0.001035529	0.000693142	0.002417039	0.001515429
15~19	0.001854026	0.000524205	0.004645551	0.001668439
20~24	0.001806358	0.000693523	0.005311557	0.001791687
25~29	0.002634161	0.001013597	0.006467303	0.002976694
30~34	0.002742819	0.001323474	0.007730878	0.002607672
35~39	0.004371845	0.001620474	0.010898411	0.004178214
40~44	0.006172625	0.002765548	0.015312127	0.006326874
45~49	0.009585063	0.003324361	0.018555017	0.007246994
50~54	0.014877611	0.006590224	0.027898488	0.012651344
55~59	0.023744331	0.010324667	0.039138154	0.017821464
60~64	0.040548067	0.020767922	0.059307985	0.030917879
65~69	0.070417342	0.034223804	0.097837062	0.048079301
70~74	0.108065768	0.060669243	0.153046936	0.089293965
75~79	0.156640832	0.092958953	0.207966171	0.122943206
80~84	0.239484634	0.162814004	0.305335626	0.216256164
85~89	0.32943735	0.250291808	0.407037533	0.322747806
90~94	0.392832234	0.335553492	0.505335481	0.422153894
95~99	0.436555289	0.457207203	0.541699526	0.532065803
100	1.000000000	1.000000000	1.000000000	1.000000000

附表 31　重庆人口死亡率

年龄段	城镇人口		农村人口	
	男性	女性	男性	女性
0	0.002762378	0.002039542	0.004937546	0.004699368
1~4	0.001647427	0.001383396	0.004610116	0.003386041
5~9	0.001510038	0.001194095	0.003221426	0.002310355
10~14	0.001285371	0.000579268	0.003088818	0.00142071
15~19	0.001034853	0.000585352	0.004899752	0.002771607
20~24	0.001281084	0.000583299	0.008795676	0.003562795
25~29	0.002008105	0.001069238	0.010327633	0.005246191
30~34	0.00341053	0.00140934	0.015467696	0.006766471
35~39	0.004836404	0.002134549	0.018107576	0.008209001
40~44	0.007728777	0.003653094	0.025106125	0.011280205
45~49	0.01057479	0.005098676	0.031285021	0.013636338
50~54	0.021316167	0.008891251	0.047935594	0.022987179
55~59	0.027234971	0.012021817	0.051991475	0.027512772
60~64	0.041309345	0.020707318	0.068622193	0.042236084
65~69	0.066378786	0.03560248	0.102152471	0.070994258
70~74	0.101455313	0.066023625	0.168007719	0.123779124
75~79	0.173276577	0.117437848	0.262378801	0.203417948
80~84	0.249896401	0.193910006	0.378836322	0.318596253
85~89	0.352225856	0.300266371	0.505870775	0.454914434
90~94	0.475196434	0.455222727	0.641908993	0.616115952
95~99	0.51344724	0.487684396	0.713169244	0.705799828
100	1.000000000	1.000000000	1.000000000	1.000000000

附表 32　四川人口死亡率

年龄段	城镇人口		农村人口	
	男性	女性	男性	女性
0	0.003147045	0.002700482	0.004144065	0.003956575
1~4	0.001796996	0.001472864	0.005301509	0.004279269
5~9	0.00121046	0.000743612	0.003438262	0.002390246
10~14	0.001137523	0.000675479	0.003416794	0.00216222
15~19	0.000998831	0.000519671	0.005084012	0.002681831
20~24	0.001700985	0.000776633	0.007583474	0.003715818
25~29	0.002216555	0.000975231	0.009705647	0.00475288
30~34	0.003343987	0.001522563	0.013401414	0.006540212
35~39	0.004849777	0.002194115	0.015527149	0.007472843
40~44	0.00729873	0.003293334	0.020515735	0.009883206
45~49	0.010579756	0.004799139	0.026482273	0.012692014
50~54	0.020214308	0.009642303	0.044711995	0.023684284
55~59	0.027837255	0.013053834	0.052104789	0.028285608
60~64	0.041705006	0.022128079	0.074838868	0.046472093
65~69	0.065852284	0.038329713	0.111216837	0.075019567
70~74	0.105643721	0.070190543	0.178586144	0.129863633
75~79	0.175954488	0.122561708	0.272226743	0.205737256
80~84	0.252497683	0.208601933	0.382981446	0.314845582
85~89	0.370064719	0.324258858	0.509394853	0.436691156
90~94	0.486597666	0.444522078	0.633082044	0.569005448
95~99	0.462468581	0.485176392	0.644382823	0.665872074
100	1.000000000	1.000000000	1.000000000	1.000000000

附表 33　贵州人口死亡率

年龄段	城镇人口		农村人口	
	男性	女性	男性	女性
0	0.006023256	0.00656188	0.017611055	0.021590633
1~4	0.002457075	0.001829037	0.007103224	0.005802284
5~9	0.001661234	0.001148831	0.004349024	0.00294581
10~14	0.001590544	0.000695498	0.003565806	0.00244758
15~19	0.002452942	0.001136608	0.007460854	0.003832161
20~24	0.003458562	0.001303939	0.012993432	0.005492258
25~29	0.00400224	0.001386454	0.015014403	0.006128213
30~34	0.005489349	0.002378809	0.018232405	0.007637393
35~39	0.006964651	0.002863971	0.021940727	0.008541248
40~44	0.01052367	0.004377944	0.025412151	0.011307617
45~49	0.013659017	0.006240153	0.03025044	0.012988361
50~54	0.021516031	0.010607714	0.043696924	0.021241242
55~59	0.03129676	0.015026276	0.05090124	0.027896343
60~64	0.048241085	0.02503002	0.075716611	0.044962923
65~69	0.075416055	0.043517161	0.115920615	0.077056485
70~74	0.124221732	0.077157999	0.187626673	0.136132019
75~79	0.188398494	0.132435627	0.282819487	0.217055767
80~84	0.263847721	0.215784034	0.400787486	0.330412603
85~89	0.388069568	0.345045142	0.543981108	0.463181197
90~94	0.464464425	0.451538111	0.658142719	0.597960483
95~99	0.42772919	0.464187679	0.647611616	0.63767797
100	1.000000000	1.000000000	1.000000000	1.000000000

附表 34 云南人口死亡率

年龄段	城镇人口		农村人口	
	男性	女性	男性	女性
0	0.009041933	0.010061693	0.016309252	0.018029036
1~4	0.004754959	0.004466337	0.009531099	0.00878677
5~9	0.002239041	0.001035801	0.004084675	0.002638111
10~14	0.002396517	0.001333461	0.003913244	0.002392559
15~19	0.002939665	0.001223	0.006941688	0.003460184
20~24	0.004034575	0.001671068	0.009125575	0.004314014
25~29	0.005563845	0.002046873	0.010563598	0.005195076
30~34	0.00770973	0.003013419	0.013537555	0.006440562
35~39	0.010443035	0.00399839	0.016447357	0.007286872
40~44	0.01327714	0.005979262	0.02204032	0.009606736
45~49	0.017787278	0.009281648	0.028119785	0.013363972
50~54	0.029280276	0.014749149	0.041403659	0.023031455
55~59	0.039167587	0.022572507	0.054635984	0.030867169
60~64	0.066703767	0.038116099	0.086041125	0.055572009
65~69	0.105664403	0.065905873	0.130243654	0.085800636
70~74	0.168051447	0.117341139	0.211767215	0.150695717
75~79	0.257151153	0.18738695	0.297979292	0.225411159
80~84	0.386128301	0.309848198	0.424272193	0.348917444
85~89	0.54716992	0.461228412	0.553969462	0.479578334
90~94	0.639835097	0.60280093	0.650185467	0.598017211
95~99	0.639297603	0.627760126	0.647378433	0.671905039
100	1.000000000	1.000000000	1.000000000	1.000000000

附表 35 西藏人口死亡率

年龄段	城镇人口		农村人口	
	男性	女性	男性	女性
0	0.012836435	0.009999747	0.013768618	0.014207036
1~4	0.006602787	0.005155263	0.011466472	0.011513316
5~9	0.003889753	0.003251359	0.004338143	0.005250051
10~14	0.002569637	0.00259363	0.005009409	0.004389344
15~19	0.003010801	0.003579701	0.005519626	0.004665761
20~24	0.00318696	0.002842671	0.007745242	0.007850703
25~29	0.004370319	0.002615649	0.008972832	0.00805263
30~34	0.005036447	0.004549072	0.011677578	0.010309992
35~39	0.006408732	0.005560408	0.015426561	0.013618218
40~44	0.007236084	0.0058742	0.021611488	0.017189687
45~49	0.018538921	0.012707536	0.032881973	0.023356041
50~54	0.022627122	0.016583702	0.048539424	0.032863588
55~59	0.041528209	0.0330976	0.072739324	0.050855243
60~64	0.081361302	0.068306745	0.113724951	0.082300411
65~69	0.11505268	0.077479981	0.156896744	0.116102219
70~74	0.18946391	0.133257783	0.225508323	0.173711517
75~79	0.266551049	0.175736528	0.267707069	0.218881249
80~84	0.318372729	0.228283456	0.36923838	0.28629798
85~89	0.367012003	0.279068319	0.443254848	0.329695011
90~94	0.299671531	0.309978494	0.458171271	0.379724377
95~99	0.000000000	0.096144414	0.362294584	0.331821677
100	1.000000000	1.000000000	1.000000000	1.000000000

附表 36　陕西人口死亡率

年龄段	城镇人口		农村人口	
	男性	女性	男性	女性
0	0.001217622	0.001353326	0.002628681	0.002421425
1~4	0.000970488	0.000865191	0.003448383	0.00290403
5~9	0.0006601	0.000592261	0.001921733	0.001513488
10~14	0.0008195	0.000523066	0.002140763	0.001690117
15~19	0.001109093	0.000499433	0.004108782	0.001761258
20~24	0.001486306	0.00069569	0.005706115	0.00227538
25~29	0.002129666	0.000873827	0.007467894	0.002894426
30~34	0.002660082	0.001109969	0.00980969	0.004272914
35~39	0.004291554	0.001808893	0.012285996	0.005313785
40~44	0.006464275	0.00328369	0.015262853	0.008668696
45~49	0.010456934	0.005680126	0.020583238	0.011323651
50~54	0.017014549	0.010765237	0.029585149	0.019471224
55~59	0.026122952	0.017283827	0.044321121	0.029831053
60~64	0.0459579	0.030393313	0.073027512	0.050780613
65~69	0.075478256	0.05419945	0.118683675	0.088828699
70~74	0.128277781	0.092471919	0.20436765	0.158580157
75~79	0.192180458	0.151611643	0.301121011	0.234698281
80~84	0.281874779	0.248341336	0.447702063	0.367287732
85~89	0.383182262	0.351549368	0.552209841	0.472904831
90~94	0.490106702	0.441804935	0.65935869	0.590073981
95~99	0.378533068	0.42561788	0.620850465	0.581713481
100	1.000000000	1.000000000	1.000000000	1.000000000

附表 37　甘肃人口死亡率

年龄段	城镇人口		农村人口	
	男性	女性	男性	女性
0	0.003555334	0.004725842	0.008774714	0.010767251
1~4	0.001432714	0.001852861	0.004714419	0.004883956
5~9	0.001658492	0.001498279	0.00212107	0.001822611
10~14	0.001812463	0.001605073	0.002448152	0.001727338
15~19	0.001281819	0.000930419	0.003935634	0.002249757
20~24	0.001636752	0.000933094	0.006773291	0.00341543
25~29	0.002088707	0.001470372	0.007951613	0.003611672
30~34	0.003014813	0.00187531	0.010107544	0.005618968
35~39	0.005054656	0.002645618	0.011782133	0.005343701
40~44	0.007075586	0.003623228	0.014802273	0.007848518
45~49	0.010303313	0.005748846	0.019176583	0.010685369
50~54	0.01759281	0.010450404	0.031915431	0.020544945
55~59	0.025626059	0.015038384	0.045296289	0.03170439
60~64	0.044470265	0.0297363	0.077981787	0.054106062
65~69	0.075526962	0.049745912	0.127703955	0.093765458
70~74	0.119251034	0.087879092	0.214468039	0.162543294
75~79	0.19572551	0.149674498	0.311108207	0.244157558
80~84	0.282968739	0.241930193	0.44271345	0.371009196
85~89	0.361584497	0.336980439	0.556037375	0.477752908
90~94	0.450369191	0.433677273	0.630339969	0.585131755
95~99	0.337439945	0.3454997	0.53548551	0.507966828
100	1.000000000	1.000000000	1.000000000	1.000000000

附表 38 青海人口死亡率

年龄段	城镇人口		农村人口	
	男性	女性	男性	女性
0	0.007544183	0.005724427	0.014998016	0.014174919
1~4	0.006981256	0.00692739	0.014229489	0.012852633
5~9	0.007767641	0.005371503	0.00845515	0.007475289
10~14	0.005178663	0.004604581	0.00677657	0.005495194
15~19	0.005852638	0.005555391	0.008916104	0.005388566
20~24	0.006433559	0.005441282	0.012642667	0.008483361
25~29	0.006991566	0.006780563	0.01299326	0.01002986
30~34	0.0074385	0.006690654	0.013685648	0.00945315
35~39	0.008595328	0.00586388	0.017250095	0.0107851
40~44	0.010662816	0.005593347	0.022968824	0.01373002
45~49	0.013921066	0.006366806	0.027248718	0.015755428
50~54	0.020797242	0.01210652	0.048643813	0.031006642
55~59	0.028874911	0.01765768	0.062464397	0.045558331
60~64	0.046819907	0.030633834	0.10630557	0.071411448
65~69	0.080673818	0.044007249	0.148961613	0.117077364
70~74	0.112513227	0.076105974	0.257352757	0.20498262
75~79	0.166661992	0.123005515	0.350861347	0.282300566
80~84	0.235260765	0.195947195	0.461609697	0.387230076
85~89	0.368277749	0.328665915	0.562108981	0.472929782
90~94	0.420172125	0.39950033	0.587467075	0.550041137
95~99	0.383878993	0.341961902	0.541850167	0.673837216
100	1.000000000	1.000000000	1.000000000	1.000000000

附表 39 宁夏人口死亡率

年龄段	城镇人口		农村人口	
	男性	女性	男性	女性
0	0.008106289	0.006583462	0.013373604	0.01256896
1~4	0.003883333	0.003132733	0.005875454	0.006004212
5~9	0.002305161	0.0C124468	0.003518107	0.002046697
10~14	0.00225277	0.00135572	0.004359516	0.002019214
15~19	0.002999026	0.001257239	0.006718797	0.002649317
20~24	0.004041834	0.002156877	0.010178715	0.003670694
25~29	0.004267899	0.001410599	0.011824659	0.004975419
30~34	0.0051214	0.002378484	0.012899227	0.005945013
35~39	0.006987157	0.003068495	0.013876773	0.006454484
40~44	0.010759218	0.004338499	0.016944436	0.006637069
45~49	0.015227231	0.006849053	0.022645787	0.010398618
50~54	0.024438364	0.012132094	0.034062053	0.020603466
55~59	0.034334288	0.020341896	0.044427133	0.029297601
60~64	0.056660168	0.0351∠6383	0.075264173	0.053278946
65~69	0.091579944	0.064792514	0.124896683	0.092872842
70~74	0.156872895	0.112983208	0.219435185	0.174975536
75~79	0.260051715	0.194443099	0.336043758	0.281343823
80~84	0.352479187	0.333477969	0.518746885	0.451664837
85~89	0.523675983	0.47063977	0.611015347	0.595038224
90~94	0.637309236	0.620073906	0.721439746	0.6588283
95~99	0.47673839	0.480027799	0.653679416	0.735244563
100	1.000000000	1.000000000	1.000000000	1.000000000

附表 40 新疆人口死亡率

年龄段	城镇人口		农村人口	
	男性	女性	男性	女性
0	0.00411492	0.003291366	0.010734978	0.009066538
1~4	0.002053792	0.001739407	0.008581391	0.006858126
5~9	0.001163033	0.000684697	0.003934095	0.002271777
10~14	0.001138717	0.000675985	0.003049664	0.002523724
15~19	0.001317938	0.001001679	0.005492064	0.003374296
20~24	0.002104941	0.001142298	0.007497769	0.00401911
25~29	0.00292804	0.0013782	0.008259241	0.004784276
30~34	0.003770532	0.001687592	0.01000493	0.005511692
35~39	0.005255684	0.001981706	0.01195223	0.006443984
40~44	0.007117808	0.002936703	0.015137029	0.008144023
45~49	0.010396909	0.004654461	0.022794282	0.014575433
50~54	0.01669757	0.008818615	0.035809993	0.029480893
55~59	0.024098644	0.014922884	0.058728413	0.044963866
60~64	0.042346261	0.02655298	0.091197732	0.073210616
65~69	0.066205329	0.043204761	0.135897518	0.112215658
70~74	0.089165684	0.066299213	0.19155558	0.171267976
75~79	0.143337198	0.102329474	0.263767426	0.235485135
80~84	0.229261449	0.162899932	0.341160355	0.296598527
85~89	0.291155076	0.230809804	0.424352053	0.358242138
90~94	0.395836032	0.277600433	0.444541124	0.387589332
95~99	0.325543343	0.362565539	0.478439622	0.412098995
100	1.000000000	1.000000000	1.000000000	1.000000000

参 考 文 献

［1］Anderson G F, Hussey P S. Population Aging：A Comparison among Industrialized Countries ［J］. Health Affairs, 2000, 19(3)：191-203.

［2］Barro R J, Becker G S. Fertility Choice in a Model of Economic Growth ［J］. Econometrica, 1989, 57(2)：481-501.

［3］Bohn H. Will Social Security and Medicare Remain Viable as the U. S. Population is Aging? ［R］. CESifo Working Paper No. 1062, 2003.

［4］Bongaarts J. Population Aging and the Rising Cost of Public Pensions ［J］. Population & Development Review, 2010, 30(1)：1-23.

［5］Bovenberg A L. Financing Retirement in the European Union ［J］. International Tax & Public Finance, 2003, 10(6)：713-734.

［6］Breyer F, Hupfeld S. On the Fairness of Early-Retirement Provisions ［J］. German Economic Review, 2010, 11(1)：60-77.

［7］Chesnais J C. Fertility, Family, and Social Policy in Contemporary Western Europe ［J］. Population & Development Review, 1996, 22(4)：729-739.

［8］Corbo V. Policy Challenges of Population Aging and Pension Systems in Latin America ［R］. Global Demographic Change：Economic Impacts and Policy Challenges, 2004.

［9］Cremer H, Pestieau P. The Double Dividend of Postponing Retirement ［J］. International Tax & Public Finance, 2003, 10(4)：419-434.

［10］Di M L. The Macro Determinants of Health Expenditure in the United States and Canada：Assessing the Impact of Income, Age Distribution and Time ［J］. Health Policy, 2005, 71(1)：23-42.

［11］Futagami K, Nakajima T. Population Aging and Economic Growth ［J］. Journal of Macroeconomics, 2002, 23(1)：31-44.

［12］Gal Z. Immigration in the United States and the European Union. Helping to Solve the Economic Consequences of Ageing? ［J］. Sociologia, 2008, 40(1)：35-61.

［13］Gerdtham U G. The Impact of Aging on Health Care Expenditure in Sweden ［J］. Health Policy，1993，24(1)：1-8.

［14］Grech A G. Assessing the Sustainability of Pension Reforms in Europe ［J］. Journal of International & Comparative Social Policy，2013，29(2)：143-162.

［15］Gruber J，Wise D. Social Security and Retirement：An International Comparison ［J］. American Economic Review，1998，88(2)：158-163.

［16］James E. How Can China Solve its Old-Age Security Problem? The Interaction between Pension，State Enterprise and Financial Market Reform ［J］. Journal of Pensions Economics & Finance，2002，1(1)：53-75.

［17］Karin M. The Fiscal Impact of Immigrants in Austria—a Generational Accounting Analysis ［J］. Economics Working Papers，2004，32(2)：181-216.

［18］Lee R，Edwards R. The Fiscal Effects of Population Aging in the US：Assessing the Uncertainties ［J］. Tax Policy & the Economy，2002，16：141-180.

［19］Mayhew L D. Health and Elderly Care Expenditure in an Aging World ［R］. IIASA Research Report，2000.

［20］Mayr K. The Fiscal Impact of Immigrants in Austria — a Generational Accounting Analysis ［J］. Empirica，2005，32(2)：181-216.

［21］Meijer C D，Wouterse B，Polder J，et al.. The Effect of Population Aging On Health Expenditure Growth：a Critical Review ［J］. European Journal of Ageing，2013，10(4)：353-361.

［22］Miller T. Increasing Longevity and Medicare Expenditures ［J］. Demography，2001，38(2)：215-226.

［23］Verbič M，Majcen B，Van Nieuwkoop R. Sustainability of the Slovenian Pension System：an Analysis with an Overlapping-Generations General Equilibrium Model ［J］. Eastern European Economics，2006，44(4)：60-81.

［24］Razin A，Sadka E. Migration and Pension with International Capital Mobility［J］. Journal of Public Economics，1999，74(1)：141-150.

［25］Schneider E L，Guralnik J M. The Aging of America：Impact On Health Care Costs ［J］. JAMA，1990，263(17)：2335.

［26］Sin Y. Pension Liabilities and Reform Options for Old Age Insurance ［R］. World Bank Working Paper No. 2005-1，2005.

［27］Weller C. Don't Raise the Retirement Age ［J］. Challenge，2002，45(1)：75-87.

[28]Whiteford P，Whitehouse E. Pension Challenges and Pension Reforms in OECD Countries[J]. Oxford Review of Economic Policy，2006，22（1）：78-94.

[29]Zweifel P，Felder S，Meiers M. Ageing of Population and Health Care Expenditure：A Red Herring？[J]. Health Economics，1999，8（6）：485-496.

[30]艾慧，张阳，杨长昱，等.中国养老保险统筹账户的财务可持续性研究——基于开放系统的测算[J].财经研究，2012（2）：91-101.

[31]曾益.我国城镇职工基本医疗保险个人账户公平性研究[J].上海财经大学学报，2012（1）：77-84.

[32]曾益，凌云.中国社会保险缴费率的降低空间与方案模拟——以城镇企业职工基本养老保险为例[J].财经论丛（浙江财经大学学报），2017，221（6）：50-59.

[33]曾益，凌云，张心洁.从"单独二孩"走向"全面二孩"：城乡居民基本养老保险基金可持续性能提高吗？[J].财政研究，2016（11）：65-79.

[34]曾益，任超然，李媛媛.中国基本医疗保险制度财务运行状况的精算评估[J].财经研究，2012（12）：26-37.

[35]曾益，任超然，刘倩.破解养老金支付危机："单独二孩"政策有效吗？——以城镇职工基本养老保险为例[J].财经研究，2015，41（1）：21-34.

[36]曾益，任超然，刘倩."单独二孩"政策对基本医疗保险基金的支付能力影响研究[J].保险研究，2015（1）：112-127.

[37]曾益，任超然，汤学良.延长退休年龄能降低个人账户养老金的财政补助吗？[J].数量经济技术经济研究，2013（12）：81-96.

[38]曾毅.试论二孩晚育政策软着陆的必要性与可行性[J].中国社会科学，2006（2）：93-109.

[39]陈沁，宋铮.城市化将如何应对老龄化？——从中国城乡人口流动到养老基金平衡的视角[J].金融研究，2013（6）：1-15.

[40]陈友华.二孩政策地区经验的普适性及其相关问题——兼对"21世纪中国生育政策研究"的评价[J].人口与发展，2009，15（1）：9-22.

[41]陈友华，胡小武.低生育率是中国的福音？——从第六次人口普查数据看中国人口发展现状与前景[J].南京社会科学，2011（8）：53-59.

[42]程杰，赵文.人口老龄化进程中的医疗卫生支出：WHO成员国的经验分析[J].中国卫生政策研究，2010，3（4）：57-62.

[43]程永宏.现收现付制与人口老龄化关系定量分析[J].经济研究，2005（3）：57-68.

[44]崔红艳，徐岚，李睿.对2010年人口普查数据准确性的估计[J].人口研究，2013（1）：

10-21.

[45] 邓大松, 杨红燕. 老龄化趋势下基本医疗保险筹资费率测算[J]. 财经研究, 2003, 29 (12): 39-44.

[46] 范兆媛, 周少甫. 经济增长与老龄化对医疗费用增长的空间效应分析[J]. 中国卫生经济, 2016, 35(6): 62-64.

[47] 封进, 何立新. 中国养老保险制度改革的政策选择——老龄化、城市化、全球化的视角[J]. 社会保障研究, 2012(3): 29-41.

[48] 封铁英, 高鑫. 基于精算模型参数调整的农村养老金可持续性仿真研究[J]. 中国管理科学, 2015, 23(9): 153-161.

[49] 傅崇辉, 张玲华, 李玉柱. 从第六次人口普查看中国人口生育变化的新特点[J]. 统计研究, 2013, 30(1): 68-75.

[50] 郭志刚. 中国的低生育水平及相关人口研究问题[J]. 学海, 2010(1): 5-25.

[51] 郭志刚. 六普结果表明以往人口估计和预测严重失误[J]. 中国人口科学, 2011(6): 2-13.

[52] 郭志刚. 中国的低生育率与被忽略的人口风险[J]. 国际经济评论, 2010(6): 112-126.

[53] 郝娟, 邱长溶. 2000 年以来中国城乡生育水平的比较分析[J]. 南方人口, 2011, 26 (5): 27-33.

[54] 何文炯, 徐林荣, 傅可昂, 等. 基本医疗保险"系统老龄化"及其对策研究[J]. 中国人口科学, 2009(2): 74-83.

[55] 蒋正华. JPOP-1 人口预测模型[J]. 西安交通大学学报, 1983(4): 114-117.

[56] 景鹏, 胡秋明. 企业职工基本养老保险统筹账户缴费率潜在下调空间研究[J]. 中国人口科学, 2017(1): 21-33.

[57] 康传坤. 提高缴费率还是推迟退休? [J]. 统计研究, 2012, 29(12): 59-68.

[58] 李建新. 中国人口结构问题[M]. 北京: 社会科学文献出版社, 2009.

[59] 李亚青, 申曙光. 退休人员不缴费政策与医保基金支付风险——来自广东省的证据[J]. 人口与经济, 2011(3): 70-77.

[60] 林宝. 提高退休年龄对中国养老金隐性债务的影响[J]. 中国人口科学, 2003(6): 48-52.

[61] 刘昌平, 殷宝明. 中国基本养老保险制度财务平衡与可持续性研究——基于国发[2005]38 号文件形成的城镇基本养老保险制度[J]. 财经理论与实践, 2011, 32(1): 19-24.

[62] 刘家强, 唐代盛. "普遍两孩"生育政策的调整依据、政策效应和实施策略[J]. 人口研

究，2015，39（6）：3-12.

[63]骆正清，江道正，陈正光. 生育政策调整对我国城镇企业职工基本养老保险代际平衡的影响[J]. 广西财经学院学报，2015，28（3）：94-99.

[64]彭希哲. 实现全面二孩政策目标需要整体性的配套[J]. 探索，2016（1）：71-74.

[65]彭希哲，胡湛. 公共政策视角下的中国人口老龄化[J]. 中国社会科学，2011（3）：121-138.

[66]钱振伟，卜一，张艳. 新型农村社会养老保险可持续发展的仿真评估：基于人口老龄化视角[J]. 经济学家，2012（8）：58-65.

[67]史若丁，汪兵韬. 人口老龄化对城镇基本医疗保险基金冲击的分析[J]. 改革与开放，2011（21）：22-23.

[68]宋世斌. 我国医疗保障体系的债务风险及可持续性评估[M]. 北京：经济管理出版社，2009.

[69]孙博，董克用，唐远志. 生育政策调整对基本养老金缺口的影响研究[J]. 人口与经济，2011（2）：101-107.

[70]谭湘渝，樊国昌. 中国养老保险制度未来偿付能力的精算预测与评价[J]. 人口与经济，2004（1）：55-58.

[71]唐大鹏. 社会保险基金风险管理[M]. 大连：东北财经大学出版社，2015.

[72]唐运舒，吴爽爽. "全面二孩"政策实施能有效破解城镇职工养老保险基金支付危机吗——基于不同人口政策效果情景的分析[J]. 经济理论与经济管理，2016，36（12）：46-57.

[73]汪伟. 计划生育政策的储蓄与增长效应：理论与中国的经验分析[J]. 经济研究，2010（10）：63-77.

[74]王超群. 中国人均卫生费用增长的影响因素分解[J]. 保险研究，2013（8）：118-127.

[75]王翠琴，田勇，薛惠元. 城镇职工基本养老保险基金收支平衡测算：2016—2060——基于生育政策调整和延迟退休的双重考察[J]. 经济体制改革，2017（4）：27-34.

[76]王广州. 中国人口总量、结构及其发展趋势预测[R]. 内部研究报告，2012.

[77]王广州，张丽萍. 到底能生多少孩子？——中国人的政策生育潜力估计[J]. 社会学研究，2012（5）：119-140.

[78]王华. 人口老龄化与医疗卫生费用关系的地区间比较[J]. 医学与社会，2012，25（10）：7-12.

[79]王金营，戈艳霞. 2010 年人口普查数据质量评估以及对以往人口变动分析校正[J]. 人口研究，2013，37（1）：22-33.

［80］王晓军. 对我国养老保险制度财务可持续性的分析［J］. 人口与发展，2002，8（2）：26-29.

［81］王晓军，米海杰. 养老金支付缺口：口径、方法与测算分析［J］. 数量经济技术经济研究，2013（10）：49-62.

［82］王晓燕. 老龄化过程中的医疗保险基金使用现状及平衡能力分析［J］. 统计与预测，2004（2）：20-22.

［83］王增文. 人口迁移、生育率及人口稳定状态的老龄化问题研究［J］. 中国人口·资源与环境，2014，24（10）：114-120.

［84］魏益华，迟明. 人口新常态下中国人口生育政策调整研究［J］. 人口学刊，2015，37（2）.

［85］文裕慧. 城镇职工基本医疗保险退休人员适当缴费研究［J］. 现代管理科学，2015（10）：91-93.

［86］吴忠观. 人口学（修订本）［M］. 重庆：重庆大学出版社，2005.

［87］肖彩波，刘红卫. 全面二孩政策对城乡居民基本养老保险制度实施的影响［J］. 经济与管理评论，2018（2）：26-32.

［88］幸超. 延迟退休对城镇职工医保基金收支平衡的影响——基于统筹账户的精算模型模拟分析［J］. 湖南农业大学学报（社会科学版），2018（3）.

［89］徐镱菲，张明喜. 农村养老保险基金缺口预测及实证分析——基于甘肃省的调查研究［J］. 财经论丛（浙江财经大学学报），2012，166（4）：68-74.

［90］闫坤，刘陈杰. 我国"新常态"时期合理经济增速测算［J］. 财贸经济，2015，36（1）：17-26.

［91］阳义南，才国伟. 推迟退休年龄和延迟领取基本养老金年龄可行吗——来自广东省在职职工预期退休年龄的经验证据［J］. 财贸经济，2012（10）：111-122.

［92］杨燕绥，于淼. 人口老龄化对医疗保险基金的影响分析［J］. 中国医疗保险，2014（10）：12-15.

［93］杨再贵. 现阶段背景下企业职工基本养老保险最优缴费率与最优记账利率研究［J］. 华中师范大学学报（人文社会科学版），2018（1）：55-64.

［94］殷俊，黄蓉. 人口老龄化、退休年龄与基础养老金长期偿付能力研究［J］. 理论与改革，2012（4）：73-76.

［95］尹文耀，姚引妹，李芬. 三论中国生育政策的系统模拟与比较选择——兼论"一代独生子女"政策"自着陆"［J］. 浙江大学学报（人文社会科学版），2007，37（6）：157-167.

［96］于洪，钟和卿. 中国基本养老保险制度可持续运行能力分析——来自三种模拟条件的

测算[J].财经研究,2009,35(9):26-35.

[97]于文广,李倩,王琦,等.基于年龄与工资水平差异的延迟退休对我国养老保险基金收支平衡的影响[J].中国软科学,2018(2):54-67.

[98]余立人.延长退休年龄能提高社会养老保险基金的支付能力吗?[J].南方经济,2012,30(6):74-84.

[99]余央央.老龄化对中国医疗费用的影响——城乡差异的视角[J].世界经济文汇,2011(5):64-79.

[100]翟振武,张现苓,靳永爱.立即全面放开二胎政策的人口学后果分析[J].人口研究,2014,38(2):3-17.

[101]张鹏飞,陶纪坤.全面二孩政策对城镇职工基本养老保险收支的影响[J].人口与经济,2017(1):104-115.

[102]张思锋,王立剑,张文学.人口年龄结构变动对基本养老保险基金缺口的影响研究——以陕西省为例[J].预测,2010,29(2):37-41.

[103]张心洁,周绿林,曾益.生育政策调整对提高新农合基金可持续运行能力的影响[J].经济管理,2016(4):168-180.

[104]张熠.延迟退休年龄与养老保险收支余额:作用机制及政策效应[J].财经研究,2011(7):4-16.

[105]郑秉文.欧债危机对养老金改革的启示——下篇:中国应如何深化改革养老保险制度[J].中国社会保障,2012(2):30-33.

[106]郑秉文.从"高龄少子"到"全面二孩":人口均衡发展的必然选择——基于"人口转变"的国际比较[J].新疆师范大学学报:哲学社会科学版,2016(4):24-35.

[107]周渭兵.社会养老保险精算理论、方法及其应用[M].北京:经济管理出版社,2005.

[108]周长洪.关于现行生育政策微调的思考——兼论"单独家庭二孩生育政策"的必要性与可行性[J].人口与经济,2005(2):1-6.